A escrita no Japão da era Meiji

Seth Jacobowitz

A escrita no Japão da era Meiji

As mídias na literatura moderna e na cultura visual nipônicas

Tradução

Marco Souza

Estação Liberdade

A escrita no Japão da era Meiji: as mídias na literatura moderna e na cultura visual nipônicas foi publicado originalmente pela Harvard University Asia Center, Cambridge, Massachusetts, EUA, em 2016.

© Presidente e Membros do Harvard College, 2016, 2020

© Editora Estação Liberdade, 2024, para esta tradução

Traduzido e distribuído com permissão da Harvard University Asia Center.

Writing Technology in Meiji Japan: A Media History of Modern Japanese Literature and Visual Culture, by Seth Jacobowitz, was first published by the Harvard University Asia Center, Cambridge, Massachusetts, USA, in 2016. Copyright © 2016, 2020 by the President and Fellows of Harvard College. Translated and distributed by permission of the Harvard University Asia Center.

Todos os direitos reservados.

Preparação Thaisa Burani e Gabriel Fernandes
Revisão Fábio Fujita e Marina Ruivo
Editor assistente Luis Campagnoli
Supervisão editorial Letícia Howes
Edição de arte Miguel Simon
Editor Angel Bojadsen

CIP-BRASIL. CATALOGAÇÃO NA PUBLICAÇÃO
SINDICATO NACIONAL DOS EDITORES DE LIVROS, RJ

J18e

Jacobowitz, Seth, 1973-
 A escrita no Japão da era Meiji : as mídias na literatura moderna e na cultura visual nipônicas / Seth Jacobowitz ; tradução Marco Souza. - 1. ed. - São Paulo : Estação Liberdade, 2024.
 400 p. ; 23 cm.

 Tradução de: Writing technology in Meiji Japan : a media history of modern japanese literature and visual culture
 Inclui bibliografia e índice
 ISBN 978-65-86068-87-0

 1. Literatura japonesa - 1868- - História e crítica. 2. Literatura e tecnologia - Japão - Séc. XIX. 3. Literatura e tecnologia - Japão - Séc. XX. 4. Literatura e sociedade - Japão - História. 5. Cultura popular - Japão - História. 6. Comunicação de massa e cultura -Japão - História. I. Souza, Marco. II. Título.

24-92350
CDD: 302.230952
CDU: 316.77(520)

Meri Gleice Rodrigues de Souza - Bibliotecária - CRB-7/6439
14/06/2024 19/06/20242

Nenhuma parte desta obra pode ser reproduzida, adaptada, multiplicada ou divulgada de nenhuma forma (em particular por meios de reprografia ou processos digitais) sem autorização expressa da editora, e sempre em conformidade com a legislação em vigor.

Esta publicação segue as normas do Acordo Ortográfico da Língua Portuguesa, Decreto nº 6.583, de 29 de setembro de 2008.

Editora Estação Liberdade Ltda.
Rua Dona Elisa, 116 | Barra Funda
01155-030 São Paulo – SP | Tel.: (11) 3660 3180
www.estacaoliberdade.com.br

Sumário

Figuras	9
Agradecimentos	13
Apresentação da edição brasileira	17
Introdução	23
No percurso do balão	23
Sistemas de anotar as coisas	31
A trilha do papel	34

Parte I — Redes discursivas no Japão da era Meiji — 43

Capítulo 1: Padronizando medidas	45
Fundo de reserva	45
Padrões e convenções	52
Capítulo 2: Telégrafo e correio	75
Hisoka Maejima	75
Transmissão instantânea	81
Correspondências secretas	91
Capítulo 3: Fiação no Japão da era Meiji	103
Do cartão-postal de Hokusai ao telégrafo de Mokuami	103
O cartão-postal que não foi entregue	104
Telegrafando a comunidade imaginária do santuário de Yasukuni	120

Parte II — A inscrição da linguagem nacional — 139

Capítulo 4: Japonês em bom inglês	141
Arinori Mori e as raízes anglófonas do japonês moderno	146
O argumento de Amane Nishi a favor da romanização	157
Capítulo 5: Taquigrafia fonética	165
Fonografia e fotografia verbal	168
Viciados no método fônico	178

Capítulo 6: Processando a Fala Visível	199
Alexander Melville Bell e a máquina de fala humana	200
Shuji Isawa e a linguística imperial	210

Parte III — *"Escrevendo as coisas tal como são"* — 229

Capítulo 7: Mudança de regime — 231

"Utsushi": entre caligrafia e fotografia	233
"Hanashi": constelações de discurso	239
História verdadeira, devidamente anotada: o romance político de Yano, *Ilustres estadistas de Tebas*	249

Capítulo 8: As origens assombradas da literatura japonesa moderna — 261

O realismo transcricional de *A lanterna de peônia*, de Encho Sanyutei	261
A transparência do romance	278

Parte IV — *Os limites do realismo* — 299

Capítulo 9: Rabiscos de Shiki Masaoka — 301

A morte estatística da poesia japonesa	305
Esboços da vida	321

Capítulo 10: Arranhando discos com o gato de Soseki — 331

O amanuense felino	331
O discurso dos narizes	344

Bibliografia — 359

Índice — 381

Figuras

0.1 Baisotei Gengyo, *Shashinkyo fusenzu* [Câmera: foto de um balão de ar quente]. Fotografia do Metropolitan Museum of Art.

1.1 Calendário e hora em *Meiji kunen taiyo ryakureki* [Gráfico de calendário solar], 1876. Fotografia do autor.

1.2 Cartum político de Kiyochika Kobayashi publicado em *Maru Maru Chimbun*. Fotografia cedida pela Biblioteca da Universidade de Waseda.

2.1 Telégrafo de Semáforo de Chappe, c. 1792. Fotografia tirada no Museu de Artes e Ofícios de Paris.

2.2 Kuroteibo Sumiike, cartão-postal ilustrado *Himitsu tsushin* [Correspondência secreta] publicado em *Kokkei Shimbun*, 1902. Fotografia cedida pelo Museu Postal do Japão.

2.3 *Heiwa kinen* [Memorial da Paz], cartão-postal, 1919. Fotografia do autor.

3.1 Shoun Matsumoto, *Sukiyabashi fukin* [Nas proximidades de Sukiyabashi], 1902. Fotografia retirada da edição em CD-ROM do *Fuzoku Gaho*, publicada pela Yumani Shobo.

3.2 Hokusai Katsushika, *Shunshu Ejiri* [Estação Shunshu na província de Ejiri] de *Trinta e seis vistas do monte Fuji*, c. 1830. Fotografia do Metropolitan Museum of Art.

3.3 Hokusai Katsushika, *Shimosa Sekiya sato no yudachi* [Chuvisco noturno na vila de Sekiya na província de Shimosa], retirado de *Mangá*, c. 1814. Fotografia cedida pela Biblioteca da Universidade de Yale.

3.4 Hokusai Katsushika, *Kaze* [Vento], detalhe retirado de *Mangá*, c. 1814. Fotografia cedida pela Biblioteca da Universidade de Yale.

3.5 Hokusai Katsushika, detalhe de desenho sem título retirado de *Mangá*, c. 1814. Fotografia cedida pela Biblioteca da Universidade de Yale.

3.6 Hokusai Katsushika, *Chokyuka* [Canções de Zhang Gui], retirado de *Mangá*, c. 1814. Fotografia cedida pela Biblioteca da Universidade de Yale.

3.7 Kiyochika Kobayashi, *Hakone sanchu yori Fugaku chobo* [Vista distante do monte Fuji das montanhas Hakone], 1877. Fotografia das bibliotecas da Universidade de Wisconsin-Madison.

5.1 Quadro fonético do livro *Fonografia*, de Isaac Pitman, 1888. Fotografia do autor.

5.2 *Fonetic Nuz*, de Isaac Pitman, 6 de janeiro de 1849. Fotografia do autor.

5.3 Folha de rosto do livro *Shinshiki sokkijutsu* [Novo sistema de taquigrafia], de Koki Takusari, 1904. Fotografia cedida pela Biblioteca da Universidade de Waseda.

5.4 Arte da capa do livro *Kotoba no shashinho* [Fotografia verbal], de Heijiro Maruyama, 1886. Fotografia cedida pela Biblioteca da Universidade de Berkeley.

5.5 Quadro fonético do livro *Kotoba no shashinho*, de Heijiro Maruyama, 1886. Fotografia cedida pela Biblioteca da Universidade de Berkeley.

5.6 Notações do Oriente Próximo e do Extremo Oriente retiradas de *Nihon buntai moji shinron* [Nova teoria de estilo e escrita japonesa], de Ryukei Yano, 1886. Fotografia cedida pela Biblioteca da Universidade de Chicago.

FIGURAS

6.1 Folha de rosto do livro *Visible Speech* [Fala Visível], de Alexander Melville Bell, 1867. Fotografia do autor.

6.2 Quadro fonético "Tabela completa de letras", retirado de *Visible Speech*, de Alexander Melville Bell, 1867. Fotografia do autor.

6.3 Quadro fonético "Exercícios de interjeição", retirado de *Visible Speech*, de Alexander Melville Bell, 1867. Fotografia do autor.

6.4 Carta de Alexander Melville Bell para Shuji Isawa, reimpressa no livro *Shiwaho-yo onin shinron* [Novo tratado de fonética como aplicação da Fala Visível], 1903. Fotografia cedida pela Biblioteca da Universidade de Yale.

6.5 Quadro fonético do livro *Shiwaho* [Fala Visível], de Shuji Isawa, 1901. Fotografia cedida pela Biblioteca da Universidade de Waseda.

6.6 Prefácio do livro *Shiwaho*, de Shuji Isawa, 1901. Fotografia cedida pela Biblioteca da Universidade de Waseda.

7.1 Arte da capa do livro *Nasake sekai mawari doro* [Lanterna giratória do mundo sentimental], de Hakuen Chorin, 1886. Fotografia cedida pela Biblioteca da Universidade de Cornell.

7.2 Ilustração do livro *Nasake sekai mawari doro*, de Hakuen Chorin, 1886. Fotografia cedida pela Biblioteca da Universidade de Cornell.

7.3 Posfácio do livro *Keikoku bidan* [Ilustres estadistas de Tebas] em três notações, 1884. Fotografia cedida pela Biblioteca da Assembleia Nacional.

8.1 Capa do livro *Kaidan botan doro* [A história de fantasma da lanterna de peônia], 1884. Fotografia cedida pela Biblioteca da Assembleia Nacional.

8.2 Anúncio com notação taquigráfica na primeira edição do livro *Kaidan botan doro*, 1884. Fotografia cedida pela Biblioteca da Assembleia Nacional.

8.3 Ilustração do livro *Ukigumo* [Nuvens flutuantes], 1886. Fotografia cedida pela Biblioteca da Assembleia Nacional.

FIGURAS

9.1 Fotografia de Shiki Masaoka, por Sakadura Akaseki, abril de 1901 (in: *Masaoka shiki zenshu*, v. 6, i). Fotografia cedida pelo Museu Memorial de Matsuyama Shiki.

10.1 Ilustração de Goyo Hachiguchi retirada da primeira edição do livro *Wagahai wa neko de aru* [Eu sou um gato], 1905. Fotografia cedida pela Biblioteca da Assembleia Nacional.

Agradecimentos

Concebi este projeto durante uma visita a Tóquio no verão de 1999, feita por meio de uma bolsa de pesquisa pré-doutorado oferecida pelo centro Einaudi da Universidade de Cornell. Após concluir minha dissertação de mestrado sobre pós-modernismo na literatura japonesa contemporânea, eu estava em busca de novas ideias. Yano Yutaka, na época editora da Shinchosha, me apresentou o livro *Gramophone, Film, Typewriter*, de Friedrich Kittler, que por coincidência havia sido traduzido para o inglês e o japonês naquele ano. Kittler (1943-2011) apresentou de forma revigorante uma metodologia que não apenas sintetizou ideias de muitos dos pensadores pós-estruturalistas que eu estava lendo avidamente na época, como também ajudou a tornar coerente uma história da mídia que eu percebi estar similarmente esperando para ser recuperada dos arquivos japoneses da era Meiji (1868-1912).

É evidente que uma lista bastante longa de indivíduos e instituições me ajudou ao longo do caminho para concluir este livro. Antes de iniciar o trabalho de pós-graduação, passei um ano na Universidade de Nagoia como bolsista do Programa Fulbright, lendo literatura da era Meiji com Takashi Wakui e Hideto Tsuboi. O professor Tsuboi continuou a me encorajar ao longo dos anos, pelo que sou verdadeiramente grato. Na Universidade de Cornell, tive o privilégio de estudar com quatro acadêmicos excepcionais: Brett de Bary, no curso de literatura moderna japonesa; Naoki

AGRADECIMENTOS

Sakai, no curso de pensamento japonês; John Whitman, no curso de linguística japonesa; e Timothy Murray, nos cursos de inglês e estudos fílmicos. Devo acrescentar também um quinto nome: Frederick Kotas, ex-bibliógrafo da coleção japonesa de Cornell, que desempenhou um papel crucial na concretização da Coleção Ai Maeda para a universidade. Fred foi tanto fonte de ajuda quanto amigo, conforme eu, como o desafortunado Sanshiro no romance homônimo de Natsume Soseki, fazia uma busca perpétua por livros nunca antes lidos ou consultados. Tive também a enorme sorte de receber uma bolsa da Fundação Japão para a Universidade de Waseda, onde conduzi uma pesquisa, de outubro de 2000 a maio de 2002, sob a direção do professor Toshio Takahashi. Sua orientação e seu acesso irrestrito à coleção da era Meiji da Waseda facilitaram muitas das descobertas arquivísticas discutidas neste livro.

Entre 2006 e 2007, fui bolsista de pós-doutorado no Instituto Reischauer de Estudos Japoneses da Universidade de Harvard, onde ganhei valiosas oportunidades de apresentar e revisar partes deste livro. Um subsídio do Conselho do Nordeste Asiático, dado pela Associação de Estudos Asiáticos no verão de 2009, e uma bolsa Griswold da Universidade de Yale, no verão de 2014, me ajudaram a reunir alguns materiais e *insights* finais que serviram para completar a pesquisa. Este livro foi publicado com a assistência do fundo de publicação Frederick W. Hilles da Universidade de Yale.

Também gostaria de agradecer aos meus ex-colegas do interdisciplinar Departamento de Humanidades da Universidade Estadual de San Francisco, especialmente a Saul Steier, Mary Scott e ao incansável George Leonard, pelo apoio durante os anos de vacas magras. Agradecimentos especiais também vão para Haruko Nakamura e para a Biblioteca do Leste Asiático em Yale, por me ajudarem com a obtenção de permissões para trabalhos no acervo.

A lista de colegas, mentores e amigos a quem desejo agradecer inclui Miyako Inoue, Takayuki Tatsumi, Tim Screech, Michael Bourdaghs, Rebecca Copeland, Shigemi Nakagawa, Ted Mack, Alan Tansman, Tsutomu Tomotsune, Micah Auerback, Bruce Baird,

AGRADECIMENTOS

Aaron W. Moore, Keith Vincent, Kuge Shu, Jon Abel, John Mertz, Jenine Heaton, Shiho Yoshioka, Dan McKee, Tom LaMarre, Alisa Freedman, James Dorsey e Dennis Washburn. Tenho também uma tremenda dívida de gratidão para com meus pais, Lawrence e Wilma Jacobowitz, e para com minha família, por todo o apoio ao longo dos anos. Sem a ajuda deles, nada disso teria sido possível.

Apresentação da edição brasileira

Há algumas décadas o Ocidente deixou de ver a cultura japonesa apenas como um lugar imaginário e longínquo de poderosos samurais e gueixas delicadas. A conexão do Japão com a tecnologia foi se tornando gradualmente uma referência mundial. No entanto, pouco se sabe sobre o início desse processo e sobre os modos como a história da própria literatura japonesa pode ser interpretada como uma história das mídias, da tecnologia e da comunicação. Essa é a grande contribuição da edição brasileira desta pesquisa que, além de trazer informações históricas fundamentais da cultura japonesa, ajuda a compreender os trânsitos entre Japão e Ocidente, a complexidade dos processos de comunicação e uma visão ampliada da tecnologia para além de seus suportes. Ou seja, a conclusão sugerida pela leitura deste potente livro é clara: a tecnologia muda tudo.

A chegada desta obra ao mercado editorial brasileiro faz pensar no livro *Cinematógrafo de letras: literatura, técnica e modernização no Brasil* (1987), no qual a crítica literária Flora Süssekind examinou as ligações entre a literatura brasileira pré-modernista e as transformações tecnológicas que foram se desenvolvendo entre o fim do século XIX e o início do XX. O que a autora apresenta é uma história da literatura nacional vista a partir de suas "relações com uma história dos meios e formas de comunicação, cujas inovações e transformações afetam tanto a consciência de autores e leitores quanto as formas e representações literárias propriamente ditas".

O novo horizonte tecnológico que surge nesse período não apenas aparece retratado por obras literárias do mesmo período, como também é uma grande influência sobre a maneira como essas obras foram criadas. As inovações tecnológicas foram, ao mesmo tempo, utilizadas para a produção material e igualmente assimiladas pela linguagem literária da época. Assim, "pelo exame da crônica, da poesia e da prosa de ficção [...], o que se delineia é um confronto [...] com uma paisagem tecnoindustrial em formação" e na qual, "apropriando-se de procedimentos característicos à fotografia, ao cinema, ao cartaz, se transforma a própria técnica literária". A literatura brasileira não estava imune e acabou contaminada por um fenômeno generalizado que acometeu a produção literária mundial durante esse estágio de intensas mudanças técnicas. Essa produção literária internacional, portanto, não só viveu os efeitos desse momento histórico, como também sofreu e foi alterada pelos impactos reformadores da modernidade.

Flora Süssekind enfatiza como os meios de comunicação (a mídia) são um componente formador da criação literária. Agregando uma camada a essa questão, o pensador literário e historiador da mídia alemão Friedrich Kittler (1943-2011) demonstra que as técnicas de que uma cultura dispõe para arquivar, disseminar e organizar informações fazem com que os padrões e as inovações tecnológicas influenciem a forma por meio da qual essa cultura cria sistemas discursivos. Para Kittler, a cultura está imersa em um jogo múltiplo e constante em que se inventam novas mídias na mesma medida em que essas novas mídias inventam novos modelos de criação discursiva e, nesse contexto, novos modelos de criação literária. A ação da escrita para Kittler está inserida em uma "rede de tecnologias e instituições que permite que uma determinada cultura selecione, armazene e produza dados relevantes. Tecnologias como a do livro impresso e as instituições a ele associadas, como literatura e universidade, constituem assim uma formação historicamente muito poderosa". Com isso, a literatura não é exclusivamente expressão de uma dada interioridade ou consciência e passa a ser, igualmente, um registro dos modos de acumulação, produção e transmissão de informação de cada período histórico das sociedades e seus meios de comunicação. Em seus livros *Aufschreibesysteme 1800/1900* (1985) e *Gramophone, Film, Typewriter* (1986), Kittler também mostra como as transformações tecnológicas em termos midiáticos que vão surgindo a partir do século XIX com a modernidade alteram completamente o que está estabelecido e promovem uma rede discursiva a partir de suas próprias regras e lógicas de produção de sentido que desafiavam as formas tradicionais de escrita anteriores. Na visão de Kittler — que comunga com a de Süssekind —, essa literatura cria formas novas, que competem com, e são resultado direto dos, mecanismos de gravação e reprodução do gramofone, do filme e da máquina de escrever.

Seguindo o caminho aberto por Flora Süssekind e Friedrich Kittler, o especialista americano em literatura japonesa Seth Jacobowitz organiza neste livro um painel que ressalta como o mesmo tipo de conjuntura histórica e de transformações midiáticas abrangeu a produção literária japonesa também entre o fim do século XIX e o início do XX. Assim como esse fenômeno global ocorreu no Brasil e na maior parte do mundo, o Japão foi igualmente palco de uma criação de literatura contaminada por esses fatores. Como o próprio título descreve, a proposta é apresentar os cruzamentos entre a história da mídia e a literatura japonesa.

Não por acaso, Jacobowitz constrói seu trabalho em cima da metodologia crítica de Kittler e analisa a formação da literatura japonesa do período tanto como um objeto de um discurso escrito quanto uma tecnologia empregada na criação e na disseminação de obras escritas — e, mais ainda, como uma série de redes discursivas que afetam e são afetadas por condições culturais, sociais, políticas e econômicas. Afinal, a revolução industrial e social pela qual o Japão passou na era Meiji (1868-1912) foi acompanhada por uma revolução igualmente tumultuada no idioma japonês. Hoje talvez seja difícil compreender que, durante a segunda metade do século XIX, existia um abismo quase intransponível entre o japonês escrito e o

APRESENTAÇÃO DA EDIÇÃO BRASILEIRA

falado. Tão complexos e assustadores foram o choque da inovação linguística e a tarefa da padronização nacional que uma profusão de sugestões agora amplamente esquecidas foi feita por intelectuais e burocratas eminentes sobre como o Japão deveria responder a tal desafio. Essas sugestões variaram de extremos, desde a adoção do inglês por atacado até a utilização de métodos completamente novos de notação taquigráfica como sistema-padrão de escrita. Seth Jacobowitz desvela a revolução linguística do Japão no contexto internacional mais amplo dos contínuos avanços tecnológicos e argumenta que o inglês também estava muito longe de ser estático, sendo igualmente alvo de campanhas de ortografia simplificada ou da proposta de adoção de idiomas internacionais. Jacobowitz traz à luz as extensas relações entre a história das mídias anglófona e japonesa, a linguagem e a reforma dos modelos de escrita no Ocidente e no Japão, elaborando um painel de relações que indica como todos esses processos interligam os mais díspares lugares do mundo em muitas situações parecidas e complementares.

Mediante tais mudanças tecnológicas e linguísticas, a literatura nipônica nesse período transformador da história japonesa vai muito além de um estudo literário tradicional e aparece interligada com os desenvolvimentos japoneses e ocidentais nos domínios das reformas nos campos de escrita, idiomas, teoria literária e tecnologias do discurso. Na ampla e complexa pesquisa de Jacobowitz, a história da literatura japonesa é simultaneamente uma história da mídia, uma história da tecnologia e uma história dos meios de comunicação. A amplitude de tópicos e materiais sintetizados neste estudo e sua habilidosa integração em seus temas principais se manifestam totalmente em um livro que começa com um passeio de balão e termina com um gato que arranha discos; um começo e um fim tão heterogêneos que têm como linha mestra a história da taquigrafia no Japão. Introduzida para gravar discursos políticos e a conduta do Estado, em meados da década de 1880 a taquigrafia passou a ser usada para transcrever narrativas teatrais populares e possibilitou uma espécie de escrita vernacular e envernizada que era a precursora da unificação da fala e da escrita, ou o estilo unificado. Sua história se entrelaça de maneiras fundamentais com as histórias de movimentos de padronização, reforma de escrita, o surgimento de sistemas de comunicação (como a telegrafia e o sistema postal) e o desenvolvimento de novos estilos literários de realismo. Em um estudo que abrange ficção, fotografia, arte visual e muito mais, Jacobowitz nos põe na interseção dos regimes e das culturas verbal, literal e visual que resultaram no nascimento da literatura japonesa moderna.

    A característica mais marcante deste trabalho é sua importância para vários campos que extrapolam a literatura japonesa e a própria cultura japonesa. Mais do que um trabalho acessível e valioso para qualquer pessoa interessada no desenvolvimento histórico da modernidade no Japão da era Meiji, ao explicar todo um intricado sistema de conexões, Jacobowitz vai muito além de um aparato terminológico e teórico dos estudos literários e culturais, instituindo uma obra que discute questões vitais para perceber as diferenças, as semelhanças e a importância de se aprofundar nos diversos níveis das complexidades japonesas para melhor entender não unicamente o Japão, mas também as complexidades de fenômenos internacionais. A ligação entre pesquisas de diferentes países — da brasileira Flora Süssekind, do alemão Friedrich Kittler e do americano Seth Jacobowitz — atesta indícios de que o mesmo assunto acontece em diferentes lugares do mundo e pode ser analisado pela via de inúmeras particularidades e paridades. É assim que o livro de Jacobowitz se insere em uma tradição multifacetada que procura revelar o Japão como um modelo cultural singular e original e, igualmente, como parte de todo um cenário global comum.

Christine Greiner
Marco Souza

Introdução

No percurso do balão

O ano é 1861 e a tecnologia está no ar. Dois ocidentais barbudos vestindo sobrecasacas estão diante de uma encosta, olhando em direção a um balão de ar quente no qual uma terceira pessoa paira segurando duas bandeiras. Uma edificação branca de dois andares está logo abaixo do balão; sua parte inferior sendo quase engolida pela encosta da colina. Nuvens se espalham pelo céu acima e copas de árvores se estendem ao longe, completando a imagem. Começo com essa cena, que aparece em uma xilogravura de Baisotei Gengyo (figura 0.1)[1], não tanto pelo espetáculo da máquina voadora que essa imagem apresentou à população japonesa, mas pelos planos verbais, visuais e de impressão interconectados que ela representa durante o intervalo entre a missão americana ao Japão (1853-1854) e o alvorecer da era Meiji (1868-1912). Tal cena prepara o terreno para que este livro empreenda uma história da mídia da literatura moderna e da cultura visual do Japão.

O fato de a imagem parecer flutuar não se deve apenas ao balão, mas também às técnicas de perspectiva das "imagens

---

1. Baisotei Genkyo (1817-1880) ficou mais conhecido como designer gráfico, por suas colaborações com o escritor Robun Kanagaki. Ele também projetou a folha de rosto de *100 famosas vistas de Edo*, de Hiroshige, após a morte do artista.

flutuantes" (*uki-e*) que entraram em voga por meio das impressões em bloco de madeira no final do período Edo, derivadas em parte da sensação de profundidade característica dos entalhes em chapas de cobre holandeses.

0.1 Baisotei Gengyo, *Shashinkyo fusenzu* [Câmera: foto de um balão de ar quente]. Fotografia do Metropolitan Museum of Art.

INTRODUÇÃO

Há outros indícios do desejo de Baisotei de cobrir a composição com múltiplos significantes da arte ocidental e da tecnologia da escrita. Conforme Julia Meech-Pekarik explica, "para potencializar a cena estrangeira, o artista forneceu uma moldura que imita a de uma pintura a óleo; algumas versões trazem até mesmo cera esfregada na superfície, a fim de emular uma pintura a óleo".[2] Nessa borda ornamentada e floral, consta também o título *Shashinkyo fusenzu* [写真鏡風船図] (Câmera: foto de um balão de ar quente). Esse exemplo de bricolagem situa a obra no centro de uma mudança epistêmica que ocorreu dos anos 1850 aos 1870. Muitos dos artistas que foram pioneiros no uso de estilos ocidentais de pintura a óleo e desenho técnico também formaram a primeira geração a experimentar uma série de gêneros intermediários que emergiram entre o fim do período Edo e o início da era Meiji, misturando e combinando elementos de xilogravura, pintura a óleo, litografia, tipografia, pintura e fotografia.[3]

Anteriormente utilizado para expressar a essência idealizada das coisas, mais do que para capturar a realidade de sua aparência externa, o conceito de *shashin* (fotografia) e seus cognatos, tais como *shasei* (esboçar) e *shajitsu* (realismo), emergiriam dentro de um novo campo de definições e práticas midiáticas que também redefiniram de forma radical o discurso linguístico e literário. Eles constituíram parte de uma nova constelação de significantes que se aglutinou durante a era Meiji e se centrou no *utsushi*, um termo que contém os múltiplos significados de escrever, copiar, traçar, inscrever e projetar.

Até o início da década de 1860, quando os xilógrafos japoneses ficaram conhecidos pelos impressionistas na França e na Inglaterra,

---

2. J. Meech-Pekarik, *The World of the Meiji Print: Impressions of a New Civilization*, Berkeley: Weatherhill, 1986, p. 20.
3. Ver *Shashingaron* (Sobre pinturas fotográficas), de Kinoshita, acerca da diversidade de gêneros intermediários, como fotografias pintadas, desenhos de silhueta e sombra (*kage-e*) e as chamadas impressões de "câmera" de atores Kabuki (*haiyu shashinkyo*), que, apesar de sua ostensiva referência à fotografia, combinavam elementos de placas de vidro holandesas e xilogravuras japonesas.

os europeus já haviam começado a criar estilos japonistas por meio de imitações estrangeiras de imagens do mundo flutuante (*ukiyo-e*), incluindo a deturpação jocosa e a simulação inventiva de caracteres chineses para efeito de ambientação. No Japão, por sua vez, onde o acesso a imagens da modernidade europeia e americana reduzia-se a um pequeno abastecimento de pinturas, gravuras e livros ilustrados, a escrita alfabética ainda podia ser interpretada como rabiscos, uma vez que poucos eram letrados na estranha escrita horizontal. Baisotei, portanto, não estava sozinho ao imprimir o nome do balão em letras maiúsculas de um lado ao outro de sua seção intermediária no meio da seção lateral como "CNИTCTUTION" em vez de "CONSTITUTION" (CONSTITUIÇÃO). A desordem das letras românicas e a inclusão do que parece ser uma letra *И* cirílica foram simplesmente erros de sua alfabetização incompleta. Sua gravura é baseada em uma ilustração do diário de viagem *Futayo gatari* [二夜語] (Conto de duas noites, 1861), de Somo Kato, um membro da primeira embaixada do Japão nos Estados Unidos. Conforme Meech-Pekarik revela,

> Em 14 de junho de 1860, a embaixada japonesa nos Estados Unidos fez uma visita ao Philadelphia Gas Works a fim de testemunhar a ascensão de dois grandes balões; o "Constituição" foi pilotado pelo professor T. S. C. Lowe, de Nova York, e o outro pelo professor William Paulin, de Filadélfia [...]. O balonismo fora popular no Ocidente desde os experimentos dos irmãos Montgolfier em 1782, mas as primeiras viagens de balão no Japão só foram acontecer em 1872, quando três balões da Marinha foram enviados para um voo experimental no distrito de Tsukiji, em Tóquio.[4]

Ao compararmos essas informações com a ilustração original, que também esclarece o mistério acerca das duas bandeiras indeterminadas como sendo americanas, não restam dúvidas sobre a procedência do modelo de Baisotei.

---

4. J. Meech-Pekarik, *The World of the Meiji Print*, op. cit., p. 20.

INTRODUÇÃO

Em última análise, as especificidades de tempo e lugar eram de menor importância, desde que uma sensibilidade amplamente "ocidental" ou "holandesa" fosse transmitida. No lado inferior direito da moldura, em uma terceira marca de autenticação, está a assinatura do artista, Baisotei *geboku*, ou "tinta espirituosa de Baisotei". Isso está ligado à episteme do "mundo flutuante" da era Tokugawa, no qual diletantes promoviam curiosidades exóticas para o público leitor e espectador. Além disso, a tipografia de Baisotei revela um fascínio ingênuo pela falta de transparência das letras estrangeiras. A palavra "Constituição" com erros de ortografia pairando no ar (um termo que significa, ao mesmo tempo, as leis e os princípios fundamentais pelos quais um Estado-nação se estabelece e o registro escrito desse conjunto de leis e princípios) ressalta de forma efetiva um divisor de águas político que ainda estava para ser promulgado em solo japonês. O resultado, em vez disso, perante o encontro espirituoso do "mundo flutuante" da era Tokugawa com a modernidade ocidental, é o significante flutuante de letras sem sentido sobre um balão flutuante em uma imagem flutuante. Esse também não é o único exemplo de escrita embaralhada e à deriva. A sobrecasaca do homem incorpora em seu padrão floral um desenho de letras que inclui outros *H* e *B*, um *A* e *T* de cabeça para baixo; e um *C* invertido no centro. Uma outra fileira de letras corre ao longo da bainha: um *D* invertido, um *E*, um *L*, um *P* e um *V* de cabeça para baixo, e uma última letra indistinta. Seu valor fonético, entretanto, não está em questão, sendo elas puramente decorativas.

Nos anos seguintes, as coisas mudariam vertiginosamente. Um novo investimento na transparência das notações fonéticas surgiu na era Meiji, quando os reformadores linguísticos procuraram restaurar o governo fragmentado do Japão da era Tokugawa em um único e coeso povo (*kokumin*) unido por uma língua (*kokugo*) e uma escrita (*kokuji*) nacionais em comum. Esta última categoria se aplicava não apenas ao *kana* e às letras românicas, mas também a experimentações textuais, principalmente à notação taquigráfica (*sokki*) adaptada de modelos ocidentais e usada em uma tentativa de registrar e transmitir perfeitamente do japonês falado para o escrito, e vice-versa. Uma série de linhas e voltas simples que eram mapeadas para valores fonéticos e podiam ser escritas de forma eficiente e precisa, a taquigrafia era o sistema de transcrição manual definitivo do século XIX. Não por coincidência que, em inglês, ela foi apelidada de "fonografia" por seu inventor, Isaac Pitman, cerca de trinta anos antes da invenção do fonógrafo de Edison, ou que em meados dos anos 1880, no Japão, ganhou o apelido de "fotografia verbal" (*kotoba no shashinho*). Em uma ressonância alinhada à constelação do *utsushi*, os praticantes de taquigrafia cunharam o bordão "anotar as coisas tal como são" (*ari no mama ni utsushitoru*) a fim de descrever a alta fidelidade desse registro.

 Inicialmente introduzida com o propósito cívico de registrar discursos políticos e a condução do Estado, a taquigrafia viria a atrair mais atenção do público ao ser aplicada, em meados da década de 1880, à transcrição de *rakugo* e *kodan*, dois tipos populares de narrativas teatrais. Foi nessa capacidade que os folhetins serializados e transcritos de forma taquigráfica da obra *Kaidan botan doro* [怪談牡丹燈籠] (A história de fantasma da lanterna de peônia, 1884), de Encho Sanyutei, permitiram pela primeira vez uma forma de escrita vernacular nua e crua, a precursora daquilo que ficou conhecido como *genbun itchi*, termo que significa literalmente "a unificação da fala e da escrita" ou, como vou me referir daqui para frente, "o estilo unificado". Por força de sua origem em novas formas de captura de mídia verbal e visual, esse modo literário foi imbuído de novas qualidades de mimetismo indexical. Como ainda argumentarei neste livro, ele deveria ser chamado de "realismo transcricional", em reconhecimento à sua ligação com a taquigrafia e a constelação do *utsushi*.

 As genealogias da literatura japonesa moderna, inauguradas pelas teorias literárias em *Shosetsu shinzui* [小説神髄] (Essência do romance, 1885), de Shoyo Tsubouchi, e pelo "primeiro romance japonês moderno", *Ukigumo* [浮雲] (Nuvens flutuantes, 1887), de Shimei Futabatei, há muito assinalam *A lanterna de peônia* como fonte de fugaz inspiração. Contudo, por outro lado, elas ignoram as estratégias composicionais da taquigrafia e a apreciação crítica feita por Shoyo e outros, fazendo com que o conto assombre as margens do cânone como meros restos fantasmagóricos. Enquanto "anotar as coisas tal como são" se tornaria o imperativo composicional do realismo japonês moderno — desde o movimento de esboço literário (*shaseibun*) iniciado por Shiki Masaoka até os romances modernos de Doppo Kunikida, Toson Shimazaki, Katai Tayama, Natsume Soseki e muitos outros —, seu fundamento na história da mídia seria esquecido, perdido ou marginalizado por sucessivas gerações de escritores e acadêmicos. Aqui, no entanto, ao tomar como base pesquisas recentes em estudos de mídia e história da mídia, busco restabelecer o nascimento da literatura e da cultura visual do Japão a partir de um campo de técnicas e tecnologias da escrita.

Contra a persistente ambiguidade e o jogo de significantes do passeio de balão de Baisotei, uma transição sem precedentes em direção a novas padronizações de medidas de tempo, espaço e linguagem, bem como uma profusão de novos sistemas e tecnologias de mídia renovaram os limites da percepção e da experiência vivida desde a década de 1870 até o início da de 1900. Tais desenvolvimentos tiveram profundas consequências ao incutir a subjetividade nacional e formar uma perspectiva moderna ao mundo. A partir daí, fosse em termos literários ou visuais, uma cópia seria avaliada, antes de tudo, segundo sua relação indexical (calculável/mensurável) com os fenômenos externos. Conforme o historiador da arte Doshin Sato sustenta: "Para que o realismo se estabelecesse de fato, foram necessários fatores quintessenciais do século XIX: um conjunto de valores diferentes da idealização, do embelezamento ou da deificação; um reconhecimento da realidade como ela é, e o poder de 'ver'; e uma nova crença nas capacidades visuais das pessoas."[5]

Não nos devemos enganar ao pensar que qualquer forma de registro midiático reconstrói a presença por meio da representação, e a linguagem não é exceção. Miyako Inoue fornece uma brilhante

---

5. D. Sato, *Modern Japanese Art and the Meiji State: The Politics of Beauty*, trad. Hiroshi Nara, Los Angeles: Getty Research Institute, 2011, p. 244.

síntese das noções do senso comum acerca da linguagem, entendida como um canal natural e inato. De acordo com tais ideias,

> A linguagem é um meio transparente, pura e exclusivamente referencial em sua função, segundo a qual nada se interpõe entre a linguagem e o mundo; ou seja, há uma correspondência exata, exclusiva e livre de contexto, entre o som e a palavra, a palavra e o significado, e a linguagem e o mundo. A linguagem reflete o que já está lá fora, sempre um passo atrás do mundo, docilmente ratificando e confirmando tudo o que existe. Essa *concepção realista* da linguagem é inerentemente ideológica, porque *obscurece* o trabalho semiótico da linguagem de mediar e produzir ativamente aquilo que parece ser meramente dado, invertendo a ordem das coisas como se o mundo existisse *da forma que é*, sem a mediação da linguagem. Ligada ao regime do poder moderno, a linguagem serve para transformar coisas, categorias, eventos e ideias em um *fato consumado*.[6]

O obscurecimento da mídia, ou a escrita sob a sombra do apagamento: embora suas palavras não tenham sido escritas com os discursos literários, linguísticos e visuais da era Meiji em mente, elas descrevem com precisão uma crença central de que a invenção de uma nova língua e escrita nacionais e transparentemente miméticas poderia servir de base para o realismo literário e outros gêneros contemporâneos. A memória dos processos midiáticos se revelaria de curta duração em múltiplos quesitos. No início dos anos 1900, a transcrição taquigráfica de narrativas orais se afastaria da memória, na medida em que escritores mais jovens simplesmente adotaram o estilo unificado como fato consumado à sua maneira. Posteriormente, a questão de uma escrita nacional também perderia seu status de igualdade e seria incluída no campo da língua nacional. De outras

---

6. M. Inoue, "Gender, Language and Modernity: Toward an Effective History of Japanese Women's Language", *American Anthropologist*, v. 29, n. 3, 2002, p. 402 (grifos meus).

INTRODUÇÃO

maneiras que serão descritas adiante neste livro, um cânone literário foi inventado pelas gerações seguintes de acadêmicos às custas desses e de outros aspectos da história da mídia. Portanto, é apropriado começarmos de um ponto em que as questões da tecnologia de escrita ainda eram incertas, antes que o esquecimento pudesse se instaurar.

Sistemas de anotar as coisas

Este livro investiga as transformações discursivas que reformularam o cenário literário, visual e linguístico do Japão da era Meiji. A abordagem crítica desta obra se deve principalmente ao trabalho pioneiro do teórico da mídia e acadêmico literário alemão Friedrich Kittler. Kittler adota *Aufschreibesysteme* como o termo de sua metodologia, que significa "sistemas de notação" ou, mais literalmente, "sistemas de escrita". Trata-se de um neologismo cunhado pelo juiz Dr. Schreber em suas memórias publicadas, famosas por terem sido analisadas por Sigmund Freud. Kittler reaproveita — ou melhor, restaura — o significado mais amplo do termo, usando-o para designar a proliferação de tecnologias de escrita e seus efeitos na modernidade.[7] Como o termo alemão não tem equivalente direto em inglês nem em português, os tradutores de Kittler utilizaram a expressão "redes discursivas" (*discourse networks*), e faço uso desse termo crítico, embora não precisamente sinônimo, em momentos-chave ao longo de meus argumentos. Como Kittler observa corretamente, a análise do discurso desenvolvida por Michel Foucault entende como limite do conhecimento humanístico o meio primário de armazenamento e recuperação disponível até o

---

7. Em uma entrevista de 2006 a John Armitage, Kittler resume a visão psicótica de Schreber da seguinte forma: "Ao apelar para a noção de *Aufschreibesysteme*, o louco procurou sugerir que tudo o que ele fez e disse dentro do hospício foi escrito ou gravado imediatamente e que não havia nada que alguém pudesse fazer para evitar que fosse anotado, às vezes por anjos bons, às vezes por anjos maus" (J. Armitage, "From Discourse Networks to Cultural Mathematics: An Interview with Friedrich A. Kitller", *Theory, Culture and Society*, v. 23, n. 7-8, 2006, p. 18).

advento da mídia moderna no século XIX — a saber, o monopólio da impressão.⁸ Em contraste, essas redes discursivas chamam a atenção para implementações materiais de escrita por meio de canais de registro e transmissão que não se limitam ao que Marshall McLuhan chamou de "Galáxia de Gutenberg". Além disso, onde a análise do discurso implica objetos que podem ser extraídos de arquivos, de acordo com a arqueologia do conhecimento de Foucault, o conceito de redes discursivas oferece uma abordagem muito mais abrangente para identificar os traços frequentemente passageiros da mídia.

Isso não quer dizer que a metodologia de Kittler seja antagônica à pesquisa arquivística ou aos códigos representacionais expostos por autores e textos. Pelo contrário, seu livro *Discourse Networks 1800/1900* [Redes discursivas 1800/1900] estabelece instâncias paralelas dos discursos do Romantismo e do Modernismo em formação, cujas partes constituintes dependem menos de um gênio particular para sua criação (Goethe e Nietzsche, respectivamente) do que de um amplo rearranjo de tecnologias de escrita, relações sociais, instituições educacionais e o aparato do Estado. Tomo aqui a liberdade de pegar emprestada a impressionante sinopse de David Wellbery sobre a episteme alemã de 1800, na qual ele observa que as convenções para a poesia romântica, a alfabetização universal e outros meios pelos quais se incutia a subjetividade nacional eram

> fatores discursivos, pontos nodais em uma rede discursiva positiva e empírica, funções em um sistema de comunicações e comandos que não possui centro ou origem. Assim, não disfarçam uma realidade que é anterior a eles próprios e da qual eles brotariam; eles produzem a realidade ligando corpos (os olhos, os ouvidos e as *mãos das crianças*) à letra e a exemplos de poder. Logo esse sistema desenvolve sua própria teoria (uma linguística da raiz e do verbo),

---

8. Ver F. Kittler, *Gramophone, Film, Typewriter* (trad. Geoffrey Winthrop--Young e Michael Wurtz, Stanford: Stanford University Press, 1999), pp. 2-3.

seu próprio imaginário (poesia como tradução da linguagem da natureza) e seus próprios protocolos de leitura (a hermenêutica romântica do significado). É um processo que se materializa em face de reformas institucionais (desde escolas primárias até auditórios universitários), é codificado em leis (o Código Geral Prussiano de 1794 impõe tanto direitos autorais quanto a amamentação materna) e molda carreiras (conforme revela o novo gênero *Bildungsroman*, ou romance de formação).[9]

Deixando de lado as particularidades nacionais, *estruturalmente* tal modelo não é muito diferente do que despontou no Japão no fim do século XIX. Certos caminhos e canais que se desenvolveram na episteme Meiji seguem de perto ou correm em paralelo com desenvolvimentos na Alemanha e em outros lugares do Ocidente. O Japão da era Meiji testemunhou uma série de movimentos de padronização nacionais, imperiais e internacionais — temporais, espaciais e linguísticos — em conjunto com as novas tecnologias midiáticas que redesenharam cada vez mais as fronteiras da vida cotidiana em todo o mundo. Do mesmo modo, presidiu a criação de um serviço postal nacional capaz de regular o envio e o recebimento de todas as mensagens escritas, incluindo aquelas transmitidas por meio de telégrafo; reformas nacionais de língua e escrita, incluindo sistemas fonéticos experimentais, como a notação taquigráfica; e novas categorias de realismo literário que culminam no romance moderno.

Embora o estudo de Kittler ainda não tenha sido traduzido para o japonês, a especialista em estudos de mídia Tamura Kensuke decidiu traduzir a expressão "redes discursivas" como *kakikomi shisutemu*, que significa literalmente "sistemas de escrita". Apesar de ser uma alternativa aceitável, uma tradução mais precisa e que faz jus à linguagem da teoria midiática enraizada na terminologia vigente da

---

9. D. Wellbery, "Prefácio", in: F. Kittler, *Discourse Networks 1800/1900*, trad. Michael Metteer e Chris Cullens, Stanford: Stanford University Press, 1990, p. xxiii-xxiv.

era Meiji seria *utsushitori shisutemu*, que recupera o bordão "anotar as coisas tal como são". De fato, a forma como essa frase de efeito reaparece insistentemente em uma variedade tão grande de textos e contextos é a marca de uma episteme em que a escrita, em grande escala, faz sua presença ser sentida em todos os lugares.

O título deste livro, *A escrita no Japão da era Meiji* [*Writing Technology in Meiji Japan*], é devidamente dialógico.[10] Ele se estende no sentido tanto de caracterizar as condições materiais da escrita quanto de elucidar o processo autorreflexivo e generativo de escrever sobre tecnologia na literatura e na cultura visual. Trabalhando entre esses dois níveis, vemos pela primeira vez a primazia de autores e textos, tão frequentemente assegurada pelas abordagens canônicas aos estudos literários japoneses, ficar em segundo plano em relação à mídia dotada de agenciamento. Até recentemente, sucessivas gerações de estudiosos eram ensinadas a ler autores e textos em um grau quase puramente exegético, dando pouca importância ao empreendimento colossal de escavar a história da mídia. Contra a maré da genealogia canônica, as origens histórico-midiáticas da modernidade literária, linguística e visual japonesa exigem não apenas uma arqueologia própria, como também que reposicionemos autores e textos familiares que foram completamente naturalizados/nacionalizados como entidades intermediárias para conceitos, práticas e processos da mídia.

A trilha do papel

A história da mídia sempre teve uma presença intelectual maior nas pesquisas em estudos sobre o Japão em língua japonesa do que em suas contrapartes norte-americanas. Kensuke Kono, Yoichi Komori, Hideo Kamei, Takanori Li e muitos outros fizeram contribuições

---

10. O autor refere-se à palavra "Writing" do título original, que, em inglês, funciona tanto como substantivo quanto como verbo. Em português, não há a coincidência de forma neste caso e tem-se, portanto, o substantivo "escrita" e o verbo "escrevendo". [N.E.]

INTRODUÇÃO

inestimáveis para historicizar o papel de conceitos e práticas midiáticas na modernidade japonesa. Ainda que eu seja profundamente grato a essas análises, as quais procurei incorporar ao longo deste livro da melhor forma possível, vários elementos distinguem minha abordagem desses estudos prévios. Os primeiros capítulos, em particular, examinam os movimentos de padronização e as novas técnicas e tecnologias de escrita na Europa e na América do Norte que emparelharam, se sobrepuseram ou, em alguns casos, dialogaram diretamente com a modernização e a modernidade do Japão da era Meiji. Sem essas distinções, a materialidade das redes discursivas fica relegada a segundo plano, correndo o risco de permanecer apenas no nível da metáfora nas páginas dos textos literários.

Os primeiros capítulos também enfatizam em que medida o Japão da era Meiji promoveu uma estreita troca de ideias e de cultura material com o mundo anglófono. A incomensurabilidade da fala e da escrita não era apenas um problema central para os reformadores da língua japonesa da era Meiji; mas uma característica central do discurso ocidental do século XIX. No mundo anglófono, isso deu origem a exemplos célebres, como o *Pigmalião*, de George Bernard Shaw (1912), inspirado no gramático e filólogo irascível Henry Sweet (1845-1912). Reparar essa lacuna foi também o ímpeto por trás das notações fonéticas experimentais, como a notação taquigráfica de Isaac Pitman e a Fala Visível de Alexander Melville Bell na segunda metade do século XIX. Existe uma suposição muito simplista, feita nos estudos sobre o Japão, de que as reformas da língua japonesa ocorreram em um cenário de línguas ocidentais já totalmente formadas ou aperfeiçoadas. Nada poderia estar mais longe da verdade. Das notações fonéticas experimentais à própria noção de uma linguagem unificada e vernacular, os reformadores da era Meiji estavam em diálogo com — e não sempre um passo atrás ou lutando para "alcançar" — seus homólogos ocidentais, principalmente os anglófonos.

Por último, mas não menos importante, a história da mídia assume uma função interrogativa mais ampla do que a história literária por si só. A opinião radical de Foucault sobre a formação disciplinar era a de que os campos de conhecimento modernos são constituídos de fora para dentro. Ou seja, eles não devem suas origens aos supostos objetos que buscam internamente, mas a causas externas. A resposta de Foucault foi atacar esse silêncio entre as duas esferas, que estabelece mitos de continuidade e revela sua presença a si mesmo. Entre os proponentes dos relatos canônicos do romance moderno e do estilo unificado como base da língua nacional há um ponto cego em comum com relação às notações: a saber, como a fonética era equacionada pelos intelectuais da era Meiji com os métodos mais avançados de captura de mídia. Este livro não presume, de maneira alguma, a inevitabilidade do estilo unificado ou seu papel como veículo do realismo na literatura japonesa moderna. Em vez disso, investiga um amplo espectro de debates e experimentos que não necessariamente tiveram efeitos reais, porém apresentaram reverberações duradouras e, às vezes, efeitos em cascasta, na episteme da era Meiji.

Com essas questões em mente, deve-se salientar que os fatos fundamentais sobre a transcrição de *A lanterna de peônia*, de Encho Sanyutei, são bem conhecidos no Japão e, isoladamente, não são controversos. Tanto estudiosos quanto leitores leigos há muito tempo já sabem que Shoyo Tsubouchi encorajou Shimei Futabatei a emular a narrativa de Encho para alcançar um estilo moderno. O problema é que historiadores literários sempre puderam isolar isso como um evento único e exclusivo, quiçá uma ocorrência estranha, mas não um ponto de virada decisivo, muito menos um indicador que levou a um trabalho de base ainda mais extenso para a modernidade. Ainda assim, mesmo essa proposição básica acaba sendo um pouco enganosa. Não foram as performances ao vivo de Encho que Futabatei teve de testemunhar para entender sua aparente genialidade literária, mas as próprias transcrições taquigráficas. Isso fornece uma importante lição sobre mídia e embasa o escopo narrativo deste livro. Não questiono que autores, inovadores e reformadores possam participar ativamente e interagir uns com os outros no discurso. Em vez disso, meu foco está nas maneiras pelas quais a mídia institui suas mediações. A própria existência de transcrições taquigráficas como um objeto a ser imitado ou adaptado não pode ser subestimada. De fato, transcrições taquigráficas, em sintonia com outros sistemas de escrita, forneceram os meios pelos quais os planos verbais, visuais e impressos poderiam, pela primeira vez, convergir na "literatura japonesa moderna".

Este livro procura oferecer um arcabouço teórico e arquivístico unificado para compreender a história da mídia no que diz respeito à literatura e à cultura da era Meiji. Seus capítulos formam uma sequência lógica desde as condições midiáticas gerais da episteme da era Meiji (parte I) até a centralidade das notações fonéticas experimentais, seguida pela reconsideração das notações convencionais nos debates sobre a reforma da língua e da escrita nacionais (parte II) e, finalmente, o surgimento do estilo unificado e do realismo transcricional via taquigrafia fonética (parte III) e sua disseminação na literatura japonesa moderna (parte IV). Coletivamente, eles demonstram como uma multiplicidade de conceitos, práticas e processos de mídia globalmente sincrônicos foi reunida na era Meiji, incluindo: movimentos de padronização; o surgimento de novos sistemas de comunicação (como o telégrafo e o correio); a supracitada reforma da língua e da escrita nacionais; e novos estilos literários e modos de realismo, exemplificados por escritores como Shiki Masaoka e Natsume Soseki.

O primeiro capítulo examina os movimentos de padronização do fim do século XIX que contribuíram não apenas para a consolidação da identidade nacional japonesa, mas também para uma nova métrica de tempo e espaço nacional-imperial. Partindo dos conceitos fundamentais de nacionalismo (de Benedict Anderson) e tecnologia (de Martin Heidegger), são periodizadas mudanças graduais e rupturas súbitas que reformularam a vida cotidiana e os fenômenos díspares que antes permaneceram intensamente locais ou indisponíveis aos métodos científicos modernos. O segundo capítulo amplia essa discussão com um estudo das redes discursivas do telégrafo

INTRODUÇÃO

e do correio, que se espalharam da capital Tóquio para as periferias mais distantes do arquipélago, o império japonês no Leste Asiático e além. Nele, foca-se em Hisoka Maejima, cuja proposta de abolir os caracteres chineses enviada às autoridades do xogunato antes de se tornar o primeiro diretor-geral dos correios do Japão é amplamente vista como o momento inicial dos debates sobre a reforma da língua e da escrita nacionais. O capítulo também avalia as contribuições de Maejima para a criação dos canais por meio dos quais a escrita, o material impresso e os dados eletrônicos poderiam ser enviados através de fios telegráficos. Em seguida, são examinados as notações codificadas e os processos mecânicos que recompõem a escrita para uma materialidade anterior ao significado, demonstrando as maneiras pelas quais tanto o agenciamento subjetivo quanto a vigilância e o controle do Estado são afirmados por meio de seus canais. O terceiro capítulo fornece uma análise comparativa do poder da palavra escrita de aprisionar-se dentro dos limites do espaço nacional, representado na era Meiji pela peça de kabuki de Mokuami Kawatake *Shima chidori tsuki no shiranami* [島千鳥月の白波] (Tarambolas da ilha e ondas brancas da lua, 1881), sobre e contra as condições encapsuladas na icônica xilogravura de Hokusai, *Shunshu Ejiri* [駿州江尻] (Estação Shunshu na província de Ejiri, c. 1830), retirada da coleção *Trinta e seis vistas do monte Fuji*. O que está em jogo é a mudança dos códigos legais, sociais e estéticos postos a serviço do Estado para regular a conduta de seus cidadãos.

 O quarto capítulo começa com Arinori Mori, para quem uma língua e uma escrita nacionais baseadas no inglês simplificado ofereciam o meio mais conveniente de incutir a identidade nacional japonesa e competir de igual para igual com os poderes ocidentais. Nele, observa-se como a proposta de Mori em 1872 estava intimamente ligada à reforma ortográfica e fonética no mundo anglófono. Dirigindo sua proposta em inglês a acadêmicos americanos enquanto servia como embaixador nos Estados Unidos, Mori buscou superar aquilo que chamava de natureza "hieroglífica" da ortografia inglesa, bem como as inadequações estruturais do japonês contemporâneo rumo ao estabelecimento de um Estado moderno. Na prática, sua proposta aplicou o mesmo princípio que medidas comparáveis usaram para unidades espaciais e temporais; nesse caso, seu objetivo era criar um modelo de linguagem mais perfeitamente padronizado. Apesar da resistência e da ridicularização que Mori sofreu de intelectuais, tanto anglófonos quanto japoneses, por sugerir a implementação de uma ortografia consistente do inglês, os esforços subsequentes para limitar e regularizar o *kana*, incluindo a eliminação de suas formas variantes, limitar o número de caracteres chineses e criar as diretrizes para o japonês romanizado eram consistentes com os fundamentos de sua proposta. O capítulo conclui com o filósofo Amane Nishi, que insistia na materialidade da escrita e, especificamente, das letras romanas, como precondição fundamental para a assimilação bem-sucedida do Japão ao discurso de "Civilização e Iluminismo". Nishi relacionou a produção da modernidade propriamente dita com a tecnologia fonética do alfabeto.

 O quinto capítulo explora a adaptação feita por Koki Takusari e seus discípulos da "taquigrafia fonográfica" de Isaac Pitman (1882). Conhecida tanto como fonografia quanto como método fotográfico de palavras, a taquigrafia contribuiu para uma ampla reorganização da atividade econômica, política e literária por meio do registro e da transmissão manuais rápidos, antes da popularização de dispositivos mecânicos de gravação de áudio. No capítulo, historicizam-se as origens da taquigrafia no Ocidente e dedica-se considerável atenção às teorias concorrentes adotadas no Japão, particularmente na medida em que elas apontam as contribuições da taquigrafia nos debates acerca da reforma da língua e da escrita nacionais. Uma premissa central deste livro é que a taquigrafia, de forma bastante literal, *subscreveu* o estilo unificado, cujo ideal era alcançar os estados intercambiáveis de "escrever como se fala" e "falar como se escreve".

 O sexto capítulo analisa a obra *Visible Speech: The Science of Universal Alphabetics* [Fala Visível: A ciência do alfabeto universal], de Alexander Melville Bell — que foi ensinada diretamente a Shuji Isawa pelo próprio filho do autor, Alexander Graham

Bell, em 1878 —, e as subsequentes adaptação e promulgação da Fala Visível por Isawa. As aplicações da Fala Visível de Isawa foram essenciais para sua implementação da educação em língua nacional no sistema escolar normal iniciado sob a liderança de Mori, incluindo instrução para surdos, deficientes e dialeticamente desfavorecidos, e a primeira implantação da educação colonial em Taiwan. Para Isawa, a Fala Visível estava idealmente destinada a regular e avançar o novo conceito de uma língua nacional japonesa unificada (*kokugo*) no centro de um sistema imperial no Leste Asiático. Não era a intenção de Isawa criar um híbrido ou uma síntese de línguas ou sistemas de escrita coloniais; em vez disso, era para manter modos padronizados de fala que poderiam ser ensinados tanto ao colonizador quanto ao colonizado, usando a Fala Visível. A língua japonesa se tornaria, assim, o centro a partir do qual cada língua colonial poderia manter relações unilaterais, independentes umas das outras. Embora nunca tenha sido posta em prática dessa maneira, a Fala Visível revela, no entanto, até que ponto uma notação fonética importada e adaptada, além da taquigrafia, foi promovida em nome do projeto imperial japonês.

 O sétimo capítulo contextualiza as constelações cognatas de conceitos e práticas de *utsushi* na pintura, na fotografia e na literatura. Ele também realiza três leituras textuais atentas: no plano visual, concentra-se nos polêmicos ataques de Ernest Fenollosa, em sua apresentação *Bijutsu shinsetsu* [美術真説] (A verdade da arte, 1882), contra as relações entre palavra e imagem na arte literata (*bunjinga*), a fim de impor limites disciplinares ocidentais. No plano verbal, o capítulo considera as adaptações feitas entre as narrações de *rakugo* e *kodan* e as notações taquigráficas evidentes nos prefácios, ilustrações e outras formas de estruturação de histórias transcritas. Por fim, no plano da impressão, conclui-se com uma análise do romance político de Ryukei Yano, *Sebe meishi keikoku bidan* [斉武名士経国美談] (Ilustres estadistas de Tebas, 1883-1884). Essa obra campeã de vendas, que se passa na antiga Tebas e procura representar as oportunidades de transformação política defendidas pelo Movimento

INTRODUÇÃO

pela Liberdade e Direitos do Povo [自由民権運動] (*Jiyu minken undo*), também foi uma demonstração impressionante das possibilidades reveladas pela taquigrafia para reconceitualizar as relações do pensamento político e da literatura. Yano não apenas empregou um estilo misto baseado na gramática clássica japonesa, como contou com a participação de dois repórteres taquigráficos para transcrever os dois volumes do texto. Na primeira edição, o segundo desses repórteres, Kanzo Wakabayashi, ajudou Yano ao fornecer para o público leitor um posfácio que demonstrava a taquigrafia juntamente com escritos exclusivamente em *kana* e mistos de *kanji* e *kana*. Em menos de um ano, Wakabayashi também participaria da transcrição de *A lanterna de peônia*, de Encho, e escreveria um prefácio próprio ao lado de Oboro Harunoya, o pseudônimo do escritor e teórico literário Shoyo Tsubouchi.

O oitavo capítulo examina os três textos canônicos comumente posicionados na vanguarda da literatura japonesa moderna: *A lanterna de peônia*, *Essência do romance* e *Nuvens flutuantes*. Apesar da retórica de uma transparência que beira a mimese alucinógena, apresentada por taquígrafos e pelos primeiros teóricos literários, a condição do texto representado perante uma presença ou um local de enunciação original foi constantemente carregada com a interferência fantasmagórica do meio. Isso não significa substituir uma narrativa de origem por outra, em uma regressão infinita em direção a primórdios cada vez mais antigos e nunca definitivos, mas reavaliar os fundamentos arquivísticos e metodológicos sobre os quais o próprio conceito de uma origem canônica está assegurado. E também nos permite desafiar os efeitos hermenêuticos que decorrem da trajetória canônica, pois, enquanto muitos autores e textos retêm sua estatura nacional-literária, o horizonte de sua legibilidade é irrevogavelmente transformado.

O nono capítulo examina vários escritos de Shiki Masaoka, desde seus primeiros ataques iconoclásticos contra a poética *haikai* convencional e a reforma do *haiku* e do *tanka*, até seus esboços literários em prosa. Uso o título da coleção inicial de ensaios de Shiki, *Fude makase* [筆まかせ] (Rabiscos, 1884-1892), como ponto de partida e fio condutor que localizam seu trabalho nas rupturas discursivas e nos movimentos aristotélicos que levaram a experimentos com o realismo transcricional no estilo unificado. No entanto, eu também gostaria de esclarecer a dialética de idas e vindas de Shiki entre a vida e a literatura, o sangue e a tinta. Há um conceito do qual os estudiosos dependem, o romantismo de se escavar arquivos, que produzirá de suas criptas empoeiradas todo pensamento e sentimento secreto de seus autores e textos como um sistema consistente e coerente de significados: o texto da vida. Shiki se favorece de tal conceito como um exemplar do Romantismo em vários níveis. Sua obsessão em anotar as coisas, uma mania que poderíamos diagnosticar como *Aufschreibesysteme*, foi "herdada" por escritores naturalistas no fim dos anos 1900, após sua morte, que reformularam fenômenos físicos e psicológicos em uma perspectiva científica, ou ao menos social-darwinista. Havia também a questão de sua tuberculose, que se manifestou por volta de 1895 e piorou progressivamente, com um prolongado período de deterioração de 1898 a 1902. Apesar de sua debilitação física, ou talvez por causa dela, a experimentação de Shiki com formas e estilos literários continuou inabalável.

    O capítulo final explora a obra *Wagahai wa neko de aru* [我輩は猫である] (Eu sou um gato, 1904-1906), de Soseki, que foi a apoteose do estilo unificado no romance moderno e, ao mesmo tempo, sua crítica mais contundente. Valendo-se do conjunto completo de redes discursivas à sua disposição na virada do século XX — taquigrafia, esboços literários e artísticos, outras tecnologias midiáticas e a produção de conhecimento humanístico em geral —, Soseki chama atenção para os limites da representação, do registro e da transmissão por meio de um gato. Com seu amanuense felino constantemente interrompendo o fluxo narrativo com reflexões sobre o meio da escrita em si, esse texto exemplifica o discurso do realismo transcricional pelo qual o eu moderno é sempre precedido, para não dizer de fato constituído, por um cenário de escrita.

PARTE I

Redes discursivas no Japão da era Meiji

CAPÍTULO 1:

Padronizando medidas

Fundo de reserva

Enquanto os séculos XVIII e XIX marcaram a expansão dos Estados-nação europeus, cujos empreendimentos coloniais e imperiais iniciaram a imposição da hegemonia cultural do Ocidente em escala global, a segunda metade do século XIX testemunhou padronizações sem precedentes de tempo, espaço e linguagem tanto internamente quanto através das fronteiras nacionais. Tal conjuntura constituiu um esforço não somente para impor ordem nas zonas de contato em que diferentes culturas e povos se uniram, mas também para conciliar as relações profundamente locais, ainda que fragmentadas, dispersas pelo globo. Consequentemente, Michael Adas, por exemplo, forneceu uma contextualização valiosa das maneiras pelas quais os tropos universalistas e "ocidentais" da ciência e da tecnologia serviram para justificar a colonização da África, do Sul Asiático e da China.[1] Para além da observação ideológica sobre diferenças culturais,

---

1. M. Adas, *Machines as the Measure of Men: Science, Technology, and Ideologies of Western Dominance*, Ithaca: Cornell University Press, 1989. Embora mencione o Japão, Adas fornece apenas uma visão superficial das atitudes europeias favoráveis em relação à laboriosidade e à perícia militar

tem havido, no entanto, bem menos reconhecimento conferido nas histórias nacionais ou mundiais às muitas maneiras pelas quais a padronização distribui e define a experiência da vida moderna.

Certamente, a padronização trouxe profundas implicações para o "Grande Império Japonês" (*Dai Nihon teikoku*), como ficou consagrado o estado Meiji na Constituição de 1890.[2] Durante as primeiras várias décadas do novo regime, o Japão lutou para revogar os tratados desiguais que foram impostos ao xogunato nos anos 1850, mesmo conforme se empenhava em campanhas de modernização doméstica e na conquista de seu próprio domínio no Leste Asiático e no Pacífico.[3] Para avaliar adequadamente o surgimento da língua nacional e da literatura moderna nesse período, é necessário situá-las no contexto de um ambiente internacional de medidas padronizadas e em relação às tecnologias midiáticas emergentes. Este capítulo procura ainda identificar como os ritmos da vida cotidiana no Japão da era Meiji foram convertidos em unidades calculáveis e cenários de escrita da era das máquinas industriais.

---

japonesas, desde Francisco Xavier no fim do século XVI até Lafcadio Hearn na virada do século XX.

2. O uso moderno de "*Dai Nihon teikoku*" remonta pelo menos ao início da década de 1870, conforme demonstrado na quinta parte de *Minsen giin ron* (民選議員論, Sobre o governo), de Mamichi Tsuda, no jornal *Meiroku Zasshi* (明六雑誌, 1873). Tsuda atesta o direito básico de propriedade da terra a indivíduos privados pela benevolência do imperador, fazendo a pergunta retórica: "Existe alguém entre o povo do Grande Império Japonês que não esteja profundamente comovido pela graça ampla e ilimitada do imperador?" (W. R. Braisted [org.], *Meiroku Zasshi: Journal of the Japanese Enlightenment*, Cambridge: Harvard University Press, 1976, p. 200).

3. Os tratados existentes com as principais potências ocidentais terminaram no período de 1894 a 1895 e foram substituídos, nos anos subsequentes, pela ratificação de arranjos mais equitativos. Enquanto isso, o Japão iniciou sua expansão colonial com os Estados tributários de Ryukyus (Okinawa) e Ezo (Hokkaido) em 1869, assumiu Taiwan após a guerra contra a China em 1894-1895 e obteve concessões substanciais na Coreia e no Nordeste Asiático após sua apertada vitória sobre a Rússia em 1904-1905.

A conhecida definição de Benedict Anderson da nação como uma comunidade imaginada depende de uma ruptura radical com a consciência temporal de sociedades pré-modernas, cujas cosmologias harmonizam o presente com o passado por meio da linguagem dos textos clássicos e sagrados, em direção à fraternidade horizontal do Estado-nação moderno, que sincroniza e localiza a si mesmo pela matéria impressa vernacular, notadamente o romance e o jornal. Ao contraste temporal entre as cosmologias pré-moderna e moderna, Anderson acrescenta a ciência moderna da medida padronizada:

> O que acabou tomando o lugar da concepção medieval de simultaneidade ao longo do tempo é, pegando novamente emprestado de [Walter] Benjamin, uma ideia de "tempo homogêneo e vazio", no qual a simultaneidade, por assim dizer, é transversal, cruzada, marcada não por prefiguração e realização, mas por coincidência temporal, e medida por relógio e calendário... O motivo pelo qual tal transformação deve ser tão importante para o nascimento da comunidade imaginada da nação pode ser mais bem enxergado se considerarmos a estrutura básica de duas formas de imaginação que floresceram pela primeira vez na Europa do século XVIII: o romance e o jornal. Pois esses formatos forneceram os meios técnicos para "re-apresentar" o tipo de comunidade imaginada que é a nação.[4]

Ainda neste capítulo retornarei à questão de como o relógio e o calendário foram essenciais para a ordenação da subjetividade moderna. O jornal e o romance, por sua vez, mostraram-se altamente atraentes para acadêmicos literários contemporâneos tanto no Ocidente quanto no Japão, que não precisavam olhar além dos textos que já estavam lendo para obter a confirmação de como a nação passou a existir. No entanto, a premissa de Anderson deveria ser um ponto de partida, e não a última palavra, de uma discussão

---

4. B. Anderson, *Imagined Communities*, Nova York: Verso, 1991, pp. 24-25.

sobre a mídia que estrutura o pertencimento nacional — na verdade, seria negligente não reler a passagem anterior e enfatizar a expressão *meios técnicos*.

Os esforços do Estado moderno para converter temporalidades pré-modernas em uma produção simultânea de novidade *e* antiguidade definem o duplo movimento teleológico da história nacional. Contudo, a ratificação da hora legal (1884), do sistema métrico (1891) e de outras convenções internacionais de medida unitária no fim do século XIX também começou a recodificar radicalmente o que antes eram práticas locais difusas e fenômenos naturais para uma concepção universal de mundo. Não precisamos ir além de Martin Heidegger para apresentar o conceito subjacente. Em "A questão da técnica" (1954), Heidegger insiste em que a essência da técnica (*techne*) não é inerente a qualquer tecnologia específica, mas à sua capacidade de revelar e transformar, de maneira proposital, matéria, forma, intenção e intuitos em uma disponibilidade sistemática que ele chama de "fundo de reserva" (*Bestand*). Heidegger defende uma manipulação das potencialidades de tal modo que "em todos os lugares tudo seja ordenado a estar de prontidão, ficando à mão imediatamente" para o uso humano.[5] Porém, por extensão, esse processo também pode trazer relações de comensurabilidade e valor de troca onde previamente elas não existiam. Assim, por meio desse fundo de reserva, o incentivo para se conformar a um registro comum (capitalismo, nacionalismo, e assim por diante) se estabelece perante quase todos os aspectos do ser humano. Essa é a lógica de um sistema global progressivamente mais homogêneo de quantificação, mercantilização, circulação e troca.

Heidegger já havia adotado o princípio da padronização em *Die Zeit des Weltbildes* [A era do retrato mundial] (1938), no qual argumentou que uma transformação baseada na exatidão das medidas aconteceu na era moderna: "Quando usamos a palavra 'ciência'

---

5. D. F. Krell (org.), *Martin Heidegger: Basic Writings*, San Francisco: Harper Collins, 1993, p. 322.

hoje em dia, ela significa algo essencialmente diferente da *doctrina* e *scientia* da Idade Média, assim como da *episteme* grega. A ciência grega nunca foi exata, precisamente porque, em consonância com sua essência, não podia e não precisava ser exata."[6] O autor enfatiza que, em vez disso, o que embasa a Idade Moderna é a especificidade da matemática e da física, disciplinas para as quais a medição e o cálculo numérico são os principais modos de determinação. Além disso, embora seja cuidadoso em diferenciar a ciência da tecnologia de máquinas, Heidegger faz uma afirmação poderosa sobre a nova episteme que a última trouxe:

> A tecnologia das máquinas é, em si mesma, uma transformação autônoma da práxis, um tipo de transformação em que da práxis se exige primeiro o emprego da ciência física matemática. A tecnologia das máquinas continua sendo, até agora, o fruto mais visível da essência da tecnologia moderna, que é idêntica à essência da metafísica moderna.[7]

Equacionar a metafísica da era moderna com a tecnologia das máquinas é, portanto, reconhecer uma ruptura decisiva com o passado. Talvez mais surpreendente seja a autonomia que ele atribui ao maquinário, como algo que exerce a ação histórica por si só.

O princípio do fundo de reserva, manifestado por meio da tecnologia das máquinas, revela-se com notável consistência em relação à escrita. O sufixo "grafia" — que é anexado a todos os tipos de instrumentos para registro e transmissão de ideias — recapitula a "escrita" no sentido mais amplo possível: desmoronando a distância com a telegrafia elétrica (1835); capturando a luz com a fotografia (1839) e imagens em movimento com a cinematografia (1894); espalhando a palavra por meio de impressoras de rotografia a vapor (1814)

---

6. Ibidem, p. 48.
7. M. Heidegger, "Age of the World Picture", in: *The Question Concerning Technology and Other Essays*, trad. William Lovitt, Nova York: Harper & Row, 1977, p. 116.

e máquinas de datilografia (1870); gravando o som com o fonógrafo e transferindo a voz pelo telefone (1877).[8] O ímpeto por trás desses e de inúmeros outros meios foi o de reorganizar coletivamente fenômenos díspares em formas analógicas (e análogas) de captura de mídia.

    Fosse a escrita feita manualmente, fosse por máquina, um de seus resultados foi a implantação de novas notações e novos códigos introduzidos como próteses para compensar deficiências ou incapacidades físicas. Sua disseminação a partir do século XIX precipitou várias formas de recoordenar e padronizar as relações entre humanos e máquinas. Antes do código Morse (1836) ou da taquigrafia fonográfica de Pitman (1837), o sistema de leitura e escrita de Braille (1834) concedia alfabetização aos deficientes visuais por meio de uma matriz de tipo pressionada na forma de pontos em relevo e lida com as pontas dos dedos. Ao final do século, a tendência se voltou para transformar os deficientes visuais e auditivos em operadores de máquinas pesadas, ou seja, para fazê-los trabalhar como datilógrafos. Entre os primeiros modelos da máquina de escrever estava a Bola de Escrita Hansen (1870), projetada pelo diretor dinamarquês do Instituto Real para os Surdos em Copenhague, Rasmus Malling-Hansen, para que os surdos e mudos pudessem "falar com os dedos". Kittler nos lembra de que a Bola de Escrita foi usada de forma breve, mas decisiva, pelo quase cego Friedrich Nietzsche, em 1882, que usou as teclas pesadas para digitar uma simples declaração de sua experiência interagindo com a máquina de escrever: "Nossas ferramentas de escrita também

---

8.   Em geral, os anos aqui assinalados referem-se às datas comumente atribuídas à invenção, não à emissão de patentes ou à produção em massa. Naturalmente, mesmo isso simplifica demais até que ponto foram concebidas como melhorias ou adaptações de tecnologias existentes. Da mesma forma, não devemos esquecer os esforços paralelos ou concorrentes para produzir resultados semelhantes, seguindo princípios científicos em comum. Por exemplo, embora tecnologias como o tipo móvel moderno e a fotografia tenham sido introduzidas ao xogunato pela Expedição Perry em 1853, a experimentação com a tecnologia do daguerreótipo foi secretamente financiada por líderes da oposição, como Nariakira Shimazu, o daimio de Satsuma, de 1851 a 1858.

operam no nosso pensamento."[9] Nessa célebre declaração, Kittler encontra um novo conjunto de limites para a subjetividade humana, determinados pela tecnologia da escrita: "Escrever, em Nietzsche, não é mais uma extensão natural dos humanos que traz sua voz, alma e individualidade através da própria caligrafia. Pelo contrário: [...] os humanos mudam de posição, passando de agenciadores da escrita para se tornar uma superfície de inscrição."[10] Essa mudança de posição pressagiou mais do que uma mudança do pensamento abstrato para a tipografia industrial ou industriosa. Tanto a relação corporal com a mídia quanto o funcionamento da mídia no corpo e na mente seriam devidamente marcados como aquilo que ocorre antes de qualquer consideração do sujeito da escrita como autor de significados textuais.

Na mesma medida, a facilidade e a durabilidade da mídia asseguraram a conformidade com as novas atividades programáticas de redação para pessoas com e sem deficiências físicas. A taquigrafia fonética envolvia várias estratégias para posicionar olhos, ouvidos e mãos em circuitos interligados a fim de obter a máxima eficiência de registro. Um exemplo mais duradouro é o reordenamento do alfabeto na máquina de escrever Remington 1875 para o padrão "QWERTY", que reposicionou as letras de acordo com a frequência estatística de uso das teclas, maximizando a produtividade dos dez dedos trabalhando em uníssono em comparação ao aglomerado de dois e três dedos quando se escreve manualmente com lápis ou pincel. A padronização da máquina de escrever também representa a padronização do datilógrafo.[11]

---

9. F. Kittler, *Gramophone, Film, Typewriter*, trad. Geoffrey Winthrop-Young e Michael Wurtz, Stanford: Stanford University Press, 1999, p. 200. Por outro lado, pode-se dizer que Samuel Morse precedeu Nietzsche na entrega de aforismos telegráficos ao transmitir "Que obra Deus fez?" como a primeira mensagem oficial enviada pelo telégrafo financiado pelo governo dos Estados Unidos, em maio de 1844.

10. Ibidem, p. 210.

11. Igualmente importante para a longevidade da máquina de escrever era o espaçamento dos dedos, de forma a evitar o esforço repetido sobre os mecanismos internos do teclado, causado por certos grupos de letras do alfabeto serem muito usados. A melhor distribuição dessas letras diminuiu,

Nietzsche havia apenas confirmado o que já estava em andamento havia quase quarenta anos: a reimplantação e a reintegração de escritas fonéticas ou ideográficas para uma nova métrica alfanumérica. A notação taquigráfica converte os fonemas em um fluxo contínuo de linhas retas e curvas, pontos e traços simples: um registro dos vestígios materiais presumidos, anterior ao fonógrafo, para permitir uma averbação exata e, em grande parte, silenciosa.[12] Por outro lado, o código Morse transformou as escritas fonéticas em um código que pode ser transmitido por meio de fios como impulsos elétricos, por técnicos que também "falavam com os dedos". No decorrer do século XIX, a implantação da escrita como uma soma de "-grafias" dominou imensas áreas da construção nacional e imperial, ao mesmo tempo que transformou a experiência e a expressão da vida cotidiana. Com o intuito de apreciar essas mudanças de forma genuína e contextualizada, quero agora investigar como os padrões e as convenções de tempo, espaço e linguagem foram configurados para se tornar os sistemas operacionais nos quais as tecnologias de máquinas prosperaram.

Padrões e convenções

As primeiras padronizações de medidas espaciais e temporais são frequentemente atribuídas ao rápido crescimento da indústria ferroviária

---

assim, a probabilidade de uma máquina quebrar e precisar ser reparada. É apenas o centro do teclado que preserva um agrupamento em ordem alfabética, consistindo nas consoantes *d, f, g, h, j, k* e *l*.

12. O arranhar da taquigrafia sobre o papel é uma questão muito diferente dos arranhões que perturbam os movimentos suaves e circulares de uma agulha de fonógrafo sobre o disco. O conceito recorrente na fidelidade do registro taquigráfico é, obviamente, sua capacidade de "capturar as coisas tal como são" (*ari no mama ni utsushitoru*). Independentemente de até que ponto a taquigrafia excedeu as formas anteriores de transcrição, ela permaneceu um modo altamente preciso de isolar o som do ruído, o sentido do absurdo, e assim por diante. Nessa perspectiva, não poderia aproximar-se dos efeitos mecânicos do fonógrafo e dos dispositivos de registro subsequentes que capturaram o real como uma totalidade não filtrada.

no início do século XIX. Wolfgang Schivelbusch descreveu notoriamente o "conjunto maquinário" da ferrovia, em que o trem como meio de transporte e seus trilhos como rota se tornaram inseparáveis, como uma unidade única e indivisível. Por extensão, o interior do trem passou a ser um espaço compartimentado e provido de vistas panorâmicas, cujas idas e vindas criam uma visão das paisagens nacionais, mesmo sendo ele próprio um símbolo proeminente de sua transformação industrial.[13] No entanto, o conjunto maquinário da ferrovia não era apenas uma rede de transporte no sentido estrito; também estava inextricavelmente ligado às emergentes redes de comunicação dos sistemas de telegrafia e sinalização.

Embora as medidas temporais e espaciais tenham permanecido como meios intrinsecamente locais de coordenar o conhecimento e a experiência humana ao longo do século XIX, uma ruptura epistêmica foi registrada após a intrusão da ferrovia no interior da Europa Ocidental e da América do Norte, já nos anos 1840. Como Michael O'Malley observou, Henry David Thoreau, cujo isolamento na floresta objetivava o afastamento dos "auxílios mecânicos"[14], demonstraria em *Walden* que o impacto da ferrovia na vida rural é menos uma crítica à industrialização do que à capacidade industrial de substituir padrões flutuantes e sazonais na natureza com consistência inabalável: "As partidas e chegadas dos vagões agora são as datações do dia na vila. Eles vêm e vão com tanta regularidade e precisão, e seus apitos podem ser ouvidos de tão longe, que os fazendeiros

---

13. Um dos principais obstáculos à criação de paisagens internacionais por meio do trem era a falta (ou a prevenção deliberada) de medidas padronizadas para trilhos e peças de máquina para além das fronteiras. Consequentemente, um trem só poderia viajar até onde os trilhos nos quais suas rodas encaixavam alcançassem.

14. H. D. Thoreau, *Walden*, Nova York: Oxford University Press, 1997, p. 83. Essa resistência às tecnologias mecânicas precede diretamente a célebre passagem na qual Thoreau declara: "Fui para o bosque porque queria viver deliberadamente, defrontar-me apenas com os fatos essenciais da vida, e ver se podia aprender o que tinha a me ensinar, em vez de descobrir à hora da morte que não tinha vivido."

ajustam seus relógios com base neles, e, assim, uma instituição bem conduzida regula todo um país."[15] Consequentemente, várias décadas antes dos esforços de impor padrões nacionais ou internacionais de cronometragem empreendidos pelo governo e pelos funcionários da indústria de transporte, redes ferroviárias reestruturaram a consciência de tempo onde quer que se inscrevessem no tecido da vida cotidiana. Ainda que aprovasse, em linhas gerais, a pontualidade aplicada no "estilo ferroviário" como conducente à disciplina espiritual e física, Thoreau lamentava a imagem tecnologizada da nação que já estava sendo imposta ao imaginário nacional como uma experiência falsamente compartilhada: "Os homens pensam que é essencial que a nação tenha comércio, exporte gelo, fale por telégrafo, ande a cinquenta quilômetros por hora, sem qualquer hesitação, quer *eles o* façam ou não."[16]

Dada a centralidade da ferrovia para o poderio industrial americano e sua expansão territorial, não é de surpreender que essa ideia tenha sido introduzida no Japão como um modelo em um quarto da escala, apresentado ao xogunato pela expedição do comodoro Perry em 1853. Foi uma demonstração de domínio tecnológico que contrastava com a estagnação da inovação japonesa sob o regime Tokugawa. Tal inércia persistiria, apesar do apelo dramático do trem de brinquedo (alguns dignitários do xogunato insistiam em montar nele e conduzi-lo), já que nenhuma tentativa de criar uma infraestrutura ferroviária japonesa foi feita até depois da Restauração Meiji, ocorrendo apenas décadas mais tarde, quando as padronizações de tempo e medidas foram implementadas.

A primeira linha férrea a ligar Tóquio à vizinha Yokohama foi construída em 1872 com injeções britânicas de conhecimento técnico e capital. Embora pontos estratégicos por todas as principais ilhas tenham sido rapidamente conectados por ferrovia ao longo

---

15. Ibidem, p. 108. Também citado no relato anedótico de M. O'Malley sobre as ferrovias americanas e a hora legal, *Keeping Watch: A History of American Time* (Nova York: Viking, 1990), p. 67.
16. H. D. Thoreau, *Walden*, op. cit., p. 84 (grifos do original).

daquela década (com a assistência externa dividindo os despojos geográficos), as linhas ferroviárias no Japão ficaram consideravelmente atrás das nações mais industrializadas por um bom tempo durante os anos 1910, uma situação que ocorreu, em parte, por restrições financeiras oriundas de uma sucessão de guerras — a Rebelião de Satsuma em 1877, a Guerra Sino-Japonesa em 1894-1895 e a Guerra Russo-Japonesa em 1904-1905 — e, em parte, pelos altos custos de engenharia em razão da geografia montanhosa do arquipélago.[17]

Isso não quer dizer que meios alternativos de transporte e comunicação não existissem nos anos entre a assinatura de tratados desiguais na década de 1850 e a consolidação da infraestrutura centralizada na década de 1870. Antes da conclusão da linha Shinbashi--Yokohama, empresários estrangeiros de iniciativa começaram a transportar passageiros e bagagens com carruagens puxadas a cavalo. A empresa privada britânica J. Sutherland & Co. estabeleceu rotas que saíam de Odawara até Yokohama e de Yokohama até Tóquio. Antes da diferenciação entre as redes de transporte e comunicação, que marca o início dos sistemas postais e das redes de discurso[18], era natural que a Sutherland & Co. incorporasse o serviço de correio em suas rotas de transporte, conduzindo tanto mensagens quanto pessoas e bagagens. Os primeiros selos postais no Japão não foram, na verdade, criados pelos Teishinsho, como era então conhecido o serviço postal, mas os selos "1 e ¼ Boo" (*bu*) impressos pela Sutherland & Co. em 1872.[19] Enquanto isso, um serviço de transporte estabelecido no porto aberto de Hyogo (atual Kobe) em 1868 pela Rangan & Co. expandiu seus negócios para Tóquio no ano seguinte, sob o nome Edo Mail. Esse serviço provocou a ira de Hisoka Maejima e de outros oficiais do governo devido à imprudência de seus

---

17. S. Ericson, *The Sound of the Whistle: Railroads and the State in Meiji Japan*, Cambridge: Harvard East Asian Monographs, 1996, pp. 69-73.
18. F. Kittler e M. Griffin, "The City Is a Medium", *New Literary History*, v. 27, n. 4, 1996, p. 723.
19. H. Shinohara, *Meiji no yubin, tetsudo-basha*, Tóquio: Yushodo Shuppan, 1987, pp. 6-7.

motoristas, a frequentes acidentes de trânsito e ao enaltecimento daquilo que deveria ter sido, a seu ver, de competência exclusiva do governo japonês.[20]

Um dos jovens empreendedores japoneses que se recusaram a ceder tal negócio lucrativo aos estrangeiros foi Renjo Shimooka, que mais tarde ganharia fama como possivelmente o mais bem-sucedido fotógrafo do início da era Meiji. Junto a sete sócios, Shimooka fundou o serviço de transporte Narikomaya em 1869, que operou na rota Tóquio-Yokohama até a linha ferroviária ser aberta. Shimooka então canalizou seus lucros para abrir sua própria loja de fotografia em Yokohama, em 1873, onde ensinou técnicas fotográficas para jovens artistas, incluindo Kiyochika Kobayashi, Yuichi Takahashi e Matsusaburo Yokoyama. A escolha da localização de Shimooka não foi nada acidental. As sinergias capitalistas e criativas proporcionadas pelos novos modos de transporte, comunicação e tecnologias de mídia provinham de uma fonte imediata de materiais e mercados nos assentamentos estrangeiros em torno dos portos abertos pelo tratado. Isso incluía a fundição de tipos Tokyo Tsukuji, trazida para a região de Dejima (Nagasaki) por Shozo Motoki em 1872. Assim, as instalações de ferrovia, correio, fotografia e impressão de tipos móveis concentravam-se densamente no comércio transnacional do circuito Tóquio-Yokohama, e muitas das figuras centrais associadas à industrialização e à modernização estavam em estreita proximidade, quando não em relações mutuamente benéficas.

Posteriormente, tais transformações epistêmicas se refletiram também na literatura Meiji. Ao final da década de 1890, quando a ferrovia já havia feito incursões consideráveis na zona rural vizinha a Tóquio, as observações de Thoreau sobre a natureza e a sociedade industrial seriam ecoadas por um de seus ávidos jovens leitores japoneses. Doppo Kunikida (1871-1908) — cuja prosa de ficção provinha de experimentações com a poesia romântica de verso livre e com os esboços literários inaugurados por Shiki Masaoka — foi

---

20. Ibidem, pp. 26-27.

um dos primeiros a explorarem as novas medidas de espaço, tempo e linguagem no romance realista moderno. Publicado na revista *Kokumin no Tomo* [O Amigo da Nação] em 1899, o conto "Musashino", de Doppo, é narrado por um protagonista que, guiado por um mapa do período Edo, se dirige ao local do antigo campo de batalha homônimo, agora coberto por florestas. Ele o faz menos por um impulso de homenagear as camadas da História associadas à poética *waka* e ao *haikai* tradicionais do que por uma atração pelos vestígios do passado e por uma paisagem tomada de volta pela natureza, procurando experimentar com seus próprios olhos o que não pode ser apreendido por formas mais antigas de representação. Doppo não está sozinho nesse sentimento, como suas reflexões indicam: "O desejo de ver o que resta do Musashino que visualizamos por meio de imagens e poemas não é de forma alguma exclusivo a mim."[21] Fiel aos princípios do esboço literário, o narrador de Doppo não pode ficar limitado ao nível da experiência pura e imediata, tomando nota de suas observações como entradas de um diário, registrando as transformações no cenário de acordo com a hora do dia, a mudança das estações, o clima, e assim por diante, pondo-se ali tanto na capacidade de cientista quanto de humanista literário, como argumenta Kojin Karatani em sua tese sobre a descoberta da paisagem e da interioridade subjetiva.[22]

Musashino não se trata apenas de florestas e campos distantes para o narrador, mas o fluxo e o refluxo de Tóquio, os rios e as trilhas que se cruzam entre os ambientes naturais e aqueles feitos pelo homem. Repreendido por uma idosa em uma casa de chá no vilarejo próximo de Shibuya por ter saído da estação de observação de flores de cerejeira, o narrador está, é claro, bastante ciente de que sua fascinação por um espaço natural retomado pela floresta

---

21. K. Doppo, *The River Mist and Other Stories*, trad. David Chibett, Kent: P. Norbury, 1993, p. 97. Em japonês, ver *Kunikida Doppo Zenshu* (doravante *KDZ*), v. 2, p. 65.
22. K. Karatani, *The Origins of Modern Japanese Literature*, trad. Brett de Bary (coord.), Durham: Duke University Press, 1993, pp. 22-44.

marca uma ruptura com a estética cultural anterior. No entanto, isso também logo será suplantado pela invasão industrial e urbana. O som do apito a vapor pressagia o eclipse do modo de vida mais antigo em Shibuya e do idílio romântico que ele descobre na floresta:

> No verão, quando as noites são curtas e o amanhecer chega cedo, ao nascer do sol as carroças já começam a passar. Durante todo o dia, as rodas ruidosas nunca cessam. Às nove ou dez da manhã, as cigarras começam o chilrear do alto das árvores, e o dia vai ficando gradativamente mais quente. Os cascos dos cavalos levantam nuvens de poeira que aos céus vazios são espalhadas pelas rodas das carroças, e as moscas voam de uma casa para outra, de um cavalo para outro. Então se ouvem o estrondo distante do disparo do meio-dia e, em algum lugar dos céus sobre a cidade, a *explosão do apito a vapor*. Isso é Musashino.[23]

No intervalo de várias décadas, Shibuya seria absorvida para o interior dos sistemas ferroviários de Tóquio, com as florestas dando lugar ao eixo terminal sudoeste da metrópole imperial.

O disparo de canhão que indicava o meio-dia e o apito a vapor marcam o tempo perante e contra as visualizações em camadas do antigo local. Já fazia uma década e meia que as redes ferroviárias na Europa e nos Estados Unidos tinham imposto novas pressões de tempo às comunidades havia muito seguras em sua experiência localizada de tempo natural, baseada na movimentação dos raios do sol pela superfície da Terra. Porém, conforme a escala das viagens de trem foi aumentando, as zonas de contato da modernidade multiplicaram-se exponencialmente em possibilidades muito reais de colisões. E, ainda assim, mesmo tomando como certo o translado seguro de passageiros e cargas, não havia limite para a desordem do

---

23. K. Doppo, *The River Mist and Other Stories*, op. cit., p. 112 (grifos meus). Modifiquei a tradução de Chibbett substituindo o significado literal de *kiteki no hibiki* por "explosão do apito a vapor", que Chibbett apresenta como "sirene do meio-dia". Ver *KDZ*, v. 2, p. 86.

tráfego ferroviário. Reagindo a esses contratempos, a hora legal foi, em princípio, adotada na Inglaterra em 1880, em seguida pela Convenção Geral de Horários, convocada em 1883 por uma associação de empresas ferroviárias nos Estados Unidos, que implementou o chamado "tempo-padrão ferroviário" entre os *38* estados contíguos. Embora a Inglaterra ocupasse um único fuso horário, havia uma demanda nos Estados Unidos em rápida expansão para melhorar a eficiência das vastas operações ocorrendo por toda a extensão de um continente ainda fragmentado por uma gama estonteante de medidas locais. A padronização significava que o tempo não seria mais definido pela mudança gradual à medida que se movia ao longo da curvatura da Terra, mas como uma série de fusos horários geograficamente fixos. Conforme Clark Blaise observa: "Pela primeira vez na História, Boston e Buffalo, Washington e Nova York, Atlanta e Columbus, San Francisco e Spokane, todas compartilhavam agora a mesma hora e minuto. Não importava que Boston brilhasse com o raiar do dia enquanto Wheeling ainda estava às escuras. Na verdade, o que quer que o sol atestasse não tinha importância alguma. O 'tempo natural' estava morto."[24] É claro que o tráfego ferroviário por si só não explica a intensidade que tomou conta da consciência do tempo em meados da década de 1880. Além da necessidade de consolidar pontos de referência náuticos e astronômicos para o comércio marítimo, foram instalados os primeiros cabos transatlânticos, entre 1858 e 1866, junto a outros cabos internacionais que, gradualmente, foram ligando grande parte do mundo terrestre ou submarino até o fim daquele século. A expansão do sistema postal de alcance local e regional para uma escala verdadeiramente global também contribuiu para a dinâmica do tempo-padrão nacional.

---

24. C. Blaise, *Time Lord: Sir Sanford Fleming and the Creation of Standard Time*, Nova York: Pantheon Books, 2000, p. 103. Ver também W. Schivelbusch, *The Railroad Journey: The Industrialization of Time and Space in the Nineteenth Century* (Berkeley: University of California Press, 1986), pp. 41-43.

Com base em tais desenvolvimentos, a Conferência do Meridiano Principal (também conhecida como a Conferência Internacional do Meridiano), assistida por delegações de 25 nações, incluindo o Japão, ratificaram o Tempo Universal Coordenado em outubro de 1884. Tomando o telescópio do Observatório de Greenwich como principal ponto de referência, estabeleceu-se o primeiro dia universal, acabando com a confiança ou, por falta de alternativa, com a dependência do tempo solar. Seu equivalente no Japão foi estabelecido em 1886 na cidade de Akashi na prefeitura de Hyogo, que está convenientemente localizada a 135 graus de longitude leste e a qual foi posteriormente dado o apelido de *toki no machi*, ou "cidade do tempo". O estabelecimento da hora legal japonesa em 1896 foi usado para definir um fuso horário ocidental para as ilhas periféricas do arquipélago e ao território recém-colonizado de Taiwan, e novamente expandido em 1910 para incluir a Coreia sob a Hora Legal Japonesa.[25]

Do ponto de vista estritamente científico, a designação de um meridiano primário acima de todos os outros é, na melhor das hipóteses, uma conveniência humana arbitrária e, na pior, uma imposição política, como a delegação francesa e seus defensores sustentaram em vão contra a implementação de um padrão inglês ou "anglo-americano".[26] De fato, a missão dos anarquistas popularizada no romance *O agente secreto* (1907), de Joseph Conrad, era explodir o Observatório de Greenwich para desferir um golpe no "fetiche sacrossanto" da ciência moderna que ele representava.[27]

---

25. T. Li, *Hyosho kukan no kindai: Meiji "Nihon" no media hensei*, Tóquio: Shinyosha, 2000, p. 182.
26. Ibidem, pp.199-209.
27. Como o agente provocador russo Vladimir explica ao protagonista Verloc, um ataque contra a ciência é a violência definitiva contra a civilização moderna e, portanto, calculado para obter o máximo impacto, para além do assassinato político ou religioso, ou de declarações explícitas da luta de classes: "O assassinato está sempre conosco. É quase uma instituição. A demonstração deve ser contra a aprendizagem, a ciência. Mas nem toda ciência serve. O ataque deve ter toda a falta de sentido chocante

Graças a acordos formais implementados para além das autoridades locais e regionais às quais haviam sido relegadas durante séculos, a determinação precisa de um padrão universal para as unidades temporais e espaciais avançou progressivamente durante a segunda metade do século XIX. Assim, esse processo de conversão é mais bem explicado pelo conceito de convenção. Peter Gallison defende uma definição tripartite que engloba a fusão da ciência matemática com a diplomacia internacional como um divisor de águas no consenso da universalidade de pesos e medidas:

> O conceito de convenção se ampliou, condensando-se em uma palavra de tripla ressonância. *Convenção* invoca a revolucionária Convenção do Ano II, que introduziu o sistema decimal de espaço e tempo; *convenção* designa o tratado internacional, o instrumento diplomático que os franceses, mais do que qualquer outro país, impuseram na segunda metade do século XIX. De modo mais geral, *convenção* é uma quantidade ou relação determinada por amplo consenso.[28]

Contudo, apesar de toda a alardeada cooperação e idealismo científico dos tratados internacionais, as nações continuaram sendo individualmente os principais órgãos para disseminar e reforçar essas relações. Essa seria também uma questão crítica no surgimento de convenções postais que estabeleceram a soberania com base nos

---

da blasfêmia gratuita. Como as bombas são o seu meio de expressão, seria apropriado ver se alguém poderia jogar uma bomba na matemática pura. Mas isso é impossível. Eu tenho tentado educar você; eu expus você à utilidade da filosofia mais elevada e sugeri alguns argumentos úteis. A aplicação prática do meu ensino lhe interessa, principalmente. Mas, desde o momento em que me comprometi a entrevistá-lo, também prestei atenção ao aspecto prático da questão. O que você acha de experimentar astronomia?"

28. P. Galison, *Einstein's Clocks, Poincaré's Maps: Empires of Time*, Nova York: W.W. Norton, 2004, p. 92.

direitos de distribuição e manutenção de agências dos correios para além das fronteiras nacionais.

Mesmo antes de sua participação na Convenção do Meridiano Primário, o Japão, pelo que indicam todas as aparências externas, começou a regular o tempo com o Ocidente mediante a adoção, em 1873, do calendário gregoriano e do relógio de 24 horas. Sem dúvida, era conveniente que fins comerciais, militares e diplomáticos fossem sincronizados com as potências ocidentais, o que, de um ponto de vista ideológico, a Convenção simplesmente reafirmava. As mudanças rumo a uma equivalência e a uma comensurabilidade para com a medição de tempo do Ocidente foram emitidas por um decreto do governo em 9 de dezembro de 1872. Em seu recente trabalho sobre as concepções e convenções do tempo no Japão da era Meiji, Stefan Tanaka delineia as cinco redefinições do tempo de calendário e relógio promulgadas pelo decreto:

1. A abolição do calendário lunar e a adoção do calendário solar ocorrerão no terceiro dia do décimo segundo mês. Esse dia será 1º de janeiro, Meiji 6 [1873].
2. O ano será dividido em 365 dias, com doze meses e um dia intercalar a cada quatro anos.
3. A marcação do tempo será dividida em dia e noite, cada qual com cerca de doze horas. A partir de agora, dia e noite serão iguais, e um relógio (*jishingi*) determinará as 24 unidades. O período de *ne* (rato) *no koku* até *uma* (cavalo) *no koku* será dividido em doze horas e denominado *gozen* (manhã); o período de *uma no koku* até *ne no koku* será dividido em doze horas e denominado *gogo* (tarde).
4. A contagem do tempo [literalmente, o toque dos sinos] deve estar de acordo com o cronograma abaixo. Quando perguntamos sobre a hora de um relógio, temos usado *nanji* [o caractere para o tempo (*ji*) é *aza* (seção de uma vila)]; isso mudará para *nanji* [usando o caractere *toki* (tempo)].

5. Dias e meses de todos os festivais serão ajustados para o novo calendário.[29]

É difícil dimensionar a brusquidão que essas mudanças impuseram na maioria da população. Para além da existência limitada de relógios de parede e de bolso importados pelos holandeses no século XVIII, como descreve Timon Screech[30], o tempo nunca fora concebido como uma variável científica independente, divorciada da natureza, dos textos clássicos e religiosos ou das camadas acumuladas da experiência local. O toque de sinos, a queima de bastões de incenso e o uso de relógios de sol e relógios de água não expressavam uma representação abstrata do tempo, mas uma relação dinâmica com os sentidos humanos e as atividades dos elementos.

Havia mais em jogo na transição dos doze blocos de duas horas do relógio de água das épocas pré-Meiji para o relógio mecânico de 24 horas (cuja própria sobreposição de doze horas para o dia e para a noite foi suficiente para espairecer os proponentes da hora legal) do que uma mera mudança nas medições básicas e suas respectivas terminologias. Embora *aza* [字] possua uma representação gráfica idêntica ao caractere chinês para "letra" (*ji*, 字), é melhor entendê-lo aqui como um marcador ou uma notação indicial, referindo-se, neste caso, aos animais do zodíaco chinês.

---

29. S. Tanaka, *New Times in Modern Japan*, Princeton: Princeton University Press, 2006, p. 8. A tradução é do próprio Tanaka.
30. Screech explica: "A força simbólica da descoberta do tempo visível e permanente não pode ser subestimada. Mesmo que os relógios não fossem particularmente confiáveis (como muitos ainda não eram), ainda assim revelavam uma progressão temporal absoluta, e o vetor parecia menos em direção ao progresso do que a um abismo. A conexão entre a contagem do tempo e a mentalidade da parte final do século XVIII já era reconhecida por aqueles que olhavam para trás desde o início do século seguinte. 'Ninguém', escreveu Nanpo Ota em 1820 sobre a situação na década de 1780, 'andava sem seu relógio europeu importado guardado na altura do peito'. A hora do relógio também era um sistema importado de representação" (T. Screech, *The Shogun's Painted Culture*, Londres: Reaktion Books, 2000, p. 98).

Tanaka explica que o caractere é desenhado a partir da menor unidade de medição usada no sistema de vilas, significando uma espécie de "subvila", consistente com as divisões espaciais (e linguísticas) de caráter hierárquico, heterogêneo e intensamente localizado da sociedade Tokugawa. A nova conceituação do tempo como ordem mecânica gerou uma ruptura com a ordem social existente, como argumenta Tanaka:

> A nova palavra para o tempo, *toki*, não tem a mesma conotação espacial de *aza* e, por estar ancorada na temporalidade do calendário solar, tornou-se afiliada a um sistema abstrato e mecânico. Além disso, por ter sido adotada no mesmo momento em que um tempo de desenvolvimento progressista estava sendo implementado, esse novo cálculo de tempo se ligava a uma sociedade orientada em torno do que Koselleck chama de "horizonte de expectativas", uma linearidade em que o futuro é uma forma melhor e desconhecida, e não um ideal enraizado em um mundo anterior.[31]

Desenraizada das fontes clássicas de autoridade e das relações sociais do período Edo, a temporalidade não era mais retificada por suas continuidades com as vozes idealizadas e imaginadas do passado, mas sincronizada com mecanismos padronizados, burocráticos e, é claro, nacional-imperiais. As representações gráficas sobrepostas do tempo são adequadamente transmitidas em uma série de pequenos panfletos emitidos pelo governo Meiji na década de 1870, que acalmavam uma população confusa pela transição ao mapear pacientemente os marcadores astrológicos do relógio de água sobre os numerais romanos de um relógio europeu, juntamente a uma lista completa das datas revisadas para todos os principais feriados xintoístas e budistas, bem como dias de observância nacional (ver figura 1.1).

---

31. S. Tanaka, *New Times in Modern Japan*, op. cit., pp. 13-14.

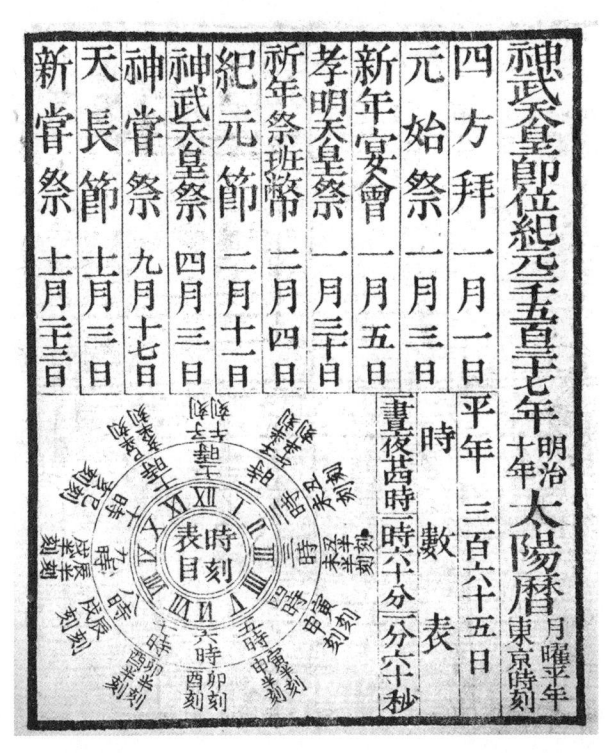

1.1 Calendário e hora em *Meiji kunen taiyo ryakureki* [Gráfico de calendário solar], 1876. Fotografia do autor.

As restrições do relógio mecânico provocaram novos choques do moderno, uma vez que a temporalidade foi alongada ou constringida de acordo com as pressões de tempo das atividades do império, do trabalho de escritório e até mesmo da felicidade doméstica do lar de "alto escalão", embora ainda não o de colarinho branco. Kiyochika Kobayashi registra essas reverberações em um cartum político na edição de 23 de janeiro de 1886 do *Maru Maru Chimbun* [團團珍聞] (figura 1.2). Na metade superior desse cartum de quadros divididos, intitulada *Enkoin no sumo* [袁航院の角力] (Sumô em alto-mar), a fricção marítima entre a China e o Japão no Pacífico é representada por lutadores de sumô se enfrentando em uma luta, com navios caolhos batizados em homenagem aos principais portos de escala de cada país substituindo a cabeça de cada lutador. Enquanto isso, na metade inferior do quadro dividido, *Jikan no hikinoshi* [時間の引きのし] (Tempo de engomar), uma mulher passa a ferro o quimono estampado com relógios do marido. A legenda diz: "Tempo é dinheiro, mas suponho que o trabalho seja duro, meu amor!", diz a esposa cujo marido é um empregado de escritório.[32] A extensão simbólica das horas de trabalho causada pelo alisamento das rugas no quimono faz com que o marido e outro homem, ambos vestidos com roupas de negócios ocidentais, tenham uma reação de horror. Kiyochika transmite a metáfora do tempo como um tecido que pode ser contraído ou esticado, tendo de se adequar aos ditames abstratos e mecânicos do local de trabalho moderno.

1.2 Cartum político de Kiyochika Kobayashi publicado em *Maru Maru Chimbun*. Fotografia cedida pela Biblioteca da Universidade de Waseda.

Apesar das mudanças radicais do decreto de 1872, o sistema de nomes de reinado (*nengo*) oficiais para marcar os mandatos de

---

32. *Maru Maru Chimbun*, v. 16, pp. 510-11.

governo no Japão pré-Meiji não foi tão prontamente abandonado. Uma tradição preexistente que passou para as mãos do xogunato a partir dos quase dois séculos e meio de sua hegemonia política, os nomes de reinado oficiais estiveram sob o controle do xogunato e foram alterados a intervalos irregulares para marcar eventos auspiciosos ou adiar os não auspiciosos. Screech observa:

> Em todas as partes do Nordeste Asiático, o tempo foi construído em blocos confinados aos regimes que os declararam, ou seja, eram geoespecíficos. Esses blocos eram conhecidos como "eras" (em japonês, *nenkan*). No continente, desde o início da dinastia Ming (1368), as "eras" coincidiam com o reinado do *huangdi* [imperador], mas, no reino de Tenka [domínio do xogunato], eram mais culturalmente cadenciadas e promulgadas, conforme o necessário, em resposta a grandes eventos aproximadamente a cada década. Os nomes eram escolhidos de textos clássicos para ter um som nítido e eufônico. Kansei, por exemplo, que foi a era declarada em 1789 (e que durou até 1800), veio de um pronunciamento daquele que, no século VI, fundou o reino Sui chinês: "Ao conduzir o *governo*, faça-o com *clemência*".[33]

Em outras palavras, o mandato celestial dos Tokugawa sobre o presente foi ratificado por meio de referência intertextual aos textos clássicos, invocando seu precedente menos como um guia do que como uma continuidade autorizadora — um modo de temporalidade inteiramente consistente com a poética do presente, que harmonizava múltiplas relações cíclicas entre estações, lugares famosos e ocasiões especiais com alegorias recombinantes adequadas. Começando na era Meiji, os nomes de reinado reverteram para a instituição imperial e foram usados para significar a duração de um "governo iluminado", o significado literal de "Meiji", que era encerrado apenas com a morte do imperador.

---

33. T. Screech, *The Shogun's Painted Culture*, op. cit., p. 99.

Se era desnecessário confirmar explicitamente a revisão para o sistema *nenkan* seis anos após o início do reinado do imperador Meiji, qualquer menção ao seu equivalente mais próximo no Ocidente, o sistema *Anno Domini*, estava notavelmente ausente dos cinco artigos do decreto de 9 de dezembro de 1872. O sistema *nenkan* continua até hoje a impor uma condicionalidade peculiar à lógica da padronização: ele serve como uma série de princípios arbitrários e fins incertos. Dada a adoção do relógio de doze horas e do calendário gregoriano pelo Japão, era inevitável que o sistema *Anno Domini* entrasse em contato — e em conflito — com a cronologia dos nomes de reinado imperial. Semelhante aos pedidos de revisão fonética da língua nacional a partir da década de 1870, que ameaçaram romper com a continuidade dos escritos pré-modernos e suas conexões textuais com as comunidades imaginadas da Antiguidade Clássica, o *Anno Domini* constituiu outro suplemento perigoso para a modernidade japonesa, afetando o íntimo da legitimidade política e religiosa do sistema imperial.

O que aconteceu ao temporal se repetiu com o espacial. O sistema métrico foi originalmente calculado como um padrão de pesos e medidas consentido globalmente, com o metro, surgido em 1799 devido à Revolução Francesa, sendo reivindicado por seus partidários para representar com exatidão um décimo milionésimo de um quarto de arco da Terra. No entanto, a característica distintiva da versão do sistema métrico apresentada pelos franceses na internacional Convenção do Metro, em 1875, não foi a precisão supostamente alcançada quase um século antes, mas o uso do decimal e sua divisibilidade em unidades de dez, permitindo a mais ampla gama de aplicações comerciais e científicas.[34] Apesar de desigualmente distribuído na prática, o sistema métrico foi, por mais improvável que pareça, endossado pelos Estados Unidos. Foi aceito primeiro como um sistema viável entre muitos, já em 1866; depois, com a importação do padrão métrico da França em 1890, como um paliativo que

---

34. Ver P. Galison, *Einstein's Clocks, Poincaré's Maps*, op. cit., pp. 84-87.

pretendia ajudar a sistematizar e regular a enorme variedade de pesos e medidas que prevaleciam de uma localidade para outra.[35] De sua parte, o governo japonês introduziu o sistema métrico em 1891, mas descontinuou apenas de modo gradual as unidades tradicionais de medidas *shakkanho*.[36] Embora os vestígios dos sistemas mais antigos permaneçam até hoje — as plantas arquitetônicas calculadas pelo número de tatames são um bom exemplo —, é importante lembrar que até mesmo essas medidas ostensivamente autóctones foram padronizadas de acordo com medições precisas e convertidas à equivalência com unidades métricas e inglesas.[37] É, ao mesmo tempo, uma padronização em conformidade com as convenções internacionais e a continuidade ilusória com o passado "nacional" que, paradoxalmente, define esse aspecto da modernidade japonesa.

---

35. *100 Years of Setting Standards*, de Michael E. Ruane, captura brilhantemente o senso de sacralidade e sigilo que hoje em dia acompanha as raras revelações da entidade não circulante e autorizadora no centro do sistema cripto-métrico dos Estados Unidos chamado "Quilograma Nacional": "As mãos humanas podem não tocar no objeto, para que ele não seja alterado da maneira mais nanométrica, e o ar interno é filtrado de todas as partículas de poeira, exceto as de meio mícron ou menos em diâmetro. [...] A grossa fatia de liga de platina-irídio, criada pelos fabricantes de instrumentos franceses por volta de 1889, [é] o único objeto sólido no país ainda usado para definir uma medida. É o Quilograma Nacional. Primordial, imaculado de sujeira, fiapos, do peso de uma impressão digital, da calamidade de uma mancha. O imaculado quilo. O padrão definitivo contra o qual quilos menores em todo o país podem ser comparados. A fundação oficial, nascida da Revolução Francesa, sobre a qual o peculiar sistema americano de onças, libras e toneladas foi construído. O pai cósmico de todas as balanças de banheiro do país." (*Washington Post*, 1º abr. 2001, F01)
36. O sistema métrico passou por vários estágios de ratificação legal nos anos de 1921, 1951 e 1956. Em tese, as antigas medidas foram banidas oficialmente em 1966.
37. Hoje, os equivalentes-padrão para pesos e medidas do período Tokugawa são os seguintes:
    1 *sun* = 30 cm ou 1,2 polegadas   1 *ken* = 1,7 m ou 5,5 pés
    1 *bu* = 3 mm ou 0,12 polegadas   1 *ri* = 3,9 km ou 2,4 milhas
    1 *shaku* = 30 cm ou 1 pé   1 *shaku* = 180,4 litros ou 47,7 galões

A racionalização do tempo e das unidades de medida nos leva às posições reformistas surpreendentemente similares de Alexander Graham Bell e Aikitsu Tanakadate (1856-1952), que procuraram ativamente atar as relações díspares entre linguagem, medida científica e máquinas de escrever modernas. Alexander Graham Bell compareceu perante o Comitê de Cunhagem, Pesos e Medidas na Câmara dos Representantes em 1906 para advogar pela adoção do sistema métrico nos Estados Unidos. O tom de suas observações está exposto no título das transcrições originalmente publicadas pela *National Geographic* de março de 1906: "O sistema métrico: uma explicação das razões pelas quais os Estados Unidos deveriam abandonar seus sistemas heterogêneos de pesos e medidas."[38] Bell sustentava que não só havia uma falta endêmica de exatidão no cálculo das unidades de medida acordadas em todo o país, como também, às vezes, duas ou mais definições de unidades eram usadas de maneira inconsistente em um dado setor ou região geográfica. O presidente do comitê concordou com a avaliação de Bell, observando que até mesmo a Casa da Moeda dos Estados Unidos empregava nada menos do que quatro sistemas oficiais de medida: avoirdupois, peso troy, apotecário e métrico. Outra vantagem do sistema métrico que Bell elogiou é que o decimal elimina a necessidade de cálculos complexos, com suas unidades homogêneas abolindo conversões pouco flexíveis entre libras, onças, galões, quartos e assim por diante. Bell insistia ainda em que havia uma vantagem adicional de linguagem, pois, uma vez que sua etimologia é autoexplicativa na maioria das línguas europeias, a universalidade do padrão métrico significa que todas as nações falarão, por assim dizer, uma linguagem comum de mensuração. Isso também evitaria a necessidade de tradução em diferentes unidades linguísticas, economizando tempo e dinheiro para todas as partes envolvidas. Apesar de não ter

---

38. Reimpresso em A. G. Bell, "The Metric System: An Explanation of the Reasons Why the United States Should Abandon Its Heterogeneous Systems of Weights and Measures" (*National Geographic*, Washington, Judd & Det-weiler, mar. 1906).

conseguido persuadir o governo federal a abandonar seu antiquado sistema, Bell poderia sentir um mínimo de consolo em saber que o padrão métrico gradualmente se tornaria o complemento indispensável, ainda que espectral, do sistema nacional de medidas dos Estados Unidos.

Semelhante a Bell em seu compromisso com a pesquisa científica e a promoção da reforma fonética, Tanakadate foi um polímata que fez contribuições substanciais para vários campos, desde os do eletromagnetismo e da sismologia, até o da aviação.[39] Como um eterno defensor da medição padronizada e devido às suas realizações científicas, Tanakadate foi selecionado para a comissão permanente enviada pelo Japão à Conferência de Paris de 1907 sobre o Sistema Métrico de Pesos e Medidas, que resultou na aprovação de um projeto de reforma pela Dieta Nacional ao final daquele ano.[40] Além disso, ele aplicou seu conhecimento de métricas à linguagem no início de sua carreira, ao inventar o sistema baseado em fonemas *Nippon-shiki*, ou "sistema japonês" de romanização, em 1881, que, diferentemente do *Hêbon-shiki* criado por James Hepburn em 1859, impediu a perda ou a especificação excessiva ao esquematizar *do kana* e *para o kana*. Junichiro Kida observa que a inspiração dos esforços de Tanakadate para converter as notações japonesas veio de sua experiência na faculdade como testemunha do espetáculo audiovisual do texto japonês romanizado lido em voz alta, inscrito e retransmitido por meio de um modelo inicial do fonógrafo:

> Aikitsu Tanakadate, conhecido por suas conquistas em geofísica e pela sistematização de pesos e medidas, maravilhou-se quando,

---

39. Tanakadate estudou eletricidade e magnetismo em Glasgow com William Thomson, o Lorde Kelvin, de 1888 a 1890. Além de sua contribuição para a ciência da medição, Thomson inventou o telégrafo por galvanômetro de espelho e reformulou os fios de longa distância usados no primeiro cabo transatlântico bem-sucedido, em 1866.

40. Ver, por exemplo, A. Tanakadate, *Metoru-ho no rekishi to genzai no mondai* (Tóquio: Iwanami Shoten, 1934).

durante seus tempos de estudante na Universidade de Tóquio, um instrutor britânico leu um texto japonês escrito em romaji e o registrou em um fonógrafo de cilindro de cera. Tanakadate subsequentemente começou a escrever a maioria de seus tratados eruditos e correspondências em romaji.[41]

Um crítico declarado da ideologia do "espírito oriental, tecnologia ocidental" (*wakon yosai*) que prevaleceu dentro da retórica nacionalista de civilização e Iluminismo, Tanakadate não apenas promoveu a romanização durante o fim da década de 1880 e início da de 1890, quando a Sociedade de Romanização e a Sociedade de Kana estavam no auge de sua popularidade, como também continuou a promover sua causa depois que o estilo unificado passou a dominar os debates sobre a reforma da língua e da escrita. Como narra Kida, Tanakadate foi um financiador da companhia editorial Nippon-no-Romaji-Sya (Sociedade de Romanização Japonesa), fundada em 1909, e usou sua posição na Câmara dos Pares, para a qual foi designado como representante da Academia Imperial em 1925, para apresentar um discurso anual escrito em romanização.

Tanakadate também compôs em *waka* moderno (5-7-5-7-7 versos) elogiando as possibilidades quase ilimitadas da romanização, desde que as diferentes linguagens e sistemas de escrita do mundo pudessem passar pelo gargalo do significante alfabético:

> Muitas são as nações/ Cujas palavras, como gramas, crescem grossas/ Separando-se tão facilmente/ pelas letras de romaji.
> *Kuni wa oku koto no hagusa wa sigekumo humi wake kayo moji wa romaji.*[42]

---

41. J. Kida, *Nihongo Daihakubutsukan*, Tóquio: Just System, 1994, p. 109.
42. Ibidem, p. 112. Forneci a romanização aqui de acordo com o sistema *Nippon-shiki*.

Da mesma forma, vemos no poema a seguir metáforas reminiscentes das aspirações fonocêntricas do estudioso de aprendizado nativo Norinaga Motoori, no qual Tanakadate habilmente transporta o espírito transcendental da linguagem para escritas e tecnologias universalizantes, trazendo a língua japonesa para uma ordem linguística semelhante à uniformidade global do sistema métrico e da hora legal:

> O caminho próspero para o espírito das palavras/ entra firme em cena/ O prazer de pressionar [as teclas d]a máquina de escrever.
> *Kotodama no iya sakae yuku miti miete taipuraita no tataku tanosisa.*[43]

Tanakadate dissolve as metáforas convencionais e os processos de composição da poesia japonesa (como a linguagem florida composta na ponta de um pincel; o *tanka* como um gênero poético de particularidade nacional), substituindo-os por um ambiente internacionalista e movido por máquinas.

Seja em termos de mudanças espaciais, temporais ou linguísticas, a padronização é uma base crítica para a emergência da modernidade. Conclui-se que, antes que possamos começar a discutir tecnologia em termos de máquinas e aparelhos de escrita, precisamos estar sintonizados com os princípios e as técnicas organizacionais que os precederam, incluindo, em seus próprios fundamentos, o conceito heideggeriano de fundo de reserva. Nossa visão contemporânea sobre a instrumentalidade da tecnologia é, indiscutivelmente, um produto de mudanças que ocorreram desde o fim do século XIX, mas, de forma paradoxal, cercada por uma tendência frequente em direção ao apagamento da história da mídia. Tentei esboçar neste capítulo como as amplas transformações discursivas que produziram a subjetividade moderna no Ocidente também estavam presentes no Japão da era Meiji. Os dois capítulos subsequentes da Parte I acompanham as condições mediais responsáveis pelo envio e pelo

---

43. Ibidem.

recebimento de mensagens, ou seja, aquelas contidas na rede postal. A ascensão do sistema postal, incluindo o telégrafo e o telefone, forneceu a fiação do Estado-nação moderno e seu contraste gritante com o antigo regime dos Tokugawa.

CAPÍTULO 2:

Telégrafo e correio

Hisoka Maejima

Embora alguma forma de serviço de correio já existisse no Ocidente havia séculos[1], foi somente na década de 1840 que a Inglaterra, a França, a Alemanha e os Estados Unidos estabeleceram sistemas postais modernos de coleta, classificação e entrega de todas as formas de correspondência. Nos Estados Unidos, o uso de selos postais começou em 1847, seguido pela instalação de caixas de correio nas vias urbanas, em 1854, e pelo estabelecimento da entrega gratuita universal na maioria das principais cidades, na década de 1860. O correio japonês, portanto, não estava tão atrasado quando Hisoka Maejima (1835-1919) foi nomeado o primeiro diretor-geral dos correios do Japão, em 1871.[2] Maejima foi o arquiteto-chefe de uma revolução

---

1. Para um panorama conveniente dos serviços e discursos postais pré-modernos do Ocidente, ver G. Holzmann e B. Pehrson, *The Early History of Data Networks* (Washington: IEEE Computer Society Press, 1995), pp. 1-44.
2. Para um breve panorama do papel de Maejima no estabelecimento do sistema postal japonês, ver P. MacLachlan, *The People's Post Office: The History and Politics of the Japanese Postal System, 1871-2010* (Cambridge: Harvard University Asia Center, 2011), pp. 35-52.

postal que, no intervalo de três ou quatro décadas, substituiu o serviço de correio "pés ligeiros" (*hikyaku*)[3] do xogunato por um sistema nacional-imperial comparável a qualquer outro no mundo. Além da entrega do correio e da administração do telégrafo e do telefone, que mais tarde foram designadas para um ministério independente do governo[4], Maejima introduziu contas de poupança, vales-postais e outros instrumentos de troca monetária. Ele é popularmente creditado por cunhar a terminologia japonesa para o sistema postal (*yubin*) e o selo postal (*kitte*), entre outros. Notavelmente, Maejima também participou de alguns dos primeiros esforços para padronizar pesos e medidas, dois anos antes do decreto sobre o tempo do governo Meiji, em 1873.

Maejima viria a ocupar sucessivamente cargos proeminentes de liderança na indústria, no governo e na educação da era Meiji. Depois de servir no comando do serviço postal, Maejima se tornou o segundo presidente da Tokyo Senmon Gakko, precursora da Universidade de Waseda (1886-1890); foi feito barão e nomeado para a

---

3. Conforme explorado mais detalhadamente no Capítulo 3, o sistema de corredores por revezamento no período Tokugawa transportava cartas e documentos importantes ao longo de cinco artérias principais que levam até Edo — Tokaido, Nakasendo, Koshu Kaido, Nikko Kaido e Oshu Kaido —, com cavalos e seus cavaleiros a serviço do xogum (*denma*) também sendo fornecidos quando necessário. Os serviços de gestão privada, chamados de "correios citadinos" (*machi-hikyaku*), também eram utilizados pelos comerciantes para os seus próprios fins ao longo dessas rotas oficiais.

4. A terminologia oficial para o sistema postal mudou várias vezes durante as décadas iniciais da transição, refletindo a redistribuição de autoridade e trabalho à medida que o Estado Meiji crescia em tamanho e complexidade. Como o próprio Maejima observa em uma publicação inglesa do final da era Meiji: "Até 1885, todo o sistema postal estava sob o controle do Departamento de Transportes (Ekitei Kyoku); mas, naquele ano, foi criado o Departamento de Comunicações (Teishin Sho), e os Serviços de Correios e Telégrafos foram unificados e submetidos à sua jurisdição. [...] Em 1900, com o consentimento da Dieta Imperial, um serviço postal foi promulgado, e o sistema tornou-se uma organização completa." (S. Okuma [org.], *Fifty Years of New Japan*, trad. Marcus Huish, Londres: Smith, Elder & Co., 1910, v. 2, p. 409).

Câmara dos Pares (1904-1910); e assumiu um papel de liderança no financiamento do desenvolvimento ferroviário na região de Hokuriku, no nordeste de Honshu. Como diretor-geral dos correios, ele também presidiu a criação do *Yubin Hochi* [郵便報知] (Informe Postal), um jornal progressista que ajudou a cultivar os talentos dos mais importantes reformadores da língua e da escrita, incluindo Fumio Yano (pseudônimo Ryukei Yano) como seu editor-chefe e os talentosos jovens repórteres taquigráficos Kanzo Wakabayashi e Shozo Sakai.

Começo com esse foco biográfico em Maejima menos para recapitular as contribuições de um dos "grandes homens da era Meiji" do que para irmos além do restrito papel histórico em que ele costuma ser encaixado nos estudos literários japoneses. Maejima é mais conhecido por seu *Kanji gohaishi no gi* [漢字御廃止之儀] (Proposta para abolir os caracteres chineses), submetido às autoridades do xogunato em 1866, enquanto ainda era instrutor na Kaiseijo, a escola de estudos holandeses do xogunato. Tratava-se de uma missiva ousada que ficou sem resposta mesmo enquanto o xogunato enfrentava uma crise sem precedentes de incursões estrangeiras e se encontrava à beira do colapso. Apesar desse estado de urgência, a proposta é hoje amplamente considerada o ponto de partida da reforma da escrita japonesa, que partiu de sua heterogeneidade original em busca do uso hegemônico do estilo unificado. Por exemplo, ela é o primeiro de 169 documentos que compõem os seis estágios de desenvolvimento no *Kindai buntai keisei shiryoshu* [近代文体形成資料集] (Matérias-primas para a formação de um estilo de escrita moderno), do historiador da língua Masahide Yamamoto. Embora não fosse de modo algum o único estudioso envolvido nesse empreendimento, Yamamoto foi, no fim do século XX, o principal responsável por definir e elevar a história de um triunfante estilo unificado.[5] Independentemente dessas visões popularmente aceitas

---

5. Muitos fatores estavam em ação, incluindo a queda do império no pós-guerra e a contenção teleológica da particularidade nacional do Japão

sobre sua singularidade, devemos refutar a ideia de que esse tipo de virada fonética tenha sido exclusiva do Japão. Também é necessário examinar com mais rigor em que partes foi dado mais crédito a Maejima do que lhe é devido enquanto reformador linguístico, por exemplo, o prenúncio da transparência fonética retratado por Kojin Karatani em *As origens da literatura moderna japonesa*, serializado durante o mesmo período da canonização do estilo unificado de Yamamoto. Indo além das contribuições de Maejima e de outras mãos humanas, as duas últimas seções deste capítulo investigam as redes de correio e telégrafo. No processo de estabelecer novas formas de controle e comunicação dentro do próprio Japão e de suas colônias, o sistema postal também alcançou ampla visibilidade em diferentes mídias e gêneros. Ao recuperarmos sua história das mídias, também conquistamos uma melhor compreensão dessa episteme.

A proposta de Maejima não foi divulgada até 1884, quando a recém-criada Sociedade de Kana a reeditou. Apropriadamente, Nobuhachi Konishi (1854-1938), colaborador de Shuji Isawa e proeminente ativista em prol da reforma linguística e da educação para surdos e cegos, escreveu um prefácio elogiando os esforços de Maejima, usando apenas *kana*.[6] Ao creditá-lo como fundador do sistema postal (*yubin seido*) moderno e introdutor de uma nova instrumentalidade para as "correspondências" japonesas, Konishi estava, sem dúvida, bem ciente da dupla ressonância que a palavra carrega.

A despeito do *corpus* de escritos feitos de meados do século XVIII até o início do XIX sobre a escrita alfabética pelos antigos estudiosos da aprendizagem holandesa[7], o tratado de Maejima foi

---

em termos etnolinguísticos; a estreita correlação entre o estilo literário moderno e os níveis da expressão linguística; e a renovação dos esforços de padronização na educação compulsória no pós-guerra e nas mídias de massa, como rádio e televisão.

6. Konishi serviu como diretor da Escola de Surdos de Tóquio (*Tokyo moa gakko*) de 1893 a 1910. A escola ensinava o sistema Braille, adaptado para o japonês em 1890 por um dos instrutores da escola, Kuraji Ishikawa.
7. Twine identifica vários precedentes em relação às vantagens da escrita do alfabeto sobre caracteres chineses, que datam de meados do século XVIII:

a primeira tentativa que explicitamente encorajou uma política nacional de educação segundo diretrizes fônicas. Maejima argumenta enfaticamente que a função devida do Estado é a "educação regular" (*futsu kyoiku*) do povo, uma posição consistente com os esforços feitos na Europa e na América a fim de unificar a educação nacional patrocinada pelo Estado com a padronização da linguagem. Quase duas décadas antes da obra *Des-asianização* [脱亞論] (1885), de Yukichi Fukuzawa, Maejima já atrelava a reforma da escrita e a promulgação da educação nacional à necessidade de o Japão parear-se às potências ocidentais e divorciar-se da decadência espiritual de uma China à época humilhada pelas Guerras do Ópio e por concessões comerciais. No entanto, ele também solicitou cortar associações com o aprendizado chinês clássico, promulgado pelos ideólogos neoconfucionistas do xogunato. Maejima lamentou o tempo perdido estudando textos chineses e insistiu em estudos ocidentais práticos escritos em *kana*, que teriam o benefício de revitalizar o "espírito japonês". Contudo, essas camadas de sinofobia não significavam que Maejima defendesse o *kana* como representante de uma essência nipônica, similar a um partidário mais recente dos Estudos Nativos. Sua justificativa para a superioridade do *kana* como padrão nacional estava em sua condição de escrita fonética semelhante ao alfabeto. Sua proposta pretendia, assim, quebrar o monopólio do chinês como um sistema de escrita e

---

Rishun Goto (1702-1771), em *Orandabanashi* [Contos da Holanda] (1765), escreveu a respeito e descreveu brevemente o alfabeto holandês; Genpaku Otsuki (1757-1827), em *Rangaku Kaitai* [Guia de estudos holandeses] (1783), comentou sobre a facilidade com que [o alfabeto holandês] poderia ser aprendido; Kokan Shiba (1747-1818), em *Oranda Tensetsu* [Histórias da Holanda] (1796), elogiou a facilidade de leitura proporcionada pelo uso fonético. Shiba sugeriu que os caracteres chineses fossem substituídos por *kana*, uma ideia apoiada por Banto Yamagata (1748-1821), em *Yume no Shire* [O valor dos sonhos] (1802), e por Toshiaki Honda (1744-1821), em *Seiiki Monogatari* [Contos do Ocidente] (1798). Honda até recomendou o uso da própria prática ocidental, que, observou, era mais flexível que o *kana* e tinha a vantagem de ser reconhecida internacionalmente (N. Twine, *Language and the Modern State: The Reform of Written Japanese*, Nova York: Routledge, 1991, p. 225)

desbancar o ideograma (*keisho moji*) como determinante de prestígio cultural e pertencimento no mundo moderno.

Karatani tem argumentado que a promoção dos *kana* por Maejima não passava de um desejo de reescrever a identidade nacional japonesa em paridade com a transparência fonética do Ocidente. Porém, aqui é importante fazer uma advertência. Embora as palavras de Karatani pareçam verdadeiras para os reformadores do idioma tardios da era Meiji, como Arinori Mori, Shuji Isawa e os vários proponentes da taquigrafia, o argumento em prol da transparência fonética nunca foi defendido pelo próprio Maejima. Dada sua educação superlativa e por ter chegado à vida adulta antes da padronização da língua nacional, Maejima era claramente ciente de que os *kana* não passavam de uma versão simplificada dos caracteres chineses. Sua proposta de abolir os caracteres chineses não começava abordando a padronização dos *kana*, que, na cultura popular Tokugawa, carregavam muitas vezes uma série desconcertante de possibilidades. O mais próximo que ele chega de uma nova lógica para os *kana* era recomendar pontuação e espaçamento, que são essencialmente distinções tipográficas, a fim de evitar uma confusão que não ocorria com os caracteres chineses. Da mesma forma, ao passo que Karatani tem razão ao afirmar que, no geral, a "concepção de linguagem falada de Maejima estava em si mesma enraizada em uma preocupação com a escrita fonética"[8], é inteiramente outra questão extrapolar que, "uma vez estabelecida essa visão, a questão de saber ou não quando os *kanji* foram abolidos tornou-se discutível. Uma vez que os caracteres chineses passaram a ser vistos como subordinados à fala, o problema tornou-se simplesmente uma escolha entre os caracteres e o silabário fonético nativo".[9] Na verdade, antes de começarmos a pensar no estilo unificado como uma mistura de caracteres chineses e *kana*, que sempre funcionaram como um fundo de reserva para

---

8. K. Karatani, *The Origins of Modern Japanese Literature*, trad. Brett de Bary (coord.), Durham: Duke University Press, 1993, p. 47.
9. Ibidem.

a *écriture* japonesa, é necessário considerar as muitas experiências com escritas fonéticas e códigos mecânicos dos anos 1870 até por volta de 1900, quando caracteres chineses, *kana* e, pelo menos em um primeiro momento, as letras romanas se tornavam padronizadas. Vou assumir as implicações adicionais dos debates sobre "a questão da língua e escrita nacionais" na Parte II. Por ora, desejo voltar nosso foco para as redes discursivas do telégrafo e do correio, nas quais a mão de Maejima pesou na criação, mas que rapidamente assumiram um agenciamento histórico próprio enquanto mídias modernas.

Transmissão instantânea

Uma das primeiras tecnologias de escrita do século XIX, que adotaram uma prática simplificada redigida por braços mecânicos, talvez seja também a menos conhecida. O telégrafo óptico ou de semáforo, como o protótipo inventado por Claude Chappe entre 1791 e 1792, comunicava-se rapidamente, cobrindo distâncias e usando sequências codificadas de uma armação construída sobre torres ou promontórios altos (figura 2.1).[10] Como Tom Standage explica sobre a codificação revolucionária do telégrafo de semáforo de Chappe:

> O modelo permitiu um total de 98 combinações diferentes, seis das quais foram reservadas para "uso especial", deixando 92 códigos para representar números, letras e sílabas comuns. Um manual especial de códigos com 92 páginas numeradas, cada uma das quais com 92 significados numerados, significava que um adicional de 92 vezes 92, isto é, 8.464 palavras e frases poderiam ser representadas pela transmissão de dois códigos em sucessão. O primeiro indicava o

---

10. Para ler mais sobre a diversidade de experimentos telegráficos, incluindo o "Sistema Síncrono" de Chappe, que se utilizava de relógios de pêndulo e do telégrafo alternativo de painel ou obturador, ver G. Holzmann e B. Pehrson, *The Early History of Data Networks*, op. cit., pp. 48-96.

2.1 Telégrafo de Semáforo de Chappe, c. 1792. Fotografia tirada no Museu de Artes e Ofícios de Paris.

número da página no livro de códigos, ao passo que o segundo indicava a palavra ou frase pretendida naquela página.[11]

O telégrafo de Chappe, que ele inicialmente chamou de "taquígrafo" ou "escritor rápido"[12], possuía um sistema que usava telescópios para ler grandes letras escritas no céu, durante o alvorecer da era das máquinas. Apesar de a invenção de Chappe ter sido superada na década de 1840 pelo telégrafo elétrico, o semáforo encontrou um novo significado nos sistemas de sinalização da indústria ferroviária.

O telégrafo elétrico, que substituiu o de semáforo, foi definido por sua capacidade de reduzir a distância e o tempo por meio da transmissão codificada de impulsos elétricos pelas redes de fios. Antecipando as negociações muitas vezes tensas entre ideologias da língua nacional-padrão e reforma da escrita fonética, o telégrafo precipitou uma reconceitualização não menos minuciosa da metafísica da presença, retirando de forma mecânica o monopólio da transmissão instantânea que se presumia residir no fluxo espiritual do pensamento à respiração e, desta, à voz.

De fato, a revolução na ciência linguística em curso na década de 1890 ocorreu em meio à revisão da linguagem em termos de precisão e fidelidade do processamento de sinais. A necessidade da linguagem não seria mais restrita à relação positivista de palavras com as coisas ou à premissa fonocêntrica de fala sobre a escrita, podendo ser reconcebida como códigos enviados e recebidos pelo telégrafo. Timothy Mitchell oferece as seguintes observações de um colega de Saussure no Collège de France, em relação aos experimentos eletromagnéticos de Marconi, patenteados

---

11. T. Standage, *The Victorian Internet*, Nova York: Berkley Books, 1998, p. 10.
12. Um nome que foi posteriormente cooptado por um dos sistemas de taquigrafia concorrentes à fonografia de Pitman, e a tradução literal do termo japonês para taquigrafia, cunhado por Ryukei Yano em 1883, *sokki* [速記].

em 1896, que eliminaram o fio anteriormente necessário para ligar o transmissor e o receptor:

> "Palavras são sinais", foi agora declarado. "Elas não têm outra existência além dos sinais do telégrafo sem fio." Essa afirmação foi feita em 1897 por Michel Bréal, professor de gramática comparativa do Collège de France. O significado de argumentar que palavras eram meros sinais, tão vazios em si quanto os sinais telegráficos, era o de que uma língua poderia agora ser pensada como algo além, existindo à parte das próprias palavras. O significado de uma língua não existia na plenitude das palavras, que eram marcas arbitrárias sem sentido em si mesmas, mas fora delas, como uma "estrutura" semântica.[13]

Vale ressaltar, todavia, que quando Saussure se propôs a estabelecer as condições de comunicação interpessoal, independentemente da mídia utilizada ou de outros contextos, ele ainda assim as rotulou como o "circuito da fala".[14]

Bem antes desses reconhecimentos das condições materiais da linguagem pelos linguistas mais proeminentes da Europa, a essência dessa transformação nos modos de enviar e reconceitualizar a escrita já havia ficado perfeitamente clara com a expedição do comodoro [Matthew C.] Perry para abrir o Japão ao comércio, em 1853. Complementando o trem ferroviário com um quarto de escala, os americanos usaram um telégrafo para demonstrar uma velocidade instantânea associada à intercambialidade multilíngue:

---

13. T. Mitchell, *Colonising Egypt*, Berkeley: University of California Press, 1991, p. 140. O telégrafo sem fio de Marconi, o precursor do rádio, foi patrocinado pelo correio britânico na década de 1890.

14. Saussure afirma: "Para identificarmos o papel que a estrutura linguística desempenha dentro da totalidade da linguagem, devemos considerar o ato individual da fala e traçar o que ocorre no circuito da fala. Esse ato requer pelo menos dois indivíduos: sem esse mínimo, o circuito não estaria completo" (*F. Saussure, Course in General Linguistics*, trad. Roy Harris, Nova York: Open Court Classics, 1998, p. 11).

Um trecho de terreno nivelado foi designado para estabelecer a trilha circular da pequena locomotiva, e os postes foram trazidos e erguidos para que os fios do telégrafo fossem estendidos. [...] O aparato telegráfico, sob a direção das senhoras Draper e Williams, logo estava em pleno funcionamento, com os fios se estendendo por mais de um quilômetro e meio em linha reta, estando uma extremidade na casa consular e a outra em um prédio expressamente destinado ao objetivo. Quando a comunicação foi aberta entre os operadores de ambas as extremidades, os japoneses observaram com intensa curiosidade o *modus operandi*, e ficaram impressionados ao descobrir que, em um instante, as mensagens eram transmitidas nos idiomas inglês, holandês e japonês de um edifício a outro.[15]

No momento de sua chegada ao Japão, o telégrafo, então, não mantinha nenhuma relação oficial com qualquer língua nacional ou internacional, estando, em teoria, aberto a qualquer sistema que pudesse ser adequadamente codificado. Romanização, *kana* e até mesmo *kanji* eram igualmente plausíveis nessa vitrine do telégrafo. Embora os registros da expedição não especifiquem que forma de linguagem "japonesa" foi empregada, seria enganoso presumir a transparência linguística e o valor de troca de um para um entre letras e sons que atualmente se obtêm e que foram um legado da padronização da língua após o advento do telégrafo e outras tecnologias de escrita.

Diferentemente das linhas telegráficas que em geral eram instaladas ao longo da ferrovia na Europa e na América do Norte, o desenvolvimento de uma indústria telegráfica japonesa no início da era Meiji rapidamente superou o desenvolvimento das linhas de trem. Em 1869, três anos antes da linha inaugural do trem Shinbashi-Yokohama, Tóquio e Yokohama foram conectadas por telégrafo, e um cabo submarino ligando Nagasaki e Xangai entrou

---

15. F. Hawks, *Narrative of the Expedition of an American Squadron to the China Seas and Japan*, Washington: A.O.P. Nicholson, 1856, p. 357.

em operação em 1871. A principal linha sudoeste, de Tóquio a Nagasaki, foi concluída no início de 1873, e a principal linha nordeste, de Tóquio a Aomori, em 1874. O crescimento exponencial do telégrafo nos fornece alguma medida quantitativa da revolução nas tecnologias de escrita que preparou o caminho para um desenvolvimento nacional ainda maior. Olhando para o tímido começo da telegrafia em 1909, Shigenobu Okuma observaria: "Em 1871, o número de telegramas domésticos totalizava apenas 20 mil, mas, em 1907, as mensagens enviadas e recebidas aumentaram para 24.413.965, sem incluir Formosa [Taiwan]. Quando as mensagens estrangeiras foram adicionadas, esse número saltou para 26 milhões."[16]

Apesar do lento crescimento da indústria ferroviária do Japão, a exclusão colonial aqui é reveladora. Ao mesmo tempo que os fios estavam espalhados por todo o interior doméstico, eles também se estendiam para cobrir o território separado e desigual das colônias japonesas no Leste Asiático. No entanto, as políticas agressivas de assimilação, que começaram no arquipélago com a consolidação do domínio sobre Hokkaido e Okinawa em 1869, ainda não caminhavam juntas a esforços para acomodar as colônias, mais distantes em termos étnicos, linguísticos e geográficos, na comunidade imaginada do Japão propriamente dito. Livros de gramática e de geografia de ensino fundamental publicados pelo Ministério da Educação do Japão depois de 1895 revelam que as crianças japonesas aprendiam a recitar as, agora, *cinco* ilhas do Grande Império Japonês em ordem decrescente, de norte a sul: Hokkaido, Honshu, Shikoku, Kyushu e Taiwan. Com exceção das universidades imperiais e das escolas para as elites, as campanhas linguísticas e educacionais para os taiwaneses não começaram a sério até a década de 1920. Por outro lado, Hokkaido foi rapidamente incorporada ao imaginário nacional como a fronteira selvagem do Japão, mesmo conforme suas cidades se desenvolviam e suas terras eram arrancadas do povo originário.

---

16. S. Okuma, *Fifty Years of New Japan*, op. cit., v. 2, p. 420.

Podemos considerar a facilidade com que Doppo pôde se referir a Hokkaido como solo nativo e fronteira do Japão no final da década de 1890, em paralelo com os escritos de Rohan Koda, outrora engenheiro telegráfico. Koda passou o período de 1885 a 1887 alocado na vila de Yoichi, perto da atual Otaru, em contrapartida por sua educação na escola estatal de formação de telegrafistas, e testemunhou em primeira mão a colonização do norte do arquipélago. O período de serviço de Koda coincidiu com a instalação de linhas telegráficas e ferrovias por todo o Norte. O folheto *Esboços da história dos telégrafos no Japão*, publicado em inglês pelo Ministério das Comunicações japonês (Teishinsho) para a Exposição Mundial de 1893[17], registra o rápido progresso que ajudou a colonizar a ilha anteriormente conhecida em japonês como Ezo, agora renomeada como Hokkaido, e estabeleceu Tóquio como o centro de comunicações para as, ainda, *quatro* principais ilhas do Japão:

> [Em 1874-75], o Kaitakushi (o governo local da ilha de Yezo [*sic*]), após fazer uma solicitação ao governo central, estabeleceu as linhas de Hokkaido; destas, uma linha vai de Hakodate, na província de Toshima, a Sapporo, na província de Ishikari, passando por Otaru, em Shiribeshi, e a outra linha vai de Sapporo a Muroran, em Iburi.[18]

Koda também estava bem ciente do mito das terras vazias aplicado a Hokkaido, assim como os americanos haviam feito com sua fronteira ocidental. Conforme Robert Sayers afirma, "Hokkaido foi incorporada no novo Estado Meiji e suas terras 'vagas' foram abertas para assentamento. Enfrentando o afluxo de fazendeiros e

---

17. A cópia da Biblioteca da Universidade de Cornell ostenta a inscrição: "Presente da Comissão Imperial Japonesa, Exposição Mundial da Colômbia, 16/2/93".
18. S. Mayeda, *Outlines of the History of Telegraphs in Japan*, Tóquio: Kokubunsha, 1892, pp. 27-28.

outros colonos, os ainu recuaram cada vez mais para o interior".[19] Embora tenha abandonado seu posto para regressar à comunidade literária de Tóquio, em 1889, Koda escreveu retrospectivamente o conto "Yuki funpun" [雪ふんぷん] (Flocos de neve dançantes), em que idealizou a luta dos ainu contra os japoneses colonialistas.

No mesmo ano em que Koda foi enviado para Hokkaido, o telégrafo foi posto sob um prisma satírico no *Maru Maru Chimbun*, no qual foi usado para atacar os tratados desiguais feitos com as potências ocidentais, herdados do xogunato e que não foram revogados por completo até 1899. Criticando as condições do tratado que transformaram os portos de todo o Japão, incluindo os de Tóquio, em "assentamentos domésticos mistos" (*naichi zakkyo*) semicolonizados, a coluna bilíngue do editor[20] de 19 de setembro de 1885 descreve uma nova variedade de telégrafo, um dispositivo que virou o feitiço contra o feiticeiro e espalhou a palavra sobre a arrogância e o chauvinismo da coalizão de ocupantes liderada pelos americanos:

> Algum patife ianque nos disse certa vez que havia inventado um novo telégrafo; e, para nosso espanto, sua proposta era estabelecer uma fila de mulheres, a quinze metros de distância umas das outras, e dar a notícia para a primeira, como um segredo muito profundo. Agora, nossa Grande Cidade de Tokio [*sic*] em breve será provida com aqueles postes telegráficos vivos, já que a revisão do tratado que vem ocorrendo há tanto tempo terá de ser concluída de um jeito ou de outro, quando as belas donzelas angelicais, tais como vimos em um sonho, sem contar com a sujeira e a escória

---

19. R. Sayers, "Ainu: Spirit of a Northern People", *American Anthropologist*, v. 102, n. 4, 2000, p. 879.
20. O semanário inclui, lado a lado, colunas *wakan* em *kanbun*, roteiros de *rakugo* coloquiais e artigos escritos em uma mistura de *kanji* e *kana*. Da mesma forma que a coluna bilíngue do editor se iniciou em 1885, os cartuns políticos também eram legendados em japonês e inglês. Sobre as transições para o estilo *genbun itchi* em seus editoriais, ver M. Yamamoto, *Genbun itchi no rekishi ronko* (Tóquio: Ofusha, 1971), pp. 238-44.

da civilização ocidental, virão para americanizar ou europeizar ainda mais completamente a nossa Grande Cidade e o nosso sagrado país.[21]

Assim, o telégrafo acabou se mostrando um meio efetivo de criticar o imperialismo ocidental, ainda que estivesse sendo usado para abrir as estradas da expansão colonial do Japão em Okinawa e Hokkaido.

A despeito dessa justa indignação em relação às desigualdades coloniais, raciais ou de gênero, o telégrafo continuaria sendo um empreendimento multilíngue. Com tudo correndo como se esperava, uma vez que os custos eram definidos por mensagem e de acordo com a distância, os preços das mensagens compostas em letras romanas eram definidos pelo número de palavras (*go*), ao passo que, para as mensagens em japonês, eram definidos por letra de *katakana* (*ji*). Além disso, a lei postal dos anos 1870, até pelo menos meados dos anos 1880, afirmava resumidamente: "As linhas telegráficas são operadas em conjunto por europeus e japoneses. Estes últimos atuam, sob supervisão estrangeira, como operadores, balconistas, engenheiros, inspetores e controladores."[22] Equipamentos essenciais como a impressora Morse, o [telégrafo] alfabético de Bréguet e o instrumento de agulha única foram igualmente importados dos Estados Unidos e da Europa até meados da década de 1880, quando o Japão iniciou sua própria produção industrial de equipamentos telegráficos. Os alunos das escolas de telegrafistas recém-fundadas, como o necessitado Koda, foram educados não apenas quanto ao uso do aparato mecânico, mas também em inglês e francês. Quando um número suficiente de japoneses tinha sido treinado em todos os níveis da operação, os estrangeiros acabavam sendo excluídos (como acontecia similarmente no caso de trabalhadores

---

21. *Maru Maru Chimbun*, ano 16, n. 885, p. 156.
22. Yuseisho (org.), *Yusei hyakunenshi shiryo*, Tóquio: Yoshikawakobunkan, 1969, v. 19, p. 36.

estrangeiros contratados em universidades e escolas), embora a demanda por comunicação intercambiável nas principais línguas europeias continuasse inabalável. Apesar da injúria dos editores do *Maru Maru Chimbun*, as tecnologias de escrita a serviço do comércio global e do imperialismo durariam muito mais tempo — e com efeitos culturais mais invasivos — do que o ônus da real colonização mista durante o período de tratados desiguais.

Se o telégrafo era a tecnologia de mídia consumada capaz de gerar as papeladas mais curtas pelas distâncias mais longas, o serviço postal moderno permaneceu, durante a maior parte do século seguinte, como o monopólio institucional absoluto para envio e recebimento de escrita. Como os sistemas postais coordenam os fluxos materiais de informação, mas não são necessariamente revelados neles, devemos olhar mais uma vez para a auditoria externa, a fim de engendrar sua visibilidade. Lamentavelmente, muitas gravuras e fotografias do período se concentram exclusivamente na arquitetura moderna dos prédios de escritórios e na agitação das multidões. Um exemplo clássico é o frequentemente reimpresso *Yokohama yubin-kyoku kaigyo no zu* [横浜郵便局開業之図] (Ilustração da inauguração do escritório postal de Yokohama), de Hiroshige III, de 1874, que celebra o exterior dos prédios que abrigavam o correio e o telégrafo. Em vez disso, devemos voltar nossa atenção para a série em aquarela *Yubin gengyo emaki* [郵便現業絵巻] (Pergaminhos ilustrados do serviço postal), de Beisen Kubota, encomendada para a Columbian Exposition de 1893, realizada em Chicago, e que punha em exibição as várias etapas e divisões trabalhistas de coleta, classificação, distribuição e entregas para as comiserações do correio. Elas nos lembram dos inúmeros pequenos detalhes que marcaram as transições para o sistema postal moderno. Por exemplo, os uniformes ainda não são completamente padronizados: há uma mistura entre trajes de estilo japonês e ocidental, homens de calça e casaco cercados por homens, mulheres e crianças de quimono e *hakama* no saguão do Correio e Telégrafo de Tóquio. Uma mistura de métodos de transporte, incluindo riquixás, mensageiros, carruagens puxadas por cavalos, barcos a vapor e trens, também apareceria nessas e em outras gravuras da época que mostravam o serviço postal. Conforme passamos os olhos sobre essas imagens, inevitavelmente surgem questões sobre a função do Estado na regulação, na entrega e, inevitavelmente, na leitura do correio. O serviço postal como um posto avançado do Império também ressurge mediante a implementação de convenções nacionais e internacionais.

Correspondências secretas

É fácil ignorar os processos aparentemente comuns da vida moderna diante das práticas singulares e exóticas do passado. No entanto, a segunda década da era Meiji já estava muito longe dos dias de mensageiros de pés ligeiros e as cerca de duzentas caixas de madeira cheias de correspondência que distribuíam ao longo das estradas vicinais do período Tokugawa. A vasta proliferação de caixas de correio servia agora como postos avançados não tripulados em um sistema de postagem-padrão e redes postais globais cada vez mais interconectadas. Antes que esses processos desapareçam no pano de fundo da formação social moderna, é possível ver neles a quase total absorção das redes postais pelo regime de poder do Estado. Embora demos como certo que nossos comunicados serão lidos somente por aqueles a quem se destinam (fragilmente salvaguardados pelo envelope selado, o papel dobrado e o endereço designado), o serviço postal nacional equivale, em essência, ao processamento de cartas privadas por meio de canais públicos. O cartão-postal ilustrado oferece um dos melhores exemplos das contradições solicitadas pelo processo postal. Apesar das conotações românticas exibidas por uma mulher que envia anonimamente uma carta para seu amante, retratada no cartão-postal *Correspondência secreta* (figura 2.2)[23],

---

23. *Himitsu tsushin*, publicado no jornal *Kokkei Shimbun* [滑稽新聞] em 1908. O *Kokkei Shimbun* aumentou suas vendas com inserções regulares

PARTE I: REDES DISCURSIVAS NO JAPÃO DA ERA MEIJI

2.2 Kuroteibo Sumiike, cartão-postal ilustrado *Himitsu tsushin* [Correspondência secreta] publicado em *Kokkei Shimbun*, 1902. Fotografia cedida pelo Museu Postal do Japão.

de cartões-postais na segunda metade dos anos 1900. Infelizmente, quase nada se sabe sobre Sumiike, o pseudônimo de um popular artista de cartões-postais do jornal.

de Kuroteibo Sumiike, a privacidade nunca passou de uma ficção legalizada, um engodo que permitia a um indivíduo ser interpolado para dentro do sistema postal. Até mesmo a mídia do cartão-postal ilustrado, privatizada pelo governo Meiji em 1909, encorajou o público a enviar sua correspondência sem qualquer tipo de proteção. A ironia do cartão-postal de Sumiike é que ele retrata uma mulher colocando uma carta em uma caixa de correio onipresente (com postagem correta, supõe-se) como que para proporcionar ao espectador a ilusão de segurança ante os olhares curiosos de vizinhos e burocratas menores no escritório postal. Ainda assim, Bernhard Siegert nos lembra de que o que está por trás dessa transferência suave de mensagens é o potencial de vigilância, interceptação e apreensão:

> A onipresença e a invisibilidade do Estado encontravam-se assim na representação do sistema postal como um meio para correspondência privada entre sujeitos cognitivos [...]. À medida que os sistemas postais se tornaram uma tecnologia do governo com a invenção dos correios e a monopolização do serviço, as pessoas também passaram a acreditar que eram capazes de determinar seus próprios assuntos em termos postais. Institucionalmente, isso significava que o sistema postal estava sob jurisdição policial.[24]

É assim que o detetive da polícia encontra seu colega improvável na figura do inspetor postal. Assunto fértil para a ficção popular desde o século XIX, os meandros do direito postal e sua evasão são uma função dos limites tecnológicos e do contrato social que torna o correio uma extensão do Estado semelhante a qualquer outro serviço público — existe em nome do povo, desde que este não interfira em suas operações.[25]

---

24. B. Siegert, *Relays: Literature as an Epoch of the Postal System*, trad. Kevin Repp, Stanford: Stanford University Press, 1999, p. 9.
25. Por analogia, podemos considerar a expansão do serviço telefônico cerca de uma década depois: quando o anonimato poderia ser mais ou menos proporcionado pela discagem direta, sem os ouvidos curiosos dos

A vigilância hegemônica funciona melhor quando é discreta e tem a total cooperação (ou ignorância) da comunidade. Isso é facilmente confirmado pelo código postal Meiji, que, em termos inequívocos, estabelece a lei da seguinte forma:

> Artigo 1. O correio será gerenciado pelo governo.
>
> Artigo 2. Nenhuma pessoa privada poderá entregar correspondência.
>
> [...]
>
> Artigo 10. No manuseio postal, um ato cometido contra os Correios por uma pessoa sem capacidade jurídica será considerado como tendo sido cometido por uma pessoa com plena capacidade jurídica.[26]

Artigos adicionais ao código postal japonês impõem o imperativo postal de entregar a correspondência no prazo, invocando, conforme necessário, direitos de passagem e graus variados de domínio eminente. O artigo 4 declara:

> Quando houver qualquer obstáculo na estrada e for difícil de passar, a transportadora de correio, o carteiro, os veículos ou cavalos usados para o transporte de correspondência, enquanto em serviço, terão permissão para atravessar edifícios, terrenos, campos

---

operadores de rede, o telefone se tornaria outro espaço de conduta pessoal e, às vezes, ilícita; como Siegert nos lembra em *Relays*, os anúncios da AT&T do fim do século XX são um exemplo disso ao convidar os discadores a "estender-se e tocar alguém". No entanto, seja um telefone fixo ou móvel, as máquinas que facilitam o contato estão sempre sob vigilância das empresas telefônicas, que mantêm registros de todas as chamadas feitas — registros esses que podem ser entregues ao Estado, bem como a advogados de divórcio.

26. Military Government Translation Center (trad.), *Japanese Postal Laws*, Nova York: Naval School of Military Government and Administration, c. 1940, pp. 1-3. A data exata da publicação não é clara.

de arroz, jardins ou outros lugares que não possuam muro ou cerca em volta deles. Em casos assim, os Correios devem reparar os danos a pedido da pessoa que os sofreu.[27]

Evidentemente, nessas leis postais, os caminhos de circulação e entrega figuram como um exercício do poder estatal e da identificação nacional, sendo uma escrita que não conhece limites dentro das demarcações da nação a que serve, mas que também pode ser interceptada e confiscada pelo mesmo órgão regulador.

Embora dificilmente seja tão conhecida quanto o verso que adorna as agências de correio nos Estados Unidos — "nem a neve, nem a chuva, nem o calor, nem a escuridão da noite impedem a rápida conclusão das jornadas desses mensageiros"[28] —, a rima infantil de Shoyo Tsubouchi "*Yubinbako no uta*" [郵便箱の歌] (A canção da caixa de correio) faz um elogio ao novo império postal do Japão. Publicada pela primeira vez no volume cinco do *Kokugo tokuhon jinjo shogakko yo* [国語読本尋常小学校用] (Cartilha de idiomas para uso em escolas primárias normais), em 1900, sua letra reforça de maneira suave e repetitiva o caráter sigiloso da caixa de correio em todos os bairros do país. A caixa de correio é o centro das atividades do bairro, personificada como um mensageiro incansável, cuja fenda de depósito está constantemente ativa; os cartões-postais e pacotes que recebe e desembolsa conectam o país com a ação delicada e atenciosa de uma tia favorita.

---

27. Ibidem, p. 2.
28. Como observam Holzmann e Pehrson, a frase é, de fato, uma adaptação das descrições de Heródoto do antigo sistema persa de mensageiros em *A História*: "E ele [o mensageiro] nem neve, nem chuva, nem calor, nem noite o impedem de cumprir o curso que lhe foi atribuído, e o mais rápido que puder" (G. Holzmann e B. Pehrson, *The Early History of Data Networks*, op. cit., p. 4).

A canção da caixa de correio	**Yubinbako no uta**
Em todos os cantos das ruas da capital	Toshi no machi no yottsu kado no
As caixas de correio dizem:	Yubinbako to iu yo wa
"Certamente não há ninguém mais ocupado que nós,	Satemo, isogashi, warera hodo
Nem tão apressado.	Sewashikimono wa, mata araji.
Desde o amanhecer até tarde da noite,	Asa wa hikiake, yofuke made
Entrando e saindo, abrindo e fechando.	Ireru, toridasu, sono aketateni,
Tum, tum, tá-tum	Potari, pottari, pottariko,
Não há descanso para a fenda de depósito do correio.	Sashireguchi no yasumi nashi.
Primeiro, existem os tipos de correspondência:	Mazu, yubin no shinajina wa,
Cartas lacradas, material impresso e envelopes não lacrados	Fusho, Futo, hirakifu,
Cartões-postais retornáveis, cartões-postais comuns	O-ofuku-hagaki, name-hagaki
As diferentes escritas e pessoas que os enviam	Moji mo iroiro, dasu hito mo,
E não esqueçamos daqueles que os recebem!"	Uketoru hito mo samazama ya.
"E agora, na era Meiji, por uma taxa conveniente	"Sate, benri no odai no kage,
Shikoku e Kyushu não são nada,	Shikoku, Kyushu nan no sono,
Ao extremo norte, até os Kuriles	Kita wa, Sento nosono wa hate made mo,

Ou ao sul, até os Ryukyus e mesmo Taiwan:	Minami, Ryukyu, Taiwan made mo
Pais, irmãos e amigos, sem necessidade de viajar,	Oyako, kyodai, tomodachi doshi,
As notícias chegam enquanto eles esperam.	Tayori shira suru, inagara ni.
Acima de tudo, as cartas familiares na mão de uma mulher:	Wakete, natsukashi, kono onna moji.
'Para a senhorita Oharu, um grampo de cabelo florido,	'Oharu-dono ni wa, hana-kanzashi o,
E para o mestre Taro, uma camisa de ginástica	Taro-dono ni wa, undo-shatsu o,
Um presente da sua tia', diz o cartão-postal	Obagami miyage.'to kaitaru hagaki,
Como as crianças devem se sentir: de fato, até aos meus olhos,	Kotachi, sazokashi, yubinbako no
A caixa de correio traz um grande prazer."[29]	Ware ga mite sae, itodo tanoshi ya."

Os diferentes tipos de correspondência, endereços manuscritos e as pessoas que os enviam podem variar consideravelmente, mas, através da taxa fixa de envio, a caixa de correio entrega o artefato desde a esquina ou os confins mais distantes do império até a porta de casa com equanimidade. Esses são os prazeres corriqueiros adequados para as rimas infantis. Mas, como foi o caso da rápida eficiência militar do telégrafo, os correios eram indispensáveis aos empreendimentos coloniais e imperiais, estabelecendo a infraestrutura essencial de transporte e comunicação para todos os que se seguiram. Os mourões postais do Japão na Ásia continental foram assentados em 1876, com a fundação de uma filial em Xangai. Embora tenham

---

29. S. Kyokai (org.), *Shoyo senshu*, Tóquio: Dai-ichi Shobo, 1979, v. 2, pp. 800-2.

chegado mais tarde do que as concessões ocidentais obtidas após a Guerra do Ópio na década de 1840, os japoneses produziriam a rede postal mais extensa da Ásia até 1920, quando os chineses, ao menos temporariamente, conseguiram expulsar os mais fracos de seus colonizadores estrangeiros. Eles o fizeram, primeiro, por meio de ação militar e, em seguida, recorrendo à União Postal Universal (UPU), que desde 1874 garantia equivalências em taxas e tarifas, permitindo que as nações assumissem plena soberania sobre os processos postais dentro de suas fronteiras. John Mosher explica:

> Até a época da Primeira Guerra Mundial, a China não teve sorte em se libertar de seus rivais postais, mas, ao declarar guerra à Áustria e à Alemanha (14 de março de 1917), conseguiu expulsar esses dois países. A Rússia seguiu na esteira da Revolução Russa: o reconhecimento da Rússia Imperial foi revogado em 23 de setembro de 1920. [...] Finalmente, a China entrou na UPU e ordenou que Inglaterra, França, Japão e Estados Unidos fechassem seus postos de correio em 7 de junho de 1921.[30]

Isso de forma alguma contraria o que já observamos sobre nações individuais como árbitros finais de sua participação em convenções internacionais. A participação na União Postal Universal e na Convenção Internacional do Telégrafo em 1879 também foi uma das etapas cruciais do Japão para se livrar dos tratados desiguais, mas a guerra ou a ameaça de guerra continuaram sendo o recurso final para a afirmação da soberania nacional.

Quando solicitado a examinar o alcance do Correio Imperial Japonês em seu auge, por volta de 1910, Kenjiro Den, o primeiro ministro das Comunicações do Japão e, posteriormente, governador civil de Taiwan na década de 1920, tinha muito a relatar:

---

30. J. Mosher, *Japanese Post Offices in China and Manchuria*, Nova York: Quarterman Publications, 1978, p. xi.

Atualmente, o Japão possui estações postais em Beijing, Tientsin, Newchang, Chefoo, Xangai, Nanquim, Hankow, Shache, Soochow, Hangchow, Foochow e Amoy (doze lugares no total), na China; também em Fusan, Wonsan, Masan, Mokpo, Kunsan, Chemulpo; Seul, Pinyang, Chinnanpo e Songjin e outras cidades ao longo das rotas das ferrovias Seul-Fusan e Seul-Ninsan. O serviço postal japonês no exterior é, em todos os sentidos, regulado de acordo com as leis postais vigentes no país e, exceto em alguns casos, as taxas de postagem são as mesmas que as praticadas dentro do império.[31]

É evidente que essa passagem transmite apenas uma noção bastante superficial das complexidades presentes nas respectivas colônias. Enquanto Hokkaido e Okinawa (1870) e a colônia-modelo de Taiwan (1895) foram rapidamente assimiladas ao discurso da pátria, os portos dos tratados e os territórios ocupados foram relegados a um conjunto de regras um tanto diferente. Embora afirme que, "a partir de 1895, o Japão aproveitou todas as oportunidades para estabelecer novas estações postais na China e na Manchúria" em seu domínio sobre o Leste Asiático, Mosher qualifica a diferença entre a abordagem de dispersão do primeiro e a situação monopolista no segundo:

> Os dois casos se desenvolveram de maneira diferente. Na China, o Japão abriu escritórios individualmente em locais específicos, geralmente mencionados em tratados. Na Manchúria, eles praticamente tratavam com as mãos abertas o Território Alocado de Kwantung e a região ao longo do sul da ferrovia da Manchúria, que saturaram com instalações de todos os tipos, incluindo cidades inteiras. A atividade postal japonesa na Manchúria era muito mais densamente organizada do que na própria China.[32]

---

31. K. Den, "Japanese Communications: The Post, Telegraph, and Telephone", in: S. Okuma (org.), *Fifty Years in New Japan*, trad. Marcus Huish, Londres: Smith, Elder & Co., 1910, v. 1, p. 410.
32. J. Mosher, *Japanese Post Offices in China and Manchuria*, op. cit., p. xii.

Apesar da desigualdade na extensão do serviço postal por todas as colônias, o correio continuou sendo uma das principais instituições para o exercício e a consolidação do controle imperial, aproximando as colônias dos ritmos da nação por meio de seus efeitos homogeneizadores.

2.3 *Heiwa kinen* [Memorial da Paz] cartão-postal, 1919. Fotografia do autor.

As palavras finais de Den, portanto, afirmam a essência de "A canção da caixa de correio", de Shoyo, ou seja, que o correio não apenas vincula as colônias diretamente, como também permite a equivalência no valor de troca *doméstico* de escrever e enviar cartas. Em suma, o prestígio do pertencimento nacional e imperial supera as economias de escala calculadas por distância e volume. Além disso, a partir do momento em que os tratados postais são concluídos entre nações soberanas, o doméstico se torna intercambiável com o estrangeiro em uma escala de custos para envio e recebimento. Torna-se, então, a última reserva de contramarcas e oficiais alfandegários para policiar e documentar o movimento de papeladas através das fronteiras. Um cartão-postal do *Memorial da Paz* (figura 2.3), datado de 1919 e mostrando uma jovem japonesa em um quimono estampado azul e um garoto em seu uniforme escolar preto, ao estilo militar da Prússia, ambos rodeados de pombas, revela uma verdade simples em suas instruções de pagamento para postagem de selos: "Um *sen* cinco *rin* na pátria, quatro *sen* no exterior" (*naichi ni wa ichi-sen go-rin kitte, gaikoku ni wa yon-sen kitte*). A paz, portanto, não vem a qualquer custo, e sim a um custo fixo estabelecido por nações e convenções internacionais. Em uma síntese adequada da ligação global dos serviços postais nacionais e coloniais do fim do século XIX, Siegert observa:

> A União Postal Universal (UPU) transformou o próprio conceito de correio: uma vez que o correio global e padronizado obliterou a diferença entre pátria e terras estrangeiras na forma de ser da carta, a palavra "correio" era essencialmente uma abstração dos vários porta-materiais pelos quais as informações eram enviadas por terra. [...] Conforme os próprios meios técnicos finalmente foram integrados de maneira lenta, mas segura, ao sistema postal — na Alemanha de forma completa, em outros Estados, nem tanto —, "correio" se tornou sinônimo de um Meio Geral de Transmissão.[33]

O enquadramento do mundo, ou ao menos sua interconectividade, por um "Meio Geral de Transmissão", seria assim conduzido, principalmente, através dos canais e códigos da modernidade postal.

---

33. B. Siegert, *Relays*, op. cit., pp. 144-45.

CAPÍTULO 3:

Fiação no Japão da era Meiji

Do cartão-postal de Hokusai ao telégrafo de Mokuami

Os regimes verbal, visual e teatral das cidades urbanas comumente associados ao "mundo flutuante" (*ukiyo*)[1] eram parte integrante da cultura popular Tokugawa, que não estava firmemente endossada nem tampouco dependia do patrocínio das elites dominantes. Não obstante, é dentro desses regimes nas primeiras duas décadas da era Meiji que surgiram as primeiras iterações da comunidade imaginada do Estado-nação moderno, e de maneiras que muitas vezes antecipavam as mudanças discursivas mais amplas, associadas à reforma da língua e da escrita nacionais, que serão discutidas na Parte II, assim como as origens da literatura japonesa moderna, na Parte III. Este

---

1. Antes do período Edo, *ukiyo* representava a noção budista de um mundo transitório de sofrimento. No entanto, com o crescimento das cidades e o aumento do comércio que se seguiram à unificação do país sob o xogunato Tokugawa no século XVII, os distritos de entretenimento povoados por cortesãs, atores e outros tipos de má reputação tornaram-se novos focos de ideologia e expressão artística. Embora a estética da tristeza evanescente não tenha, de maneira alguma, desaparecido, houve uma reconfiguração no registro homofônico do *ukiyo*, o "mundo flutuante" dos prazeres carnais fugazes.

capítulo contrasta representações de redes de comunicação oficiais e efetivas, delimitadas por dois textos em lados opostos da ruptura epistêmica desde o final do período Edo até o início da era Meiji: a xilogravura de Hokusai Katsushika *Shunshu Ejiri* [駿州江尻] (Estação Shunshu na província de Ejiri, c. 1830), da coleção *Trinta e seis vistas do monte Fuji*, e o ato final da peça de kabuki de Mokuami Kawatake *Shima chidori tsuki no shiranami* [島千鳥月白波] (Tarambolas da ilha e ondas brancas da lua, 1881), daqui em diante referida como *Os ladrões*.[2] Enquanto a gravura de Hokusai captura divertidamente os limites da escrita na rede sancionada de estradas postais ao longo da região de Tokaido, a peça de Mokuami estampa as reformas ideológicas e as inovações tecnológicas do novo governo Meiji como capazes de transformar até os habitantes mais humildes do submundo em súditos leais.

O cartão-postal que não foi entregue

Esses canais discursivos são manifestados em um desenho de Shoun Matsumoto, do distrito de Sukiyabashi, localizado próximo às muralhas do castelo Edo (figura 3.1), que apareceu na edição de 10 de dezembro de 1902 da revista *Fuzoku Gaho* [風俗画報] (Hábitos Ilustrados). Embora tanto sua escala quanto suas convenções figurativas sinalizem uma dívida com a impressão em xilogravura, a imagem já representa uma paisagem irrevogavelmente alterada várias décadas após o início da era Meiji. Cavalos de carga, riquixás, esquifes de canal e pedestres compõem a agitação comercial ao longo

---

2. O título da peça pode ser literalmente traduzido como *Tarambolas da ilha, ondas brancas da lua*. A tradução de Donald Keene do título desse ato final é aceitável, dado que *shiranami* era um epíteto para o gênero popular de peças sobre ladrões e o submundo do crime. Ainda que, na prática japonesa original, o último ato seja rotulado simplesmente como "ato cinco" (*gomakume*), pelo menos um historiador literário contemporâneo, Yuzo Tsubouchi, se refere a ele como *Shokonsha torii mae no ba* [招魂社鳥居前の場] (Nos portões do santuário Yasukuni).

da ponte principal e das vias navegáveis, enquanto trabalhadores de vestimentas japonesas e estudantes em uniformes de estilo militar ocidental se reúnem ao redor de barracas de comida que anunciam iguarias ocidentalizadas, como doces recheados de geleia de feijão--vermelho e tigelas de carne servida sobre o arroz. O que chama a nossa atenção, porém, são as filas de grossos cabos pretos de telégrafo suspensos acima das ruas da cidade, formando um lembrete visível da rede de comunicações que está se formando em todo o país e no mundo, e, ao mesmo tempo, de uma tecnologia oculta ao olhar, à medida que a eletricidade percorre milhares de quilômetros de fios pretos elevados.

3.1 Shoun Matsumoto, *Sukiyabashi fukin* [Nas proximidades de Sukiyabashi], 1902. Fotografia retirada da edição em CD-ROM do *Fuzoku Gaho*, publicada pela Yumani Shobo.

Claro, esse não era um lugar como outro qualquer. Localizado no coração de Tóquio, a porta de entrada para o que se tornaria o Palácio Imperial entre 1873 e 1888, foi circunscrito pelas administrativas e modernas instituições culturais do Estado Meiji. Virando a esquina, fora da vista do plano da cena retratada, ficavam os escritórios administrativos do Governo Metropolitano de Tóquio, o primeiro Hotel Imperial, o Banco Mitsubishi e as principais empresas de remessa postal e iluminação elétrica. Um pouco mais ao longe, do outro lado do parque Hibiya, ficavam as duas casas da Dieta Nacional, os escritórios da Marinha e do Ministério das Relações Exteriores, e as embaixadas russa, italiana, alemã e britânica.[3] A sede do poder do nacionalismo, do imperialismo, do capitalismo e da industrialização estava ligada ao resto da nação e, por extensão, do mundo, através dos fios.

Por certo, antes que os fios de telégrafo e telefone escureçam o céu e os sistemas postais circundem o globo, o papel ainda pode voar pelo céu e as vilanias podem desaparecer ao vento. Não obstante os graus variados de restrição burocrática às viagens internas, como resultado da política oficial de "país fechado" do xogunato, as 53 estações da Tokaido ligaram a capital do xogum, no leste de Nihonbashi — simbolicamente a ponte de Edo para o resto do Japão —, com a capital do imperador em Kyoto, a oeste. Como tal, a Tokaido constituía o principal canal entre os centros populacionais das planícies de Kansai e Kanto para o comércio, o turismo e as peregrinações religiosas. A Tokaido havia servido como rota de aproximação oficial no sistema de comparecimento em anos alternativos (*sankin kotai*) para os daimios e seus acompanhantes vindos do sul e do oeste, bem como o séquito de comerciantes holandeses em Nagasaki e as missões tributárias da Coreia.[4] Os antigos santuários de Mishima e Ise, por sua vez, ficavam nas proximidades da décima segunda e da quadragésima quarta estação de Nihonbashi, respectivamente. Além dos muitos lugares famosos (*meisho*) de beleza ilimitada canonizados na poesia clássica, as estações ao longo do caminho da Tokaido foram inscritas nas artes visuais e verbais da

---

3. T. Tamai, (org.) *Yomigaeru Meiji no Tokyo*, Tóquio: Kadokawa Shoten, 1992, pp. 48-49.
4. Ver, por exemplo, Ichige, *Chosen Tsushin-shi no Tokaido tsuko*, pp. 229-68.

cultura xilográfica do período Tokugawa. A imensa popularidade do cômico diário de viagem de Jippensha Ikku, *Tokaido-chu Hizakurige* [東海道中膝栗毛] (Jornada a pé pela estrada do mar oriental), publicado periodicamente na forma de livretos em *kana*, de 1802 a 1831, é frequentemente creditada por fazer crescer o entusiasmo por viagens. Seguiu-se um verdadeiro *boom* publicitário de mapas, guias de viagem e impressões a cores, incluindo a série *Trinta e seis vistas do monte Fuji*[5], de Hokusai.

Apesar de todo esse suposto interesse em viagens, Shuichi Kato afirma que pessoas da cidade como Ikku e seus incorrigíveis protagonistas pouco reconheciam a existência do povo provinciano de fora das rotas turísticas: "Os heróis da série [...] Yajirobe e Kitahachi são dois *chonin* de classe baixa do coração de Edo que viajam pelas três principais estradas do Japão — a Tokaido, a Kisokaido e a Nakasendo —, encontrando uma variedade de pessoas e costumes. Porém, eles nunca saem da estrada principal nem adentram uma vila agrícola, muito menos entram em contato com o mundo privado de uma família de camponeses."[6]

Ainda que *Jornada a pé* tenha indubitavelmente contribuído para uma noção geral de que havia uma topografia cultural compartilhada, ela foi estritamente demarcada nos moldes das hierarquias do período Tokugawa e atendeu aos preconceitos de um público urbano. Em consequência, sendo a rota fortemente transitada tanto por séquitos de guerreiros quanto por citadinos loucos por viagens, a Tokaido era, para todos os efeitos, o "tronco principal" (*kansen*)[7] do fim do período Tokugawa, da qual não se devia desviar durante viagens.

---

5. Apesar do título, a série incluía 46 vistas, em vez de 36. *Shunshu Ejiri* é a trigésima quinta da série.
6. S. Kato, *A History of Japanese Literature: The Modern Years*, trad. Don Sanderson, Nova York: Kodansha International, 1983, p. 44.
7. Embora o Shinkansen seja popularmente conhecido como trem-bala, seu nome significa literalmente "nova linha de troncos".

Frequentemente esquecida entre as discussões sobre a beleza natural e as cores locais está a função indispensável da Tokaido como estrada postal. O sistema de mensageiros, estabelecido em 1663 e patrocinado pelo xogunato, mantinha duas caixas de coleta de cartas (*shojo atsumebako*) em cada estação da Tokaido, uma destinada a Edo e a outra a Kyoto. Era a marca registrada dos corredores de revezamento que trabalhavam em sintonia a fim de completar a distância de Edo a Kyoto em apenas 36 a 48 horas, dependendo das condições da estrada e do clima inclemente, em comparação com os habituais dez a catorze dias para o viajante médio. Ainda que também existissem mensageiros particulares nas três cidades e nos domínios periféricos, eles operavam em uma escala consideravelmente mais modesta e potencialmente menos segura.[8] Não era apenas a velocidade, mas também a confiabilidade dos mensageiros que distinguia as estações pelo caminho.

A *Estação Shunshu* (figura 3.2) leva o nome de sua localização, na província de Suruga, na atual prefeitura de Shizuoka. Ejiri foi a décima nona das 53 estações, conhecida pela estonteante beleza da baía de Suruga e sua vista para o monte Fuji. É quase exclusivamente nesse contexto de representação da paisagem natural que a impressão foi avaliada por historiadores da arte no Japão como nada menos que uma reprodução habilidosa, até mesmo formalista, de um dia tempestuoso de outono na estrada Tokaido.

---

8. Ver H. Maejima, "Communications in the Past" (in: S. Okuma [org.], *Fifty Years of New Japan*, v. 1, trad. Marcus Huishi, Londres: Smith, Elder & Co., 1910), pp. 396-401.

3.2 Hokusai Katsushika, *Shunshu Ejiri* [Estação Shunshu na província de Ejiri] de *Trinta e seis vistas do monte Fuji*, c. 1830. Fotografia do Metropolitan Museum of Art.

Tendo como cenário esses famosos marcos, os viajantes que sobem e descem a sinuosa estrada se encolhem com o frio e se agarram a seus chapéus de abas largas. Um homem desafortunado perdeu o chapéu ao vento, enquanto uma mulher em primeiro plano, com a cabeça coberta por um lenço púrpura, deixou um maço inteiro de "lenços de papel" (*futokorogami*)[9] ser levado pelo vento. Duas árvores vergadas, também em primeiro plano, perdem e espalham suas folhas que pairam sutilmente em direção a um ponto de convergência com o papel, em algum lugar na linha do horizonte, logo além do plano da imagem. Localizada no centro da gravura, abaixo desses objetos voadores, e quase camuflada pela cor e pelo tamanho aproximado dos chapéus de palha, há uma estrutura pequena, possivelmente um santuário local, que se assemelha superficialmente a uma caixa

---

9. Esses "lenços de papel" não eram usados para assoar o nariz, mas para compor canções (*uta*) e poemas (*shi*). Como os caracteres chineses em seu nome sugerem, o papel era mantido perto do coração, guardado no bolso interno do peito de um quimono.

de coleta de cartas. Talvez isso seja um pouco longe demais, mas de que outra forma podemos interpretar a justaposição de papel e tinta voando pelos ares?[10]

Do ponto de vista desses posicionamentos duplos, a *Estação Shunshu* parece tão conscientemente referencial à circulação e à troca de escrita quanto as inúmeras odes de Hokusai à perfeição geométrica do monte Fuji. Hokusai fornece à paisagem não apenas elementos do sublime natural e cultural, mas também fragmentos do processo de composição e significação da impressão em xilogravura, fragmentos que exigem reavaliar a gravura em termos de seu significado superficial, mais do que como uma "imagem flutuante" imbuída da ilusão de profundidade. Os lenços de papel brancos se erguem no ar para encontrar uma dispersão de pontos de tinta preto-azulada, como tantas letras ansiosas para serem escritas. Ao mesmo tempo, esse arranjo de objetos se presta a um tipo de jogo visual que se repete e se reúne em padrões triangulares. O triângulo isósceles perfeito do monte Fuji ao fundo é espelhado pelo teto da pequena estrutura no centro do plano da imagem. Enquanto isso, uma terceira triangulação menos distinta é formada pelos dois troncos de árvores, a coluna diagonal e reta de papel apanhada pelo vento e as folhas borradas indo em sua direção. Esses padrões certamente não são coincidência. Considerando que, no Japão pré-moderno, folhas são metáforas tanto para poemas quanto para palavras e fornecem um dos dois caracteres que compõem "palavra" (*kotoba* [言葉]), é possível ler a gravura de acordo com sua iconografia visual, como uma espécie de brincadeira sobre o processo de composição, um poema composto ao vento. Referências a folhas são abundantes em textos clássicos e medievais, como o título da antologia poética do século VIII *Manyoshu* [万葉集] (Coleção das dez mil folhas) e o prefácio em *kana* de *Kokin Wakashu* [古今和歌集] (Coleção de poemas japoneses antigos e contemporâneos)

---

10. As caixas de correio do período Edo eram encontradas apenas nas cidades; vilas e estradas pouco frequentadas como essa, sem corredores à vista, provavelmente não teriam uma caixa de coleta.

do século X, de Ki no Tsurayuki, que começa com: "As sementes da poesia jazem no coração humano e crescem em folhas de dez mil [miríades de] palavras."[11] A grama que balança ao vento em uníssono com o papel e as folhas também faz lembrar as associações semânticas da palavra para "gesto", que às vezes é escrita com o caractere para "grama" (*shigusa* [仕草 ou 仕種]). Se essas possibilidades soam demais como o Romantismo europeu — a rajada de vento como um espírito animador ou proto-voz; a convergência cosmológica de padrões naturais e formas de escrita feitas pelo homem —, as folhas e o papel que convergem para o alto e para além do plano da imagem representam, ainda assim, uma circulação alternativa que *contorna* o sistema de mensageiros. É um contexto de escrita que demanda uma "modernidade postal" *avant la lettre*, ou o que em japonês pode ser chamado apropriadamente de o cartão-postal de Hokusai.[12]

Há um precedente para esse aparente romantismo no estudo de Norinaga Motoori sobre a estética literária do *Conto de Genji*, que se concentra no conceito de *mono no aware* (literalmente, "o *páthos* das coisas"). Ivan Morris nos lembra de que o "*aware* nunca perdeu completamente seu simples sentido interjecional de 'Ah!'", na filologia recuperativa de Norinaga do discurso japonês antigo: "A inicial *a* de *aware* é cognata com o mesmo som que aparece em outras exclamações antigas como *haya*, *hamo* [e] *atsuhare*."[13] Isso ressoa com a noção contemporânea de *Sprache* (idioma), que emana do suspiro fonocêntrico primordial *ach*, que Kittler localiza no *Fausto*, de Goethe, e na rede de discursos de 1800 (ou seja, o cânone romântico alemão). As intrigas políticas e românticas na corte Heian

---

11. L. Rodd e M. C. Henkenius (trads.), *Kokinshu: A Collection of Poems Ancient and Modern*, Princeton: Princeton University Press, 1984, p. 35.
12. A palavra japonesa para cartão-postal, *hagaki* [葉書], é composta pelos caracteres de "folha" e "escrita".
13. I. Morris, *The World of the Shining Prince*, Nova York: Knopf, 1964, p. 208. Como Morris também observa, os estudos de Motoori sobre *mono no aware* têm um paralelo impressionante com os estudos classicistas europeus do século XVIII sobre *lacrimae rerum*, as "lágrimas por coisas" (pp. 318-19).

eram atreladas e desatreladas tanto pelas correspondências trocadas à meia-noite quanto pelas alianças diplomáticas firmadas ao dia. Elas ficavam muito longe do anonimato das impressões de Hokusai e ainda mais distante das (ficcionais e ficionalizadas) individualidades privadas e interiorizadas que associamos aos canais públicos do serviço postal do fim do século XIX. Como Morris escreve:

> Nos diários e obras de ficção da época, há um fluxo constante de cartas e mensagens. Dia e noite, faça chuva ou faça sol, os mensageiros exauridos se deslocam de um lado para o outro entre as nobres mansões, carregando ora uma anotação em fino papel branco sobre as emoções de uma dama ao cair do primeiro floco de neve, ora uma carta para a "manhã seguinte", amarrada a um ramo de pinheiro, no qual um cavalheiro diz à sua amante que seu amor nunca murchará. Como a correspondência é considerada uma forma de arte, há pouca privacidade nessas cartas; *é comum que sejam* lidas pelas pessoas erradas, e isso pode resultar em infinitas complicações.[14]

Além disso, como Thomas LaMarre argumentou de maneira persuasiva, não devemos pôr todo o valor da poesia clássica em sua expressão emocional às custas da caligrafia manuscrita, das qualidades da dobradura e da gramatura do papel ou até da beleza do mensageiro e da graciosidade da entrega.[15] A estética Heian era, ao mesmo tempo, uma performance reservada e intimamente *pública*, a condução de casos cujos efeitos sempre se propagam para além das folhas de papel ou das camas.

Especialistas em Hokusai, como Ichitaro Kondo e Seiji Nagata, interpretaram a *Estação Shunshu* como uma instância superlativa da representação de Hokusai dos efeitos do vento como movimento

---

14. Ibidem, p. 200.
15. T. LaMarre, *Uncovering Heian Japan: An Archaeology of Sensation and Inscription*, Durham: Duke University Press, 2000, pp. 98-100.

no meio estático da xilogravura. É um tema ao qual ele dedicou considerável atenção em suas obras anteriores, chamadas *Mangá*[16], e há uma série de desenhos relacionados que ambos citam como versões anteriores ou variações de *Estação Shunshu*. Kondo aponta as duas figuras e uma estrada sinuosa quase idênticas a *Estação Shunshu* no esboço intitulado *Sekiya no sato yu* [関屋の里夕雨] (Chuvisco noturno na vila de Sekiya, na província de Shimosa), incluído no volume 7 de *Mangá* (figura 3.3).[17] Claro que Hokusai não tinha nenhuma intenção de representar com precisão a verdade da paisagem em figura alguma. A estrada sinuosa é uma convenção visual para guiar o olho através do plano da imagem. Enquanto isso, Nagata observa um detalhe em um desenho sem título incluído no volume 12 (figura 3.4) de uma mulher se agarrando em vão a folhas de papel em meio a um levante outonal de folhas de bordo, que corresponde à figura em primeiro plano de *Estação Shunshu*.[18] Junto a esse esboço, há um desenho no volume 15 que mostra dois viajantes abrindo um baú ao ar livre, em um dia de ventania outonal, acabando por ver o papel que estava dentro sendo carregado pelo vento, e que pode ser adicionado a essa categoria (figura 3.5).[19] As duas últimas figuras não possuem títulos propriamente ditos, sendo simplesmente marcadas com um único caractere chinês para vento (風), quase invisível entre as folhas de bordo com as quais ele foi

---

16. Embora "mangá" seja usado hoje em dia para designar tanto um gênero quanto uma indústria da contemporaneidade japonesa, ambos distintos dos quadrinhos ocidentais (em geral americanos), o termo originalmente significava quase o mesmo que *cartoon* em inglês ou *bandes dessinées* em francês: uma série de esboços e desenhos preparatórios feitos antes de uma pintura ou escultura mais complexas.
17. I. Kondo e C. Terry (orgs.), *The Thirty-Six Views of Mount Fuji by Hokusai*, Tóquio: Heibonsha, 1968, lâmina 35. A imagem é reimpressa em S. Nagata (org.), *Hokusai manga*, v. 2, Tóquio: Iwanani Shoten, 1987, p. 76.
18. S. Nagata (org.), *Fukeiga 2: Hokusai bijutsukan*, Tóquio: Shueisha, 1990, p. 58. A imagem está reimpressa em S. Nagata, *Hokusai manga*, v. 3, op. cit., pp. 84-85.
19. S. Nagata, *Hokusai manga*, v. 3, op. cit., p. 285.

desenhado para se parecer. O que quer que esses três precedentes revelem sobre a predileção de Hokusai por esboços e modelos de *Mangá* não é sobre as conexões de vento, papel e folhas. O vento é uma poderosa metáfora para a significação: uma presença animadora, mas invisível. Logo, representar o vento visualmente, com sua mobilização de papel e de folhas para formar composições, é um caso de substituição por excelência.

3.3 Hokusai Katsushika, *Shimosa Sekiya sato no yudachi* [Chuvisco noturno na vila de Sekiya na província de Shimosa], retirado de *Mangá*, c. 1814. Fotografia cedida pela Biblioteca da Universidade de Yale.

Outro esboço de *Mangá* sugere o vento como uma força elementar da composição poética. *Chokyuka* [張九歌] (*Canções de Zhang Gui*) descreve o estadista e poeta chinês Zhang Gui (301-376 EC) fazendo recortes de papel em forma de borboleta com uma tesoura, que voam de sua mão aberta aparentemente por vontade própria (figura 3.6).[20] Enquanto a borboleta invariavelmente evoca a

---

20. Ibidem, p. 295.

3.4 Hokusai Katsushika, *Kaze* [Vento], detalhe retirado de *Mangá*, c. 1814. Fotografia cedida pela Biblioteca da Universidade de Yale.

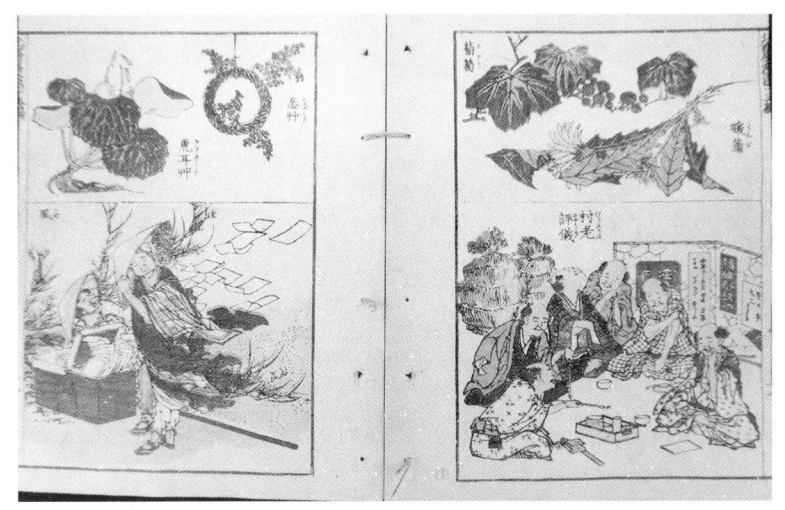

3.5 Hokusai Katsushika, detalhe de desenho sem título retirado de *Mangá*, c. 1814. Fotografia cedida pela Biblioteca da Universidade de Yale.

lembrança do famoso sonho da borboleta de Chuang Tzu[21], também sugere o sofisticado jogo de impressões de poesia da era Edo, como o *surimono*, cujas circulação e troca eram parte essencial da ordem social do "mundo flutuante".

3.6 Hokusai Katsushika, *Chokyuka* [Canções de Zhang Gui], retirado de *Mangá*, c. 1814. Fotografia cedida pela Biblioteca da Universidade de Yale.

---

21. A passagem enigmática de *Chuang Tzu* é a seguinte: "Era uma vez Chuang Chou, que sonhava que era uma borboleta, uma borboleta flertando com se divertir alegremente. Ela não sabia que ele era Chou. De repente, ele acordou e era palpavelmente Chou. Ele não sabia se era Chou que havia sonhado com ser uma borboleta ou se era uma borboleta sonhando que era Chou. Agora, deve haver uma diferença entre Chou e a borboleta. Isso é chamado de a transformação das coisas." (cf. V. Mair (org.), *Wandering on the Way: Early Taoist Tales and Parables of Chuang Tzu*, Honolulu: University of Hawai'i Press, 1998, p. 24).

É importante ter em mente que as imagens flutuantes executadas em xilogravura surgiram de um diálogo de longa data com as pinturas, as gravuras em chapa de cobre e os desenhos em perspectiva introduzidos pelos estudos holandeses.[22] Começando com Kokan Shiba, Denzen Aodo e outros que experimentaram a partir dessas técnicas, as gravuras populares disponíveis em bibliotecas de empréstimo e lojas de impressão estavam indelevelmente associadas a uma moda de jogos ópticos e miméticos. Diferentemente das figuras genéricas e das paisagens idealizadas e envoltas em névoa nas escolas de Kano e Tosa, as imagens flutuantes procuravam cada vez mais representar a contemporaneidade por intermédio de uma variedade de lentes literais e figurativas. Suas tecnologias do olhar expressam uma visão de mundo muitas vezes contrária aos ideais neoconfucionistas sancionados pelo governo, isto é, a ciência dos estudos holandeses combinada às sensibilidades, às aspirações e às indulgências de uma classe mercante cada vez mais rica, ainda que politicamente desprovida de privilégios.

Diferentemente da disseminação em massa do conhecimento sob o espírito de Civilização e Iluminismo na era Meiji, os materiais que vieram da Holanda até o pequeno assentamento em Dejima a intervalos esporádicos e que foram traduzidos por especialistas em estudos holandeses têm sido frequentemente entendidos como entretenimento para os habitantes urbanos sofisticados ou como contemplação para uns poucos instruídos. Ressaltando o equívoco generalizado de que os "distritos de prazer" das grandes cidades e municípios, onde os textos de estudos holandeses prosperaram, eram meros locais de indulgência carnal despolitizada, Timon Screech insiste em que neles era onde se oferecia alguma liberdade intelectual fora dos limites da ideologia ou da conduta oficiais:

---

22. Os estudos holandeses [*Dutch Learning*] são mais bem entendidos como uma escola do saber que surgiu da ausência (ou presença limitada) de pessoas europeias no arquipélago; o conhecimento foi obtido predominantemente por meio de tradução e interpretação de textos, obras de arte e instrumentos científicos trazidos para o Japão.

Os espaços mentais das atividades prazerosas costumam ser vistos como mera brincadeira, mas são mais do que isso: além de devaneios do cotidiano ou de suas representações lúdicas, o senso de entretenimento na era Edo (*asobi*) era uma reescritura complexa da experiência. Ideias e costumes não formulados por ditame governamental giravam em torno das periferias como orbes, mas com força gravitacional própria. Nem revolucionários, nem totalmente aceitos, são eles que impedem a divisão entre contestação e compensação, incapazes de afetar o centro, mas ainda assim não muito distantes dele.[23]

Indo além do compasso imediato do "mundo flutuante" (*ukiyo*), editores, academias privadas e outras instituições independentes do governo eram obrigados a se autocensurar preventivamente. Cadeia, exílio e apreensão da propriedade privada eram punições que aguardavam aqueles que cortejavam com a controvérsia, representando contestações que punham em questão o direito ou a retidão do governo Tokugawa. No entanto, também é verdade que, embora o xogunato possuísse um elaborado sistema de espionagem e muitas camadas de burocracia para monitorar as atividades em todo o reino, mercados e instituições frequentemente não eram regulamentados — ou eram, mas de forma inconsistente. Sem um decreto ou uma lei proibindo explicitamente determinado produto ou forma de conhecimento — e, de fato, as áreas e os textos de estudos holandeses eram permitidos de modo geral, desde que não fizessem referência ao cristianismo —, intelectuais operavam em uma zona nebulosa, do tipo que provocou a circulação de ideias apenas entre seus pares, sem que fossem publicadas de maneira declarada. Nesse clima de "semiproibição", as gravuras de Hokusai podem esconder da vista de todos um comentário político astuto que não seria permitido se tivesse sido declarado de maneira mais direta.

---

23. T. Screech, *The Lens within the Heart: The Western Scientific Gaze and Popular Imagery in Later Edo Japan*, Nova York: Cambridge University Press, 1996, p. 23.

Pelas várias décadas seguintes, o xogunato continuou demonstrando o que hoje pode parecer a nós uma recusa quase inacreditável de compreender as implicações das transformações tecnológicas que levaram a uma comunidade imaginária embrionária, especialmente por meio de linguagens impressas vernáculas. O uso da impressão ou do correio como tecnologias subjetivas para a consolidação do poder do Estado era quase inédito até as últimas décadas de seu governo e, como no caso de Maejima pedindo o fim dos caracteres chineses, ficou sem ser atendido. Em vez disso, a censura foi usada para restringir o acesso a materiais ideologicamente incendiários e como baluarte contra outras formas de protesto social. Essas políticas funcionaram internamente em proveito do xogunato e dos daimios provinciais, que pouco fizeram para retificar a heterogeneidade linguística no reino ou incutir o patriotismo generalizado na ordem do nacionalismo moderno. Também foram ineficazes em impedir a entrada de intervenções estrangeiras no início da década de 1850.

Por outro lado, quando enviado para o exterior em uma das primeiras missões de pesquisa promovidas pelo xogunato em 1860, o jovem Yukichi Fukuzawa rapidamente percebeu o tremendo potencial da mídia moderna. Recontando em primeira mão sua experiência com o poder da indústria gráfica no ensaio "Jornais de Londres", ele observou:

> O objetivo das reportagens de jornal é a velocidade, e, por meio do mecanismo a vapor para impressão, 15 mil páginas podem ser produzidas por hora. Quando a guarnição é feita, é prontamente entregue em todos os locais necessários por locomotivas e barcos a vapor. Essa rapidez prende a atenção do povo [...]. As pessoas valorizam muito quando há um grande debate em curso, podendo influenciar suas opiniões ao mesmo tempo que é usado para incentivar reformas em discussões de governo.[24]

---

24. Y. Fukuzawa apud Iida, *Nihon ni okeru kagaku gijutsu shiso no keisei*, p. 465.

Dentro do escopo mais restrito da xilogravura, evitar qualquer interferência direta nos tópicos proibidos permitia o registro de perspectivas e ideologias alternativas, distintas do viés oficial. Apesar da intencionalidade que pode ser atribuída a Hokusai, *Estação Shunshu* pode ser vista, ao menos retrospectivamente, como uma celebração da oportunidade de contornar os canais das redes de discurso oficiais com sua convergência de papéis e folhas em palavras logo além do plano da figura. As imagens naturais e culturais em *Estação Shunshu*, portanto, não podem simplesmente ser chamadas de paisagem nacional, tampouco a mobilização de Hokusai por metáforas poéticas e assuntos postais pode ser reduzida a um ato de escrita nacional. Por mais que subverta canais e códigos oficiais, o jogo que Hokusai faz com palavras e imagens poéticas resiste ao alistamento no serviço estatal e deixa de cumprir qualquer promessa da comunidade nacional[25] — é o cartão-postal que não foi entregue.

Telegrafando a comunidade imaginária do santuário de Yasukuni

Em forte contraste com as espirituosas gravuras de Hokusai, em que folhas de palavras ainda podem escapar do sistema de censores e policiais, Mokuami representa o imenso panoptismo estatal na sequência das primeiras peças de kabuki da era Meiji, simbolizadas por *Os ladrões*. Contudo, antes de discutir a peça, vale a pena fazer uma pausa e considerar outra xilogravura do período Meiji, cujas redes de discurso também estão ao pé do monte Fuji. Se a comparação isomórfica nos anais da história da arte fosse o nosso único objetivo, não poderíamos encontrar melhor exemplo da ruptura

---

25. Não é difícil imaginar um tipo completamente diferente de imagem, com os raios vermelhos do sol nascente brilhando no centro das páginas brancas, para espalhar a mensagem do nacionalismo imperial. Yasunari Kawabata fez o mesmo com uma paisagem coberta de neve em *O país das neves*, escrito no auge da Guerra do Pacífico.

3.7 Kiyochika Kobayashi, *Hakone sanchu yori Fugaku chobo* [Vista distante do monte Fuji das montanhas Hakone], 1877. Fotografia das bibliotecas da Universidade de Wisconsin-Madison.

epistêmica do que o *Hakone sanchu yori Fugaku chobo ichigatsu jojun gogo sanji utsushi* [従箱根山中富嶽眺望一月上旬午後三時写] (Vista distante do monte Fuji das montanhas Hakone — Desenhado às três horas da tarde no fim de janeiro de 1877; figura 3.7), de Kiyochika. Como reflete o título verborrágico e escrito à maneira de um impressionista, Kiyochika registrou as coordenadas específicas de relógio e calendário, bem como o local que foram considerados para a sua composição. Em contraste com a estampa de brocado idealizada por Hokusai, executada de maneira coletiva, Kiyochika distinguiu ainda mais sua ruptura com as tradições Tokugawa ao projetar gravuras por conta própria. Os motivos da paisagem também estão definitivamente alterados. O Fuji de Kiyochika não tem força: é um contorno nebuloso ao fundo, um fantasma do majestoso cone adorado por Hokusai. Em vez disso, esconde-se por trás dos contrafortes, retratados de modo realista e cobrindo parcialmente a sua largura. Linhas de telégrafo paralelas à estrada de pedras se estendem bem acima do Fuji. É uma declaração impressionante sobre a já completa transformação do campo em um espaço nacional, onde o Fuji está subordinado à paisagem da nação e da mídia. Como veremos, o terreno sagrado das pessoas comuns também mudou para outro local criado pelo Estado.

Algo que recorda as devastadoras palavras de sabedoria proferidas no trem em *Sanshiro* (1908), de Natsume Soseki, pelo homem estranho e enigmático para o jovem impressionável que se dirige a Tóquio pela primeira vez, a partir da zona rural de Kumamoto: "Ah, se é a primeira vez que vai a Tóquio, você ainda não viu o monte Fuji, não é? Podemos vê-lo agora, dê uma olhada. É a coisa mais famosa do Japão. Não há nada mais de que possamos nos vangloriar. Por outro lado, o Fuji é uma paisagem natural, que existe há tempos por si só. Não é algo que construímos."[26] Na reavaliação igualmente desapaixonada de Kiyochika da montanha icônica, Fuji e a era de ouro da gravura em brocado praticamente desaparecem de vista.

De maneira semelhante, as peças pós-Restauração são criticadas há muito tempo por violar convenções de longa data do kabuki e anunciar como algo positivo a nova era da "Civilização Iluminada". Tanto para o público conservador da era Meiji quanto para os estudiosos de literatura do pós-guerra, o que caracterizou sua representação foi menos um reconhecimento dos eventos após a Restauração Meiji que foram considerados censuráveis do que um modo de realismo supostamente inautêntico. Afirmo, no entanto, que *Os ladrões* não apenas fornece perspectivas inquietantes sobre o nacionalismo compulsório, pondo em primeiro plano a fiação da comunidade imaginada pela moderna tecnologia postal e impressa, como seus usos do realismo foram fundamentais para a efetivação dessa ruptura epistêmica.

---

26. N. Soseki, *Sanshiro*, trad. Jay Rubin, Ann Arbor: Center for Japan Studies, 2002, pp. 15-16.

Tanto a intensificação da censura sob o Kyobusho (Ministério da Educação Religiosa), durante seu breve mandato de 1872 a 1877, quanto as regulamentações que estavam em andamento para apresentações teatrais, incluindo as proibições contra críticas ao Estado na década de 1880, contribuíram inquestionavelmente para a onipresente fórmula do kabuki do início da era Meiji: o *kanzen choaku*, ou "punir o mal, recompensar o bem", a serviço do Estado-nação. No entanto, também não podemos ignorar os esforços de Mokuami e dos atores principais, como Danjuro IX (1838-1903) e Kikugoro Onoe V (1844-1903), para afastar o kabuki de suas estratégias alegóricas de representar o presente no passado. Em vez disso, eles ambientaram suas obras na era Meiji e injetaram um novo modo de realismo em suas performances, usando um discurso vernacular, vestindo roupas modernas e assim por diante. Impedidos de expressarem pontos de vista políticos ou mesmo de comentarem assuntos ideologicamente controversos, os dramaturgos superaram esses obstáculos trabalhando em dois gêneros: o *sewa-mono*, ou peças de teatro que lidam com situações contemporâneas, como romances ou vinganças entre plebeus, e o *jidai-mono*, isto é, as peças de época. Em particular neste último, foram construídos elaborados sistemas de referência indireta, literalmente chamados de "mundos" (*sekai*), e usados a fim de contornar essas proibições. Todavia, as peças de Mokuami — escritas por ele ou em colaboração com esses atores — não podem simplesmente ser entendidas como mero endosso ou oposição ao poder do Estado. Em lugar disso, são obras em que novas mídias impressas e tecnologias postais (como o jornal e o telégrafo em *Os ladrões*) marcam as tensões entre os pilares da ideologia nacional e o *éthos* do "mundo flutuante".

Em uma época em que o kabuki vinha sendo lentamente comprometido pelas forças políticas e estéticas concorrentes, as tentativas de Danjuro IX de representar eventos contemporâneos na década de 1870 foram jocosamente chamadas de *katsurekishi*, ou "história viva", por um dos últimos escritores de *gesaku*, Robun Kanagaki. Da mesma forma, as peças *zangirimono* ("cabelo tosquiado"), ou sem maquiagem, de Mokuami para Kikugoro Onoe V, muitas vezes se baseavam em reportagens de jornais e outras fontes modernas de inspiração. Apesar de manter as tendências conservadoras do kabuki (elencos exclusivamente masculinos, técnicas tradicionais de atuação, etc.), essas duas versões modernizadas do gênero não foram bem recebidas pelo público da época. Esses contratempos, juntamente com a reavaliação negativa do kabuki como teatro de "estilo antigo" (*kyuha*), em oposição ao "novo estilo" (*shinpa*), um pouco mais estreitamente adaptado do teatro ocidental, contribuíram para uma sensação de crise no teatro e um medo de se aventurar muito além das normas estabelecidas. Agravado ainda pela deserção de atores de baixo escalão e seus substitutos — que se desentenderam com as hierarquias internas do gênero — para a tela do cinema mudo nas décadas de 1910 e 1920, o kabuki da era Meiji ficou retrospectivamente marcado como o início de um longo e lento declínio desde seu auge no período Edo. *Katsurekishi* e *zangirimono*, que foram recebidos com relativo sucesso crítico e popular, acabaram sendo reconfigurados de maneira esmagadora pelos estudiosos do pós-guerra como experimentos fracassados. No entanto, desprezá-los assim é ignorar não apenas suas contribuições ao discurso do realismo, que deu origem ao teatro moderno, às belas-artes e à literatura, mas também sua performance de um nacionalismo compulsório, solicitada pelas novas relações de mídia e linguagem (bem como pela intervenção do governo) nas décadas de 1870 e 1880.[27]

Apesar do sarcasmo de Robun, o *katsurekishi* e o *zangirimono* seriam posteriormente reavaliados de forma mais favorável pelos reformadores do teatro e da literatura, notadamente Shoyo

---

27. Um panorama útil do material de origem pode ser encontrado em J.-J. Tschudin, "Danjuro katsureki-geki and the Meiji Theatre Reform Movement" (*Japan Forum*, v. 11, n. 1, 1999). Discordo, contudo, de suas conclusões de que, quando "conduzido a seu fim lógico, o *katsureki* só pode levar a uma forma estéril e austera, privada da maior parte do poder sedutor do kabuki" (p. 91). Como veremos também no Capítulo 8, Shoyo e outros importantes críticos não se opunham, necessariamente, a essas experiências realistas no teatro kabuki.

Tsubouchi, para quem estes estabeleceram antecedentes críticos para o futuro da literatura realista. Voltaremos a essa questão na discussão traçada pelo Capítulo 8 sobre o *Shosetsu Shinzui* [小説真髄] (*Essência do romance*, 1885), de Shoyo, e o ensaio "Bi to wa nan zo ya" ("O que é beleza?", 1886), em que Shoyo apela para um equilíbrio entre modos de representação tradicionais e modernos. Ao mesmo tempo, devemos observar ainda a estranha ressonância de *katsurekishi* com *katsuji* (tipo móvel) e *katsudo shashin* (imagens em movimento), tecnologias que, até o fim do século, contribuiriam decisivamente para a falência do kabuki e a mudança em direção à manutenção da comunidade imaginada por outros meios técnicos. Esses eventos estão entrelaçados de maneira inigualável na trama narrativa das peças de Mokuami.

Os ladrões gira em torno da reunião dos irmãos de sangue yakuza Senta Matsushima e Shimazo Akashi. Eles se encontram no véu da escuridão para discutir os planos de vingança de Senta contra o agiota Mochizuki, que se casou com uma gueixa que ele desejava e cujo cortejo quase o arruinou financeiramente. Porém, contrariando as expectativas de Senta, Shimazo reluta em se juntar a ele, em vez disso protestando que mudou de atitude e decidiu deixar o mau caminho. O que se segue é um confronto entre dois modos de subjetividade diametralmente opostos. Mesmo quando Senta apela a Shimazo para honrar o vínculo íntimo de cumplicidade masculina que os uniu como irmãos de sangue (um pacto que fizeram juntos na prisão), Shimazo apela à autoridade superior e à nobreza de sacrifício do nacionalismo moderno.

Apesar de seu status criminal desde o início, o relacionamento de Senta e Shimazo expressa de modo hábil as condições idealizadas das intimistas comunidades pré-modernas.[28] Comparando as transformadas relações de identidade tanto política quanto vivenciada na

---

28. São, sem dúvida, as mesmas noções romantizadas de lealdade familiar/tribal e de clãs, que seguem inspirando devoção ao gênero dos filmes da Yakuza e da máfia até hoje.

"comunidade imaginada" do Estado-nação moderno teorizado por Benedict Anderson com essas formas anteriores de "governança", Eric Hobsbawm observa:

> A "pátria" era o lócus de uma comunidade *real* de seres humanos, com relações sociais reais entre si, não a comunidade imaginária que cria algum tipo de vínculo entre uma população de dezenas (hoje em dia até de centenas) de milhões de membros. O próprio vocabulário prova isso. Em espanhol, *pátria* não se tornou sinônimo de Espanha até o fim do século XIX. No século XVIII, ainda significava simplesmente o lugar ou a cidade onde uma pessoa nasceu. *Paese* em italiano ("país") e *pueblo* em espanhol ("povo") ainda podem significar uma vila, bem como o território nacional ou seus habitantes. O nacionalismo e o Estado assumiram as associações de parentes, vizinhos e terra natal por territórios e populações de tamanho e escala que os transformaram em metáforas.[29]

Embora devamos tomar cuidado para não sermos levados a um uso acrítico da linguagem ponderada, como "real" e "imaginário", que involuntariamente ressoa com a estrutura tripartida da psicanálise lacaniana, a posição de Hobsbawm pode ser facilmente entendida em termos de um abismo crescente entre presença e representação. Ou seja, o historiador chama a atenção aqui para a intimidade da relação social que é, ao mesmo tempo, política e familiar, significando conexões com sangue e com solo que dominavam pequenas localidades, principalmente as agrícolas. Até que ponto essa é uma descrição precisa das hierarquias sociais pré-modernas macroscópicas, dos principados e reinos que governavam as vilas e os campos, permanece como outra questão. Como Anderson ressalta, diferentemente do Estado moderno que se esforça para formar um

---

29. E. Hobsbawm, *The Age of Empire: 1875-1914*, Nova York: Vintage, 1989, p. 148.

relacionamento horizontal entre seus cidadãos através do uso de uma linguagem nacional comum, havia pouca preocupação nos tempos pré-modernos sobre diferenças linguísticas ou culturais entre governantes e governados.

Distinções mais detalhadas à parte, as observações de Hobsbawm sobre a metamorfose semântica de "país" e "povo" também se aplicam ao termo *kuni*, ou "país", em japonês. Tradicionalmente, *kuni* designava o local de nascimento ou a região de onde alguém vinha[30], mas, na esteira da Restauração Meiji, tornou-se raiz de "nação", tanto no sentido de povo quanto de Estado. De fato, como Mark Ravina explica, o governo Meiji adotou uma política de erradicação da terminologia "feudal" para solidificar a noção de Japão como a única base legítima da nação como local de origem:

> Sob o pretexto de restaurar as instituições políticas dos séculos VII e VIII, o governo Meiji eliminou a palavra *kuni* como sinônimo de território. Implicitamente, o Japão se tornou o único país/*kuni* propriamente dito, o Estado Meiji, o único Estado/*kuni*, e o povo japonês, o único povo/*kokumin*. A introdução de termos distintos para prefeitura, território e estado fazia parte da construção do próprio Estado moderno.[31]

É essa diferença semântica entre *as pessoas* e *o povo* que motiva a tensão entre as lealdades divididas e incompatíveis de Senta e Shimazo.

É ainda mais apropriado, então, que o cenário de *Os ladrões* seja o santuário Yasukuni, estabelecido em 1879 como um local de descanso para os espíritos daqueles que morreram lutando pelo

---

30. Pelo *kokugunrisei* [国郡里制] e por sistemas mais antigos de repartição da terra, *kuni* era originalmente uma unidade de medida que designava a maior sede do poder político.
31. M. Ravina, *Land and Lordship in Early Modern Japan*, Stanford: Stanford University Press, 1999, p. 33.

imperador.³² Como Anderson argumenta, o túmulo do soldado desconhecido, ele próprio desconhecido dos pré-modernos religiosos e das sociedades dinásticas, é um monumento exclusivo da nação moderna que sacraliza a função quase religiosa do nacionalismo em relação a questões de mortalidade e de fé na "transformação secular da fatalidade em continuidade, da contingência em sentido".³³ Para Mokuami, o santuário se torna o pano de fundo literal para a assimilação da irmandade de sangue do submundo do crime na fraternidade horizontal do nacionalismo.

A vingança como elemento básico do teatro do período Tokugawa também é fatalmente prejudicada por essa peça, que estabelece a lei do Estado como tendo a palavra final em todos os assuntos da vida e da morte. Em *A estrutura da História mundial*, Karatani argumenta que a vingança é um modo de reciprocidade praticado por sociedades primitivas, que é antitético ao Estado-nação moderno:

> Quando um membro de uma comunidade é assassinado por um membro de outra comunidade, a vingança (reciprocidade) é

---

32. Aos olhos de muitos nas ex-colônias do Japão e nos círculos de esquerda e pacifistas de hoje, o santuário de Yasukuni não simboliza nada além da amarga memória da agressão imperial japonesa e dos crimes de guerra. Enquanto isso, as autoridades que supervisionam o santuário continuam a se perder em fantasias da retidão japonesa na Guerra do Pacífico, como evidenciado por suas deslavadas tentativas de propaganda para crianças em idade escolar no *Yasukuni daihyakka: watashitachi no Yasukuni Jinja*. Como se explica, entre os 2,5 milhões de *kami* (espíritos/deuses) contidos no santuário, "Há também aqueles que assumiram a responsabilidade pela guerra e acabaram com as próprias vidas quando a Grande Guerra do Pacífico terminou. Há também 1.068 pessoas que tiveram suas vidas cruelmente tiradas após a guerra, quando foram identificadas, de forma falsa e unilateral, como "criminosos de guerra" pelo tribunal arbitrário dos Aliados que haviam combatido o Japão. No santuário Yasukuni, chamamos isso de "Mártires Showa" [incluindo o general Tojo Hideki], e todos eles são adorados como deuses." (p. 671)

33. B. Anderson, *Imagined Communities*, Nova York: Verso, 1991, p. 11.

buscada. A "obrigação" de reciprocidade aqui se assemelha fortemente à "obrigação" da contraoferta de presentes. [...] Mas, uma vez iniciada e obtida a vingança, isso deve ser reciprocado, e assim o processo continua indefinidamente. [...] A vingança é abolida apenas quando surge uma estrutura de ordem superior capaz de julgar o crime: o Estado. Isso mostra, ao contrário, como a existência de vingança impede a formação de um Estado, uma vez que restaura a independência de cada comunidade de uma estrutura superior de ordem.[34]

O desejo de vingança de Senta deve não apenas ser combatido, como também superado pela insistência de Shimazo na benevolência e na retidão do Estado. Com algumas exceções significativas, como o comentário de Sorai Ogyu sobre o assassinato por vingança de Yoshinaka Kira pelos vassalos de Naganori Asano, eventos estes imortalizados em *Chushingura* [O tesouro dos leais vassalos], o xogunato mostrou uma atitude notavelmente tolerante em relação aos ciclos viciosos de violência glorificados nos teatros de diferentes cidades.

Assim, *Os ladrões* enfatiza a reviravolta esclarecida da era Meiji, resultando na reforma dos exercícios de disciplina e punição do regime Tokugawa. Shimazo tenta convencer Senta de que a compaixão do imperador não apenas poupará a pena de morte se eles se renderem às autoridades e devolverem o dinheiro que roubaram, como também reduzirá uma sentença de dez anos de trabalho árduo para sete ou talvez até cinco anos. Igualmente inquietante é como esse sistema penal está ligado a uma noção de reabilitação destinada a mudar os hábitos e a conduta do transgressor, como Shimazo proselitiza para Senta: "Você prefere ser elogiado e habilitado a viver sua vida inteira, e até mesmo servir ao seu país, ou molestado e forçado a morrer?" (*isasaka ue no gohokonin ni homerarete ikinobiru ka, waruku*

---

34. K. Karatani, *The Structure of World History*, trad. Michael Bourdaghs, Durham: Duke University Press, 2014, p. 41.

iwarete inochi o suteru ka).³⁵ Por outro lado, ao se submeterem à punição do trabalho árduo, eles poderão expiar suas dívidas para com a sociedade e, por fim, reingressar nela em condições de igualdade com os outros cidadãos.

> SHIMAZO: E quando você cumprir a sentença, todos os crimes que você cometeu serão afogados no mar e completamente esquecidos. Se você puder realmente passar neste teste e trabalhar dia e noite com toda a sua força.
> NARRADOR: É certo que você receberá bênçãos do céu que outrora o puniu.³⁶

Não há nada menos que uma conversão religiosa em ação aqui. Seus crimes anteriores e a trama de vingança de Senta são transmutados em expiação e em um novo sentido de missão para a nação — a nação se tornando o Outro transcendental a cuja ordem superior Shimazo, Senta e até o agiota Mochizuki são reconciliados. Também podemos observar que, embora a economia da peça de acertos equilibrados com erros e a liquidação de dívidas morais com dinheiro sejam superficialmente codificadas como budistas, ela afirma, por fim, o verdadeiro caminho do nacionalismo. Isso é facilmente evidente quando, uma vez que Senta e Shimazo concordam em renunciar à vingança se Senta conseguir dinheiro suficiente para pagar suas dívidas, um *deus ex machina* intervém na forma de Mochizuki pulando dos arbustos para admitir suas próprias falhas e acertar suas dívidas mútuas. "Perdoado pela anistia geral após a Restauração" (*go-ishin go ni tencho kara hijo no dai shade homen sare*)³⁷, Mochizuki também teve uma mudança de atitude desde os dias em que era um influente vassalo do xogunato que abusava de

---

35. D. Keene (org.), *Modern Japanese Literature: From 1868 to the Present Day*, Nova York: Grove Press, 1956, p. 48. Em japonês, ver *Mokuami Kyakkuhonshu* (doravante *MKS*), v. 12, p. 617.
36. Ibidem, p. 45. *MKS*, v. 2, p. 613.
37. Ibidem, p. 41. *MKS*, v. 2, p. 607.

sua posição para assediar e intimidar plebeus. Admitindo a Senta e Shimazo que outrora não fora melhor do que eles, ele promete ajudá-los a fazer as pazes, auxiliando-os a retornar ao serviço do imperador também recentemente "restaurado".

A nação é, assim, organizada como um conjunto de regras, práticas e códigos programáticos — ou seja, um regime — que exerce sua autoridade mediante a diversificação e a intensificação da disciplina. Foucault articula esse desenvolvimento em seu ensaio "O sujeito e o poder", fornecendo esclarecimentos adicionais sobre os princípios do controle do Estado panóptico expressos em *Vigiar e punir*:

> O que deve ser entendido pelo disciplinamento das sociedades na Europa desde o século XVIII não é, claro, que os indivíduos que fazem parte delas se tornem cada vez mais obedientes, nem que todas as sociedades se tornem quartéis, escolas ou prisões; antes, é que um processo de ajuste cada vez mais controlado, racional e econômico tem sido buscado entre as atividades produtivas, as redes de comunicação e o jogo das relações de poder.[38]

Essa é a lógica do nacionalismo em ação, cultivando de dentro o desejo de cidadania no moderno Estado Meiji pelos três ex-recalcitrantes. Não é a coerção pela força que motiva suas ações, mas o ajuste de forças, incluindo o poder invisível do karma, que motiva sua identificação com a nação.

É também a aplicação de aparelhos e tecnologias disciplinares. Talvez o mais conhecido desses usado a serviço do Estado-nação moderno seja a fotografia forense, que passou a ser aplicada para criar o primeiro instrumento padronizado de registros criminais na Europa e nas Américas em meados do século XIX. Alan Sekula e Tom Gunning descreveram como os primeiros usos da fotografia,

---

38. M. Foucault, *Power: The Essential Works of Michel Foucault, 1954-1984*, v. 3, org. J. Faubion, Nova York: The New Press, 2001, p. 339.

a partir da *mug shot* [foto de rosto] — assim nomeada devido aos rostos contorcidos que as primeiras levas de criminosos astutos usavam para tentar impedir a câmera de gravar com precisão seus rostos —, se tornaram a ferramenta mais formidável da ciência em desenvolvimento da criminologia. Embora a fotografia já estivesse em uso para documentar prisioneiros desde a década de 1850, o estatístico da polícia francesa Alphonse Bertillon instituiu uma nova e mais rigorosa aplicação da "fotografia métrica" para criar um banco de dados de criminosos. Como Gunning explica:

> Primeiro, Bertillon sistematizou o processo de fotografia policial. Ele padronizou a distância do sujeito para a câmera; criou uma cadeira especial na qual o sujeito se sentaria e controlaria a posição e a postura físicas; determinou o tipo de lente, introduzindo assim um enquadramento mais próximo e invariável; e estabeleceu os ângulos diretamente frontais e de perfil da agora familiar *mug shot*. Esses procedimentos deram à fotografia criminal uma consistência que facilitou seu uso como informação e como evidência. Além disso, estabeleceu o processo da fotografia como um processo disciplinar, afirmando o poder do sistema sobre o corpo e a imagem do criminoso. O sistema determinou a aparência e a postura dentro da fotografia; o criminoso simplesmente entregava a facticidade de seu corpo.[39]

O que é determinado por esse uso da fotografia, em outras palavras, é sua capacidade de ampliar a vigilância do Estado

---

39. T. Gunning, "Tracing the Individual Body", in: L. Charney e V. Schwartz (orgs.), *Cinema and the Invention of Modern Life*, Berkeley: University of California Press, 1995, pp. 29-30. Desnecessário dizer que o sistema anterior de Bertillon, de medidas antropomórficas do corpo humano, apenas ressalta ainda mais o grau em que a padronização foi aplicada no emprego do poder do Estado. Com o tempo, unidas pela impressão digital e pela ciência forense, a era de Bertillon e a *mug shot* forçaram o corpo a revelar suas verdades indexadas, independentemente do que o sujeito (ou acusado) tenha a dizer sobre o assunto.

e o policiamento de suas fronteiras através de distâncias físicas e populações humanas. É na mesma linha que Foucault aponta o projeto arquitetônico do Panóptico de Bentham como um aparato tecnológico primariamente *visual* que internaliza a autovigilância constante sobre aqueles que ali estão confinados.

De forma semelhante, *Os ladrões*, de Mokuami, conecta a abrangência do território e a aplicação do poder do Estado ao jornal e ao telégrafo, duas mídias que efetivamente demarcam o interior da comunidade nacional. Como na fotografia de Bertillon, ser marcado como inimigo do Estado começa com a entrada do nome de alguém nos registros, mas também não termina por aí, porque, a cada nova invenção para enviar e receber informações, estamos mais entrelaçados no tecido das relações sociais mediadas em massa. Kittler observou que os verdadeiros horrores de *Drácula* (1897), de Bram Stoker, não são encontrados na figura do aristocrata decadente e sugador de sangue do Velho Mundo, mas nas teias da burocracia que apertam de forma acelerada e nas trilhas de papel que divulgam a localização de seus caixões, o que levou à sua destruição. Portanto, no palco kabuki, não há escapatória para um vilão em uma nação cujas províncias e cuja população são cercadas por modernas tecnologias de comunicação. Nem mesmo os espaços fora das vias normais da estrada Tokaido idealizada por Hokusai podem mais garantir uma evasão bem-sucedida do aperto da teia, como Shimazo adverte a Senta: "Um alarme será telegrafado para todo o país. Você nunca escapará. Você será pego em três dias" (*denshin de shirase ga mawareba nigerarene, mikka to tatazu toraerare*).[40]

A peça *zangirimono* anterior de Mokuami, *Tokyo Nichinichi Shimbun* [東京日々新聞] (Jornal Diário de Tóquio, 1873), oferece uma variação surpreendentemente similar sobre esses temas das novas mídias, identificação com o nacionalismo a todo custo e reflexões sobre a "fiação" do Estado-nação. A rede de relacionamentos tipicamente complicada se desenvolve da seguinte maneira:

---

40. D. Keene, *Modern Japanese Literature*, op. cit., p. 45.

O personagem central, Jinnai Torigoe, é um *ronin* [samurai sem mestre] que tem uma vida dissoluta desde que as mudanças provocadas pelo governo Meiji acabaram com sua utilidade como samurai. Um dia, o próspero homem da cidade Hanzaemon Chichibuya, conhecido por suas ações de caridade, ouve acidentalmente que um jovem casal planeja se matar devido às suas circunstâncias desesperadoras. Ele lhes dá setenta ienes para superar a crise. Depois que os jovens partem alegremente, Jinnai entra em cena bêbado e, sem motivo, mata Hanzaemon. O jovem casal é identificado pelos números de série nas notas que lhes foram dadas pelo benfeitor e acaba preso sob a acusação de assassinato. Jinnai fica sabendo da situação deles pelo *Tokyo Nichinichi Shimbun* e, movido pelo arrependimento, envia um telegrama às autoridades confessando sua culpa. Após matar Hanzaemon, ele havia fugido para Kobe, mas agora pretendia se render à polícia de Tóquio o mais rápido possível. Ele conta a um conhecido: "Felizmente tenho o dinheiro que arrecadei vendendo minhas espadas. Se eu pegar um navio a vapor de Kobe, estarei em Yokohama em três dias. Pegarei um trem assim que chegar e, no mesmo dia, me entregarei em Tóquio e aceitarei o castigo que mereço por ter matado um homem."[41]

É a captura da mídia de várias maneiras. Não apenas o título da peça empresta seu nome do jornal cujo artigo inspirou a história em primeiro lugar, mas existem as mesmas expressões de redes interconectadas de comunicação e de transporte, como há em *Os ladrões*, que solicitam pertencimento nacional. O imediatismo do telegrama para evitar punir os inocentes e proporcionar gratificação imediata ao arrependimento ansioso de Jinnai é ainda mais reforçado pelo uso de um barco a vapor e da ferrovia (esta última recém-construída e a única linha do país) para não atrasar o correto encontro com a

---

41. D. Keene, *Dawn to the West: Japanese Literature in the Modern Era*, Nova York: Holt, Reinhart, and Winston, 1984, v. 2, p. 404.

justiça. Embora o desejo de ser capturado e punido possa parecer um comportamento humano dúbio para algumas audiências, como vemos em *Os ladrões*, a situação poderia ser facilmente invertida para prender aqueles que resistem à prisão. Portanto, a questão mais premente é como isso atesta o encurtamento do tempo e do espaço nacional e a proliferação de medidas padronizadas rastreáveis, como os números de série do papel-moeda que levam (por engano) à prisão do jovem casal.[42]

As reflexões autoconscientes de Mokuami sobre o desgastado valor informativo do kabuki em *Os ladrões* são condensadas ainda mais na figura de um vendedor de macarrão à beira da estrada que, ao abrir das cortinas, informa dois peregrinos do significado do santuário. O vendedor de macarrão serve metonimicamente como uma alegoria para o próprio kabuki. O diálogo entre os dois peregrinos e o vendedor leva ao fato de que, embora seu macarrão seja delicioso e sem dúvida valorizado pelos moradores do bairro, o comércio que ele cultiva se torna cada vez mais escasso na cidade modernizada:

> PRIMEIRO PEREGRINO: Parece haver menos pessoas vendendo macarrão à noite hoje em dia.
> VENDEDOR DE MACARRÃO: Isso mesmo. Eles estão todos nos subúrbios [na periferia de Yamanote] e ninguém saiu do centro.[43]

---

42. No Ocidente, já havia um amplo precedente para o telégrafo ser usado como a corda no pescoço dos criminosos. Tom Standage relata vários exemplos da Inglaterra vitoriana, em que batedores de carteiras na estação Paddington que usavam o próprio trem como veículo de fuga acabaram apreendidos pela polícia graças ao telégrafo, usado para coordenar a ação. Da mesma forma, o telégrafo foi fundamental na captura do assassino John Tawell na linha de Paddington-Slough, em 3 de janeiro de 1845: "Tawell foi posteriormente condenado e enforcado, e o telégrafo ganhou notoriedade extra como 'a corda que pendurou John Tawell'" (T. Standage, *The Victorian Internet*, Nova York: Berkley Books, 1998, pp. 50-51). É perfeitamente possível que Mokuami tenha se baseado em reportagens como essa, divulgadas nos relatórios do serviço de notícias, para criar sua cena final.
43. D. Keene, *Modern Japanese Literature*, op. cit., p. 38; *MKS*, v. 2, p. 603.

Na troca autorreflexiva que se segue, um dos peregrinos pergunta ao vendedor a hora e o local de seu paradeiro, levando o outro a observar: "Isso é como uma fala em uma peça de kabuki, não é? Perguntar as horas ao vendedor de macarrão" (*yoku shibai de mo suru koto da ga, sobaya-san to iu to jikan o kiku ne*).[44] É um alívio cômico para o lamento pela influência minguante do kabuki. Essa perda de influência contrasta surpreendentemente com o poder das novas mídias postais e impressas proclamadas com euforia por Senta após sua decisão de se juntar a Shimazo e Mochizuki como novo cidadão do país na conclusão do ato: "Se essa notícia aparecesse no jornal seria um bom exemplo para ladrões" (*kono kotogara ga shimbun e detaraba zoku no yoi oshie*).[45] Se o cartão-postal de Hokusai não passa de uma possibilidade para além do horizonte, o telégrafo de Mokuami transmite sua mensagem nacionalista com entusiasmo.

O kabuki havia sido um repositório de espetáculos visuais, adaptando técnicas dramáticas de nô e *bunraku*, por um lado, e estabelecendo uma série de gestos estilizados e de cenas capturadas na cultura xilográfica através de gêneros como as gravuras de atores ou *yakusha-e*, por outro. A hegemonia dos últimos regimes Edo de representação mantida pela cultura do teatro e da xilogravura foi gravemente comprometida pelo surgimento de novas mídias impressas e pela fiação do Japão da era Meiji. Como observa Shuichi Kato, Mokuami era o melhor e o mais consumado dramaturgo de kabuki antes de ser eclipsado, sendo:

> [...] geralmente considerado como o último dramaturgo notável do kabuki [que] escreveu peças que totalizam praticamente uma soma de todos os efeitos de palco desse gênero. Em suas peças mais típicas, conhecidas como *shiranami-mono* (peças de ladrão), nas quais o herói é um fora da lei, a dramática oposição entre dever e emoção que está no centro do teatro de bonecos de [Monzaemon]

---

44. D. Keene, *Modern Japanese Literature*, op. cit., p. 39; *MKS*, v. 2, p. 605.
45. D. Keene, *Modern Japanese Literature*, op. cit., p. 51; *MKS*, v. 2, p. 623.

Chikamatsu é suplantada por um mundo no qual o dever e a emoção coexistem em meio a um turbilhão de mudanças de cena que usam um palco giratório, mudanças rápidas de figurino (uma técnica admirável por si só), poses e discursos exagerados e estilizados de abusos e provocações proferidas de maneira colorida e emocionante no dialeto Edo.[46]

O lugar central ocupado pelo kabuki nos distritos de prazer foi irrevogavelmente diminuído pelas reformas da era Meiji, que, ironicamente, incluíam os eventos destinados a lhe conferir maior legitimidade, como a participação do imperador Meiji em uma performance de kabuki em 1887. Anteriormente impensável durante os séculos em que os atores do kabuki eram considerados "mendigos às margens do rio", a visita imperial pressagiava o declínio desse gênero desde o auge da cultura mercantil urbana para o contexto mais rarefeito de uma arte teatral nacional. Na mesma medida, como Ai Maeda observou, durante a transição dos distritos de prazer da era Edo para os espaços de esclarecimento de Tóquio, houve outras rupturas no tecido social que foram suturadas ou refeitas pelas novas mídias. Sua avaliação dessa perda de comunidade é claramente distópica: "Comparado ao mundo vizinho de Edo, era um mundo de estranhos, pessoas que foram primeiro apartadas e depois reunidas em um espaço urbano por meio das redes de informação, simbolizadas pelos jornais e pelo telégrafo."[47]

Para não negligenciarmos a linguagem do texto em si, *Os ladrões* foi escrito e apresentado no dialeto de Fukagawa, o vernáculo da cultura mercantil urbana de Edo-Tóquio que viria a ser adotado

---

46. S. Kato, *A History of Japanese Literature*, op. cit., p. 11. Deve-se notar que *Shima chidori tsuki no shiranami* representa uma ruptura significativa com os espetáculos teatrais apolíticos dos trabalhos pré-Restauração de Mokuami, como *Sannin kichisa, kuruwa no hatsugai* (Os três Kichisas: primeira noite no bairro do prazer), de 1860.
47. A. Maeda, *Text and the City: Essays on Modernity*, org. James Fujii, Durham: Duke University Press, 2004, p. 84.

como base para o dialeto-padrão e as reformas nacionais de língua nas décadas seguintes. Os padrões de fala ríspidos e imediatos capturados por Mokuami são contemporâneos às performances de *rakugo* de Encho Sanyutei, que foram transcritas em taquigrafia e mantidas como modelo para a linguagem da ficção em prosa sob o estilo unificado. A condição de *Os ladrões* como algo à margem, e sua, de outro modo, extinta "história viva", portanto, não são uma exceção às origens da língua e da literatura japonesa moderna, mas, sim, intrínsecas à sua formação discursiva.

Parte II

A inscrição da linguagem nacional

CAPÍTULO 4:

Japonês em bom inglês

Entre as décadas de 1870 e 1900, os debates sobre a chamada "questão da língua e da escrita nacionais" (*kokugo kokuji mondai*) procuraram estabelecer uma correspondência direta entre o japonês falado e o escrito. Embora esses desenvolvimentos muitas vezes sejam lidos em retrospecto, teleologicamente, pela ascensão do estilo unificado no pós-guerra, afirmo que a "unificação da fala e da escrita" não emergiu, em sua origem, de um dialeto regional preexistente, como o dialeto Fukagawa de Edo/Tóquio propriamente dito, mas da experimentação com escritas fonéticas convencionais e recém-inventadas. Sem dúvida, em um grau ainda maior do que suas antecessoras ou contrapartes ocidentais, as elites japonesas estavam profundamente persuadidas pela ciência da fonética que desabrochava e por seu potencial de remediar a heterogeneidade de dialetos, regras ortográficas, modos de inscrição, sistemas educacionais e assim por diante. Se as condições linguísticas e sociais fragmentadas do Estado-nação e de suas colônias fossem organizadas sob um único regime de uma língua nacional padronizada, as escritas fonéticas seriam então seu código de programação.

Afastando-se largamente das cosmologias pré-modernas do pensamento do período Tokugawa, que sustentava que apenas ao remover as camadas conspurcadas dos textos escritos poderiam os textos originais revelar o discurso preambular e o puro espírito da antiguidade, os reformadores da era Meiji conceberam de diversas formas a materialidade da linguagem como aquilo capaz de assegurar significado enquanto permanecia exterior a ele. Para os pensadores neoconfucionistas, como Sorai Ogyu (1666-1728), a pronúncia correta e a forma escrita de caracteres chineses eram necessárias, a fim de garantir a retificação de nomes e a continuidade da autoridade dos antigos reis sábios. Para Norinaga Motoori (1730-1801), por outro lado, esse "fonocentrismo" se manifestou de forma inversa, retirando a influência maculadora dos caracteres e do pensamento chineses (*karagokoro*) para revelar o discurso e o espírito primordial e nativo (*kotodama*) do povo Yamato.[1] Intelectuais de opostos extremos do

---

1. A crítica ao *karagokoro* é anterior a Motoori, com a reinterpretação da escrita japonesa feita por Kamo no Mabuchi, de acordo com a plenitude da supostamente nativa tabela de "cinquenta sons" do *kana* (*gojyu onzu*). Kamo no Mabuchi denunciou a suposta superioridade das origens chinesas da escrita, não apenas em relação ao Japão, como também às escritas fonéticas da Índia e da Holanda: "As pessoas também me dizem: 'Não tínhamos escrita neste país e, portanto, tivemos de usar caracteres chineses. A partir desse fato, você pode saber tudo sobre a importância relativa de nossos países.' Eu respondo: 'Não preciso recitar o quão problemático, maligno e turbulento um país como a China é. Para mencionar apenas uma instância, há o problema de sua escrita pictográfica. Existem cerca de 38 mil caracteres de uso comum, como foi determinado. Cada nome de local e de planta possui um caractere único que não tem outro uso senão designar esse local ou essa planta em particular. Alguém é capaz, mesmo que se dedique seriamente à tarefa, de aprender todos esses caracteres? Ora as pessoas escrevem mal os caracteres, ora os próprios caracteres mudam de uma geração para a outra. Que esforço desperdiçado, incômodo e sem sentido! Na Índia, por outro lado, cinquenta letras são suficientes para escrever os mais de 5 mil volumes das escrituras budistas. Um conhecimento de meras cinquenta letras permite saber e transmitir inúmeras palavras, tanto do passado quanto do presente. Não se trata apenas de uma questão de escrita: os cinquenta sons são os sons do céu e da terra, e as palavras concebidas a partir deles são naturalmente diferentes dos caracteres chineses. Qualquer que seja o tipo de escrita que tivemos originalmente, desde que a escrita chinesa foi introduzida, nós, por engano, ficamos emaranhados nela [...]. Na Holanda, pelo que entendo, eles usam 25 letras. Neste país deveria haver cinquenta.

espectro ideológico do período Tokugawa reconheceram as condições incomensuráveis da heterogeneidade verbal e inscritiva, prevendo assim a recuperação do discurso antigo puro. Apesar disso, eles não foram capazes de superar os obstáculos formidáveis à restauração do ideal. Consequentemente, tal possibilidade foi excluída no momento de sua concepção, ou o que Naoki Sakai descreveu como o "natimorto da língua e da etnia japonesas".[2]

Tal impasse foi renegociado nas primeiras décadas da era Meiji a partir de muitos pontos de vista, incluindo a nova ciência da fonética. A língua e a escrita nacionais podiam agora ser concebidas como o compartilhamento de uma base comum de letras que não precisavam ter se originado na "China" ou no "Japão" desde o início. Isso não quer dizer, contudo, que o japonês moderno estivesse engajado em um esforço tardio para imitar ou acompanhar modelos ocidentais já totalmente formados, como geralmente alegam os defensores da teoria da modernização. Em vez disso, busco demonstrar como os reformadores ocidentais e japoneses da língua envolveram-se, respectivamente (e, em alguns casos, simultaneamente), em campanhas de ortografia, escritas experimentais e linguagens planejadas ou artificiais.

Grandes descobertas que ajudaram a decifrar os antigos sistemas de escrita do Oriente Próximo também exerceram uma poderosa influência no pensamento sobre as origens das escritas fonéticas e ideográficas. Contudo, pela lógica do orientalismo do século XIX, os caracteres egípcios e chineses estavam mutuamente contidos dentro do registro de "hieróglifos" e, por consequência,

---

A aparência das letras usadas em todos os países é geralmente a mesma, exceto na China, onde eles inventaram esse sistema enfadonho [...]. Dizer que os caracteres são preciosos nem vale mais a pena.'" (T. de Bary, C. Gluck e A. Tiedemann [orgs.], *Sources of Japanese Tradition*, v. 2, Nova York: Columbia University Press, 2005, pp. 13-14; N. Motoori, *Sekai Daishiso Zenshu*, v. 54: *Nihonshiso-hen*, Tóquio: Shunjusha, 1927, pp. 2-10).

2. N. Sakai, *Shisan sareru Nihongo Nihonjin*, Tóquio: Shinyosha, 1996, pp. 166-210.

identificados como o Outro pré-moderno, não ocidental e figurativo em contraponto a um alfabeto moderno e padronizado. Isso pode ter sido decisivo para a agenda de críticas ao japonês, mas não impediu que os reformadores usassem o termo contra o inglês e outras línguas europeias que estavam aquém de seus ideais.

O exemplo mais antigo e proeminente desses desenvolvimentos foi a proposta não oficial feita por Arinori Mori (1847-1889), em 1872, de que o Japão deveria adotar uma forma simplificada de escrita em inglês como base para a língua e a escrita nacionais. Embora este seja um ponto frequentemente ignorado pelos críticos que ridicularizaram sua impraticabilidade, o inglês simplificado de Mori não apenas partiu da necessidade de superar o que ele chamou de "estado desordenado" do japonês contemporâneo, como também investiu contra as acusações de uma soletração "hieroglífica" do inglês contemporâneo. Sua proposta foi, efetivamente, influenciada por debates nos Estados Unidos sobre a criação do inglês americano, que remontam um século antes à redação da Constituição e, como tal, lançam luz sobre um aspecto muito esquecido das relações nipo-anglófonas, a saber, até que ponto os ativistas japoneses conseguiram prosperar no mundo da língua inglesa. Isso se torna algo de particular relevância quando consideramos de que forma a notação taquigráfica e outras inovações também foram se infiltrando pelo Japão através de fontes em inglês. Observemos ainda que as reformas linguísticas subsequentes no Japão das décadas de 1880 e 1890 se mostraram notavelmente consistentes com o teor ortográfico subjacente da proposta de Mori, incluindo políticas para limitar e regularizar o *kana*, de modo a abranger a eliminação de formas variantes, como o *hentaigana* (caracteres irregulares)[3], limitar o número e a forma

---

3. É tentador traduzir *hentaigana* como "caracteres pervertidos", de acordo com a legislação punitiva da sexualidade que ao mesmo tempo patologizava as configurações modernas da homossexualidade como *hentai* (perverso, desviante) durante esse período. Sobre as relações entre a formação linguística normativa e a formação discursiva sexual na era Meiji, ver K. Vincent, *Writing Sexuality: Heteronormativity, Homophobia, and*

de caracteres chineses ensinados nas escolas normais do Estado, e criar diretrizes para o uso da romanização como "terceira" escrita semioficial do país. Outras ondas de reforma da língua, incluindo um renascimento temporário de movimentos de eliminação dos caracteres chineses em favor da romanização, surgiriam no pós-guerra sob as condições bastante distintas da ocupação dos Estados Unidos, quando os vencedores redigiram uma nova Constituição japonesa.

A segunda metade deste capítulo trata de uma discussão conduzida por um dos principais filósofos da era Meiji, Amane Nishi, pela adoção das letras romanas como uma condição prévia e fundamental para a "civilização iluminada" se firmar no Japão. Para ser mais preciso, Nishi defendia uma reforma ortográfica do alfabeto a fim de alcançar uma relação transparente entre a fala e a escrita. Ele publicou seu estudo sobre a romanização em seu artigo "Yoji wo motte kokugo wo sho suru no ron" [洋字を以て国語を書する論] (Escrevendo japonês com o alfabeto ocidental), no número inaugural da *Meiroku zasshi* [明六雑誌] (revista *Meiroku*), em 1874.[4] Também procuro correlacionar isso, ainda que de forma breve e impressionista, com *Hyakugaku renkan* [百学連環] (Enciclopédia, 1870), de Nishi. Ao apresentar os campos organizados do conhecimento ocidental para o público leitor japonês, o autor dá, desde o princípio, especial importância para as tecnologias da letra. Além disso, seguindo a tendência geral da filologia ocidental, Nishi contrasta a prevalência da alfabetização universal no Ocidente moderno contra o caractere chinês e outras formas de hieróglifos

---

    the Homosocial Subject in Modern Japan (tese [Doutorado], Columbia University, Nova York, 2000).

4. Adequado ao seu contexto crítico nos estudos canônicos de *genbun itchi*, o artigo de Nishi é reproduzido como o segundo documento após o *Kanji go-haishi nogi*, de Hisoka Maejima, incluído em Masahide Yamamoto, *Kindai buntai keisei shiryo shusei* (Tóquio: Ofusha, 1978), pp. 136-45. A ideia do periódico foi proposta pela primeira vez por Mori em 1873, sendo cofundado por ele próprio, Nishi, Yukichi Fukuzawa, Hiroyuki Kato, Mamichi Tsuda, Rinsho Mitsukuri, Shuhei Mitsukuri, Masanao Nakamura e Koji Suji.

antigos e essencialmente fossilizados. As implicações para o caminho que o Japão seguiria adiante não poderiam ser mais claras.

Arinori Mori e as raízes anglófonas do japonês moderno

Amplamente reproduzido como o prefácio do *Webster's American Spelling Book* [Livro americano de soletração Webster] — também conhecido como "A cartilha de capa azul" de Webster, o onipresente livro didático do século XIX para ensinar as crianças americanas a ler, soletrar e pronunciar palavras —, o ensaio "Schoolmaster to America" [Mestre-escola para a América] (1936), de Henry Steele Commager, examina a descoberta e a disseminação das línguas nacionais no século XIX e descreve condições de heterogeneidade linguística na história da Europa que são surpreendentemente ressonantes com o Japão do período Tokugawa.

> Os povos das nações do Velho Mundo tinham, de fato, sua própria língua, porém essa língua não era comum nem uniforme. Em todas as partes do continente, as classes altas falavam francês e desprezavam o vernáculo. Cada região tinha seu próprio dialeto, e cada classe, seu próprio idioma. Tão singularmente pronunciados eram os dialetos locais que franceses da Bretanha e de Languedoc não conseguiam se entender, assim como alemães da Renânia e da Saxônia, ou dinamarqueses de Copenhague e da Jutlândia, ou, em nosso caso, ingleses da Ânglia Oriental e de Devonshire.[5]

Commager sustenta que essas diferenças linguísticas não importavam em contextos pré-nacionais, ou no mínimo importavam significativamente menos, devido à falta de representação política e à consideração de outros fatores unificadores, como

---

5. H. S. Commager, "Schoolmaster to America", in: *Noah Webster's American Spelling Book*, Nova York: Teachers College Press, 1958, p. 7.

uma religião ou um regimento monárquico comum. No entanto, na emergência do Estado-nação moderno e de sua comunidade imaginada, estabelecer a uniformidade do idioma tornou-se um objetivo premente. As ideias de Commager sobre as então recentes origens do Estado-nação antecipam, como clarividência, os princípios centrais da tese de Benedict Anderson quase meio século depois. Tais ideias são também aplicáveis ao contexto japonês. Precisamos apenas substituir os domínios feudais de Owari, Bungo e Kii pelas províncias da França, da Alemanha, da Escandinávia ou da Grã-Bretanha para que essa declaração se aplique com igual força ao Japão pré-Meiji.

A categorização das origens do Estado-nação por Commager versa ainda mais sobre os projetos recuperativos de romancistas alemães, nativistas japoneses e outros para descobrir a verdadeira natureza do povo expressa em uma língua e uma literatura nacionais. Commager continua:

> Uma nação precisa não apenas de uma língua comum; precisa, mais do que isso, de um passado comum e de uma noção desse passado. Todo consolidador estatal europeu dos tempos modernos reconhece isso. Assim, o bispo Grundtvig, na Dinamarca, dedicou suas energias vulcânicas à edição de antigas baladas dinamarquesas, à escrita de histórias e canções nacionais, à ressurreição do passado nacional. Assim, na Alemanha, Schlegel, Stein e Savigny, bem como os irmãos Grimm, recriaram o passado alemão com o intuito de criar um futuro alemão [...]. Assim, Ernst Renan enfatizou para a França "as memórias, as glórias, as aflições e os arrependimentos comuns"; assim, na Inglaterra, John Stuart Mill concluiu que o ingrediente mais importante para o nacionalismo era "a posse de uma história nacional e uma comunidade de lembranças". E *sir* Ernest Baker, nosso contemporâneo, colocou o assunto de forma sucinta: "Uma nação não

é o fato físico de um sangue único, mas o fato mental de uma tradição."[6]

Para nações novas e antigas, esse "fato mental" começou com a invenção da língua e da literatura nacionais, que, por sua vez, dependiam de práticas. Pela mesma lógica do ensaio de Commager, uma história material de práticas de escrita, regimes educacionais, etc., deve estar fundamentada sobre esses blocos essenciais de construção da linguagem.

Antes de se tornar ministro da Educação (1885-1889), Arinori Mori atuou como o primeiro embaixador japonês nos Estados Unidos, servindo de 1871 a 1873. Foi nesse cargo que Mori apresentou sua proposta de adoção de uma forma simplificada de inglês como base para criação de uma língua nacional do Japão. A proposta foi escrita como uma carta aberta a William Dwight Whitney, especialista em filologia comparada e sânscrito na Universidade de Yale, e posteriormente publicada no jornal americano *Tribune* e no jornal japonês de Yokohama *Correio Semanal do Japão*.[7] Cerca de 23 educadores, acadêmicos e proeminentes intelectuais nos Estados Unidos responderam a Mori, fornecendo um material que ele editou e publicou sob o título *Educação no Japão* (1873).

Embora Mori, às vezes, seja associado com Hisoka Maejima como um suposto abolicionista dos caracteres chineses, isso é enganoso em três aspectos. Primeiro, ambos se opuseram não apenas ao *kanji*, mas a todo o complexo cultural relacionado ao aprendizado chinês. Nesse sentido, rotulá-los como defensores da "eliminação dos

---

6. Ibidem, p. 9.
7. Ver o útil panorama de Teruaki Muto em "Mori Arinori 'Simplified English'". Muto cita artigos de três entrevistados americanos (Coates Kinney, M.G. Upton e E.E. Hale) em resposta à proposta de Mori e fornece uma análise experimental da condição linguística "diglóssica" da era Meiji. Em I. Hall, *Mori Arinori* (Cambridge: Harvard University Press, 1973), o autor observa devidamente o escárnio popular com que a proposta de Mori foi recebida no Japão pela imprensa de língua inglesa da comunidade estrangeira.

caracteres chineses" (*kanji haishiron*) não abarca toda a questão. Eles consideravam a China um modelo desacreditado, e, portanto, não era mais adequado para o Japão imitá-la. Segundo, diferentemente de Maejima, o objetivo de Mori era criar uma língua e uma escrita nacionais unificadas, substituindo a heterogeneidade dos dialetos japoneses falados por um dialeto-padrão proporcional à ortografia inglesa aperfeiçoada. Terceiro, ainda que a proposta de Maejima tenha sido nominalmente dirigida ao xogunato, que a ignorou, e só após a sua extinção é que ela foi reimpressa publicamente, o público-alvo inicial de Mori não era nem o governo Meiji, nem o povo japonês, mas lideranças de acadêmicos e pensadores americanos capazes de impor sua autoridade a favor dele. Esse é o primeiro de muitos pontos surpreendentes de conexão entre a reforma da língua no Japão e o mundo anglófono e que deve ser cuidadosamente reexaminado.

 A proposta de Mori de abandonar a heterogeneidade do japonês e adotar o inglês simplificado era parte integrante de suas visões sobre a conquista do destino nacional por meio das noções sociais darwinianas de aptidão adotadas por Herbert Spencer.[8] As opiniões de Mori sobre a educação nacional-imperial foram profundamente influenciadas não apenas por Spencer, mas também por Thomas e Matthew Arnold, da Inglaterra, e pelos Schreber, da Alemanha. De acordo com a filosofia da educação nacional e sua compreensão da disciplina corporal e moral, Mori enviou seus jovens pupilos, como Shuji Isawa, a instituições pestalozzianas recém-fundadas, como a Escola Normal de Bridgewater, em Massachusetts, e de Oswego, em Nova York.[9] Não é de surpreender, à luz de suas primeiras incursões

---

8. Ver K. M. Anderson, *The Foreign Relations of the Family State: The Empire of Ethics, Aesthetics and Evolution on Meiji Japan* (tese [Doutorado], Cornell University, Ithaca, 1999), pp. 21-69. Anderson explora as correspondências epistolares entre Mori e Spencer em questões acerca de educação física e moral e suas trocas sobre "a inscrição do capital e o corpo social e fisiológico" (p. 25). Devo observar que Anderson não aborda a questão da língua nacional ou da carta de Mori a Whitney, que precedeu seus outros escritos.
9. Como observa Ivan Hall, Mori passou o ano de 1867 no interior de Nova York com a Irmandade da Vida Nova [Brotherhood of New Life],

na política da linguagem, que, como o primeiro ministro da Educação japonês, Mori tenha presidido a implantação de escolas normais, uniformes escolares de inspiração militar e doutrinação quase militar na educação moral e física.[10] Suas tentativas de implementar ideias spencerianas no Japão foram consistentes com os desenvolvimentos da educação anglo-americana, como a noção de "cristianismo muscular" associada a Theodore Roosevelt, e a educação moral e física, mas decididamente anti-intelectual, em escolas públicas da Grã-Bretanha, adotada por Thomas Arnold.

Outra figura importante que moldou as opiniões de Mori sobre a reforma da língua nacional foi Noah Webster. Em suas *Dissertações sobre o idioma inglês* (1789), Webster defendeu uma unificação linguística da nova nação, semelhante à ratificação da Constituição dos Estados Unidos, que ocorreu em março daquele mesmo ano: "Vamos, então, aproveitar o momento presente e estabelecer uma *língua nacional*, bem como um governo nacional."[11] Webster insistiu em estabelecer um idioma nacional uniforme, baseado em um vernáculo americano, e não britânico, que seria validado por um sistema simplificado de ortografia. Assim, letras mudas desnecessárias ou combinações de várias letras que representassem os mesmos valores fonéticos seriam regularizadas: "*laugh*" [rir] se tornaria "*laf*"; "*grief*" [luto, tristeza] se tornaria "*greef*"; "*machine*" [máquina] se tornaria "*masheen*", e assim por diante. Ironicamente, para o leitor contemporâneo de língua inglesa, as *Dissertações*, de Webster, foram publicadas em tipografia da era colonial, incluindo recursos que agora ficaram obsoletos, como o *s* longo e a ligação *ct*. A republicação de

---

uma colônia religiosa liderada pelo espiritualista ex-swedenborgianista e místico sexual Thomas Lake Harris. Ver I. Hall, *Mori Arinori*, op. cit., pp. 106-28.

10. Ver A. Mori, "Rinrisho" (in: T. Okubo [org.], *Mori Arinori zenshu*, v. 1, Tóquio: Senbundo Shoten, 1972), pp. 419-54, no qual ele pretendia "estabelecer um padrão" para julgamentos morais.
11. N. Webster, *Dissertations on the English Language*, Gainesville: Scholars' Facsimiles & Reprints, 1951, p. 406 (grifos do original).

1817 do *Livro americano de soletração*, de Webster, por outro lado, não mostra nenhuma variação do uso contemporâneo. O desaparecimento dessas letras ocorreu claramente nos anos que se seguiram, no início do século XIX. De certa maneira, o inglês tinha seu próprio *hentaigana* que precedia a padronização ortográfica no século XIX.[12]

É curioso que, até o momento, não tenham sido feitas pesquisas acadêmicas sobre as afinidades entre Mori e Webster, ou trabalhos afins, como a proposta de Benjamin Franklin em 1768 de reformar o alfabeto e as regras de ortografia da língua inglesa.[13] Mais desconcertante ainda é o silêncio de Whitney sobre esse assunto em sua resposta a Mori, considerando que ele havia sido editor do *Dicionário americano Webster* (1864), além de fundador e primeiro presidente da Associação Americana de Filologia [American Philological Association], em 1869. Mori, no entanto, aborda a base histórica de seu argumento quando aponta a promessa não cumprida da forma anglófona: "Proponho apenas concluir o que todos os lexicógrafos ingleses e americanos — do doutor Samuel Johnson até os autores das mudanças contidas em todas as edições mais recentes dos dicionários de Walker, Webster e Worcester — começaram, mas timidamente abandonaram."[14] Foi essa inconsistência na ortografia que levou Mori, em sua carta a Whitney, a lamentar não apenas a qualidade hieroglífica do japonês escrito, como também da ortografia inglesa, defendendo que sua proposta de inglês padronizado "tornaria o idioma aquilo que ele afirma ser:

---

12. O *kana* era escrito com uma variação muito maior do que as caligrafias manuais ou as fontes tipográficas dessas hoje obsoletas letras inglesas. No entanto, quero enfatizar que a ortografia e a aparência uniformes das letras romanas em inglês são um produto das mesmas reformas do século XIX que levaram à padronização das escritas japonesas.
13. O alfabeto revisado de Franklin, que influenciou diretamente o de Webster, envolveu a eliminação de seis letras do alfabeto que ele considerava redundantes (c, j, q, w, x e y) e a introdução de seis novas.
14. S. Kato e M. Maruyama, *Honyaku no shiso*, Tóquio: Iwanami Shoten, 1991, p. 320.

fonético, em vez de hieroglífico com uma base fonética, que é o que realmente é hoje".[15]

Mori reitera ainda mais as visões ousadas de Noah Webster para esse novo idioma americano quando afirma que será um projeto nacional muito distante das margens do mundo anglófono. Mori não tem a presunção de mudar o inglês americano ou o britânico, mas, sim, realizar "uma adaptação da língua inglesa às necessidades de uma nação estrangeira de 40 milhões de almas, separada por milhares de quilômetros das nações de língua inglesa e que fornece um campo totalmente livre para a introdução de um novo idioma; não havendo nenhum obstáculo dentro do império em si".[16] Por sua vez, Webster viu o continente americano e os povos imigrantes que o povoavam como uma oportunidade única de romper com a "imitação cega" da Inglaterra:

> Dentro de um século e meio, a América do Norte será povoada por 100 milhões de homens, todos falando a mesma língua [...]. Compare essa perspectiva, que não é visionária, com o estado do idioma inglês na Europa, quase confinado a uma ilha e a alguns milhões de pessoas; então, deixe a razão e a reputação decidirem até que ponto a América deve depender de uma nação transatlântica para padronizar ou aperfeiçoar sua língua [...]. Essas causas produzirão, com o passar do tempo, um idioma na América do Norte tão diferente do futuro idioma da Inglaterra quanto os modernos holandês, dinamarquês e sueco são do alemão ou uns dos outros: como os galhos afastados que brotam do mesmo tronco de árvore; ou raios de luz disparados do mesmo centro e divergindo um do outro na proporção de sua distância do ponto de separação.[17]

---

15. Ibidem.
16. Ibidem.
17. N. Webster, *Dissertations on the English Language*, op. cit., pp. 21-23.

Embora seja sempre necessário ter cautela com o espectro da comparação nas relações Oriente-Ocidente, pode-se dizer que tanto Webster quanto Mori perceberam uma movimentação geográfica, combinada a uma autodeterminação revolucionária, como indicativo de um destino especial para suas jovens nações.

É evidente que a otimista proposta de Mori não dá nenhuma pista de como implementar *na prática* essa reforma da escrita enquanto língua falada, muito menos de como combater a heterogeneidade existente dos dialetos e estilos de escrita japoneses, mesmo dentro dos limites históricos do arquipélago. O principal impulso da resposta de Whitney se apega a esse dilema para apontar que não é possível impor mudanças tão amplas na vida cotidiana e na linguagem sem incitar enormes revoltas populares ou convidar a uma catástrofe econômica e cultural potencialmente em massa. Whitney recomenda aceitar o inglês como está e ensiná-lo gradualmente como segunda língua, uma visão que Ivan Hall especula ter sido moldada possivelmente pelo próprio conhecimento de Whitney sobre as tensões na Índia ocupada pelos britânicos.[18] A assimilação linguística e cultural forçada pelo Japão sobre os coreanos em 1938 (*naisen ittai*) geraria um conflito semelhante e um legado de profundo ressentimento.

Será que Mori realmente acreditava que o inglês simplificado resolveria *ipso facto* os problemas das fraturadas línguas faladas no arquipélago japonês? Não preciso tentar defender ou minimizar o tremendo ato de fé que isso exige, mas o que é muitas vezes esquecido por aqueles que amontoam abusos sobre os ombros de Mori é que seu desejo de implementar uma ortografia inglesa puramente fonética o estabeleceu diretamente entre os teóricos internacionais

---

18. A obra *Meiji-shoki no honyaku* [Tradução do início da era Meiji], de Shuichi Kato, observa críticas de Whitney e Tatsui Baba sobre a imposição de uma língua estrangeira à população nativa (*Honyaku no shiso*, op. cit., p. 349). Da mesma forma, Ivan Hall cita a condenação de Baba à proposta de Mori (*Mori Arinori*, op. cit., p. 194). Abrindo parênteses, podemos notar uma curiosa ressonância na recomendação de Whitney de aceitar o inglês *como está*, com o *éthos* composicional do realismo taquigráfico de "transcrever as coisas tal como são" (*ari no mama ni utsushitoru*).

da língua e os planejadores do idioma imperial da época. Foram muitos os idiomas universais artificiais ou "planejados" que aspiravam a tornar-se o equivalente linguístico da hora legal ou do sistema métrico: o volapük de Johann Schleyer (1880), o esperanto de L. L. Zamenhof (1887), o latino sine flexione de Giuseppe Peano (1903) e o esperanto reformado, chamado de idioma neutro ou "ido" (1907). Essas línguas não emergiram espontaneamente de uma comunidade linguística, mas pelo planejamento metódico de linguistas. Ironicamente, embora pretendidas em especial como línguas internacionais faladas, suas gramáticas e seus vocabulários próprios perfeitamente regularizados foram quase por completo elaborados, como os de Mori, apenas no papel. Talvez aqueles que melhor capturam seus sonhos utópicos sejam o volapük e o esperanto, cujos nomes significam respectivamente "discurso do mundo" (*vola*, do francês, e *pük*, uma modificação do inglês "*speak*" [falar]) e "ter esperança ou aspirar".

Apesar do decepcionante fracasso da empreitada de Mori, ecos mais diretos do inglês simplificado persistiriam pelas décadas seguintes, incluindo a obra *Basic English: A General Introduction with Rules and Grammar* [Inglês básico: Uma introdução geral com regras e gramática] (1930), de Charles Kay Ogden, que foi promovida na China e em outros lugares por I. A. Richards.[19] Assim, não é preciso olhar tão à frente para encontrar expressões semelhantes de insatisfação com o inglês. Em 1909, o defensor da reforma ortográfica americana Thomas Lounsbury escreveu uma declaração que soa muito semelhante à de Mori: "Todo membro da raça inglesa precisa aprender dois idiomas [...], aquele que ele lê e escreve; e o outro que ele fala."[20] Da mesma forma, Lounsbury protestava sobre aquilo que ele via como afirmações infundadas dos historicistas britânicos

---

19. O chamado inglês básico, com sua gama minimalista de expressões e ambições imperialistas de se tornar a língua franca do pós-guerra, foi a inspiração para a "novilíngua" do clássico *1984*, de George Orwell.
20. T. Lounsbury, *English Spelling and Spelling Reform*, Nova York: Harper & Brothers, 1909, p. 279.

de reter as grafias existentes como forma de vínculo a um passado mais antigo e puro, indicando várias etimologias falsas que surgiram por erros de impressores e copistas, ou por modismos passageiros. Regras de ortografia, defende ele, foram historicamente *ad hoc* e na maior parte das vezes estabelecidas por impressores individuais, e não por estudiosos ou governos durante esses períodos históricos anteriores à padronização. Consequentemente, as grafias aleatórias e múltiplas que persistiram no século XIX não forneceram regras consistentes para constatar um único precedente histórico. Lounsbury se deleita ao apontar que a maioria das grafias existentes de Shakespeare está, na verdade, mais próxima do costume americano do que do britânico. Uma situação comparável existiu no Japão com a proliferação do *kana* e mesmo de caracteres chineses alternativos até que as campanhas de padronização da era Meiji começaram. Por conseguinte, conclui o autor, as regras de ortografia em sua forma atual são mantidas não pela lógica ou pela razão, mas pelo sentimento. Assim como muitas escolas de pensamento confucionista no Leste Asiático sustentavam que a forma correta de um caractere ou uma palavra estava intrinsecamente ligada a seu verdadeiro significado — isto é, à retificação de nomes —, também os linguistas e filólogos ingleses desde Samuel Johnson procuraram preservar traços afetivos do passado, codificando-os como regras de ortografia. A universalidade dessas questões ressalta até que ponto a mudança fonética a partir de meados do século XIX possibilitou conceber novamente a linguagem além de suas raízes e ramos familiares.

 A frequente referência a hieróglifos no pensamento do século XIX também requer alguma contextualização. A descoberta da pedra de Roseta em 1799 e sua decifração pelo estudioso francês Jean François Champollion em 1822 permitiram aos europeus finalmente entender a configuração de sons e significados no Egito antigo. É evidente, contudo, que isso não significou quase nada para impedir as crenças populares a respeito dos mistérios sagrados das escrituras dos hieróglifos.[21] Tampouco impediu que o termo "hieróglifo" tivesse uma vida útil extremamente longa como oposto diametral à escrita alfabética ou fonética.[22] Menos de uma década após Champollion decifrar a pedra de Roseta, Hegel postulou, em *A filosofia do espírito* (1830), a superioridade do alfabeto como um sistema de signos que mantém a relação mais próxima com a fala:

> A propósito da língua falada, enquanto é a língua original, pode-se também mencionar a *língua escrita*, mas apenas de passagem neste ponto. Essa língua é simplesmente um desenvolvimento ulterior no domínio *particular* da linguagem, desenvolvimento que é ajudado por uma atividade exteriormente prática. A língua escrita avança para o campo do intuir espacial imediato, no qual toma e produz signos. Mais precisamente, a *escrita hieroglífica* designa as *representações* por meio de figuras espaciais, enquanto a *escrita alfabética* designa *sons*, que são, eles mesmos, sinais. A escrita alfabética se compõe, portanto, de signos de signos, e de tal modo que dissocia os sinais concretos da língua falada, as palavras, em seus elementos simples, e designa esses elementos.[23]

Claro que Hegel não limitou o uso do termo "hieróglifos" ao Egito. O outro país que ele aponta como usando uma escrita hieroglífica que leva à opacidade do discurso é a China. Inclusive,

---

21. *O livro de mórmon* foi publicado em 1830 a partir de placas de ouro com inscrições em "egípcio-hebraico", encontradas em 1823 sob uma geleira no norte de Nova York pelo fundador e profeta da igreja, Joseph Smith. Em linguagem adequada aos tempos, Smith chamou o manuscrito de "egípcio reformado" (*The Book of Mormon*, v. 9, p. 32).
22. Por exemplo, em sua discussão sobre montagem como uma essência subjacente na cultura tradicional japonesa em "O princípio cinematográfico e o ideograma" (1929), Sergei Eisenstein usa o termo de forma intercambiável com "ideógrafo".
23. G. W. F. Hegel, *Philosophy of Mind*, trad. William Wallace e Arnold V. Miller, Oxford: Oxford University Press, 2010, pp. 195-96.

é a própria falta de escrita alfabética que torna necessário, segundo ele, o sistema tonal do idioma chinês:

> A imperfeição da língua falada chinesa é notória: grande número de seus vocábulos tem muitas significações totalmente diversas, até mesmo dez, ou vinte, de modo que no falar a diferença se faz notar simplesmente pela entonação, intensidade, falar baixo ou gritar. Europeus que começaram a falar chinês, antes de dominar essas absurdas finezas da acentuação, caem nos mais ridículos mal-entendidos. A perfeição aqui consiste no contrário do "*parler sans accent*" que se exige na Europa, com razão, para um falar cultivado. Por causa da língua escrita hieroglífica, falta à língua falada chinesa a determinidade objetiva que se obtém na articulação por meio da escritura alfabética.[24]

Embora Hegel reconheça a falta de um sistema puramente fonético no Ocidente, ele mantém a escrita alfabética e sua "precisão objetiva" como superiores à confusão do chinês. É evidente que essas suposições gerais sobre as vantagens inerentes à escrita alfabética são continuamente afetadas pelos problemas dos homófonos, das regras de ortografia arbitrárias e assim por diante. No Japão, assim como na Europa e na América na segunda metade do século XIX, o fonocentrismo seria seriamente desafiado pelo massacre de modelos mecânicos e padronizados desenvolvidos pelos defensores das reformas da língua e da escrita.

O argumento de Amane Nishi a favor da romanização

Se tomarmos a revista *Meiroku* como verdade absoluta, então no princípio não era a palavra, mas a letra. Publicado no número inaugural da revista, em março de 1874, o artigo de Amane Nishi "Escrevendo

---

24. Ibidem, pp. 196-97.

japonês com o alfabeto ocidental" solidarizava-se com o diagnóstico de Mori quanto à necessidade de uma língua nacional unificada, porém não estava disposto a apoiar o inglês simplificado como a solução. Ao mesmo tempo que elogiava a reforma da lei e do governo da Restauração Imperial, Nishi lamentava a prevalência da ignorância contra a qual a Sociedade Meiroku (Meirokusha) havia sido formada para lutar. Baseando sua própria proposta na materialidade da letra, Nishi apresentou uma alternativa apenas um pouco menos chocante que a de Mori, ao defender a adoção total da romanização, efetivamente argumentando que é a materialidade das próprias letras que permite a existência da civilização intelectual ou iluminada.

> Se agora consideramos apenas a importância das palavras "ciência, artes e letras" no lema da nossa sociedade, o que chamamos de ciência e arte surge após as letras [*bunsho*] existirem. Sem letras, como pode haver ciência e arte? Os antigos também disseram que a literatura é o meio para entender o Caminho. Nas letras de nosso presente, no entanto, é impróprio escrever como falamos, assim como é impróprio falar como escrevemos, uma vez que as gramáticas da fala e da escrita de nossa língua são diferentes.[25]

Na primeira parte de sua argumentação, Nishi despe as "letras" de suas narrativas precedentes no aprendizado clássico ou nativista, abandonando a potência ritualística das "letras chinesas" (*kanji*) e o particularismo nativo das "letras japonesas" (*waji*) em favor da romanização, que ele chama de "letras europeias" (*yoji*). De

---

25. W. Braisted, "Writing Japanese with the Western Alphabet", in: *Meiroku Zasshi: Journal of Japanese Enlightenment*, Cambridge: Harvard University Press, 1976, p. 5. Ainda que a palavra japonesa *bunsho* se traduza literalmente como "escrita", no sentido básico de composição ou estrutura de sentença, é evidente que, no contexto do parágrafo, ela assume um significado mais próximo de "letras", no sentido dual da literatura humanística, conforme o lema da Sociedade Meiroku, e dos elementos básicos da linguagem escrita, segundo seus comentários sobre a incomensurabilidade da fala e da escrita.

acordo com a lógica argumentativa de Nishi, somente adotando as letras ocidentais o Japão poderia assimilar efetivamente o aprendizado ocidental.

Apesar de afirmações iniciais um tanto contraditórias sobre a necessidade de apoiar a criação de um estilo escrito vernacular ou aderir aos padrões da gramática clássica, Nishi sustenta que, "como a escrita e a fala seguirão as mesmas regras, o que é apropriado para se escrever também será apropriado para se falar. Ou seja, palestras, brindes, discursos perante assembleias e sermões religiosos podem ser todos recitados como foram escritos e gravados conforme são lidos" (*iu tokoro kaku tokoro to sono ho o dosu, motte kaku beshi motte iu beshi, sunawachi, rekichua tosuto yori kaigi no supichi hoshi no setsuho mina sho shite tosu beku yonde sho subeshi*).[26] Aqui vemos a ideia de comensurabilidade de um para um, com uma ênfase adicional nos valores do discurso público, sendo proposta quase uma década antes da adaptação da taquigrafia fonética por Koki Takusari.

Nishi articula uma concessão entre os estilos ornamentado e vulgar, ou o que pode ser chamado de "estilo misto" (*gazoku setchu*). Fornecendo um quadro de adjetivos, substantivos e verbos nos padrões de fala de Edo e Kyoto, Nishi usa palavras romanizadas com um ponto (.) para mostrar letras omitidas na fala vernacular e um circunflexo (^) para alterações morfológicas da gramática clássica para o estilo misto. Embora ele próprio admita que esse estilo estivesse longe de estar completo, Nishi alarga os limites dos regimes gráficos existentes a fim de representar suas características verbais.[27] Entre as muitas vantagens que antecipou, estavam as transformações da

---

26. W. Braisted, "Writing Japanese with the Western Alphabet", op. cit., p. 5.
27. O estilo de romanização era dele mesmo, não de Hepburn ou Rosny, os quais Nishi chamava de aproximações imperfeitas da fala vulgar. Seu sistema parece semelhante à invenção muito tardia do *Nippon-shiki* por Tanakadate em sua economia de letras (*si* em vez de *shi*) para evitar ruídos ou interferências no canal de transmissão. Talvez por coincidência, o uso de pontos e circunflexos também fosse uma característica dos sistemas de notação taquigráfica do século XIX.

cultura japonesa de manuscritos e xilogravuras em um novo regime tipográfico e a criação de um sistema educacional igual aos do Ocidente. Da mesma forma, Nishi fez propostas tendo em mente a necessidade de antecipar a oposição por parte de comerciantes tradicionais, cujo sustento baseado na venda de pincéis, tinta e papel acabaria sendo prejudicado, assim como de estudiosos nativistas e confucionistas cujo prestígio — sem mencionar o meio de vida como professores — estava ameaçado.

Nishi reconhecia a falta de consenso, mesmo entre a elite intelectual da revista *Meiroku*, como evidência de uma intransigência mais profunda que exigiria mais debates para ser superada:

> Recentemente, em publicações como este periódico, tem sido bastante comum escrever com uma mistura de [ideogramas chineses] e silabário *kana*. Mesmo assim, essas publicações não atingiram nenhuma unidade estilística, pois, de tempos em tempos, misturam formas gramaticais chinesas e japonesas. Aqueles que se opõem aos estudiosos clássicos japoneses, portanto, desejam finalmente escrever diretamente na língua vulgar de hoje [*zokugo*] e abandonar por completo o sistema de posposições.[28]

Nishi identifica a falta de padronização e a tensão entre as formas da escrita clássica e da fala vernacular como preocupações dominantes entre seus pares. Ele pode muito bem ter tido em mente obras como *Gakumon no susume* [Incentivo ao aprendizado] (1872-1876), de Yukichi Fukuzawa, cuja série estava então na metade e que Nishi examinou no segundo número da *Meiroku*. Fukuzawa, que só começou a contribuir para a revista em sua vigésima primeira edição, utilizava um estilo simples, acessível a um público leitor amplo, menos escolarizado em caracteres chineses ou em estilos acadêmicos de escrita. Para o mérito de Nishi, a edição inaugural

---

28. W. Braisted (org.), *Meiroku Zasshi: Journal of Japanese Enlightenment*, Cambridge: Harvard University Press, 1976, p. 10.

da *Meiroku* vendeu cerca de 3 mil cópias, garantindo a ele uma audiência respeitável entre a elite da era Meiji, incluindo o próprio linguista creditado com a invenção do termo "estilo unificado". Como Nanette Twine aponta, "Takami Mozume (1847-1928), que se tornou um influente defensor do estilo coloquial com a publicação de seu ensaio 'Genbun itchi', em 1886, lembrou que seu interesse pelo assunto foi despertado pela influência do ensaio de Nishi e sua subsequente visita, a fim de discuti-lo".[29]

Um aspecto final de seu argumento antecipa o discurso do realismo e sua relação com escritas fonéticas ao pretender que os modos de observação científica sejam adotados na língua japonesa, bem como outros empreendimentos tecnológicos:

> Tenho ponderado o fato de que os europeus agora lideram o mundo. Se considerarmos isso do ponto de vista da razão, sua raça alcançou grandeza acumulando os resultados menores de suas observações minuciosas. Eles, inclusive, enxergaram a vastidão do universo em função de uma maçã cadente. Guiam legiões começando com o treinamento de apenas um soldado. Dependem de nada mais do que o poder de expansão do vapor para enviar navios pelos quatro mares. Sua transmissão de eletricidade para os quatro continentes derivou da observação de uma simples pipa.

---

29. N. Twine, *Language and the Modern State: The Reform of Written Japanese*, Nova York: Routledge, 1991, p. 119. Twine também aponta a comparação de Mozume do *genbun itchi* com os benefícios do sistema postal moderno (p. 216). De fato, Mozume faz uma comparação histórica entre o discurso postal da era Meiji na reformulação das comunicações nacionais, mas reconhece que a heterogeneidade dos dialetos falados e das formas escritas de linguagem não mudou muito desde os dias do *Tokaido Hizakurige*, de Ikku Jippensha (ver T. Mozume, *Genbun'itchi*, in: *Mozume Takami zenshu*, v. 3, Tóquio: *Mozume Takami zenshu* hensankai, 1935, p. 8). Ver também M. Yamamoto, *Genbun itchi no rekishi ronko* (Tóquio: Ofusha, 1971), pp. 94-95. Com base no *Kokugo no tame*, de Kazutoshi Ueda (in: S. Hisamatsu [org.], *Meiji bungaku zenshu*, v. 44: *Ochiai Naobumi, Ueda Kazutoshi, Haga Yaichi, Fujioka Sakutaro shu*, Tóquio: Chikuma Shobo, 1968), fica claro que houve alguma discrepância em relação à nomenclatura, pois Ueda se refere ao novo estilo vernacular como *genbun itchi* e *genbun itto*.

E, da mesma forma, nada contribuiu mais para sua preeminência mundial na ciência, nas artes e nas letras do que as 26 letras dos "ABCs".[30]

Independentemente de concordarmos ou não com a avaliação eurocêntrica de Nishi, é importante esclarecer que o autor não estava endossando o alfabeto como uma essência espiritual do Ocidente, isto é, como base do fonocentrismo ocidental, mas como uma tecnologia prática antes do imperativo da taquigrafia para "escrever as coisas tal como são" (*ari no mama ni utsushitoru*).

Para concluir, deixe-me retomar outro trabalho em que Nishi já havia explicado seus pontos de vista sobre o materialismo, *Hyakugaku renkan* (Enciclopédia). Com o título literalmente significando "os elos das cem ciências", o texto de Nishi prossegue de maneira um tanto apropriada entre conjuntos de relações binárias que estabelecem a ordem dos ramos ocidentais do conhecimento. Além disso, como Masaaki Kosaka observou, "Nishi agrupou o aprendizado horizontalmente em ciência e tecnologia, e verticalmente em geral (universal) e particular (específico). Ao dividir o particular, por sua vez, entre intelectual e físico, ele completou a estrutura de sua 'Enciclopédia'".[31] Contudo, a ramificação desses eixos dificilmente faz justiça à importância *a priori* da letra. Nishi insistiu em que a lista *alfabética* de entradas fornecesse a ordem correta pela qual a exploração de "ciência e arte" (*gakujutsu gigei*) deveria ser conduzida.[32]

A *Enciclopédia* de Nishi talvez seja mais bem entendida como uma indexação do conhecimento disciplinar do que uma

---

30. W. Braisted, "Language and the Modern State", op. cit., p. 15.
31. M. Kosaka, *Japanese Thought in the Meiji Era*, Trad. David Abosch, Tóquio: Pan-Pacific Press, 1958, p. 102.
32. Somente após a reforma da educação japonesa, pelo Ministério da Educação sob Mori, é que a organização *iroha* do silabário *kana* foi gradualmente substituída pela ordem mais alfabética *a-i-u-e-o*, universalmente usada até hoje. Ver K. Mabuchi, *Gojyuonzu no hanashi* (Tóquio: Taishukan Shoten, 1993), pp. 14-28.

introdução sistemática a ele. Ao fazer essa afirmação, quero apenas enfatizar que Nishi pôs em primeiro plano a materialidade da escrita na produção de conhecimento, mesmo quando isso ocorreu às custas de uma sequência filosófica mais ordenada ou normativa. Em rápida sucessão, a *Enciclopédia* marca a ramificação das artes e das ciências, da teoria e da prática, e das artes mecânicas e liberais. É neste terceiro ramo que seu argumento entra nos fundamentos materiais e institucionais da civilização intelectual, desde a cultura tipográfica impressa, incluindo o jornal, até as instituições de ensino superior. As divisões se desenvolvem de tal maneira que variações nas línguas indo-europeias, como "*father, vader, père, pater, pitar*" [pai], aparecem lado a lado com a linguagem técnica de "fim, meios, medida e mídia" e "instrumento mecânico". É uma declaração notável em face disso, instituindo mídia no mesmo nível de patriarcado. Da mesma forma, a "literatura" (*bunsho*) gera conhecimento para Nishi, tanto quanto instituições como "escola, universidade, academia".

Na seção sobre língua, a oposição entre "hieroglífico" (*keisho moji*) e "letra" (*onji*) é apontada de passagem, mas, de forma decepcionante, sem ser investigada em detalhes. No manuscrito original de Nishi, no entanto, esse binário é esboçado graficamente com marcadores figurativos e fonéticos, a fim de comparar as diferentes escritas do egípcio e do chinês, bem como do antigo "mexicano" (asteca) e do fenício. Essas observações grosseiras, que reúnem as várias escritas das civilizações mundiais em um registro comum, refletem o profundo grau de consciência de Nishi quanto à falta de alfabetização universal do Japão. Sua defesa das letras romanas como base da escrita nacional japonesa dificilmente se deveu a uma ignorância da diversidade da escrita humana ou a uma aceitação de tudo o que é ocidental. O que Nishi não poderia ter previsto, pórem, foi o surgimento de notações fonéticas experimentais, que fizeram com que, em comparação, as críticas dele e de Mori à escrita alfabética parecessem inofensivas. Também não poderia o linguista ter adivinhado a reorganização de mãos, bocas, ouvidos e olhos humanos em tantas partes móveis das tecnologias da escrita.

CAPÍTULO 5:

Taquigrafia fonética

O cérebro, com seus órgãos complementares, se assemelha a uma câmera das mais recentes e recomendadas, especialmente o instrumento estereoscópico com dois conjuntos de lentes correspondentes aos olhos, o que confere ao objeto fotografado sua forma natural. [...] O cérebro não apenas lembra um aparelho de tirar fotos, como também parece ser muito correlativo com uma invenção ainda mais moderna, o fonógrafo. [...] Todos esses registros fotográficos e fonográficos são armazenados e, se perfeitamente gravados, podem ser relembrados, a qualquer momento, diante dos olhos ou dos ouvidos da mente, e constituem o que chamamos de memória.

— E. A. Sturge, discurso para a Sociedade Imperial de
Educação, 1904

Em um discurso sobre o "Estudo da linguagem" [Language Study] para a Sociedade Imperial de Educação, reproduzido na edição de julho de 1904 do jornal *Taiyo* [太陽] (O Sol), Ernest Adolphus Sturge (1856-1934), médico americano e defensor da romanização, baseou-se nas então mais recentes descobertas científicas para defender a superioridade da aprendizagem do alfabeto.[1] Sturge informou a sua estimada plateia que a mente guarda imagens e sons, assim como gravações de ondas de luz e som são armazenadas em placas fotográficas e registros fonográficos — os quais, afirmou, podem desaparecer ou danificar-se ao longo do tempo de formas semelhantes: "Por meio dos órgãos auditivos, as ondas sonoras são gravadas em outro filme cerebral, que, com o auxílio dos órgãos vocais, podem ser mais ou menos perfeitamente reproduzidas, assim como ocorre com o fonógrafo."[2] Em suma, Sturge apostou suas pretensões nas capacidades técnicas das mídias do fim do século XIX. Obviamente, ele não estava sozinho em conceituar a mente humana como uma superfície psíquica de inscrição, ou de *encriptação*, conectada a ouvidos, olhos e bocas a fim de registrar e retransmitir os dados da vida.[3] Independentemente de seus méritos científicos reais em relação à fiação do cérebro humano, sua fala destaca um resvalamento familiar quanto aos registros tecnológicos que havia surgido na cultura Meiji duas décadas antes, por meio da retórica da taquigrafia entendida como fonografia e fotografia verbal. De fato, a taquigrafia foi determinante para transportar os enunciados dos atos de fala para a autenticidade da tipografia, ao mesmo tempo que se apropriava da retórica da alta fidelidade, que costuma ser associada hoje exclusivamente aos dispositivos mecânicos (e agora digitais).

Não está claro até que ponto Sturge estava inteirado dos debates em andamento em torno da língua japonesa e da reforma de sua escrita. No entanto, seu convite para discursar na Sociedade

---

1. E. A. Sturge, "Language Study", *Taiyo*, v. 10, n. 2, jul. 1904, pp. 6-7.
2. Ibidem, p. 7.
3. Kittler descreve premissas semelhantes para o cérebro humano, como local de armazenamento e recuperação de informações, no "Projeto para uma psicologia científica" de Freud (1895) em *Gramophone, Film, Typewriter* (trad. Geoffrey Winthrop-Young e Michael Wurtz, Stanford: Stanford University Press, 1999), pp. 37-38. Como Kittler gosta de nos lembrar, Freud dependia da infalibilidade de sua própria memória "fonográfica" e empregava a cura da fala como base para um processo psicanalítico que ganhava acesso aos comunicados mais latentes e ocultos da mente inconsciente.

Imperial de Educação e a subsequente publicação de seus comentários confirmam que, na última década Meiji, ainda havia um público receptivo para reformas drásticas. Conscientemente ou não, Sturge ecoou as reivindicações de Maejima, Mori e Nishi de que a romanização libertaria os japoneses do fardo mnemônico dos "hieróglifos" [sic], facilitando a aproximação do Japão ao mundo anglófono e ocidental. Sua argumentação se aproxima mais da de Nishi, ao afirmar que a romanização simplificaria drasticamente o complexo processo de tipografia japonesa:

> Uma oficina tipográfica japonesa, em comparação com as nossas, é muito inconveniente. A seleção dos caracteres necessários para um jornal diário, assim como a reorganização deles após a impressão, é uma tarefa considerável. Se, em vez disso, você pudesse optar pelas letras romanas, poderia encontrá-las todas *ao alcance da mão* em uma pequena e conveniente caixa.[4]

Essa escolha de palavras tão conducente à noção heideggeriana do fundo de reserva aponta as infinitas possibilidades da língua a serem contidas em combinações de 26 letras, dez números e sinais de pontuação variados. É conveniente, também, que a "caixa" aqui não é mais uma figura de linguagem, mas uma representação literal da caixa de ferramentas do tipógrafo ocidental.

Como já observamos, o projeto de unificação do japonês ocorreu em meio a enérgicas contestações de línguas nacionais e imperiais em todo o mundo, incluindo o surgimento de escritas experimentais e idiomas planejados. Este capítulo busca, primariamente, historicizar as origens da taquigrafia fonética no Japão e as adaptações necessárias para sua implementação. Trata-se de um tópico amplamente largado à periferia dos estudos literários e linguísticos japoneses modernos, especialmente quando comparado às questões relativas ao *kanji*, ao *kana* e até à romanização. Os principais defensores da taquigrafia

---

4. E. A. Sturge, "Language Study", op. cit., p. 10 (grifos meus).

fonética no Ocidente e no Japão acreditavam que ela era capaz de reproduzir fielmente a fala *como ela é*, não apenas como uma forma de aproximação, podendo assim ser sobrescrita, como um palimpsesto, por sistemas de escrita mais convencionais. Sustentavam ainda que a incomensurabilidade da fala e da escrita poderia não só ser superada, como também transcendida pela notação taquigráfica.

Fonografia e fotografia verbal

As supostas origens da notação fonética não começam no século XIX, mas com a escrita simbólica ou figurativa por de trás dos escritos da Antiguidade, incluindo textos egípcios (século IV AEC), gregos (século II AEC) e romanos (século I AEC). Nas narrativas mais populares, a notação taquigráfica ocidental começa com o escravo alforriado de Cícero Marco Túlio Tirão, a quem é creditado um sistema de notação chamado *Notae Tironianae* [notas tironianas], que consistia em vários milhares de símbolos representando abreviações de radicais (*notae*) e de sufixos (*titulae*). Com pequenas modificações, o sistema tironiano foi sendo utilizado na Europa alfabetizada até a Idade Média. Para os romanos, a notação mantinha um canal entre oratória e história que foi essencial para a conduta do Estado e da glória de Roma. Até quarenta escribas de notação fonética trabalhavam em todo o Senado, e seus relatos eram comparados e combinados em um único registro oficial. Consequentemente, a notação romana sempre foi entendida como *superficial*, e não como uma duplicação precisa da palavra falada.

Os romanos praticavam a notação taquigráfica usando um estilete sobre uma pequena tábua de madeira coberta por uma camada de cera. O estilete possuía uma ponta afiada, feita de marfim ou aço, e um cabo de metal plano, a fim de nivelar a cera e apagar inscrições anteriores.[5] Após serem gravados primeiramente na cera,

---

5. Os instrumentos também foram usados para registrar outro evento importante e sanguinário: Júlio César, ele mesmo um perito em notação

os registros eram então transferidos para o papel, no verdadeiro alfabeto romano, a fim de serem oficializados. Não obstante, nunca houve uma presunção de que a notação fosse mais do que uma representação provisória e aproximada. Já o estilete de metal que funcionava sobre uma mídia de cera, introduzido em 1877 com a invenção do fonógrafo por Edison, era, por outro lado, uma tecnologia firmemente baseada nos princípios da gravação precisa e da transmissão sem perdas.

Antes de Pitman, as práticas taquigráficas no século XVIII e no início do XIX eram tão difundidas que é difícil isolar qualquer indivíduo ou sistema de notação específico como agente primário de sua disseminação. A característica mais notável foi a dependência contínua de abreviações e marcadores simbólicos. Essa história pré-fonética não é ausente de grandes nomes. Para citar apenas dois exemplos importantes, James Madison registrou o Congresso Constitucional de 1786 usando um método de notação taquigráfica não especificado. Em sua juventude, na década de 1830, Charles Dickens estudou a *Braquigrafia* de Thomas Gurney (1750) e se tornou um dos repórteres mais procurados do circuito de discursos políticos de língua inglesa. Em uma estranha ressonância com a transmissão de notação taquigráfica para o gênero igualmente novo do romance no Japão da era Meiji, Dickens fez sua transição de repórter taquigráfico para romancista em série ao publicar esboços em prosa acompanhados de ilustrações em *Esboços de Boz* (1835-
-1836) e *As aventuras do Sr. Pickwick* (1836).

Pitman estudou a chamada notação geométrica de Samuel Taylor em 1829[6], antes de desenvolver seu próprio método fonético, publicado pela primeira vez como *Stenographic Soundhand* [Notação sonora estenográfica] em 1837 e renomeado para "fonografia" em

---

taquigráfica, foi esfaqueado até a morte por senadores armados não com facas ou punhais, mas com estiletes de notação taquigráfica.

6. O sistema de Taylor, baseado em dezenove letras simplificadas, foi inventado em 1786, e seu uso era o mais difundido no Reino Unido antes do de Pitman.

1840. Pitman está de fato associado a três grandes desenvolvimentos nas escritas fonéticas: fonografia, fonotipia e o primeiro alfabeto fonético internacional (AFI) [International Phonetic Alphabet, IPA], em 1886.[7] Portentosamente, Pitman designou sua fonografia como "o alfabeto da natureza", cujo arranjo de sons não era baseado em marcadores gráficos arbitrários, e sim determinado por seu modo e ordem de vocalização. Portanto, *p* e *b* permanecem um em relação ao outro, em vez de se perder na costumeira confusão dos ABCs. As vogais curtas eram indicadas com um fino ponto ou uma barra, enquanto as vogais longas eram marcadas com um traço mais grosso (figura 5.1). Escrever em linhas retas e curvas tinha como objetivo produzir um movimento suave e contínuo, a fim de nunca perder tempo ou informação levantando a mão da página. Além disso, as curvaturas da linha deveriam corresponder à forma e ao movimento natural da mão humana, o que era indicado pelas ilustrações dos manuais do ofício da taquigrafia. A fonografia promoveu a noção de escrita automática a partir de um rearranjo sem precedentes de orelhas, mãos e olhos com lápis ou caneta e papel. A pontuação no sistema Pitman também trouxe sua parcela de novidades: havia uma combinação de marcadores familiares e novos, incluindo o que hoje chamaríamos de *emoticons* ou *emojis* (em japonês, literalmente "letras-imagem"). Um rabicho em espiral descendente era usado para designar um sorriso, embora Pitman tenha avisado que deveria ser reservado apenas para correspondências casuais. Por razões de velocidade da mão e facilidade de uso, a vírgula foi deixada de lado, enquanto um pequeno *x* foi usado no lugar do ponto-final.

---

7. Sou grato a J. Whitman, *Transcription: The IPA and the Phonographic Impulse* (manuscrito não publicado, 2004), por trazer essas questões à minha atenção. Para mais informações sobre a história do AFI, ver R. Albright, "The International Phonetic Alphabet: Its Backgrounds and Development" (*International Journal of American Linguistics*, v. 24, n. 1, 1958), p. 3.

	Letter.	Phonogram.	Examples of its power.		Name.	Phonotype.
Explodents.	P	\	rope	post	pee	p, *p*
	B	\	robe	boast	bee	b, *b*
	T	|	fate	tip	tee	t, *t*
	D	|	fade	dip	dee	d, *d*
	CH	/	etch	chest	chay	ɕ, *ɕ*
	J	/	edge	jest	jay	j, *j*
	K	—	leek	cane	kay	k, *k*
	G	—	league	gain	gay	g, *g*
Continuants.	F	\	safe	fat	ef	f, *f*
	V	\	save	vat	vee	v, *v*
	TH	(	wreath	thigh	ith	ɟ, *θ*
	TH	(	wreathe	thy	thee	ɖ, *ɖ*
	S	)	hiss	seal	ess	s, *s*
	Z	)	his	zeal	zee	z, *z*
	SH	)	vicious	she	ish	ʃ, *ʃ*
	ZH	)	vision	je (Fr.)	zhee	ʒ, *ʒ*
Nasals.	M	⌒	seem	met	em	m, *m*
	N	⌣	seen	net	en	n, *n*
	NG	⌣	long		ing	ŋ, *ŋ*
Liquids.	L	(up	fall	light	el	l, *l*
	R	) / up	for	right	ar, ray	r, *r*
Coalescents.	W	⌒ up		wet	way	w, *w*
	Y	⌒ up		yet	yay	y, *y*
Aspirate.	H	/ ơ up		high	aitch	h, *h*

5.1 Quadro fonético do livro *Fonografia*, de Isaac Pitman, 1888. Fotografia do autor.

Um grande campo de sistemas de notação taquigráfica concorrentes surgiu na Europa com base em inovações fonéticas. Na Alemanha, o sistema de F. X. Gabelsberger, de 1834, vinculou a notação taquigráfica com a musical, alocando fonemas em escalas. Na França, Émile Duployé desenvolveu um sistema silábico, em 1862, semelhante ao de Pitman, com consoantes figuradas em traços e vogais representadas por pequenos círculos. Entre os desvios mais radicais estava o teclado de piano adaptado do italiano Antonio Michela-Zucco com seis teclas brancas e quatro pretas, inventado em 1860 e adotado em 1880 pelo Senado italiano.[8] Embora esteja além do escopo deste livro investigá-las a fundo, variantes nacionais e regionais da notação taquigráfica surgiram em todo o mundo e persistiriam até o fim do século XX como uma habilidade manual essencial para o comércio, o direito e o governo.

    O sucesso explosivo da notação taquigráfica de Pitman permitiu-lhe perseguir o projeto tipográfico correlato da fonotipia e promover outros aspectos da reforma fonética por meio do Instituto de Fonética, fundado por ele próprio na década de 1840. Para todos os efeitos, Pitman tinha um pragmatismo político suficiente para reconhecer que, apesar de superar todos os adversários com um sistema prático e amplamente adotado (para não dizer amplamente imitado), ele não procurou ativamente derrubar a tradição alfabética. Ou ao menos não da noite para o dia. Como observa J. Kelly, "Pitman passou a ver a fonografia apenas como o primeiro estágio de uma campanha maior, cujo objetivo final era a substituição do sistema tradicional de escrita por um sistema mais racional, tendo sua base fonética relacionada ao sistema fonográfico".[9] A escrita por concessão que emergiu desses esforços foi a fonotipia, que combinava letras antigas e novas do alfabeto com a intenção

---

8. O sistema foi atualizado em 2003, com softwares de transcrição e a tecnologia MIDI.
9. J. Kelly, "The 1847 Alphabet: An Episode of Phonotypy", in: R. E. Asher e E.J.A. Henderson (orgs.), *Towards a History of Phonetics*, Edimburgo: Edinburgh University Press, 1981, pp. 248-64.

de manter um equilíbrio de um para um entre sons e marcadores gráficos e que era usada predominantemente para fins de impressão. Na fonotipia, Pitman trabalhou em colaboração com Alexander John Ellis, que também havia sido seu parceiro no desenvolvimento do alfabeto fonético internacional. E, com efeito, a fonotipia era às vezes chamada de alfabeto Pitman-Ellis. Eles experimentaram até dez estilos de fontes variantes, com base em outros sistemas europeus de escrita modernos (francês, alemão) e antigos (inglês antigo, grego). Por fim, Pitman decidiu-se por novas letras que se aproximavam do romano.

A fonotipia (figura 5.2) era suficientemente próxima do inglês do dia a dia para que leitores comuns pudessem entendê-la, e, de fato, usar esse apelo para persuadi-los foi claramente um fator importante na natureza conservadora do projeto, em comparação com a inovação radical da taquigrafia fonética. É absolutamente essencial que reconheçamos quão recentes foram as padronizações da tipografia inglesa, como a eliminação do *s* longo e da ligação *ct*, bem como a descoberta da falta de ortografia uniforme: essas mudanças pequenas, mas decisivas, ocorreram nos aproximadamente cinquenta anos entre as *Dissertações* de Webster, em 1789, e a publicação da notação fonográfica de Pitman.

Apesar de a notação taquigráfica consistir em uma multiplicidade de sistemas com uma variedade igualmente diversa de nomes, como "braquigrafia", "estenografia", "logografia" e "fraseografia", para citar apenas alguns, no fim do século XIX a maioria deles compartilhava uma base comum no intercâmbio fonético-gráfico promovido por Pitman. É plausível dizer que a eliminação da entidade hieroglífica em si era o objetivo quimérico da reforma taquigráfica e fonotípica. Isso não quer dizer que Pitman, Ellis e outros estivessem lutando contra moinhos de vento, acreditando firmemente que poderiam conquistar todos os registros não fonéticos de significado. Antes, estavam cientes do uso de certos caracteres gráficos, da pontuação aos símbolos universais da matemática, do comércio e assim por diante. Paradoxalmente, foi o próprio desejo por um sistema de escrita internamente lógico e utilitário que os levou, em vida e além, ao ridículo e a acusações de comportamento irracional.

5.2 *Fonetic Nuz*, de Isaac Pitman, 6 de janeiro de 1849. Fotografia do autor.

Em 1899, Mark Twain escreveu um artigo intitulado "Um alfabeto simplificado", que explorava as vantagens e desvantagens de um sistema de ortografia simplificado em comparação com a notação fonográfica de Pitman e seus imitadores americanos, como a *Phonic Shorthand* [Taquigrafia fônica] de Eliza Boardman Burnz. Depreciando a ortografia simplificada por "sugar a emoção" de formas de escrita familiares, fossem elas gregas, hebraicas, russas, árabes ou hieroglíficas, Twain se posicionava a favor da estética da notação taquigráfica e da economia de expressão. Afinal, não havia necessidade de comprar uma máquina de escrever quando alguém podia transformar a si mesmo em uma máquina de escrever humana. No entanto, a ortografia simplificada teve seus apoiadores proeminentes. Melville Dewey (1851-1931), que criou a Classificação Decimal de Dewey e impôs a lógica da padronização a bibliotecas de todos os

Estados Unidos, era um ferrenho defensor do inglês simplificado, a ponto de assinar seu nome como "Melvil Dui".[10]

Como Gutenberg antes dele, Pitman começou com uma transcrição taquigráfica da Bíblia a fim de provar os méritos desse novo sistema de escrita.[11] Ao contrário de Twain, Pitman não acreditava que a notação taquigráfica pudesse realmente suplantar o alfabeto — para isso, ele providenciava uma concessão na forma da fonotipia —, então publicou vários textos, além de manuais e guias. Embora exploraremos, nos capítulos 7 e 8, a transição da prática taquigráfica para as teorias literárias da captura mimética que contribuíram decisivamente para o discurso do realismo e a formação do romance japonês moderno, algumas observações sobre taquigrafia e literatura no mundo anglófono merecem atenção. Nos cerca de sessenta anos desde a invenção da fonografia de Pitman, em 1837, até 1900, a notação taquigráfica não apenas foi praticada por Dickens, como também incorporada à literatura popular de massa por Bram Stoker e Arthur Conan Doyle.

Em sintonia com a ciência forense e os códigos secretos da ficção policial, *O signo dos quatro*, de Arthur Conan Doyle, e outros romances tiveram edições especiais publicadas em notação taquigráfica.[12] A taquigrafia fez sua primeira aparição narrativa no trabalho

---

10. Dewey também estabeleceu, em 1876, o American Metric Bureau [Birô Americano de Métrica] em Boston, a fim de apoiar a adoção do padrão métrico em escala nacional.

11. Como observa Albright, Pitman também produziu partes da Bíblia fonotípica com Ellis, porém o projeto terminou (ironicamente) próximo ao livro do Êxodo, devido a discordâncias sobre qual tipo usar. Ver R. Albright, "The International Phonetic Alphabet", op. cit., p. 23.

12. Esses textos podem muito bem ter sido publicados com o objetivo utilitário de aprimorar tanto a velocidade quanto a facilidade de compreensão dos repórteres taquigráficos, mas parece excessivamente determinista concluir que os leitores capazes de entender notação taquigráfica não gostavam de ler essa escrita, com a qual exerciam seus ofícios. Como em outras questões, é frequente que estudiosos contemporâneos simplesmente não acreditem que essas práticas experimentais, como eu as denomino, pudessem constituir novas formas viáveis de língua escrita.

de estreia de Conan Doyle, *Um estudo em vermelho* (1887), com participações adicionais em *As memórias de Sherlock Holmes* (1894) e *A terra da bruma* (1926). Em *Um estudo em vermelho*, o enigma deixa clara a centralidade da taquigrafia no circuito narratológico entre ficção, jornalismo e procedimento policial:

> A narrativa do homem fora tão emocionante, e suas maneiras tão impressionantes, que havíamos todos ouvido em absorto silêncio. Até os detetives profissionais, indiferentes como eram a todos os aspectos do crime, pareceram profundamente interessados na história de Jefferson. Quando ele terminou, permanecemos por alguns minutos numa imobilidade só quebrada pelo arranhar do lápis de Lestrade, que dava os toques finais a seu registro taquigráfico.[13]

A produção simultânea de um registro taquigráfico oferece uma sensação de imediatismo à confissão, que, por sua vez, reforça a presença espectral do autor como escriba e do leitor como observador na sala. Isso está igualmente implícito na conduta do jornalista e do detetive de polícia cujos relatos inserem o crime no imaginário do público e no registro criminal, respectivamente.

A taquigrafia também aparece no contexto da língua inglesa e da reforma ortográfica no *Pigmaleão* (1916), de George Bernard Shaw. A peça, tornada célebre pelas correções meticulosas de Henry Higgins do sotaque e do comportamento social cockney de Eliza Doolittle, foi baseada na figura histórica do linguista amador Henry Sweet (1845-1912). Concorrente declarado de Pitman, cujo método taquigráfico ele considerava "um sistema de armadilhas", Sweet era, em todos os aspectos, um homem irascível que se encaixa perfeitamente na caricatura do "cidadão de bem" zangado e hipócrita. No entanto, ao escolher Sweet, Shaw revela uma profunda compreensão

---

13. A. C. Doyle, *A Study in Scarlet*, Londres: Ward Lock & Co, 1887, cap. 13.

do contexto da reforma da língua e da escrita de uma geração anterior. Vale a pena citar integralmente o prefácio de Shaw para o *Pigmalião*:

> O inglês não é acessível nem aos próprios ingleses. O que a Inglaterra precisa hoje é de um foneticista entusiasmado e cheio de energia. É por isso que o escolhi como o herói de uma peça popular. Heróis desse tipo têm sido vistos chorando em regiões inóspitas há muitos anos. Quando me interessei pelo assunto, perto do final dos anos 1870, Melville Bell estava morto; mas o patriarca Alexander J. Ellis ainda era vivo, com sua cabeça impressionante sempre coberta por um gorro de veludo, pelo qual pedia desculpas por usá-lo em público, de maneira muito cortês. Ele e Tito Pagliardini, outro veterano em fonética, eram homens dos quais era impossível não gostar. Henry Sweet, então um rapaz, não possuía essa doçura de caráter: era tão conciliatório com os mortais convencionais quanto Ibsen ou Samuel Butler [...]. Aqueles que o conheceram identificarão no meu terceiro ato a alusão à característica máquina de taquigrafia na qual ele costumava escrever cartões-postais e que pode ser adquirida a partir de um manual barato publicado pela Clarendon Press. Os cartões-postais que a senhora Higgins descreve são como os que recebi de Sweet. Eu decifrava um som que um cockney representaria por *zerr*, e um francês por *seu*, e depois escrevia, exigindo com alguma emoção o que diabos isso significaria. Sweet, com um desprezo sem limites pela minha estupidez, responderia que não apenas significava, como, obviamente, era a palavra Resultado, pois nenhuma outra Palavra contendo aquele som, e sendo capaz de fazer sentido com o contexto, existia em nenhum idioma falado na terra. Que mortais menos especialistas precisassem de indicações mais completas estava além da paciência de Sweet. Portanto, embora o ponto principal de sua "taquigrafia corrente" seja que ela pode expressar todos os sons da língua perfeitamente, vogais e consoantes, e que sua mão não precisa fazer nenhuma ação, exceto as fáceis e vigentes com as quais você escreve as letras *m*, *n* e *u*, *l*, *p* e *q*, rabiscando-as

em qualquer ângulo que seja mais simples para você, sua infeliz determinação de fazer com que essa escrita notável e bastante legível sirva também como uma expressão taquigráfica reduziu-o em seu exercício prático ao mais inescrutável dos criptogramas.[14]

Shaw vasculhou, assim, o campo contemporâneo de ativistas fonéticos e o considerou deixando a desejar. Sua leve zombaria no prefácio não diminui sua sinceridade em chamar Sweet de o "herói" que inspirou *Pigmaleão*, uma figura vital quando uma revolução fonética em inglês parecia realmente possível. Também não podemos ignorar a centralidade que Shaw concede à taquigrafia como o sistema de notação capaz de adequar a pronúncia correta e padronizada do inglês.

É evidente que a disseminação da taquigrafia no Japão ocorreu em meio a transformações ainda mais abrangentes da língua e da escrita. Assim, tendo estabelecido algum contexto básico para sua recepção pelos principais escritores do mundo anglófono, agora podemos nos concentrar em sua introdução e posterior adaptação no Japão da década de 1880.

Viciados no método fônico

O crédito pela criação de um sistema japonês de notação taquigráfica deve-se a Koki Takusari (1854-1938)[15], que adaptou o sistema Pitman-Graham para uso com o silabário japonês e instituiu a primeira escola de instrução taquigráfica em 10 de outubro de 1882, em Nihonbashi, reunindo ali vários jovens estudantes, que vieram a estabelecer seus próprios sistemas de taquigrafia. A taquigrafia também atraiu considerável atenção de reformadores da língua nacional,

---

14. G. B. Shaw, *Pygmalion*, Nova York: Dover Thrift Editions, 1994, pp. 1-2.
15. Takusari também era conhecido pelo sobrenome Minamoto.

educadores e funcionários do governo. Takusari inicialmente chamou seu sistema de *bocho kirokuho* (método de registro auditivo), que ele renomeou cerca de um mês depois com o igualmente volumoso termo *bocho hikkiho* (método de notação auditiva). Essas desajeitadas alcunhas foram eclipsadas em 1883 pelo neologismo mais conciso de *sokki* (literalmente, taquigrafia, ou "anotação rápida"), criado pelo romancista político e editor do *Yubin Hochi Shimbun* Ryukei Yano. Embora Takusari tenha experimentado vários nomes para sua marca pioneira de notação taquigráfica, inclusive endossando o termo de Yano, ele remetia de volta à fonografia de Pitman como precedente da taquigrafia japonesa, como vemos em paralelo nas inscrições em inglês e *kambun* na folha de rosto do manual *Shinshiki sokkijutsu* [新式速記術] (Novo método de taquigrafia) a partir de, pelo menos, 1904 (figura 5.3). Apesar das vinte ou mais variações de notação taquigráfica apenas na era Meiji, no Japão, bem como no contexto anglófono, os defensores foram igualmente consistentes em se referir à fonografia de Pitman como a origem da taquigrafia japonesa.[16]

Além de sua relação com a fonografia, que ainda era mais estreitamente afiliada a Pitman do que a Edison até o início do século XX, o discípulo de Takusari Heijiro Maruyama (1865-1932) criou um sistema modificado no início da década de 1880 que chamou de *kotoba no shashinho*, literalmente "método fotográfico de palavras" ou, como passo a me referir daqui em diante, "fotografia verbal". A cena da escrita que liga o orador e o repórter taquigráfico a um circuito inscritível é expressa de forma cômica na arte da capa do manual de taquigrafia de Maruyama que leva o mesmo nome, *Kotoba no shashinho* [ことばの写真法] (Fotografia verbal, 1886). Misturando os tropos representacionais da literatura popular ilustrada (*kana zoshi*) da era Tokugawa com a iconografia da história da cultura impressa ocidental (ou seja, arabescos e arranjos florais),

---

16. Um exercício prático ao final do *Kotoba no shashinho*, de Maruyama, ensinava aos alunos que a taquigrafia foi inventada por Pitman em 1837 e, em inglês, era conhecida como "fonografia".

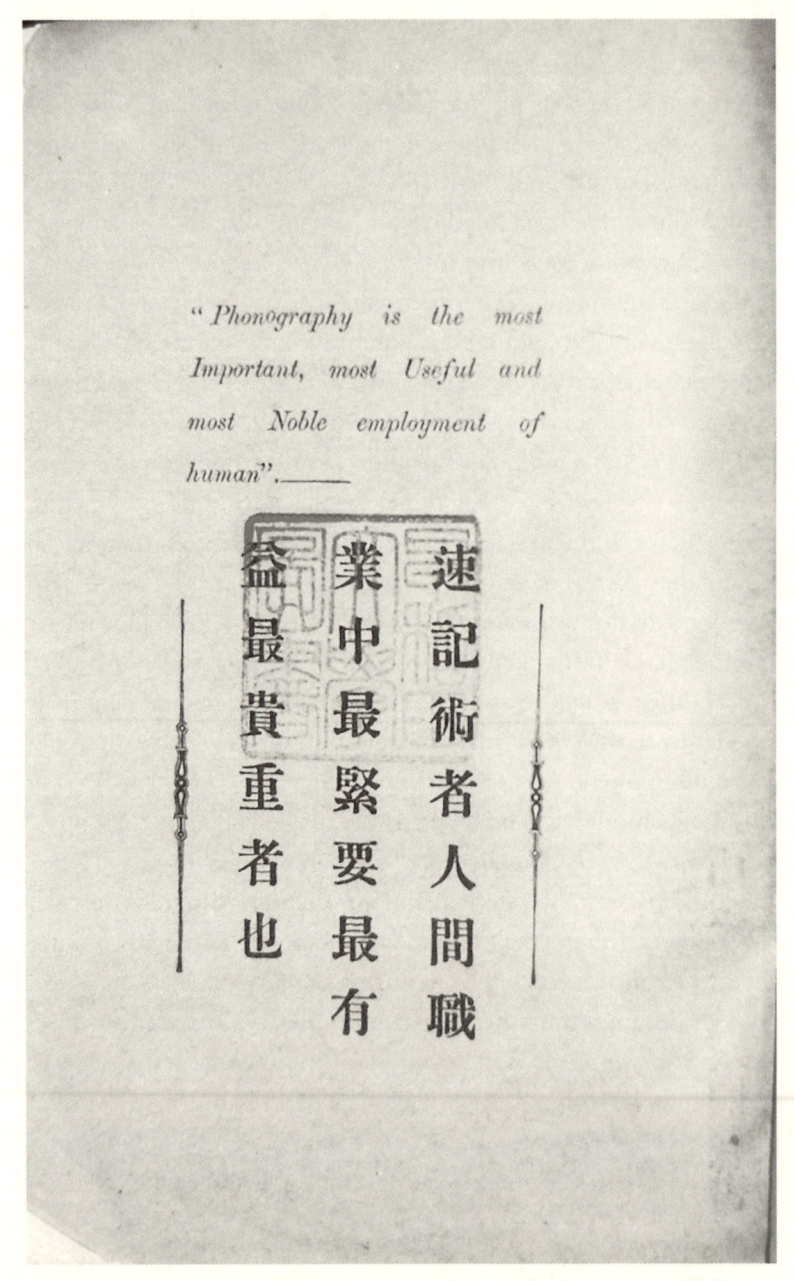

5.3 Folha de rosto do livro *Shinshiki sokkijutsu* [Novo sistema de taquigrafia], de Koki Takusari, 1904. Fotografia cedida pela Biblioteca da Universidade de Waseda.

a figura apresenta, no alto do plano, uma enorme boca com corpo humano que discursa a uma plateia de jovens à sua direita, enquanto, à sua esquerda, um repórter taquigráfico, cuja cabeça é um enorme ouvido, se ocupa em transcrever todas as suas palavras (figura 5.4). Da mesma forma, a capa exibe com destaque os traços cursivos de taquigrafia ao lado da escrita convencional de *kanji* e *kana*.

Mas não apenas as letras em si eram cruciais para a disseminação da taquigrafia, como também seu modo de notação. O livreto de Maruyama contém os habituais quadros fonéticos de *kana* e da taquigrafia (figura 5.5). No entanto, se olharmos atentamente para o título na parte superior da página na figura 5.5, notaremos um diagrama de pizza ao centro. Esse diagrama reflete outra característica universal da taquigrafia: o movimento constante da mão pela página. Como visto no quadro fonético que preenche a página, os valores fonéticos são capturados em linhas retas e curvas simples, às vezes ligeiramente em círculo, que não necessitam que a mão seja erguida da página. Ao fazer isso, a taquigrafia transforma a variabilidade técnica e estética da caligrafia em uma operação padronizada.

Outro sistema de taquigrafia de um dos estudantes de Takusari foi o *Hayagakitori no shikata* [早書き取りの仕方] (Notação rápida, 1886), de Shigeatsu Hayashi. Enquanto os sistemas de Takusari e Maruyama foram formulados em relação ao *kana*, Hayashi vinculou sua notação taquigráfica às letras romanas, embora organizadas segundo os mesmos valores fonológicos que o quadro fonético do *kana*. Hayashi convocou Masakazu Toyama e Fumihiko Otsuki, expoentes da burocracia educacional da era Meiji, para escreverem os dois prefácios da obra, e Hisashi Terao, seu colega no ativismo da reforma da língua, para fazer o posfácio. Refletindo os respectivos campos da Sociedade de Kana (Otsuki) e da Sociedade de Romanização (Toyama, Terao e o próprio Hayashi), o livro *Notação rápida* apresenta todos os principais movimentos de reforma da escrita, incluindo a taquigrafia, em uma espécie de projeto antológico dos reformadores. O primeiro prefácio do texto foi escrito no esquema romanizado de Hepburn, composto em gramática clássica e assinado

5.4 Arte da capa do livro *Kotoba no shashinho* [Fotografia verbal], de Heijiro Maruyama, 1886. Fotografia cedida pela Biblioteca da Universidade de Berkeley.

5.5 Quadro fonético do livro *Kotoba no shashinho*, de Heijiro Maruyama, 1886. Fotografia cedida pela Biblioteca da Universidade de Berkeley.

com "M. Toyama"[17] por Masakazu Toyama, cofundador da Sociedade de Romanização, coautor da primeira coleção japonesa de poesia de versos livres e futuro chanceler da Universidade de Tóquio. Um forte defensor da taquigrafia de Hayashi, ele também contribuiu com um prefácio para o *Sokkijutsu daiyo* [速記術大要] (Um panorama da taquigrafia), de Hayashi, publicado em 1886, argumentando que a taquigrafia tem mais a oferecer do que apenas uma versão do

---

17. Mais do que um mero floreio retórico, essa assinatura era uma libertação simples, porém poderosa, do vínculo entre consoantes e vogais do silabário. Isso ataca a premissa fundamental de que a língua japonesa falada, e consequentemente a escrita, é baseada na chamada tabela de cinquenta sons do silabário. É o legado dessa carta atomizada que Soseki manuseia em *Kokoro* (1914). Como o estrangeiro que se tornou nativo e que nada nu no início da história, a única letra K, que coincide com a primeira inicial do título, é a redução anônima do personagem que significa alienação moderna e sua solução suicida.

dialeto-padrão dos cidadãos de Tóquio, uma vez que também pode capturar com precisão a pronúncia dos habitantes mais afastados do país, desde Tohoku, ao norte, até Shikoku, ao sul. Diferentemente da economia restrita do *kana*, o autor defende que a taquigrafia pode discernir sons como *ha* e *fa*, que em japonês compartilham o mesmo signo escrito, e articular outros sons que podem até ser enunciados verbalmente, mas não reconhecidos pelas formas convencionais da escrita japonesa. Portanto, conforme dialetos provinciais (e, nas décadas seguintes, as línguas estrangeiras dos povos colonizados) foram sendo cada vez mais entendidos como obstáculos à formação de uma língua nacional unificada, a taquigrafia levou adiante a promessa de pô-los em pé de igualdade com a língua da capital:

> Agora, a taquigrafia não apenas serve como um código para expressar o discurso do solitário cidadão de Tóquio, como pode registrar o que falam as pessoas de Sendai, no norte, até Tosa, no sul: [a taquigrafia] deve ser pensada como um sistema que diferencia sons como *ja* e *dya*, *ha* e *fa*.
> Sate, sokkijutsu nite wa hitori Tokyojin no on wo hyosuru tame no kigo wo yosuru nomi narazu, Nambu Sendai, Tosa Izumo no hito no on made wo mo hyosuru koto no dekiru yo ni narite oraneba naranu ga yue ni, ja to dya, ha to fa to no gotoki kubetsu wo ichi-ichi tateraretaru wa mottomo no koto to omowaruru nari.[18]

Ainda que baseada em sistemas alfabéticos ou silábicos, a taquigrafia ofereceu para seus proponentes o ideal utópico de transcender essas limitações, introduzindo valores sonoros que, de outra forma, não eram representados no discurso convencional.

Em consonância com a disciplina corporal evidenciada em outros sistemas taquigráficos, Toyama enfatizou a necessidade de

---

18. M. Toyama, "Jobun", in: S. Hayashi, *Hayagakitori no shikata*, Tóquio: Ikebekatsuzo, 1885, segunda página não numerada. Para o benefício do leitor, abstive-me de manter em itálico o texto romanizado nessas passagens mais longas.

"treinar o ouvido" (*mimi no kyoiku*) como o primeiro passo para alcançar a fidelidade na gravação. Hayashi também defendia explicitamente a taquigrafia como um sistema de gravação corporificado, por meio do qual a mão é ligada ao ouvido em um circuito contínuo de gravação fidedigna: "A notação rápida é a arte de escrever exatamente o que o ouvido ouve" (*hayagakitori wa hito no kotoba o mimi ni kioku mama ni kakitoru no gakujutsu nari*).[19] Toyama lembra ao leitor que a memorização, por si só, não é suficiente para se tornar um praticante de taquigrafia: "Se alguém aprender apenas os símbolos, mas não tiver um bom ouvido, será incapaz de anotar as palavras das pessoas como realmente foram ditas" (*Kigo dake o yoku shirite orite mo mimi ga warukeraba, hito no iu koto o sono mama ni kakitoru koto wa dekimaji*).[20]

No posfácio romanizado e adequado à gramática clássica de *Notação rápida*, Hisashi Terao reitera as implicações políticas de capturar a amplitude do japonês falado e disponibilizá-lo por escrito para a nação. Além disso, no jogo perpétuo de demonstração de superioridade que caracterizava a concorrência entre os sistemas taquigráficos, Terao elogia o novo método de Hayashi como um aperfeiçoamento do método fotográfico de Heijiro Maruyama e o compara à transcrição quase perfeita das performances teatrais da oratória:

> A notação rápida é essencial para a Dieta Nacional; sem ela, a Dieta não pode satisfatoriamente emanar sua luz [sobre a nação]. O país é vasto, e o povo é numeroso, porém poucos são os que cumprem com seus deveres. Portanto, é da maior importância que os discursos dos membros da Dieta sejam escritos *assim como são* ditos e então disponibilizados ao público [...]. Por exemplo, as transcrições convencionais são como uma caricatura mal desenhada, ao passo

---

19. S. Hayashi, *Hayagakitori no shikata*, Tóquio: Ikebekatsuzo, 1885, p. 1. Por conveniência, utilizei as formas padronizadas de *kanji* e *kana*; no texto original, Hayashi usa uma variante do *kana* de *ni* e a forma não simplificada de *hiku*.
20. M. Toyama, "Jobun", op. cit., terceira página não numerada.

PARTE II: A INSCRIÇÃO DA LINGUAGEM NACIONAL

que a notação rápida do senhor Hayashi e de seus colegas é como uma fotografia [*shashin no gotoshi*]: não uma fotografia comum, mas como as de revelação rápida tiradas por Reiji Ezaki. Ou, se o compararmos a uma peça, o método usual de anotar oratória pode ser muito bom, semelhante à leitura dos cenários do *Kabuki Shimpo*; esse novo método é melhor do que ler os roteiros de *joruri* [teatro de bonecos], é como ouvir as recitações de Ayase ou Aioi — é claro que isso não pode ser comparado a assistir a uma peça, mas não é tão terrivelmente difícil de imaginar, você sente de fato vontade de chorar nas partes tristes, e nas partes trágicas range os dentes de frustração, todas as coisas que os aficionados por *joruri* podem apreciar.

Kokkwai ni hayagakitori wa tsukimono nari; hayagakitori nakute wa kokkwai mo jubun ni hikari wo hanatsu koto atawarazu-beshi. Chiho wa hiroshi, jimmin wo oshi, kokkwai no bocho ni deru mono wa wazuka no ninzu nareba; zehi daigishi no enzetsu nado wo *sono tori ni* hikki shite yo ni oyake ni suru mono nakaru-bekarazaru wa mochiron nari. Jurai no hikki wa tatoeba heta no kaita nigao no gotoku, Hayashikun nado no hayagakitori wa shashin no gotoshi; shashin mo futsu no shashin de wa naku Ezaki Reiji no hayautsushi no gotoshi. Mata shibai ni tatoyureba, shibai ni shikata nite kakito-ritaru enzetsu wo yomu wa, yohodo yoi no de, *Kabuki Shimpo* no sujigaki wo yomu ga gotoku; kondo no shikata no wa joruribon wo yomu yori mo yoku, okata wa Ayase ka Aioi no joruri wo kiku ga gotoshi: mochiron shibai wo miru hodo ni wa nakeredomo, hidoku sozo wo tsuiyasazu shite, kanashii tokoro wo onozukara nakitaku nari, kuchioshii tokoro wa onozukara sesshi-yakuwan shitaku naru koto, joruri wo konomu mono no mina shiru tokoro nari.[21]

Reiji Ezaki (1855-1910) foi o primeiro a produzir fotografias de chapas a seco no Japão, em 1885, que ele chamou de *hayatori*

---

21. S. Hayashi, *Hayagakitori no shikata*, op. cit., pp. 33-34 (grifos do original).

shashin, e que superaram a tecnologia das chapas de vidro, de revelação mais lenta. O *hayagakitori no shikata* de Hayashi — um equivalente japonês do sinologismo *sokkiho* — foi claramente calculado para ressoar com o avanço de Ezaki na tecnologia fotográfica. Superando a ênfase de Maruyama nas virtudes comuns da fotografia, Terao pegou carona no sucesso das demandas de Hayashi por velocidade e eficácia de seu novo e aprimorado sistema próprio.[22]

Hideo Kamei descarta as alegações da *Notação rápida* e de textos relacionados em *Meiji bungaku-shi* (História literária da era Meiji, 2000), observando que mesmo que a taquigrafia pudesse capturar sotaques regionais (*okuni-namari*) e maneirismos da fala (*kotoba-guse*), seria simplesmente difícil demais ler esse estilo "hipercorreto". É uma advertência notável, considerando os riscos de preservar vozes locais e, de fato, minoritárias no início do processo político da era Meiji. O que Kamei considera questionável é a falta de facilidade na leitura do texto no sentido barthiano, ou o que poderíamos, de forma plausível, chamar de "dislexia", em vez do fracasso do próprio texto em fazer sentido. Ao impedir ou tornar opaca a superfície transparente do significado, a composição da taquigrafia ameaça um colapso do ato prazeroso da leitura e força o leitor a confrontar a materialidade do texto. Contudo, há um problema secundário e muito mais sério com a objeção de Kamei, que é o reforço de um ambiente padronizado que garante a qualquer custo a operabilidade *estética* da comunidade imaginada. Kamei parece disposto a endossar o estilo unificado por seus efeitos estéticos às

---

22. Contrário aos desejos de Toyama de que a taquigrafia preservasse a variação dialética, o botânico Ryokichi Yatabe (1851-1899), um dos colaboradores de Toyama no *Shintaishi-sho* e seu colega na Sociedade de Romanização, publicou *Romaji Hayamanabi* (Aprendizado rápido de letras romanas, 1886), através da livraria Maruzen, com base na captura do dialeto-padrão. A obra, assim, também oferecia a seus leitores as vantagens de um método de aprendizado rápido e fácil, apenas com o tom ousado de ter sido "baseado na pronúncia-padrão dos cidadãos de Tóquio que receberam educação escolar normal" (*jinjyo no kyoiku wo uketaru Tokyojin no aida ni okonowaruru hatsuon wo motte narubekitake hyojyun to suru koto* [I]).

custas de seu ônus ético: silenciando em forma e substância as vozes dissidentes possibilitadas pela taquigrafia. De fato, quando o governo começou a policiar a fala politicamente "licenciosa", os defensores dos Direitos do Povo buscaram driblar os censores através de performances ao estilo *rakugo* e *kodan*, cujas transcrições taquigráficas se tornaram um meio mais velado de disseminar ideias democráticas e socialistas revolucionárias.[23]

Contemporâneo a esses e outros desenvolvimentos crescentes em taquigrafia, Ryukei Yano a incluiu em suas explorações históricas e críticas de formas de escrita e estilos literários. Deixando de lado por um momento suas colaborações com Kanzo Wakabayashi para transcrever seu romance político *Keikoku bidan* [経国美談] (Ilustres estadistas de Tebas, 1883-1884) e seus comentários sobre o futuro da escrita japonesa em seus dois prefácios, que explorarei em detalhes no Capítulo 7, o tratado *Nihon buntai moji shinron* [日本文体文字新論] (Nova teoria do estilo e escrita japonesa, 1886), de Yano, foi publicado pelo *Yubin Hochi Shimbun*, de Hisoka Maejima, no qual Yano atuou como editor e empregava vários repórteres taquigráficos, incluindo Kanzo Wakabayashi e Shozo Sakai. O tratado foi uma análise comparativamente ousada das novas possibilidades de reforma estilística e escrita abrangendo uma gama de línguas modernas e antigas. Quero destacar vários aspectos-chave do estudo de Yano, relacionados à taquigrafia e à superação da incomensurabilidade da fala e da escrita.

Em uma conhecida crítica à transcrição não filtrada da fala, Yano compara o estilo polido de um contador de histórias teatral profissional (*kodanshi*) e "a pessoa comum" (*jinjo no hito*), a fim de apontar a necessidade de um estilo conciso, mas vívido. Reflete, assim, sobre a necessidade de criar uma "língua comum" (*nichijo no kotoba*; ou, abreviando, *jogo*) que permitiria a todos se tornarem o que hoje poderíamos chamar de redatores: "[É] uma questão séria

---

23. Ver também Y. Komori, *Nihongo no kindai* (Tóquio: Iwanami Shoten, 2000), pp. 45 e 56-60.

que devemos produzir uma língua comum no Japão, que possa ser escrita exatamente como é [falada]" (*Nihon no jogo wo sono mama ni bunsho to nashi ebeki ya ina ya ichi dai mondai* [*nari*]).[24] O discurso que se escreve não deve ser desorganizado ou excessivamente prolixo, mas normalizado através das artes oratórias (*wagei*). Yano faz repetidas alusões à figura do contador de histórias de *rakugo* e *kodan* em sua discussão de um vernáculo escrito, embora evite o termo *genbun itchi* popularmente atribuído a Takami Mozume. Seguindo essa linha argumentativa, Yano sustenta passagens equivalentes das formas literária (*bungotai*) e falada (*kogotai*) do inglês para demonstrar que o problema não é exclusivo ao japonês.

Yano dedica os capítulos finais a explorar as vantagens comparativas das escritas fonética (*onji*) e figural (*keiji*). Diferentemente dos praticantes de taquigrafia, com suas preocupações com a mão e com o ouvido na gravação de falas, o autor investiga principalmente as práticas de leitura e a mecânica do olhar. O espaçamento entre frases lineares, a composição das letras e o movimento dos olhos do leitor são fatores cruciais na avaliação do campo visual que ele chama de "o mundo dos olhos" (*me no sekai*). Yano se preocupava não apenas com a popularização da tipografia, mas com suas demandas fisiológicas para a vista, descrevendo o funcionamento mecânico do olho humano como o equivalente virtual de uma lente fotográfica (*shashin kikai no megane*).[25] Em uma série de ilustrações anatômicas, o olho é dissecado em nervos ópticos e fibras musculares, seguido de gráficos geométricos que mapeiam os ângulos de seus movimentos e a potencial fadiga ocular daí resultante. Ele compara diferentes convenções de ordem de leitura em chinês e japonês (de cima para baixo e da

---

24. R. Yano, *Nihon buntai moji shinron*, Tóquio: Hochisha, 1886, p. 43. Embora o pensamento e a literatura da era pré-moderna estejam repletos de exemplos do chamado "homem comum" (*bonbu*), a referência de Yano à pessoa mediana e à língua comum está indelevelmente ligada ao estabelecimento das escolas normais (*jinjo gakko*) e de outras instituições e medidas padronizadoras.

25. Ibidem, p. 142.

direita para a esquerda), inglês (da esquerda para a direita e de cima para baixo) e alternativas oriundas do grego, do sânscrito, do árabe e do mongol antigos. Yano argumenta que a leitura de caracteres chineses, na verdade, causa menos tensão do que as línguas ocidentais, cujo arranjo na página induz a um movimento assimétrico no olho esquerdo em relação ao direito. Esse era o nível de seriedade com que a aptidão da escrita japonesa no cenário mundial seria avaliada.

Yano desaprovava as dicotomias simplistas entre os sistemas de escrita fonética e figural. Ao longo do texto, ele se esforça para apontar todos os tipos de anomalias, como o fato de que mesmo no Ocidente moderno existem símbolos não verbais usados o tempo todo, como $ e &.[26] Em uma refutação adicional que sugere uma forte conexão com as observações originais de Nishi à sua *Enciclopédia*, Yano situa os antigos manuscritos fenícios e assírios ao lado do *I-Ching* chinês a fim de demonstrar a existência de escritos figurais na Antiguidade ocidental e fonéticos na Antiguidade chinesa (figura 5.6). Embora tenha deixado escapar a oportunidade de comentar sobre os aspectos fonéticos dos caracteres chineses, Yano procurou transcender a oposição binária entre as línguas foneticamente padronizadas — e, portanto, supostamente superiores — do Ocidente e a composição heterogênea e figural do japonês.

Depois de examinar escritas antigas e modernas de forma extensiva, Yano aborda a taquigrafia no capítulo sobre ordem de leitura. Referindo-se ao que ele chama de "visão radical" [*radical view*] entre os reformadores de língua ocidentais (*chokushin no rikutsu*, ou "lógica franca", destacada entre parênteses pelo *katakana radikaru biu*), o autor lembra ao leitor que o alfabeto não é uma invenção recente, como o são o motor a vapor ou o telégrafo, e sim um legado dos antigos fenícios que foi transmitido até os dias de hoje, com uma padronização incompleta. Se fosse procurado um

---

26. Embora Yano não o mencione, o sinal gráfico &, de fato, se originou no *Notae Tironianae* como uma ligadura do latim *et*. Nesse sentido, sua proveniência está mais intimamente ligada aos antecedentes da taquigrafia do que ele poderia ter imaginado.

TAQUIGRAFIA FONÉTICA

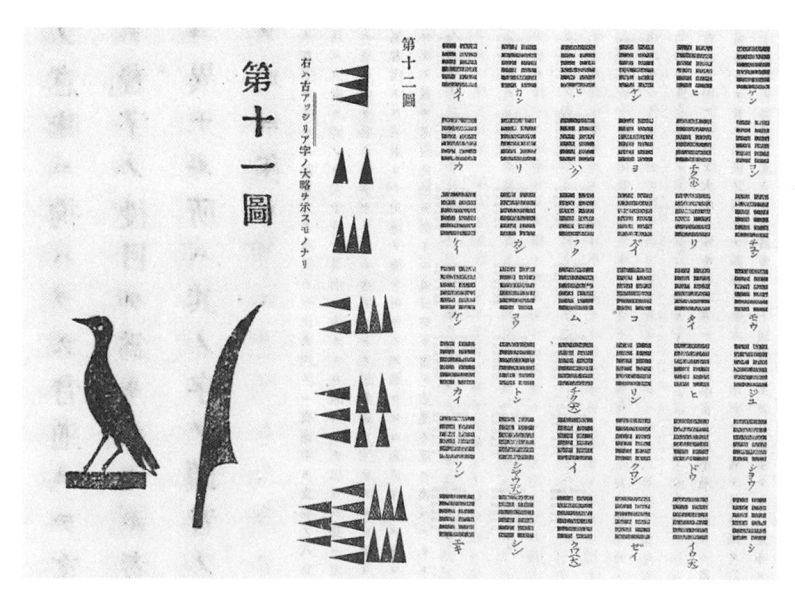

5.6 Notações do Oriente Próximo e do Extremo Oriente retiradas de *Nihon buntai moji shinron* [Nova teoria do estilo e da escrita japonesa], de Ryukei Yano, 1886. Fotografia cedida pela Biblioteca da Universidade de Chicago.

análogo contemporâneo para essas invenções mais recentes, sugere, seria a invenção da taquigrafia fonética. Com efeito, Yano consente que, caso certas tendências continuassem, a taquigrafia poderia ainda desbancar o alfabeto no Ocidente. Ele insiste em que:

> Além de sua forma, as letras da notação taquigráfica são fáceis de ler. Ultimamente, a taquigrafia ganhou força considerável também na Europa, com o aumento do número de jovens empresários capazes de lê-la. Existem até argumentos a favor da substituição do alfabeto por essas letras. Se formos reformar a escrita japonesa, sair-nos-íamos melhor deixando de lado a antiquada romanização e, em vez disso, seguindo direto para a taquigrafia.
> Mata katachi no ue yori iu mo sokkiho no ji wa miwake yasushi kinrai nite wa Oshu nite mo sokkiho oini ikioi o ete wakaki shonin nado wa kore o yomieru mono zoka suru ni itaru korai wa kore no ji o motte Romaji ni kawaru yo no naka to suru beshi to no

PARTE II: A INSCRIÇÃO DA LINGUAGEM NACIONAL

hyoban mo aru gurai ni itareri sareba? Nihon no moji o kaeru hodo naraba kyubutsu no Romaji yori mushiro chokushin shite koko ni itaru koso yoroshi karubeshi.[27]

Embora isso dificilmente possa ser mal interpretado como um endosso indiscriminado da taquigrafia, Yano, ainda em 1883--1884, empregou a taquigrafia na produção de seu romance político *Ilustres estadistas de Tebas* e a considerou como indispensável para a formação da língua e da literatura modernas, antes da transcrição de *A lanterna de peônia*, de Encho. Se ainda não era a resposta definitiva para o estabelecimento da língua e da escrita japonesas modernas, a taquigrafia foi articulada como um competidor cujos méritos não residiam no peso acumulado da tradição, mas em sua utilidade desimpedida.

Outro analista nesses dias inebriantes em que a taquigrafia parecia pronta para revolucionar as letras japonesas era Basil Hall Chamberlain (1850-1935), o primeiro professor de linguística da Universidade Imperial de Tóquio. Escritos com apenas seis anos de diferença, *Manual de japonês coloquial* (1889) e *Introdução prática ao estudo da escrita japonesa* (1905), de Chamberlain, destacam, no entanto, visões diametralmente opostas da taquigrafia e de outras formas experimentais de escrita. Enquanto o *Manual* inclui uma descrição detalhada da transcrição de *rakugo* e de oratória política como um novo fenômeno cultural, recomendando seu uso como ferramenta didática para estrangeiros que estudam japonês, a *Introdução prática* traça o arco da taquigrafia desde sua reluzente promessa como um instrumento de mudança linguística até a amarga decepção. A partir do fim da década de 1880, Chamberlain foi rápido em notar a disparidade entre as línguas falada e escrita, ainda no início da ascensão do estilo unificado. Conforme indicado pelo título[28],

---

27. R. Yano, *Nihon buntai moji shinron*, op. cit., p. 209.
28. O texto foi verdadeiramente internacionalista em sua distribuição, pois foi publicado ao mesmo tempo pelas editoras Trübner & Co., em Londres;

o *Manual* deixa de lado as complexidades da língua escrita formal e, em vez disso, se concentra no domínio da fala. Isso é obtido, em parte, contando com um dos mais populares textos "literários" japoneses modernos: *A lanterna de peônia*, de Encho. O *Manual* apresenta os dois primeiros capítulos da obra transliterados em romanização, lado a lado com sua tradução em inglês. No processo de explicar sua escolha de materiais didáticos, Chamberlain expressa a visão comum sobre a incomensurabilidade da língua escrita e falada japonesa:

> Os japoneses [...] não escrevem como falam, mas usam um dialeto antiquado e até mesmo parcialmente artificial sempre que colocam a caneta contra o papel. Essa é a chamada "língua escrita". Dos poucos livros publicados em [linguagem] coloquial, os melhores são os romances de um autor vivo chamado Encho. A melhor coisa que um aluno que não deseja se preocupar com os caracteres [chineses] pode fazer é transcrever um desses livros a partir do ditado de seu professor.[29]

Essa caracterização de Encho como romancista abre algumas suposições muito familiares sobre a definição estabelecida de literatura japonesa e de literatura inglesa à beira de sua transformação em meados da década de 1880. A ideia de Encho como autor também não se originou em Chamberlain. Como veremos no próximo capítulo, as definições de autor, texto e público eram um tanto diferentes na literatura transcrita em taquigrafia da década de 1880, antes de a teoria literária de Shoyo Tsubouchi e outros estabelecer o que entendemos hoje como a ordem canônica. O prefácio de Chamberlain também aconselha o estrangeiro iletrado sinograficamente a aprender o japonês falado por imitação mecânica de transcrições taquigráficas.

Hakubunsha, em Tóquio; e Kelly & Walsh Ltd., em Yokohama, Xangai, Hong Kong e Singapura.

29. B. H. Chamberlain, *A Handbook of Colloquial Japanese*, Tóquio: Hakubunsha, 1889, p. 10.

Eventualmente, também os jornais, as "transações" das sociedades educacionais, geográficas e outras sociedades eruditas, assim como coleções de apresentações e discursos como o *Taika Ronshu*, o *Kodan Enzetsu-shu*, etc., publicam uma palestra exatamente como saiu da boca do conferencista pelo repórter taquigráfico, embora a prática mais comum seja adaptar tudo ao "estilo escrito", antes de o texto seguir para a gráfica.[30]

Chamberlain comete uma sutil deturpação aqui. Fica claro que ele tem em mente a frase de efeito *ari no mama*, mas pretende dizer que a taquigrafia já foi reescrita em uma versão mais acessível, seja em *kana*, seja em letras romanas. Ainda assim, foi uma maneira conveniente para os estudantes do idioma lerem uma transcrição do japonês falado antes de ela se tornar irreconhecível em um estilo formal escrito.

Como importante membro da Sociedade de Romanização, Chamberlain foi um grande defensor da união da romanização ao estilo unificado no final da década de 1880, ainda que se posicionasse contra uma mera substituição de escritas sem reformas estilísticas concordantes. Como Nanette Twine resume:

> Em 19 de março de 1887, [Chamberlain] deu uma palestra intitulada "Gembun'itchi" [*sic*] na segunda reunião geral do Clube [Romaji], cujo texto foi publicado em estilo coloquial no *Diário Romaji* em maio. [...] [Ele argumentou que] tirar as pistas visuais oferecidas pelos caracteres chineses apenas aumentaria a dificuldade do japonês escrito. Não adiantava substituir as palavras chinesas por expressões japonesas clássicas; a língua arcaica simplesmente não possuía o vocabulário necessário para expressar conceitos modernos. A solução, ele acreditava, estava no uso do estilo coloquial. [...] Respondendo em parte a essas teorias e em parte à crescente influência do movimento *gembun'itchi* na sociedade

---

30. Ibidem, p. 11.

em geral, depois de abril de 1887 ocorreu de fato uma mudança do *kambun kuzushi* [chinês modificado para leitores japoneses] para o estilo coloquial nos ensaios publicados no *Diário Romaji*.[31]

Sem dúvida, no final da década de 1880 Chamberlain via na taquigrafia a chave para alcançar tanto a romanização quanto as reformas de estilo unificado. Na época da palestra de Chamberlain, o número de membros da Sociedade de Romanização aproximava-se de 6.700, em comparação com os cerca de 3 mil em junho de 1885, e aumentou para em torno de 10 mil até o fim de 1888.[32] No entanto, por razões que nunca foram adequadamente explicadas, a sorte virou de repente, em um movimento que Twine chama de "a retaliação contra a adoção excessivamente entusiástica dos costumes ocidentais"[33], e [a sociedade] foi dissolvida em 1892. Não haveria grande reavivamento até o estabelecimento, por Aikitsu Tanakadate, do *Nippon-no-Romaji-Sya*, em 1909.

Cético quanto à inacessibilidade da romanização que se divorciava do contexto do estilo coloquial, Chamberlain já havia expressado temores em sua palestra-artigo de 1887, de que o bom navio *Romanização-maru* certamente seria arremessado contra as rochas e afundaria (*ansho ni "Romanization Maru" ga tsuki-atari, tachimachi chimbotsu shi*)[34] se a Sociedade de Romanização não adotasse medidas para abraçar o estilo unificado. Chamberlain parece ter vivenciado profunda desilusão nos anos seguintes e revogou seus rubicundos conselhos iniciais. Devido ao fracasso da romanização e do *kana*

---

31. N. Twine, *Language and the Modern State: The Reform of Written Japanese*, Nova York: Routledge, 1991, pp. 243-44. Para uma reprodução do texto em japonês, publicada originalmente em *Romaji Zasshi* (n. 24, 10 abr. 1887), ver M. Yamamoto, *Kindai buntai keisei shiryo shusei* (Tóquio: Ofusha, 1978), pp. 358-60.
32. N. Twine, *Language and the Modern State*, op. cit., p. 240.
33. Ibidem, p. 244.
34. B. H. Chamberlain, "Gem-bun Itchi", in: M. Yamamoto, *Kindai buntai keisei shiryo shusei*, Tóquio: Ofusha, 1978, p. 360.

em deixar qualquer marca na hegemonia da escrita mista — ou o que ele chama de "uma espinha dorsal dos caracteres chineses com ligamentos de *kana*"[35] —, Chamberlain adverte os alunos em sua *Introdução prática ao estudo da escrita japonesa* sobre a inadequação de aprender apenas *kana* ou *romaji*. Ele tornou-se extraordinariamente desdenhoso de ambas as campanhas, descartando-as como nada melhores que uma vertente excêntrica da fonotipia de Pitman:

> E não me venha falar — como se constituíssem um fator novo e espantoso, prestes a revolucionar o Japão — de livretos em *kana* ou em letras romanas, com os quais você esbarrou em algum canto. Essas coisas existem, e existem há muito tempo, mas possuem a mesma importância (ou desimportância) que o *Fonetik Nuz*, ou aqueles tratados ingleses sobre "Maria tinha um carneirinho" "Little Mary and her Lamb" e tópicos cognatos que às vezes escorrem da imprensa com palavras exclusivamente de uma sílaba.[36]

É precisamente essa atitude condescendente e a rejeição imediata de formas experimentais de escrita que foram reproduzidas por estudos japoneses canônicos (e, aliás, por estudos literários ingleses) pela maior parte de um século — ou seja, de que eram atividades marginais indignas de investigação adicional. Devemos, porém, distinguir entre a posição de Chamberlain como participante contemporâneo e outrora ativista dessas formas de escrita, por um lado, e o apagamento dessas histórias materiais e de mídia, particularmente por parte de estudiosos do pós-guerra, por outro. Mas, como veremos no próximo capítulo com as aplicações imperialistas da Fala Visível de Alexander Melville Bell, feitas por Shuji Isawa, e nos capítulos 7 e 8 com as teorias do realismo transcricional profundamente moldadas pelos conceitos de mídia e o imperativo composicional da

---

35. B. H. Chamberlain, *Practical Introduction to the Study of Japanese Writing*, Londres: S. Low, Marston & Co., 1899, p. 5.
36. Ibidem, p. 6.

taquigrafia, o legado dos discursos permeados pela taquigrafia da modernidade japonesa vai muito além do obscurantismo zombado por essa passagem. Além disso, como Kittler nos lembra, a primeira composição de Edison no fonógrafo não foi outra senão "Maria tinha um carneirinho", berrada a todo o volume para compensar sua própria surdez parcial e a falta de um amplificador.[37] O próprio fonógrafo, é claro, apoiou-se conceitualmente na fonografia manual de Pitman. Antes do advento de outras máquinas de gravação e transmissão, como o telefone inventado por Alexander Graham Bell, o primeiro "falante nativo" da Fala Visível, a captura da voz por uma mídia dependia de escritas fonéticas capturadas por circuitos humanos de mãos, ouvidos e olhos.

---

37. F. Kittler, *Gramophone, Film, Typewriter*, trad. Geoffrey Winthrop-Young e Michael Wurtz, Stanford: Stanford University Press, 1999, p. 21.

CAPÍTULO 6:

Processando a Fala Visível

Este capítulo examina a escrita fonética experimental conhecida como "Fala Visível" [Visible Speech], desenvolvida por Alexander Melville Bell no fim da década de 1860 e adaptada por Shuji Isawa (1851-1917)[1] para a educação nacional e colonial japonesa desde o fim da década de 1870 até os anos 1910. Desde sua criação em inglês, a Fala Visível foi concebida para auxiliar surdos, gagos e outras pessoas com deficiência verbal. Criada antes do alfabeto fonético internacional (AFI), a Fala Visível procurou restaurar a enunciação correta para aqueles com distúrbios da fala por meio de uma nova forma de escrita gráfica que Bell acreditava ser literalmente mapeada nas partes da boca, da garganta e das cordas vocais. Em uma era de gravação e transmissão manuais, anterior a dispositivos mecânicos como o telefone inventado por seu filho, Bell declarava que a Fala Visível fornecia a escrita mais precisa em termos fonéticos e fonográficos que o mundo já havia conhecido. Indiscutivelmente, no entanto, não foi nem Melville Bell, nem Graham Bell, mas Isawa quem mais amplamente divulgou o método e quem chegou mais

---

1. Isawa romanizou seu nome como Shuje Isawa, às vezes também escrito como Izawa. Neste livro, sigo o uso contemporâneo.

perto de aplicá-lo em qualquer escala significativa. Em sua adaptação, Isawa demonstrou ainda até que ponto as escritas experimentais originadas no mundo anglófono foram integradas no âmbito da modernidade japonesa.

Alexander Melville Bell e a máquina de fala humana

A Fala Visível foi, inquestionavelmente, o principal trabalho da vida de Melville Bell, mas não seu único esforço na reforma da escrita. No fim da década de 1880, ele criou um alfabeto modificado chamado "Inglês Mundial" [World-English], que prometia estar mais próximo de uma escrita por concessão, quando a Fala Visível fracassou em se firmar em larga escala. Em um apelo à indústria gráfica de ambos os lados do Atlântico, Bell dedicou a Fala Visível e o Inglês Mundial aos "Condutores da Imprensa [que] têm o poder de facilitar bastante o objeto deste trabalho, tornando-o conhecido; ou de retardá-lo, simplesmente ignorando o esforço. Não almejamos aqui a oposição de nenhum setor".[2] Ele também escreveu manuais de taquigrafia, como *Taquigrafia popular ou estenofonografia* (1892). Embora tenha admitido que a Fala Visível não era capaz de competir com a taquigrafia em termos de velocidade, Bell defendia que sua precisão fonética suplantava a de Pitman e outros métodos de taquigrafia. Dessa maneira, Bell situava seu trabalho com a reforma da escrita diretamente no domínio comercial e prático, bem como no utópico.

Não obstante sua considerável estatura dentro das reformas da língua e da escrita do século XIX, Melville Bell foi amplamente esquecido pela linguística moderna. Certamente, ele não foi o único: Isaac Pitman, Alexander John Ellis e outros importantes foneticistas, ortógrafos e projetistas de línguas artificiais da mesma época acabaram igualmente marginalizados. Minha preocupação

---

2. A. M. Bell, "Prologue", in: *World-English: The Universal Language*, Nova York: N. D. C. Hodges, 1888.

aqui é menos a de restaurar a glória de Melville Bell, no entanto, do que a de fornecer o contexto histórico necessário para entender como e por que Isawa abraçou essa prática com o entusiasmo de um convertido religioso e, como tal, disposto a usá-la para promover as próprias políticas imperiais do Japão nas ilhas do país, em Taiwan, na Coreia, na Manchúria e em outros locais.

Existe uma presunção implícita, porém amplamente compartilhada, de que o inglês e algumas outras importantes línguas europeias foram fixadas em suas formas modernas em meados do século XIX e, portanto, apenas os Estados tardiamente modernizados, como o Japão, é que tiveram de lidar com a reforma da língua. A obra *Comunidades imaginadas*, de Benedict Anderson, diferencia entre ondas do nacionalismo moderno em parte com base nesse critério linguístico e, em consequência, entre países já unificados pela língua e aqueles para os quais isso constituía um grande obstáculo. Apesar de ser uma ideia sedutora, ela não condiz exatamente ao registro histórico. No século XIX, intelectuais britânicos e americanos traíam repetidamente sua ansiedade pelas inadequações do alfabeto inglês e pela incomensurabilidade da fala e da escrita. Essas preocupações, assim como as dos reformadores da língua por toda a Europa Ocidental, foram atenuadas por um crescente sentimento de possibilidade, de que as novas técnicas e tecnologias da escrita seriam capazes de superar antigas limitações, como surdez e mutismo. Além disso, mantiveram a promessa utópica de unificar as muitas comunidades linguísticas díspares que, no auge da expansão colonial europeia e americana, estavam entrando em contato.

Para demonstrar a eficácia da Fala Visível, Bell a ensinou aos seus dois filhos pequenos, Edward (1848-1867) e Alexander Graham Bell. Os meninos foram tão bem treinados no sistema que seu pai confiantemente punha as habilidades dos dois à prova em espetáculos públicos. Bell argumentava que a Fala Visível permitia que seus adeptos gravassem e transmitissem com precisão praticamente qualquer som. Os irmãos Bell seriam colocados diante de salas cheias de céticos e solicitados a transcrever qualquer coisa que a plateia inventasse para dizer, fosse em inglês, fosse em línguas estrangeiras, ou até mesmo imitando sons de animais. Essa campanha publicitária bombástica para a Fala Visível, bem ao estilo de P. T. Barnum, se reflete na redação floreada da folha de rosto do livro que leva seu nome (1867), recordando as placas de espetáculos de circo e *vaudeville* (figura 6.1).

Diferentemente da taquigrafia, que ainda era estreitamente baseada em valores sonoros alfabéticos ou silábicos, a Fala Visível era composta pelo que seu criador chamava de "dez símbolos radicais", que por sua vez se combinavam a fim de formar consoantes, vogais, semivogais, modificadores e tons. Como o próprio nome sugere, o alfabeto universal de Bell possui um componente pictográfico que situa os sons de acordo com sua localização fisionômica no aparelho vocal humano. Como o inventor explica, seu objetivo era "construir um esquema de símbolos, que deveria incorporar toda a classificação dos sons e fazer com que cada elemento da fala mostrasse [sic] em seu símbolo a posição de seu som na escala orgânica".[3] Nesse sentido, é semelhante ao *hangul* coreano, que, em certa medida, também deriva de significantes para a boca e outras partes dos caracteres chineses.[4]

Assim, a obra *Fala visível* abre com uma passagem que descreve o ser humano como um maquinário biológico, com a integridade do corpo se dando em um conjunto de peças interligadas. Sua premissa é consistente com as observações de Kittler de que deficiências que interferem nas operações contínuas da mente e do corpo, paradoxalmente, ajudam a revelar seu funcionamento interno. Para Bell, o fonocentrismo foi substituído pela dissecção fisiológica, que foi então traduzida para a notação gráfica:

---

3. A. M. Bell, *Visible Speech: The Science of Universal Alphabetics*, Londres: Simpkin Marshall, 1867, p. 18.
4. Em chinês e japonês, o caractere para "boca" [口] funciona como um radical fonético (reproduzido em tamanho menor ao lado de outros componentes ideográficos) e como um ideograma por si só.

6.1 Folha de rosto do livro *Visible Speech* [Fala visível], de Alexander Melville Bell, 1867. Fotografia do autor.

Os pulmões constituem o fole da máquina falante; a laringe, a faringe, o palato mole, o nariz e a boca modificam a respiração em sons elementares da fala.

Os pulmões são fechados dentro do tórax e, na respiração saudável, acionados principalmente pela pressão ascendente do diafragma, ou da barriga, que separa o tórax do abdômen. Na respiração deficiente, os lados do peito são puxados para dentro pelos pulmões a fim de forçar a respiração, e a ação natural do diafragma é revertida. Os gagos geralmente exemplificam esse erro.

A respiração impulsionada pelos pulmões sobe na traqueia, e sua emissão é audível apenas pela resistência que encontra na garganta, nas narinas ou na boca.

No topo da traqueia está colocada a laringe — a parte vocalizadora da máquina falante. A laringe é praticamente uma caixa, cuja cavidade é suscetível a uma infinidade de modificações que afetam o tom da voz. O orifício da laringe — a glote — pode ser perfeitamente fechado, totalmente expandido ou contraído em qualquer grau.

Quando a passagem gutural é expandida por completo, a respiração que passa não cria som; mas quando a glote, ou a abertura da laringe, é definitivamente reduzida, suas bordas vibram e produzem o som a que chamamos de voz. A voz é, portanto, o resultado mecânico da vibração ao longo das bordas da glote.[5]

Essa breve descrição do procedimento da respiração, da voz e da fala é complementada por um diagrama mostrando uma seção transversal da boca, do nariz e da garganta humanos. É o corpo exibido como máquina viva. Em vez das reflexões metafísicas e filosóficas sobre o espírito, a respiração e a voz são as origens mecanicamente determinadas da fala. Além disso, para Bell, o fonograma poderia ser aprimorado para representar pictograficamente as partes esquematizadas do aparelho vocal. Como resultado, onde

---

5. A. M. Bell, *Visible Speech*, op. cit., p. 11.

Pitman e os inventores de taquigrafia subsequentes procuraram reformular e expandir a faixa de valores fonéticos como linhas retas e curvas para fins de gravação rápida e precisa, *Fala visível* oferecia uma base fisiológica para a sua nova escrita (figura 6.2). A prática deveria ser capaz de gravar não apenas a linguagem humana, mas praticamente qualquer som, da vocalização animal ao ruído mecânico. Antes do fonógrafo, a Fala Visível deveria permitir que o circuito humano que passava do ouvido à mão usasse essa escrita como o instrumento perfeito de gravação (figura 6.3). Em sua obra *Mídias ópticas*, Kittler observa, embora sem mencionar Melville Bell nem necessariamente demonstrar consciência de suas realizações, que "a gravação fonográfica, que na época também era chamada de fala visível, se tornou o padrão aceito pelos fisiologistas europeus". Esses fisiologistas, então, inventaram uma série de máquinas para registrar os fenômenos díspares da cinesiologia humana e da locomoção animal, como observa Kittler: "No Collège de France, surgia um dispositivo após o outro: um gravador de coração, um gravador de pulso e, finalmente, também um dispositivo que era conectado às quatro extremidades dos animais e podia registrar seus movimentos. Nenhum desses dispositivos tinha a menor semelhança com as câmeras fotográficas, funcionando, em vez disso, exatamente como a fala visível, com um lápis e um cilindro de papel em constante movimento."[6] O que Kittler identifica como denominador comum entre a Fala Visível e esses outros dispositivos que operam como ela é a tentativa de tornar legíveis e graváveis, isto é, sujeitos ao princípio do fundo de reserva, aspectos anteriormente incipientes da existência humana ou animal.[7]

---

6. F. Kittler, *Optical Media: Berlin Lectures 1999*, trad. Anthony Enns, Malden: Polity Press, 2010, p. 155.
7. Ibidem.

PARTE II: A INSCRIÇÃO DA LINGUAGEM NACIONAL

6.2 Quadro fonético "Tabela completa de letras" retirado de *Visible Speech*, de Alexander Melville Bell, 1867. Fotografia do autor.

65

INTERJECTIONAL EXERCISES
On the Rudimental Consonant Symbols.

CI	disgust.	G·	quiet sneering.	ƆOƆ	impatience.	
CII	snarling.	Ꝋ·	"	ƆƆD·	spitting.	
CI<	snoring.	Ʊ·	"	ƲƆƆ	blowing from point of tongue.	
CII<	"	D·	"			
CII	hawking.	DꝊD<	sniffing.	DoƱ<	sucking.	
CII	gargling.	DI<	examination of odour.	ƆƆ◁	tasting.	
ꝊI	hissing.	CIO	ridicule.	Ʊ◁ Ʊ◁ Ʊ◁	vexation.	
ƱI	hushing.	CICI	"	ƱI◁ ƱI◁	inciting.	
UI	hurrying.	CIC	"	Ʊ I▸ Ʊ I▸	"	
ƆƱ	silencing.	CICI	"	D◁	kissing.	
ƆAI	blowing to cool.	CI{	a suppressed chuckle.	DƆAI◁	chirping.	
Ɔ<	sipping.	ƆI	" "	OI'O'ƱAIƱ	sneezing.	
ƆYI	faintness from heat.	ƱI	" "	ꝎꝊ◁	a flap of the tongue.	
ƆI	a semi-whistle.	DI	" "	ƱꝎ◁	a clicking flap.	
ƆƆƆ	incredulity.	CICIII	snickering.	ƱꝎcoƆ◁	" like the gurgle of decanted liquid.	
ƆƆƆ	"	ƆƆII	"			
ƆOI	distaste.	ƱƱII	"	CIƐII	the cry of a quail.	
C<	pain.	DDII	"	CIƐIAI	the grunt of a pig.	
Ɔ<	"	·ƱO	annoyance.	ƆƱIoƆI	the whirr of a partridge.	
Ɛ<	"	ƱꞶ	incredulity.	OI'OIO OI'OIO OI'OIO		
C<	"	DꞶ	"		the sound of a grinding wheel.	
U<	"	OƱ	contempt.	CICCIOI'OƆ·	the sound of planing wood.	
ꞶƆ<	acute pain.	DƱ	"			
O<	"	DC	abhorrence.			
		DG	"			

CII< CII᠈ CI< CI᠈ CII< CII᠈ OI< OOIO· the sound of sawing wood.

6.3 Quadro fonético "Exercícios de interjeição" retirado de *Visible Speech*, de Alexander Melville Bell, 1867. Fotografia do autor.

Melville Bell imaginou seu sistema como capaz de resolver as agruras dos surdos, mudos, cegos, deficientes da fala e analfabetos, bem como de fornecer meios para a transcrição precisa de idiomas estrangeiros, facilidades para o telégrafo e o estabelecimento de padrões inabaláveis de pronúncia. Por último, mas não menos importante, ele oferecia benefícios atraentes para antropólogos, missionários e imperialistas no intuito de preservar dialetos moribundos e rastrear o que ele chamou de "AFINIDADES DAS PALAVRAS", a fim de permitir a "rápida difusão das línguas de uma pátria-mãe por suas mais distantes e apartadas COLÔNIAS". Mais portentosamente, o inventor imaginou

> a comunicação mundial de quaisquer sons específicos com absoluta uniformidade; e, consequentemente, a possível construção e subsequente estabelecimento de uma LÍNGUA UNIVERSAL [...]. Se este sonho dos filósofos for de fato possível, será realizado por meio da Fala Visível. O fundamento está estabelecido, e o Templo Linguístico da Unidade Humana pode, em algum momento, por mais distante que seja o dia, ser levantado sobre o solo.[8]

A visão arquitetônica de Bell equivalia a uma restauração da Torre de Babel pré-lapsariana, em que toda a humanidade era unificada sob uma língua comum. A suprema racionalidade do cientista linguístico vitoriano veio com uma reviravolta: o triunfo de uma fonética verdadeira sobre os hieróglifos.

Com o fracasso da Fala Visível em reunir adeptos de forma generalizada durante as duas décadas seguintes, Bell reformulou o território de seu templo para o "Inglês Mundial", uma escrita essencialmente alfabética semelhante à fonotipia de Pitman, que buscava aprimorar as letras já existentes, em vez de substituí-las por completo. Bell apelou ainda à distinção entre "Inglês Literário" e "Inglês Mundial", a fim de evitar conflitos com tradicionalistas e conservadores. Ecoando o inglês simplificado de Arinori Mori,

---

8. A. M. Bell, *Visible Speech*, op. cit., p. 21 (ênfase do original).

ele insistiu em que era dever do governo promulgar esse "esquema retificado de letras" em escolas públicas e outras instituições sociais. Durante os próximos vários anos, o abismo entre a linguagem escrita e a falada persistiria inabalado. O inglês continuaria a crescer como a "língua materna" de milhões de falantes, enquanto "a ortografia deve permanecer uma arte separada, de natureza pictórica e aprendida principalmente pelo olho".[9] Bell atacou os argumentos a favor dos idiomas planejados, como o volapük, declarando que os falantes de inglês precisavam apenas de melhorias ortográficas para permitir que seu próprio idioma cumprisse seu destino, prevenindo assim que uma língua de contato [*pidgin*] degradada usurpasse o seu lugar:

> A própria língua inglesa tem se estendido de modo contínuo e alcançado a universalidade. Ela cobriu o continente norte-americano e as ilhas dos antípodas. Tornou-se uma necessidade onde quer que navegadores ingleses ou americanos penetrem. Índia, China e Japão estão ensinando-a em suas escolas. O comércio inventou uma variedade bárbara como língua portuária, chamada "inglês-pombo"[10] [*sic*]; e, se não necessitasse de um sistema explícito de letras, esse teria, há muito tempo, ocupado plenamente seu lugar de destino.[11]

É sabido que Alexander Melville Bell obteve apenas um sucesso modesto entre os professores de surdos, e os esforços semelhantes de seu filho com a Fala Visível acabariam sendo, com o tempo, dramaticamente ofuscados pela sua própria invenção do telefone. Por fim, o legado da escrita experimental de Bell não foi uma rede mundial de inglês, mas sua promulgação a serviço do

---

9. A. M. Bell, *World-English*, op. cit., p. 27.
10. Aqui Bell parece fazer uma confusão com os termos *pidgin* (uma língua compósita, nascida do contato entre diferentes idiomas e que serve para fins limitados, como o comércio) e *pigeon* (ou pombo). [N.T.]
11. A. M. Bell, *World-English*, op. cit., p. 25.

japonês nacional e imperial, tanto no arquipélago quanto no Leste Asiático, graças aos esforços de Shuji Isawa.

Shuji Isawa e a linguística imperial

Apesar da considerável atenção dada a Shuji Isawa em estudos pós-coloniais recentes, como os de Eiji Oguma, Takeshi Komagome, Gang Shi e outros, até o momento praticamente não houve menção à influência da Fala Visível no pensamento de Isawa a respeito da educação colonial e nacional, muito menos a seu lugar nas transformações discursivas mais amplas da reforma da língua e da escrita. É justo dizer que, tanto em japonês quanto em inglês, a Fala Visível foi em grande parte descartada como mais um experimento fracassado. No entanto, em contraste com os esforços frustrados de Melville Bell para promovê-la além de sua família imediata ou de uma pequena comunidade insular de professores de surdos, no Japão isso aconteceu graças à implementação da educação colonial em Taiwan (1895-1897) por parte de Isawa e de sua posição ideológica em relação ao idioma nacional e sua missão imperial. Embora tenha permanecido quase que totalmente no âmbito da metodologia, a Fala Visível persiste nos variados escritos de Isawa como um modelo auxiliar para a extensão imperial da "língua nacional" (*kokugo*) do Japão pelo Leste Asiático.

Ao lado da Fala Visível, é válido destacar outro importante legado de Isawa para a educação japonesa: a introdução da notação musical. De 1875 a 1877, o Ministério da Educação enviou Isawa para a Escola Normal de Bridgewater, em Massachusetts — hoje chamada Bridgewater State College —, que era, então, uma das principais instituições do pestalozzianismo[12] e da educação nacional

---

12. Em sua abordagem ao desenvolvimento infantil, o educador suíço Johann Pestalozzi (1746-1827) aplicou a teoria do *Anschauung* [espaço visual], a fim de se apoiar nas impressões sensoriais dos alunos para formar conceitos claros. Evitando a memorização rotineira, Pestalozzi enfatizou as

patrocinada pelo governo nos Estados Unidos. Isawa já era uma figura em ascensão na educação nacional da era Meiji, tendo servido como diretor de escolas normais em Aichi no início da década de 1870. Em Bridgewater, ele estudou música junto a Luther Whiting Mason, com quem estabeleceu novos institutos de treinamento musical; introduzindo também canções escolares patrióticas (*shoka*) e o princípio da educação moral por meio da música, em seu retorno ao Japão.[13]

Isawa passou um ano adicional na Universidade de Harvard, antes de retornar ao Japão, para assumir o cargo de vice-diretor da Escola Normal de Tóquio em 1878. Nas décadas de 1880 e 1890, ele ocupou várias posições de liderança na burocracia educacional, assumindo o cargo de diretor da Escola Normal de Tóquio em 1879, que largaria para se tornar diretor da Escola de Surdos de Tóquio em 1886. De 1880 a 1882, foi o responsável por trazer Mason para lecionar música sob contrato na Universidade de Tóquio. Em 1885, Arinori Mori pôs Isawa no comando do influente departamento de livros didáticos do Ministério da Educação, onde substituiu o mais conservador Shigeki Nishimura.[14] Por fim, Isawa assumiu novamente o cargo de diretor da Escola Normal de Tóquio em 1899, após abandonar seu trabalho em Taiwan.

---

lições objetivas guiadas pelo professor e baseadas na experiência direta. Tal abordagem foi amplamente adotada nos Estados Unidos no século XIX.

13. Até 1882, Mason (1828-1896) lecionou no Japão, onde procurou pôr em prática os princípios educacionais pestalozzianos. Para uma discussão sobre música ocidentalizada no Japão, incluindo a adoção do estilo unificado nas canções escolares de 1900, ver U. Eppstein, *The Beginnings of Western Music in Meiji Era Japan* (Lewiston: E. Mellen Press, 1994). Durante os últimos cinco meses de sua estada em Bridgewater, Isawa foi acompanhado por Hideo Takamine (1854-1910), que se tornou uma figura igualmente importante na educação artística nacional. Da mesma forma que Isawa e Mason, Takamine estabeleceu princípios pestalozzianos no início da educação artística da era Meiji. Ver T. Nakamura, *Shisen kara mita Nihon kindai* (Kyoto: Kyoto Daigaku Gakujutsu Shuppankai, 2000), pp. 10-21.
14. Ver N. Twine, *Language and the Modern State: The Reform of Written Japanese* (Nova York: Routledge, 1991), p. 160. Nishimura também escreveu um artigo em oposição à proposta de romanização de Nishi no segundo número da revista *Meiroku*.

PARTE II: A INSCRIÇÃO DA LINGUAGEM NACIONAL

    O primeiro contato de Isawa com a Fala Visível se deu durante uma apresentação sobre como ajudar deficientes auditivos a falar, na Exposição Universal de 1876, na Filadélfia. Inicialmente motivado pelo desejo de melhorar sua própria pronúncia travada do inglês, ele procurou Alexander Graham Bell em Boston, a fim de aprender o sistema. Isawa aprendeu diretamente com Bell, o primeiro e único "falante nativo" vivo da Fala Visível, participando de um intercâmbio linguístico entre o método e o japonês. Quando Bell inventou o telefone no ano seguinte, ele convidou Isawa e seu colega Kentaro Kaneko, então estudante da Universidade de Harvard[15], para testá-lo na língua nativa deles, tornando, assim, o japonês o segundo idioma depois do inglês a ser falado pelos fios.

    No quesito do ensino da elocução correta para pessoas com surdez e disfemia, Isawa também deu continuidade aos métodos de Bell. Eles permaneceram em contato ao longo dos anos, ao menos esporadicamente, como evidenciado pelo fato de que, quando Graham Bell visitou o Japão em 1898 para falar na Escola de Surdos de Tóquio, foi Isawa quem traduziu a sua fala.[16] De qualquer forma, uma distinção crucial que pôs a Fala Visível à parte dos sistemas anteriores, especificamente aqueles voltados para pessoas com deficiência auditiva ou visual, como a linguagem de sinais ou o braille, era o fato de não pretender dividir a comunidade imaginada da nação em enclaves menores. A ênfase dada à superação de deficiências

---

15. Mais conhecido como um dos redatores da Constituição Meiji (1889), Kaneko foi uma figura fundamental na introdução das aplicações políticas da notação taquigráfica. Ele também seria um forte defensor da literatura nacionalista, escrevendo os prefácios para a primeira coleção de *kodan* (contos orais) da Kodansha, publicada no final dos anos 1920 e durante a década de 1930. Assim como Mori, Kaneko também era correspondente de Herbert Spencer e apresentava pontos de vista políticos alinhados à sua compreensão do darwinismo social.

16. Da mesma forma, suas correspondências foram amplamente baseadas nos fundamentos técnico-científicos para a correção de deficiências verbais e auditivas, como a disfemia. Ver K. Go, "Isawa Shuji to shiwaho" (in: *Kyoto Seika University Research Laboratory Research Results & Publications*, Kyoto: Seika University, v. 26), p. 153.

na fala pelos Bell e por Isawa era coerente com o desejo deles de trazer falantes regionais, colonos e outros súditos à margem para o *mainstream* nacional (ou imperial). Vale a pena notar que, em seu *Shiwaho-yo on'in shinron* [視話法用音韻新論] (Novo tratado de fonética como aplicação da Fala Visível, 1903), Isawa incluiu um fac-símile de uma carta que recebera de Alexander Melville Bell, datada de 11 de dezembro de 1903, elogiando seus esforços para "popularizar o sistema". Bell continua: "Confio em que seu nome será permanentemente associado à introdução no Japão desse sistema puramente fonético de escrita para sua língua nativa" (figura 6.4).

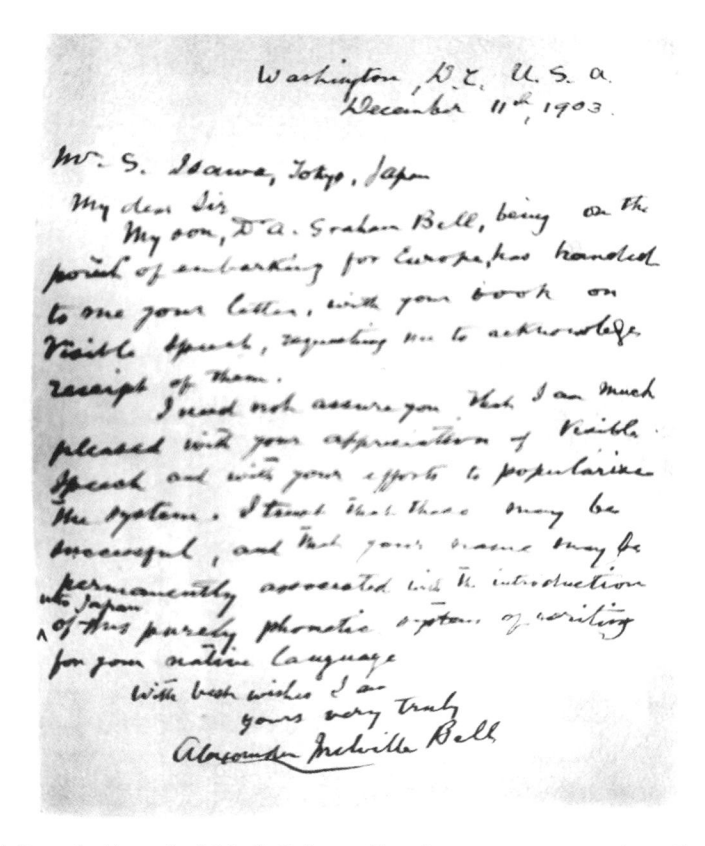

6.4 Carta de Alexander Melville Bell para Shuji Isawa, reimpressa no livro *Shiwaho-yo onin shinron*, 1903. Fotografia cedida pela Biblioteca da Universidade de Yale.

PARTE II: A INSCRIÇÃO DA LINGUAGEM NACIONAL

A conexão de Isawa com as correntes intelectuais anglófonas não se restringiu de maneira alguma a seu relacionamento com Melville ou Graham Bell. Em 1889, Isawa publicou *Shinka genron* [進化原論], sua tradução das palestras de Thomas Huxley sobre evolução. O prefácio da edição japonesa, escrito em inglês por Edward S. Morse, então professor de zoologia na Universidade Imperial de Tóquio, contém uma passagem impressionante sobre o estudo evolutivo da linguagem que antecipa as preocupações de Isawa em transformar o ensino das línguas nacionais e coloniais e seu endosso do darwinismo social como princípio norteador:

> O filólogo torna o estudo da linguagem uma ciência, mostrando que as muitas línguas atualmente existentes evoluíram a partir de línguas primitivas dos tempos passados. Assim como as ideias modernas sobre a origem das línguas tornam absurda a história da Torre de Babel, o estudo de plantas e animais, de rochas e estrelas, torna igualmente absurda a narrativa bíblica da criação.[17]

É evidente que a linguística histórica desempenhou um papel crucial ao moldar a teoria da evolução e foi usada para justificar questões de conveniência nos genocídios que varreram os povos indígenas em nome do Império. A linguística histórica foi uma das primeiras áreas das humanidades a ser definida como uma ciência social. Mas, mesmo que seja possível traçar origens linguísticas como se fossem estratos geológicos ou taxonomias do reino animal, diferentemente da geologia ou da zoologia, a reforma das línguas estava entre os meios mais seguros para os tecnocratas efetuarem a transformação social.

Não demorou muito para Isawa pôr em prática as próprias ideias sobre a "sobrevivência do mais apto" para as línguas nacionais no contexto colonial. Como E. Patricia Tsurumi observa, no início de

---

17. E. Morse, "Preface to the Japanese Translation", in: S. Isawa, *Shinka genron*, Tóquio: Maruzen, 1889, p. 3.

1895 Isawa submeteu suas propostas ao contra-almirante Sukenori Kabayama, então governador-geral interino do recém-adquirido território de Taiwan. Mais tarde naquele ano, Kabayama nomeou Isawa como diretor de Assuntos Educacionais do Povo (*minsei-kyoku gakumu bucho*) na administração civil de Taiwan.[18] Suas propostas emergenciais e permanentes, e os esforços subsequentes no território, destinavam-se a treinar japoneses e taiwaneses como professores de língua japonesa e aumentar o número de funcionários e intérpretes de Taiwan habilitados no idioma japonês.[19] Segundo Gang Shi, Isawa considerava Taiwan o local ideal para a missão colonial, vendo-o como uma extensão geográfica do arquipélago japonês, que compartilhava um letramento comum e era, sob todos os aspectos étnicos e culturais, "virtualmente idêntica" (*hotondo onaji*) ao Japão.[20] Primeira grande aquisição territorial após Hokkaido e Okinawa, Taiwan se tornou, em muitos aspectos, uma colônia-modelo para as políticas radicais da língua. Isso foi facilitado pela carta branca que os administradores coloniais receberam, violando assim a separação de poderes definida pela Constituição Meiji.[21] O currículo refletia

---

18. Esse não foi o fim do envolvimento de Kabayama com Isawa nem com políticas educacionais. Em 1896, Kabayama deixou o gabinete do governador-geral para se tornar ministro do Interior; dois anos depois, foi nomeado ministro da Educação, sendo o responsável pela convocação do Chosakai Kokugo (Conselho Nacional de Inquérito da Língua), que apoiou a implementação do estilo unificado e outras reformas de padronização.
19. Para uma útil visão geral dos primórdios da administração e da educação coloniais em Taiwan no fim do século XIX, ver E. P. Tsurumi, *Japanese Colonial Education in Taiwan* (Cambridge: Harvard University Press, 1977), p. 18.
20. Ver G. Shi, *Shokuminchi shihai to Nihongo* (Tóquio: Sangensha, 1993), pp. 38-44.
21. Para uma análise mais aprofundada das políticas da língua colonial japonesa, ver T. Yasuda, *Kindai Nihongo gengo kenkyu saiko* (Tóquio: Sangensha, 2000). Para uma leitura mais detalhada das negociações de Isawa em Taiwan, ver E. P. Tsurumi, *Japanese Colonial Education in Taiwan*, op. cit., e E. Tai, "Kokugo and Colonial Education in Taiwan" (*Positions: East Asia Cultures Critique*, v. 7, n. 2, 1999).

a ênfase de Isawa em incutir o patriotismo, a moralidade, a higiene e o condicionamento físico por meio da calistenia militar, tudo de acordo com a filosofia do darwinismo social que ele defendia.

Isawa era, em princípio, contrário ao racismo e procurava incutir por meio da educação a herança cultural compartilhada pelos povos taiwanês, chinês e japonês, em particular sua "escrita e tradições literárias comuns" (*doji dobun*).[22] Não obstante, não há dúvida de que ele era um linguista nacionalista que hierarquizou o idioma japonês no centro do Grande Império do Japão. Seu desejo era o de que os taiwaneses fossem integrados não os forçando a rejeitar sua própria língua, mas aprendendo japonês corretamente e, por sua vez, fazendo com que os japoneses estudassem taiwanês. Suas opiniões sobre língua e raça divergiam bastante das de Herbert Spencer, que, em 26 de agosto de 1892, em carta a Kentaro Kaneko (colega de Isawa), alertava contra a miscigenação, respondendo à pergunta de Kaneko sobre casamentos entre japoneses e estrangeiros em termos inequívocos: "Deveria ser terminantemente proibido. A raiz disso não é uma questão de filosofia social, mas de biologia. Existem provas abundantes, proporcionadas igualmente pelo casamento entre raças humanas ou pelo cruzamento de animais, de que quando as variedades misturadas divergem além de um certo grau leve, *o resultado é invariavelmente ruim.*"[23] Aproveitando seus conselhos em correspondências prévias com Kaneko sobre a formação da constituição *política* da era Meiji, fundada nas características únicas do povo japonês, Spencer adiciona aqui um comentário geral sobre constituições biológicas, advertindo: "Se você misturar as constituições de duas variedades amplamente divergentes [...], você obtém uma constituição que não é adequada ao modo de vida de nenhuma das

---

22. Ver, por exemplo, S. Isawa, "Shiwa oyo Shinago seionho setsumei" (in: K. Shinano [org.], *Isawa Shuji senshu*, Nagano: Shinano Kyoikukai, 1958), pp. 754-59.
23. Herbert Spencer, carta de 26 de agosto de 1892, reproduzida em D. Duncan (org.), *Life and Letters of Herbert Spencer*, Nova York: D. Appleton & Co., 1908, v. 2, p. 16 (grifos do original).

duas — uma constituição que não funcionará adequadamente."[24] Dadas as descrições desaprovadoras de Spencer sobre "os eurasianos na Índia e os mestiços na América", bem como sua oposição à imigração chinesa para os Estados Unidos, a externalização excessiva dessas opiniões a Kaneko só foi atenuada por seu pedido de que fossem mantidas em sigilo enquanto vivesse, para "não despertar a animosidade de meus compatriotas".[25]

Não se sabe se Isawa tinha conhecimento dessas opiniões particulares comunicadas a Kaneko e a Hirobumi Ito, para quem ele serviu como interlocutor. Embora possamos detectar algumas apreensões em suas ideias sobre o hibridismo racial em declarações dadas bem depois de seu mandato como chefe da educação colonial em Taiwan, Isawa supervisionou vigorosamente a construção de escolas normais e a implementação de uma educação padronizada, projetada para transformar os taiwaneses em súditos japoneses leais. O ano de 1896 assistiu à abertura de catorze escolas primárias baseadas no modelo de Isawa, bem como da Escola de Língua Japonesa, uma faculdade para formar professores de línguas. Eiji Oguma chama a atenção para um discurso proferido por Isawa em 1897 na altamente prestigiada e politicamente influente Teikoku kyoiku-kai (Sociedade Imperial de Educação) de Tóquio, na qual defendeu uma sociedade japonesa inclusiva, multirracial e multicultural:

> Os antigos estudiosos do Ensino Nativo sustentavam a interpretação de que o grande povo do Japão não é outro senão a raça Yamato, mas acredito que esse é um erro grave. A reverenda benevolência de nossa casa imperial não é de forma alguma restrita a um âmbito tão estreito. Na realidade, é tão vasta quanto o céu e a terra. Com igualdade e imparcialidade para todos [*isshi dojin*], [o Imperador] olha para todos os povos dos países do mundo como seus filhos,

---

24. Ibidem.
25. Ibidem, p. 17.

sejam eles quem forem; desde que se submetam [ao seu domínio], eles pertencem a este grande povo.[26]

Por outro lado, a formação de uma sociedade *multilíngue* era um assunto mais complicado. Como Takeshi Komagome argumenta, o objetivo da visita de Isawa a Tóquio e do conteúdo de sua palestra era, acima de tudo, promover em Taiwan a criação de uma escola primária de seis anos e um sistema público de ensino secundário de quatro anos. Era um empreendimento ambicioso, mas enormemente caro para o governo japonês realizar após a Guerra Sino-Japonesa.[27] Em 1897, depois que o levantamento da lei marcial revelou os altos custos do Império, houve uma reação inevitável no Japão contra gastos coloniais luxuosos, e Isawa teve de renunciar, em protesto aos cortes profundos no orçamento da educação daí resultante.[28] Tsurumi afirma, com razão, a longevidade do legado de Isawa ao estabelecer as bases para a educação colonial de Taiwan: "Sob o próximo governador-geral, o tenente-general Gentaro Kodama, as ideias de Isawa acabaram sendo implantadas em um sistema de escolas, currículos, alunos, professores e administradores. Quando Kodama e o diretor de administração civil (*minsei-chokan*) Shimpei Goto chegaram, em março de 1898, dezesseis institutos de língua japonesa e 36 institutos filiais estavam em operação."[29]

---

26. E. Oguma, *Tanitsu minzoku shinwa no kigen*, Tóquio: Shinchosha, 1995, pp. 70-71.
27. T. Komagome, *Shokuminchi teikoku nihon no bunka togo*, Tóquio: Iwanami Shoten, 1996, pp. 44-45. Ver também sua discussão sobre a ideologia do domínio colonial de Isawa em relação a outras figuras da administração militar e civil de Taiwan em ibidem, pp. 51-74.
28. E. P. Tsurumi, *Japanese Colonial Education in Taiwan*, op. cit., p. 18.
29. Ibidem. Shimpei Goto (1857-1929) se tornaria ainda o primeiro diretor da Ferrovia da Manchúria do Sul (1906), ministro das Comunicações (1908), ministro do Interior (1916 e 1923), ministro do Exterior (1918) e governador de Tóquio (1920-1923), além de ter sido o primeiro diretor da NHK (Nihon Hoso Kyokai, a primeira empresa pública de transmissão do Japão), entre outras realizações.

As escolas normais, que continuavam aumentando em qualidade e número nos anos seguintes, eram compatíveis com a visão de Isawa de que deveriam ser mantidos alguns aspectos familiares da educação tradicional de Taiwan e da China, como a ética confucionista (à qual foi acrescentada a lealdade ao sistema imperial japonês) e a proficiência em chinês (necessária para o comércio com o continente). Isawa permaneceu envolvido como consultor até sua nomeação como diretor da Escola Normal de Tóquio (*Tokyo koto shihan gakko*) em 1899. Ele atuou na promoção da educação colonial em Taiwan e na Ásia continental até morrer de tuberculose, em 1917.[30]

Embora só fosse publicar sua adaptação da Fala Visível, chamada *Shiwaho* [視話法], em 1901, isso já estava no centro da filosofia ideológica e educacional de Isawa, e forneceu o centro conceitual para os objetivos aparentemente difusos de corrigir dialetos, permitir a educação de deficientes auditivos, implementar a educação física, moral e musical nas escolas japonesas, e promover ativamente os estudos de línguas no Império japonês. Apesar da data de publicação relativamente tardia, Isawa já havia feito uso considerável de seus métodos nas décadas de 1880 e 1890. Komei Go observa que, durante seu mandato como chefe da educação colonial em Taiwan, Isawa publicou dois artigos aplicando a Fala Visível, a fim de estudar a estrutura fonética da língua taiwanesa. Além disso, ele sustentou firmemente em seus escritos posteriores que a Fala Visível havia permeado seus pensamentos e atividades políticas anteriores. Isawa ensinou seus princípios a Nobuhachi Konishi enquanto servia como diretor da Escola de Surdos de Tóquio em 1885 e, em 1903, fundou a Companhia Rakusekisha para promover a Fala Visível como cura de deficiências verbais, como disfemia e surdo-mudez. Em discursos e ensaios, como "Shiwa oyo Shinago seion-ho setsumei" [視話応用支那語清音法説明] (Uma

---

30. Takio Isawa, que serviu como governador-geral de Taiwan de setembro de 1924 a julho de 1926, era o irmão mais novo de Shuji Isawa, a quem creditava como o formador de sua visão da educação colonial.

explicação da Fala Visível para a pronúncia correta do chinês, 1905) e "Tohoku chiho hatsuon kyoseiho ni tsukite no ben" [東北地方発音矯正法に尽きての弁] (Argumento para um método de correção da pronúncia regional de Tohoku, sem data), ele procurou estabelecer a Fala Visível como o meio de unificar as condições linguísticas heterogêneas no arquipélago japonês e em suas colônias.

Embora esteja além do escopo deste livro tentar uma análise linguística das versões de Bell e de Isawa da Fala Visível, algumas observações básicas são possíveis. Isawa pretendia que seu sistema fosse consistente com o de Bell, fazendo com que os marcadores fonéticos fisiológicos correspondessem à tabela dos cinquenta sons (*goju onzu*) do *kana*. Os sons originados na boca foram classificados em gráficos separados para "consoantes normais" (*futsu fuon*) e "vogais normais" (*futsu boon*), respectivamente. No caso das consoantes, o gráfico foi dividido entre as aspiradas e as não aspiradas; a localização do aparelho de produção de som (*onki*) versus a qualidade da voz (*koe no seishitsu*); e assim por diante. Para as vogais, Isawa foi fiel a Bell ao classificar as distinções de tom com base no posicionamento da língua e no formato da boca.

Uma das mudanças mais significativas que podem ser encontradas na versão de Isawa é a inclusão em letras miúdas das colônias do Japão na ordem do quadro fonético japonês (figura 6.5).[31] Sob o título de "consoantes secundárias não sonorizadas" (*jiseion*), Isawa adicionou uma nota sobre a pronúncia do chinês e do taiwanês (*Shina-oyobi, Taiwan-go gaku*). Isso fornece outra indicação da ordem hierárquica das línguas coloniais e colonizadas. O prefácio de Isawa para o *Shiwaho* oferece sua declaração mais longa sobre seus usos ideológicos e práticos, que ecoam Bell. É um estudo de contrastes entre o idealismo de estabelecer uma língua universal e a estridente justificativa social-darwinista da expansão imperial. Isawa reitera as esperanças de Bell de que a Fala Visível seja adotada como a melhor

---

31. Por uma questão de conveniência, segui o exemplo de Komei Go em coletar as várias páginas nas quais essas cartas aparecem.

6.5 Quadro fonético do livro *Shiwaho* [Fala visível], de Shuji Isawa, 1901. Fotografia cedida pela Biblioteca da Universidade de Waseda.

e única técnica capaz de representar todos os idiomas falados em um único "meio" (*baikai*).³² O prefácio é, de fato, impresso horizontalmente em *kanji* e *kana*, mas com sua tradução para a Fala Visível em letras menores acima dele. A Fala Visível aqui é, portanto, configurada como uma alternativa legítima aos caracteres japoneses normativos (figura 6.6). Isawa argumenta que, ao representar todos os idiomas de maneira equitativa, a Fala Visível pode se tornar ainda um "padrão mundial para a escrita fonética" (*bankoku futsu onji*).

Desde o início, Isawa também vinculou a Fala Visível à teoria evolucionista da seleção natural (*shizen tota*) e à disputa social-darwinista entre as potências mundiais imperiais. Nesse prefácio de 1901, ele afirma que "a linguagem é a única arma da humanidade" (*kotoba wa jinrui tokuyu no buki*) que nos diferencia das ordens inferiores de animais por nossa capacidade de falar livremente, ajudar um ao outro e trocar ideias. A linguagem é, portanto, responsável pela elevação da civilização humana. E, assim como os textos chineses antigos mostram que os seres humanos garantiram seu domínio sobre os pássaros e as bestas graças a essa virtude aparentemente mística, continua o autor, a sobrevivência do mais apto é também uma consequência inevitável na competição das sociedades humanas. Aqueles com os melhores métodos de comunicação, começando pelo sistema racional da Fala Visível, alcançarão a superioridade. Porém, há uma inconfundível mudança de ênfase e de tom que traz o leitor de volta ao contexto imperial japonês.

Expressando palavras de agradecimento a Melville Bell e Graham Bell, Isawa compara a Fala Visível às reformas e às vitórias militares do Japão sobre a China, e emite um vibrante apelo para que a Fala Visível seja usada para garantir o futuro brilhante da língua e do povo do Japão:

> A invenção deles desse sistema e suas instruções são, para mim, semelhantes à reforma de nossa ciência militar pelos ocidentais,

---

32. Ver, por exemplo, "Shiwa oyo Shinago seionho setsumei".

視話法之論理及應用

序文

天地開闢以來．一大勢力ノ開展
ニヨリ，無生有生ノ品物ガ，生産死滅
轉變遷移進化退步ナド．幾千萬ノ境遇ヲ
經．自然陶汰ノ活劇ヲ演ジ來リテ，ココニ
人トイヘル身體モ智能モモツトモマサリ
タルモノイデキタリ．シカモミヅカラ稱シテ萬物
ノ靈トイヘルマデニナレリシバ，ゲニ奇妙トヤ
イフベキ，不思議トヤイフベキ。
―シ奇妙トイハバ奇妙ナラン，不思議トイ
ハバ不思議ナラン．彼ガ優勝劣敗ノ競爭

6.6 Prefácio do livro *Shiwaho*, de Shuji Isawa, 1901. Fotografia cedida pela Biblioteca da Universidade de Waseda.

que nos encorajaram a usar armas de fogo superiores, de tal forma que, na Guerra Sino-Japonesa, no vigésimo sétimo ano da era Meiji [1895] e no Incidente de Beijing este ano, a bravura marcial de nosso Exército chocou as grandes potências mundiais. Da mesma forma, no futuro conflito mundial de línguas nacionais [*shorai sekai no kokugo no kyoso jyori ni*], a luz sagrada [*reiko*] da língua de nosso país brilhará por meio desse sistema inestimável.³³

Escrito por Isawa na véspera da campanha seguinte do Japão, desafiando a Rússia pelo controle do Nordeste Asiático, essa declaração belicosa demonstra como a ciência da fonética foi empregada na criação de uma língua nacional que também era, desde o início, uma língua imperial. Em consonância com a estrutura militarista para a disseminação da língua e da cidadania do Japão, Gang Shi ressalta ainda que o *Shinbanto jinmin no kyoka hoshin* [新番頭人民の教科方針] (Nova edição ilustrada do Plano para a Educação do Povo, 1897), de Isawa, refere-se ao Profeta Maomé empunhando uma espada em uma mão e o Alcorão na outra.³⁴ Isawa invocou essa imagem icônica para justificar a guerra e a educação como ferramentas igualmente necessárias para alcançar o destino imperial japonês.

No ensaio "Iwayuru saikin no kokugo mondai ni tsukite" [所謂最近の国語問題に尽きて] (Sobre o suposto problema da língua nacional atual, 1908), Isawa conectou a questão do ensino da língua colonial à reforma da língua nacional, apontando problemas de ortografia e gramática em inglês, alemão e russo a fim de demonstrar que, entre os idiomas dominantes, o japonês moderno não é de forma alguma o único com dificuldades. Ele chama a atenção para a *Proclamação sobre as escolas primárias* (*shogakko-rei*), do outono de 1900, que incluía disposições para o uso de leitura fonética padronizada para pronunciar o silabário japonês (*jion kana zukai*) e limitar o número de caracteres chineses. Isso foi seguido

---

33. S. Isawa, *Shiwaho*, Tóquio: Dai-Nihon Tosho, 1901.
34. G. Shi, *Shokuminchi shihai to Nihongo*, op. cit., p. 38.

por recomendações do Comitê Investigativo de Língua Nacional (*kokugo chosakai*) em 1902:

1. Fazer uso da escrita fonográfica e investigar os méritos do *kana* e das letras romanas;
2. Implementar o estilo unificado [*genbun itchi*] como um estilo de escrita e investigar os assuntos relacionados a ele;
3. Investigar a organização fonética da língua nacional;
4. Investigar dialetos e promover o dialeto-padrão.[35]

Isawa não endossou explicitamente todas essas recomendações com igual vigor, permanecendo em boa medida calado quanto ao estilo unificado, por exemplo, o qual ele aplicou em seus próprios escritos intercambiando com o estilo burocrático da gramática clássica. Apesar do ímpeto por uma ampla reforma, Isawa reconheceu a probabilidade de forte resistência a reformas ortográficas radicais, como a abolição dos caracteres chineses. Deixando de lado suas crenças pessoais sobre o assunto, ele observa que a maioria dos japoneses não aceitaria mudanças que rompessem de forma decisiva com o passado glorioso do Japão, ao representar, por exemplo, o nome do lendário fundador da linhagem Imperial, *Jimmu Tenno* [神武天皇], usando uma vernacularização quase sacrílega em *kana*, ジンムテンノー, ou a romanização "Jimmu-tenno". Contudo, esse reconhecimento de uma tendência conservadora no país não o impediu de advogar pela educação dos deficientes, pela reforma de dialetos e pela educação colonial sob a égide da Fala Visível.

Usando Taiwan como modelo, Isawa promoveu ativamente o valor da fonética e do ensino de línguas para a promoção da missão imperial do Japão no continente.

---

35. S. Isawa, "Iwayuru saikin no kokugo mondai ni tsukite", in: K. Shinano (org.), *Isawa Shuji senshu*, Nagano: Shinano Kyoikukai, 1958, pp. 720-23.

Taiwan já faz parte do Japão. A língua taiwanesa é uma parte da língua japonesa. No entanto, o Comitê Investigativo da Língua Nacional não fez nenhuma investigação sobre fonética em Taiwan. Além disso, nossos exércitos estão posicionados na Manchúria e na Coreia. A oportunidade de estabelecer uma base para gerenciar a Manchúria e a Coreia não vai esperar. Em seu plano de educação prática, o Ministério da Educação sinalizou seu desejo de reunir o pessoal necessário para administrar a Manchúria e a Coreia. É com satisfação que ouvi falar do treinamento dessas pessoas. Estamos nos aproximando rapidamente do momento em que chinês e coreano deverão ser adicionados como disciplinas obrigatórias em nossas escolas secundárias.[36]

É evidente que "língua nacional" aqui se trata de um construto multilíngue no qual o japonês supervisiona e hierarquiza as línguas agora coloniais de Taiwan, China e Coreia. O objetivo da Fala Visível era manter as formas padronizadas de cada idioma para que pudessem ser ensinadas tanto ao colonizador quanto ao colonizado.

Em sua série de palestras de 1902, *Shiwaho ni tsuite* [視話法について] (Sobre a Fala Visível)[37], ministradas na Escola de Surdos de Tóquio e durante excursões de duas a três semanas às prefeituras de Iwate e Akita, Isawa relembrou sua experiência de aprender a Fala Visível com Graham Bell e suas dificuldades com a pronúncia do inglês, comparando sua própria fala inautêntica a um filho ilegítimo ou de "raça mista": "Quando eu falava o que pensava ser inglês, não era inglês puro nem japonês. Eu falava algo parecido como uma criança mestiça [*ai no ko*] de inglês e japonês. Quando ambos foram escritos em Fala Visível e mostrados para mim, a diferença entre eles se refletiu tão claramente diante de meus olhos quanto se estivesse em

---

36. Ibidem, pp. 726-27.
37. As palestras de Isawa foram gravadas em taquigrafia nesses vários locais. A versão sobrevivente incluída em K. Shinano (org.), *Isawa Shuji senshu* (Nagano: Shinano Kyoikukai, 1958), pp. 767-95, foi compilada e editada a partir dessas transcrições.

um espelho." A metáfora da superfície transparente e reflexiva é reveladora. Por esse meio de autorreconhecimento, o uso da linguagem é equiparado a pertencimento étnico e nacional. Ao tornar legíveis para o orador as deficiências de seu desempenho linguístico, a Fala Visível permitia corrigir esses erros por meio de seus marcadores gráficos e reintegrar esse falante na grande comunidade imperial ou nacional. Em "Iwayuru saikin no kokugo mondai ni tsukite", Isawa observa que a língua nacional não é uma preocupação exclusiva de linguistas, pois tem implicações abrangentes para o Estado-nação como um todo, envolvendo questões de governança e produção de conhecimento acadêmico. A base para a compreensão da língua nacional, insiste ele, não se dá apenas por meio da palavra falada, mas dos alicerces encontrados nas letras que são *vistas e ouvidas*:

> A língua nacional que surgiu no meio dos cidadãos nacionais esclarecidos de hoje [*kaika-seru kokumin*] não é apenas algo que é falado pela boca e captado pelos ouvidos, mas inclui um aspecto que é escrito à mão e visto com os olhos. Por meio de uma dada espécie de letras, essa língua é escrita, e nem é preciso dizer que é possuída por uma necessidade que perdura além da vida útil do povo [*kokumin*]: herdada das gerações passadas e transmitida a nossos futuros descendentes, ela forma a base de nossa literatura e a fonte original de nossa história.[38]

Nessa declaração, Isawa fecha o círculo na determinação da língua nacional por meio da reforma da escrita, semelhante à noção de Amane Nishi de que tudo decorreu da materialidade da letra. A linguagem é definida como visual e inscritiva, isto é, como um sistema de notação que registra permanentemente a história e fornece sua continuidade, a fim de que um povo se reconheça. A escrita nacional é, portanto, a forma externa e duradoura da língua pela qual uma nação representa a si mesma, para si mesma. Contudo,

---

38. S. Isawa, "Iwayuru saikin no kokugo mondai ni tsukite", op. cit., p. 716.

como Isawa sabia muito bem, esse efeito só poderia ser alcançado ao remediar a heterogeneidade da fala verbal e visível, e ao transformar a opacidade dos "hieróglifos" em uma fonética transparente e padronizada. Nessas circunstâncias, a FalaVisível poderia ocupar, na melhor das hipóteses, a posição liminar de uma placa de sinalização ao longo da estrada para as verdadeiras relações entre a língua e a escrita nacionais. Como veremos no próximo capítulo, o romance japonês moderno foi "descoberto" sob as mesmas condições discursivas, escrevendo sob rasura com notação taquigráfica.

Parte III

"Escrevendo as coisas tal como são"

CAPÍTULO 7:

Mudança de regime

Este capítulo examina mudanças discursivas nos regimes verbal e visual de meados da década de 1880, que contribuíram para a formação da literatura e da cultura visual no Japão moderno. Em particular, acompanho constelações conceituais que representam novas tecnologias de escrita e os modos de realismo que elas ocasionaram. Como já vimos, o significante *utsushi* da primeira década da era Meiji passou a abarcar unitariamente o significado de cópia, rastro, inscrição e projeção, tanto no sentido técnico-midiático quanto estético. Seu campo semiótico inclui dois caracteres compostos que atualmente servem como traduções para os conceitos ocidentais de realismo (*shajitsushugi*), esboço (*shasei*) e fotografia (*shashin*), estabelecendo relações múltiplas e sobrepostas com a taquigrafia fonética, desde a frase de efeito "escrever as coisas tal como são" até a sua nominalização como fonografia e fonografia verbal. No entanto, essa constelação por si só não determinou a episteme da era Meiji. As constelações interpenetrantes da oratória, da literatura e da impressão, que haviam definido anteriormente o submundo do "mundo flutuante", sofreram transformações não menos profundas na forma e no sentido. Em vez de dizer que suas relações foram decisivamente fragmentadas, é melhor pontuar que sua partilha de códigos foi reorganizada na forma de redes de discurso da mídia moderna.

Consequentemente, este capítulo é dividido em três seções. Na primeira, contrasto a constelação moderna de *utsushi* com a cultura xilográfica do período Edo e sua base na caligrafia. Em seguida, exploro o desacoplamento da palavra e da imagem em consequência de *Bijutsu shinsetsu* (A verdade da arte), de Ernest Fenollosa, que excluía a arte literata caligráfica (*bunjinga*) e a fotografia da disciplina emergente das belas artes.

Na segunda seção, trato da constelação de *hanashi*, isto é, a narração de histórias nos teatros populares *yose*, e os deslocamentos da oratória dos últimos regimes do período Tokugawa até os primeiros da era Meiji. Examino aqui um trabalho representativo de Hakuen Chorin, um popular contador de histórias de ladrões, que, como Mokuami, aderiu à retórica da reforma da língua e das campanhas de moralidade apoiadas pelo governo. Entretanto, meu interesse em Hakuen tem menos a ver com o conteúdo de suas histórias em si do que com as circunstâncias técnicas de sua produção e publicação.

Na terceira, examino as aplicações da taquigrafia no romance político da era Meiji *Ilustres estadistas de Tebas*, de Ryukei Yano. Escrito no chamado "estilo traduzido" (*yakubuntai*) de gramática predominantemente clássica, o romance não faz nenhuma tentativa de reforma nos moldes do estilo unificado. Como tal, foi uma demonstração muito diferente da utilidade da taquigrafia para gravar rapidamente a fala por escrito ou transformá-la em um novo tipo de literatura. De forma inequívoca, a taquigrafia foi aplicada pela primeira vez em um texto literário de fora da corrente canônica dominante do realismo, escrito no estilo unificado. É um corretivo valioso para a história canônica da literatura, que ignora uma história da mídia em comum entre o romance político de Yano e a genealogia que começa com *A lanterna de peônia*, de Encho, *Essência do romance*, de Shoyo, e *Nuvens flutuantes*, de Futabatei.

"Utsushi": entre caligrafia e fotografia

Salvo algumas exceções, havia pouco em termos de autoria singular ou autoridade textual — no sentido entendido pela estética ocidental e sintetizado pelo Romantismo — até depois da Restauração Meiji. Na cultura xilográfica da era Edo, as múltiplas mãos da produção (calígrafo, ilustrador, entalhador, impressor, etc.) transformavam cada texto em um assunto integralmente dialógico. Portanto, não é incomum ver a "assinatura" de cada figura codificada de forma explícita ou implícita, em um determinado trabalho. Durante séculos, esse caractere, anteriormente escrito 写 ou 寫, esteve associado às produções textuais de mosteiros budistas, que, como seus homólogos na Europa medieval, incentivavam o ato meritório de copiar sutras (*shakyo* [写経]) e livros sagrados (*shahon* [写本]) para preservar e disseminar ensinamentos.[1] Essa prática ocupava seu próprio e respeitado nicho na cultura medieval de manuscritos. Da mesma forma, a cultura xilográfica da era Edo permitiu que calígrafos habilidosos ganhassem a vida como copistas. A escrita caligráfica era uma parte essencial das composições estéticas, inseparável das observações espirituosas, alusões e expressões elegantes criadas pelo "autor". Nesse sentido, os calígrafos não eram simplesmente empregados, mas artistas reconhecidos como tal. As peculiaridades dos calígrafos perpetuaram uma profusão de estilos *kana* na literatura popular do período: são suas escolhas estéticas que tornam esses textos, parcial ou totalmente, ilegíveis para os leitores de hoje, que, de fato, são alfabetizados apenas na tipografia moderna e nas padronizações ocorridas no pós-guerra dos caracteres chineses e do *kana*.

Embora a caligrafia estivesse no centro dos regimes verbal, visual e impresso do período Edo, não havia como isso durar. Na década de 1890, o caráter intercambiável e anônimo da impressão

---

1. Copiar sutras não era apenas um ato de devoção, mas também de concentração meditativa no qual as palavras eram inscritas no papel e ainda aprendidas de cor.

de tipo móvel havia deslocado a xilogravura e sua base caligráfica, da mesma forma que a taquigrafia e outras práticas, incluindo a romanização e o *kana*, corroeram a utilidade da escrita caligráfica na era da transparência fonética. A caligrafia também sofreria uma perda de prestígio considerável pelas mãos dos reformadores da arte da era Meiji. A fotografia, a pintura a óleo e até o desenho a lápis minaram a primazia do pincel como principal instrumento artístico de mão. Em nenhum lugar isso é mais evidente do que no caso da arte literata caligráfica, uma prática perfeitamente amadora que cultiva um conhecimento enobrecedor das tradições culturais japonesas e chinesas. Os jogos combinatórios do *haikai*, do *surimono* e de outras práticas carregadas de prestígio do período Tokugawa também estão implicados nesse sentido. Como reflexo das aspirações culturais dos comerciantes e samurais de nível mais baixo, a arte literata talvez melhor expressasse a interpenetração dos regimes verbal e visual: palavra e imagem, mantidas juntas pelo mesmo implemento, o pincel, que etimologicamente aparece em ambos — 書畫: *sho* [書] significando "escrever", e *ga* [畫] significando "desenhar ou pintar" (hoje em dia representado pelo caractere simplificado *ga* [画]). Ambos os caracteres se originam do radical ideográfico para pincel [聿].[2]

    O mais importante entre os oponentes da arte literata foi o jovem Ernest Fenollosa (1853-1908), nomeado como o primeiro professor de filosofia da Universidade de Tóquio, em 1878. Dentro de poucos anos, Fenollosa se envolveria profundamente em debates sobre a definição de belas-artes e o futuro da educação artística nacional. Ele também seria nomeado, ao lado de seu discípulo Tenshin Okakura (1863-1913), para examinar e classificar os objetos religiosos em santuários xintoístas e templos budistas por todo o Japão como tesouros nacionais.

---

2. Para uma discussão aprofundada desses termos, ver D. Sato, *Modern Japanese Art in the Meiji State: The Politics of Beauty* (trad. Hiroshi Nara, Los Angeles: Getty Research Institute, 2011), pp. 185-86.

Embora seja possível que ele não estivesse ciente da recente inversão semântica no termo *shashin*, Fenollosa protestou contra a inscrição da verdade diante da beleza em sua palestra "Bijutsu Shinsetsu" [美術真説] (A verdade da arte) para a Ryuchikai (Sociedade Lagoa do Dragão), no parque Ueno, em 14 de maio de 1882. Fundada em 1879, a Ryuchikai era uma associação de funcionários do governo, artistas e intelectuais ativamente envolvidos na promoção da arte japonesa no Ocidente. O neologismo *bijutsu* no título de Fenollosa era uma tradução para "belas-artes" cunhada para a delegação japonesa na Exposição Mundial de Viena, em 1873, em que os curadores de exposições do Japão se empenharam para que obras japonesas fossem reconhecidas como parte das belas-artes, em vez de mera arte decorativa ou artesanato. Fenollosa fez sua palestra em inglês, a qual foi gravada (não se sabe exatamente como) por Ichu Omori, traduzida e publicada seis meses depois em prosa clássica japonesa, resultando em uma dupla atribuição na folha de rosto: oratória de Fenollosa (*Fenollosa-shi enjutsu*) e escrita de Ichu Omori (*Omori Ichu hikki*).[3] Foi esse mesmo formato que caracterizaria obras como *A lanterna de peônia* e outros livros transcritos em taquigrafia do início da era Meiji.

Diante de uma crise não menos iminente do virtuosismo artístico ameaçado pela exatidão mecânica, Fenollosa defendeu um retorno à estética japonesa a fim de inaugurar uma nova era para as pinturas japonesas, ou *nihonga*, purificadas de certas heresias assim percebidas, como a mistura de literatura, poesia e pintura na arte literata caligráfica do *bunjinga*. Em sua palestra, Fenollosa se refere ao trabalho de um "certo crítico alemão", que geralmente

---

3. Não se sabe se existe algum original em inglês. O destino peculiar de Fenollosa foi o fato de seus dois principais trabalhos teóricos — *Bijutsu Shinsetsu* e o póstumo *The Chinese Written Character as a Medium for Poetry* [O caractere chinês escrito como meio para a poesia], editado por Ezra Pound — terem sido filtrados por outros. Não menos inquietante é a ruptura radical na interpretação da poesia e da pintura, da primeira para a segunda obra, que Fenollosa ou seus interlocutores adotaram em relação ao status do fonema, do hieróglifo e da imagem visual.

PARTE III: "ESCREVENDO AS COISAS TAL COMO SÃO"

se supõe ser Hegel, sobre quem discorria em suas aulas de economia política, filosofia, lógica e estética na Universidade Imperial de Tóquio. No entanto, o trabalho em questão é quase certamente o *Laocoön*, de Lessing, que argumenta que a poesia e a pintura devem manter sua própria unidade de ideia e forma, semelhante a duas nações soberanas que compartilham, sem violar, uma fronteira comum:

> A conexão entre pintura e poesia pode ser comparada à de duas potências limítrofes equânimes, que não permitem que uma presuma tomar indecorosa liberdade com o coração do domínio da outra, ainda que em suas fronteiras pratiquem uma tolerância mútua, pela qual ambos os lados prestam uma compensação pacífica por aquelas ligeiras agressões, que, por precipitação ou força das circunstâncias, se viram compelidos a executar sobre os privilégios um do outro.[4]

Esse argumento se provaria altamente favorável ao desejo de Fenollosa de desmerecer a licença poética da arte literata ao mesmo tempo que defendia um novo gênero de "imagens japonesas" (isto é, *nihonga*) modernas, que seria uma síntese dos materiais tradicionais japoneses informados pela estética ocidental moderna. É evidente que isso também localiza a organização do conhecimento humanístico no mesmo discurso ideológico que o nacionalismo e o imperialismo modernos.

Fenollosa releva a noção popular de que o mimetismo era o objetivo das artes, contrastando os poderes mecânicos brutos da câmera com a estética graciosa das pinceladas japonesas:

> Se for verdade, então, a fotografia [*shashin*] da coisa mais suja e cruel da natureza deve ser uma arte superior à pintura com pincel

---

4. G. E. Lessing, *Laocoön: An Essay on the Limits of Painting and Poetry*, trad. E. C. Beasley, Londres: Brown, Green and Longmans, 1891, p. 121.

[*bokuga*] de uma coisa bonita e nobre, porque é mais verdadeira […]. Fazer com que o *koto* soe perfeitamente como um gemido ou o choro de uma criança, embora parecesse natural, não seria música. Assim como descrever esta sala com exatidão não seria poesia. Do mesmo modo, se faço uma pintura copiando uma coisa inartística da natureza, isso não é arte. Assim, mesmo que eu copie a natureza, devo primeiro definir o que é arte na natureza.[5]

Essa divisão entre verdade e beleza foi articulada em comparação com a relação indicial da fotografia. Paradoxalmente, Fenollosa não era contra a primazia do pincel na pintura; em vez disso, ele se opunha à violação de fronteiras disciplinares quando o pincel também era usado para a composição poética.

Embora não tenha conseguido desalojar o realismo fotográfico da educação artística da era Meiji ou outras formas de produção cultural, incluindo a literatura, seus ataques contra a arte literata foram fortemente reforçados por obras como "Sho wa bijutsu narazu" [書は美術ならず] (Caligrafia não é arte, 1882), de Shotaro Koyama, publicada poucas semanas após a palestra de Fenollosa. Apesar de Koyama estar no extremo oposto do espectro ideológico de Fenollosa, ele também pretendia romper o vínculo entre poesia e pintura, cuja configuração caligráfica era agora vista como uma violação dos preceitos ocidentais de boa forma. Esse foi o início do fim para o papel da caligrafia na educação artística nacional. Como Doshin Sato explica,

> Os dias sombrios da caligrafia estavam destinados a continuar. A caligrafia foi removida das principais ideias definidoras de arte que haviam sido formuladas pelas políticas educacionais do Ministério da Educação. Fundamentalmente, as ideias do ministério

---

5. A. Murakata (org. e trad.), *The Ernest E. Fenollosa Papers: The Houghton Library, Harvard University*, v. 3, Tóquio: Museum Press, 1987, p. 57. Modifiquei levemente sua tradução a fim de enfatizar o vocabulário original e corrigir algumas pequenas omissões e erros de tradução.

PARTE III: "ESCREVENDO AS COISAS TAL COMO SÃO"

sobre arte se aproximavam de um modelo ocidental: pintura e escultura eram as mais altas, artesanato era mais baixa, e a caligrafia foi eliminada por completo. Um debate ocorreu no ano 15 da era Meiji (1882) entre o pintor de *yoga* [estilo ocidental] Shotaro Koyama, que promoveu a ideia de que "caligrafia não é arte", e Tenshin Okakura, que discordava de Koyama. Apesar dos destemidos esforços de Okakura para restaurar a posição da caligrafia, nunca foi estabelecido um departamento de caligrafia na Escola de Belas-Artes de Tóquio ou na Universidade de Artes de Tóquio [...]. Nas exposições de arte patrocinadas pelo governo, que começaram no ano 40 da era Meiji (1907), a caligrafia nunca foi considerada uma categoria de exposição. Foi só com a Exposição de Arte do Japão (Nihon Bijutsu Tenrankai, ou Nitten), criada após a Segunda Guerra Mundial, que a caligrafia passou a ser aceita em exposições.[6]

É claro que há uma ironia disfarçada na separação forçada entre pintura e poesia, que haviam sido, técnica e esteticamente, mantidas juntas pela caligrafia, zombando da estética de Fenollosa. A caligrafia, que deriva do grego para "escrita bonita", seria substituída pela forma manual de inscrição chamada "fotografia verbal". Seu objetivo não era mais apontar a beleza interior ou o significado essencial, mas apenas capturar, da melhor maneira que seus limites técnicos permitiam, traços do real.

Uma transformação semelhante na cadeia de significantes para a noção de real ou verdadeiro, *jitsu* [実], passou a dominar as preocupações do naturalismo japonês entre 1900 e 1910, e continuou através do gênero confessional japonês do "romance do eu" por um bom tempo durante o período pós-guerra: realismo (*shajitsu*), verdade (*shinjitsu*), fato (*jijitsu*) e — talvez o mais importante, dada a atenção

---

6. D. Sato, *Modern Japanese Art and the Meiji State: The Politics of Beauty*, trad. Hiroshi Nara, Los Angeles: Getty Research Institute, 2011, pp. 194-95.

tortuosa do autor à perspectiva objetiva versus subjetiva — sinceridade (*seijitsu*). A longo prazo, no entanto, esses elementos também foram despojados de qualquer conexão com a taquigrafia, ou mesmo com o movimento de esboço literário iniciado por Shiki Masaoka e os autores agora identificados como o *mainstream* dos romancistas da era Meiji, incluindo Natsume Soseki, Doppo Kunikida, Toson Shimazaki e Katai Tayama. Aprofundarei esta questão no Capítulo 9.

"Hanashi": constelações de discurso

No período Edo, grandes mudanças discursivas focadas na heteroglossia da fala, nos costumes e nas maneiras (*fuzoku*) cotidianas já haviam ocorrido. Apesar da diversidade — muitas vezes desnorteante — dos dialetos falados e estilos de escrita, a estratificação política e baseada em classes do período Edo manteve grande parte da produção oral-literária "popular" concentrada no antigo centro da cidade (*shitamachi*) da sociedade mercantil e em seus distritos do prazer. Benito Ortolani ressalta que, nos teatros plebeus de kabuki, bunraku e *yose* de Edo, Kyoto e Osaka,

> ocorreu uma mudança notável de ênfase no teatro kabuki, de meras apresentações de canto e dança para a imitação e a dramatização de certos tipos [sociais], como citadinos de várias ocupações, caipiras e tolos. Posteriormente, os narradores também seguiram essa nova tendência, e os gestos (*shikata*) se tornaram moda. Kiun Nakagawa, por exemplo, no prefácio de *Shikata banashi*, insiste em que, pelos gestos, uma distinção clara pode ser feita entre samurais, fazendeiros, artesãos e comerciantes (*shi-no-ko-sho*), ou entre leigos e padres, homens e mulheres, velhos e jovens.[7]

---

7. B. Ortolani, *Japanese Theatre from Shamanistic Ritual to Contemporary Pluralism*, Princeton: Princeton University Press, 1995, p. 233.

PARTE III: "ESCREVENDO AS COISAS TAL COMO SÃO"

Em suma, os japoneses do período Tokugawa se viam de acordo com o que Bakhtin chama de "nascimento social", em vez de vincular-se a uma identidade compartilhada por sangue, solo ou língua materna. Ao encontrarem alegria nos pontos fracos daqueles diferentes de si, eles não percebiam um sentido expressivo de fraternidade horizontal, conforme a comunidade imaginada da nação moderna, nem qualquer senso de urgência em definir uma essência subjacente do que significava ser japonês.

Antes do advento da taquigrafia fonética, já havia um amplo precedente para a transcrição coloquial e o esforço para capturar a oratória usando marcadores fonéticos e/ou simbólicos. Na virada do século XIX, Atsutane Hirata gravou seus sermões usando o conectivo coloquial *de gozaru* por transcrição de *koshaku*.[8] Ainda que detalhes precisos sobre essa técnica ainda sejam um tanto obscuros, Hirata já estava na terceira ou na quarta geração de estudiosos e artistas a fazerem uso dela. Ronald Dore cita críticas de Sorai Ogyu e Norinaga Motoori no circuito pedagógico de palestras, anotações e compreensão nos círculos intelectuais do período Edo, no sentido de que o literalismo excessivo e as tentativas de precisão transformam "[estudantes] em autômatos passivos".[9] Sorai fez um ácido comentário sobre a indecorosidade dos alunos que literalmente se agarravam a todas as palavras de seus professores: "Eles se sentam aos pés do professor e anotam cada palavra de sua palestra. Palavra por palavra, do começo ao fim, sem uma sílaba fora de lugar. O pior [deles] até marca a pausa que o professor fez para pigarrear. Eles estudam suas entonações e imitam seus gestos."[10] Esses extremos caricaturados por Sorai estavam, no entanto, fora da corrente dominante. Inquestionavelmente, havia métodos de escrita rápida que compartilhavam semelhanças básicas com a taquigrafia do fim do século XIX. Por exemplo,

---

8. Ver N. Twine, *Language and the Modern State: The Reform of Written Japanese* (Nova York: Routledge), p. 75.
9. R. P. Dore, *Education in Tokugawa Japan*, Berkeley: University of California Press, 1965, p. 140.
10. Ibidem

o escriba empunhando um pincel usa menos traços, e escreve mais rapidamente, para representar caracteres simplificados e anotar em símbolos as peculiaridades de fala, gesto e maneirismo. Porém, como podemos extrair das observações de Sorai, essas técnicas de notação não eram de forma alguma valorizadas pedagogicamente nem vistas como uma tecnologia capaz de superar a natimortalidade da língua e da etnia japonesas.

Os teatros *yose* e as esquinas urbanas também vibraram com uma cacofonia de novas apresentações oratórias. No fim do período Edo, os contadores de história profissionais conhecidos como *hanashika*, que foram os predecessores dos artistas de *rakugo* e *kodan*, estavam livres para enfeitar e improvisar sobre o trabalho de outros. Independentemente de quão bem o público possa conhecer uma história como o épico *Taiheiki*, por exemplo, seu horizonte de expectativas dependia das tradições locais de narrativa, não da aderência inflexível a um texto canônico. Indiscutivelmente, uma das tentativas mais intensivas, embora não sistemáticas, de captura midiática da fala do período Edo em sua diversidade começou com o *Ukiyoburo* [浮世風呂] (Casa de banhos do mundo flutuante, 1811), de Shikitei Samba. Hideo Kamei observa que Samba usou novos marcadores diacríticos para indicar consoantes sonoras e mudas no afã de mostrar diferenças muitas vezes mínimas, mas foneticamente críticas, no padrão de fala a depender da classe social ou das regiões dentro e fora da cidade.[11] Barbara Cross ressalta que o uso de marcas diacríticas por Samba não era diferente daquele dos roteiros do teatro de bonecos, que indicava como as performances deviam ser cantadas ou entoadas. Além disso, ela argumenta que o autor usou marcadores espaciais e gráficos para indicar a velocidade e o tempo das expressões, bem como suas qualidades fonéticas.[12] Em outras palavras, Samba procurou replicar, em sua ficção de prosa

---

11. H. Kamei, *Meiji Bungaku-shi*, Tóquio: Iwanami Textbooks, 2000, p. 73.
12. B. Cross, "Representing Performance in Japanese Fiction", *SOAS Literary Review*, AHRB Centre, edição especial, pp. 1-20, 2004.

ilustrada, algo das técnicas performáticas em jogo no palco e ao vivo, na superfície do texto verbal-visual.

Nas duas primeiras décadas da era Meiji, surgiu outra constelação cuja pluralidade semântica se acumulava em torno da oratória: performance (*enzetsu*), fala pública (*koen*), discurso público (*koen*), palestra (*kogi*) e assim por diante.[13] A partir da década de 1870, a taquigrafia era um complemento constante aos eventos oratórios, fossem os de fins políticos ou de entretenimento — e muitas vezes ambos. A separação entre poesia e pintura e a mudança do *shashin* de apreender uma natureza essencial para a fotografia encontram uma ruptura epistêmica análoga na transcrição da oratória, que provocou a redução de *hanashi* [咄/噺] (narrativa) para *hanashi* [話] (literalmente, "fala") em um sentido rigorosamente estruturado. Somente representando a fala altamente habilidosa dos artistas de *yose* em um novo estilo de escrita é que, da fala comum do povo e da nação, pôde emergir o arcabouço da oralidade primária.

A multiplicidade de mãos na cultura impressa da era Edo é recebida com uma multiplicidade de vozes nas artes verbais. Masaaki Nomura nos lembra dos três modos dominantes de oratória nos teatros do "mundo flutuante": ler/recitar (*yomu*), para *joruri* e *Naniwa-bushi* (*rokyoku*); narrar (*kataru*), para a contação de histórias de *kodan/koshaku*; e falar (*hanasu*), para *rakugo*, *mandan* e *manzai*.[14] As diferenças que surgem entre esses modos — por exemplo, a diferença de se originar de um texto de fonte literária como vemos no teatro de bonecos versus a improvisação espontânea do *rakugo* — são apagadas ou achatadas quando eles são transformados em textos literários.

---

13. Komori descreve a oratória como "um novo tipo de mídia" (*nyu media toshite no enzetsu*); ver Y. Komori, *Nihongo no kindai* (Tóquio: Iwanami Shoten, 2000), pp. 31-67. É uma caracterização enganosa que confunde os processos enunciativos e transcricionais, e iguala essa unidade aos "produtos discursivos" que apareceram em jornais, periódicos e outras publicações.

14. M. Nomura, *Rakugo no gengogaku*, Tóquio: Heibonsha, 2002, p. 13.

Trabalhando com premissas semelhantes, em particular com a ideia do *rakugo* como uma performance absolutamente improvisada, Junzo Kawada oferece uma interpretação desconstrutiva de seus respectivos registros enunciativos.

> Devemos contrastar o ato enunciativo de *hanasu* [話す] (falar) com *kataru* [かたる] (narrar, recontar). *Kataru* vem da mesma raiz que *katadoru* [かたどる] (moldar ou modelar). Seja algo pré-linguístico, seja expresso na instância da linguagem, *kataru* escreve por cima (*nazori* [なぞり]) de coisas que já existem, copiando o que é dado. Os estudiosos da língua nacional podem não apoiar minha opinião, mas considero o *hanasu* [はなす], cuja cunhagem é historicamente mais recente, como proveniente da mesma raiz que o *hanasu* [放す]; aquilo que não tem padrão ou modelo para guiá-lo e, portanto, carrega o significado de uma expressão livre. Na escrita nacional, há o neologismo *hanashi* [噺], que recebe diferentes nuances de significado com os caracteres chineses 咄, bem como aqueles para 話 (falar), 談 (conversar) e 譚 (recitar, narrar).[15]

Embora não possa comprovar a existência de uma conexão etimológica nos verbos homófonos de *hanasu*, Kawada faz um excelente trabalho em destrinchar essas nuances na extemporaneidade do *rakugo*, ou o que poderíamos chamar sem muita hipérbole de "trabalhar sem roteiro". O autor determina um elemento fundamental integrante do quadro enunciativo do *rakugo*, a saber, a capacidade do artista em criar múltiplos personagens e posições de narrativa diferenciados por meio de mudanças sutis de tom, gesto ou expressão facial. Esses efeitos, entretanto, não podem ser sustentados quando o desempenho é registrado. As variações e improvisações únicas que

---

15. J. Kawada, "'Hanashi' ga moji ni naru toki", in: *Koto denshoron*, v. 2, Tóquio: Heibonsha, 2001, p. 2. Os caracteres 噺 e 咄 [*hanashi*] são neologismos criados no período Edo, não caracteres chineses reconhecidos historicamente.

sempre ocorrem no palco desaparecem quando sujeitas a um único e autoritativo texto.[16]

Vários problemas assolam a noção do repórter taquigráfico que está fisicamente presente na cena da enunciação e deve "escrever as coisas tal como são". Primeiro, os repórteres trabalhavam em equipes de duas a quatro pessoas e, portanto, produziam um registro dialógico da enunciação. Segundo, era inevitável que eles conferenciassem, antes ou depois do fato, com os artistas ou políticos cuja fala eles transformavam em escrita. A isso se seguiam revisões adicionais por parte do editor do jornal ou do livro em questão. Como essas circunstâncias demonstram, as reivindicações relativas a uma transcrição imediata e transparente eram, na melhor das hipóteses, uma construção artificial.

Kensuke Kono, que foi o primeiro estudioso japonês contemporâneo a considerar criticamente as implicações da taquigrafia japonesa como uma fotografia verbal, comenta o fato de os repórteres taquigráficos e seus editores frequentemente corrigirem erros e meandros na fala para produzir um texto polido: "Em última análise, [esses registros] davam origem à ilusão de serem as enunciações reais de uma pessoa, apagando assim a independência [da taquigrafia] como um meio verbal."[17] As transcrições taquigráficas, e o estilo

---

16. Hideo Kamei, por exemplo, critica a não simultaneidade — ou falta de harmonia — entre repórteres taquigráficos. Baseando-se na famosa transcrição de *A lanterna de peônia* feita por Kanzo Wakabayashi e Shozo Sakai, o autor aponta pequenas discrepâncias, como a escolha entre representar uma palavra específica em *kana* ou *kanji* (cf. H. Kamei, *Meiji bungaku-shi*, op. cit., pp. 4-6). Para Kamei, isso prova que os materiais transcritos por taquigrafia eram agrupados, interpretados, editados e compostos textualmente de formas variadas, em vez de dados brutos realmente "escritos como são" (*ari no mama ni utsushitotta*).

17. K. Kono, *Shomotsu no kindai: media no bungakushi*, Tóquio: Chikuma Shobo, 1999, p. 154. Takanori Li contesta a validade da afirmação de Kono sobre a independência da taquigrafia como meio verbal, voltando-se para um exemplo de 1885 citado no "Koe no yukue" (Paradeiro da voz), de Keiichi Tanikawa, que demonstra, entre outras questões, os relatos conflitantes de repórteres sobre um determinado discurso (cf. T. Li, *Hyosho*

unificado que daí se seguiu, nunca foram gravações verdadeiramente fiéis ou precisas ao estilo do barulho capturado por máquinas de escrever subsequentes, como o fonógrafo. Em vez disso, elas eram um palimpsesto que usava a taquigrafia como uma forma de escrever sob rasura, cujos traços físicos parciais existem apenas na periferia de textos canônicos, como o posfácio do *Keikoku Bidan* e os prefácios de *A lanterna de peônia*.

Como tem sido amplamente reconhecido no estudo do estilo unificado desde o trabalho pioneiro de Karatani e Maeda do fim da década de 1970, a noção literária de "escrever as coisas tal como são" produziu novos textos e estratégias de leitura investidas ideologicamente na lógica da transparência e do imediatismo. Esse processo se intensificou à medida que o estilo unificado que emergia da transcrição taquigráfica era praticamente apagado do registro histórico. Kono faz uma observação crítica adicional sobre a relação indicial da taquigrafia com o realismo: "É altamente sugestivo que a taquigrafia tenha sido conhecida pela metáfora 'o método fotográfico das palavras'. [...] Mesmo se aceitarmos que a taquigrafia foi a instância que deu origem ao estilo unificado, o processo tradutório acabou sendo empurrado para fora da intenção consciente. Ao ser entendida como uma tecnologia para conter enunciações reais tal como são, gerou-se uma concepção equivocada de realismo."[18]

É difícil analisar a partir dessa passagem concisa se Kono está criticando os escritores da era Meiji por investirem nesse conceito de "realismo transcricional" ou se está fazendo uma afirmação mais fundamental sobre a natureza do realismo, isto é, que ele nunca existe fora de algum referente ideológico e material. De qualquer maneira, o problema da taquigrafia seria deslocado para outras categorias literárias, a "concepção equivocada" transmitida como uma origem não material.

---

    kukan no kindai: Meiji "Nihon" no media hensei, Tóquio: Shinyosha, 2000, pp. 126-34).
18. K. Kono, *Shomotsu no kindai*, op. cit., p. 154.

PARTE III: "ESCREVENDO AS COISAS TAL COMO SÃO"

As características básicas de obras transcritas são amplamente representadas em *Nasake no sekai mawari doro* [情の世界回転燈籠] (Lanterna giratória do mundo sentimental, 1886), de Hakuen Chorin, um texto de *kodan* pouco conhecido transcrito por Kenkichi Shito (figura 7.1).[19] Talvez o narrador de *kodan* mais famoso de sua época, Hakuen era um colaborador próximo de Encho, Mokuami e outros artistas do fim do período Edo ao início da era Meiji. Seus trabalhos foram igualmente publicados com grande alarde. *Ansei sangumi sakazuki* [安政三組盃] (Ansei três trocas de xícaras, 1886), por exemplo, foi transcrito por Kanzo Wakabayashi e publicado pelo *Yubin Hochi Shimbun*. Outras obras foram registradas por figuras importantes, como Heijiro Maruyama, que cunhou a frase "fotografia verbal".[20]

Conhecido como "Hakuen Ladrão" no início de sua carreira, por sua propensão a histórias da tradição *shiranami*, na linha de *Os ladrões*, de Mokuami, Hakuen ficou conhecido mais tarde como "Hakuen do Jornal" por abraçar os objetivos da Civilização Iluminada — a transcrição taquigráfica foi devidamente adotada por Hakuen como uma extensão da missão civilizadora. Consistente com o padrão estabelecido pelos manuais de reforma da língua e pela primeira edição de *A lanterna de peônia*, o prefácio de Hakuen é dedicado a expor as deficiências do japonês contemporâneo e como elas podem ser superadas por meio da taquigrafia. Ele lamenta que "a escrita e a fala não são uma só" (*bunsho to kotoba to wa doitsu narazu*), como no Ocidente, e que essa condição impede o Japão de alcançar a

---

19. Atualmente alojado no Maeda Ai Bunko, da Universidade de Cornell, anteriormente o livro fez parte da coleção particular de Ai Maeda.
20. Outros trabalhos incluem *Yukinoyo hanashi: hokuetsu bijin* [雪夜情誌：北越美人], transcrito por Maruyama (s/d); *Tokugawa Genji ume no kaori* [徳川源氏梅の薫], transcrito por Shozo Sakai (1891); *Hagi no tsuyu yamashiro nikki: gosho yamashiroya wasuke shiden* [萩の露山城日記：豪商山城屋和助氏伝], transcrito por Meirin Ishihara (1891); e *Misao kurabe sannin musume* [操競三人娘], transcrito por Yoshitaro Kato (1900).

7.1 Arte da capa do livro *Nasake sekai mawari doro* [Lanterna giratória do mundo sentimental], de Hakuen Chorin, 1886. Fotografia cedida pela Biblioteca da Universidade de Cornell.

unidade da cultura nacional (*ikkoku bunka*).[21] No entanto, insiste ele, "essa técnica de gravação [que] produz uma fotografia verbal" (*kono hikki-jutsu ni yorite kotoba no shashin ni nari*) aproxima o Japão cada vez mais do objetivo de "ordenar essas folhas faladas da verdade, tal como são, sem escrever mais nada" (*sara ni fumi kakazu sono mama koto no ha no makoto wo utsushite kaku wa shitatame*).[22]

Além do prefácio e da capa, uma ilustração retratando Hakuen dirigindo-se ao público (figura 7.2) reforça as mudanças nas práticas do teatro *kodan*. Em vez de se sentar em uma almofada no chão, como era o costume, Hakuen se senta em uma cadeira diante de uma mesa ocidental com apenas um copo de água e um leque tradicional à sua frente. Vários dos homens na plateia usam chapéus-coco ao estilo europeu. Contudo, estão ausentes os repórteres e ilustradores taquigráficos, as múltiplas mãos que permitiriam o surgimento da impressão de um único autor e texto.

A linguagem do texto é, em grande parte, consistente com as transcrições de *rakugo*[23] mais comumente estudadas, salvo o recurso narratológico, que, semelhante ao roteiro de uma peça, assinala entre parênteses o primeiro caractere chinês do nome de uma personagem, a fim de designar o falante. No próximo capítulo, examinarei como a transcrição taquigráfica de *A lanterna de peônia*, de Encho, abriu caminho para o gênero emergente do romance realista escrito no estilo unificado; todavia, é preciso antes voltarmos nossa atenção para *Ilustres estadistas*, de Yano, e seu uso da taquigrafia como um modelo de reforma da língua alinhado com os ideais de construção da nação de um romance político situado na idade de ouro da democracia grega.[24]

---

21. C. Hakuen, *Nasake sekai mawari doro*, Tóquio: Domei Shobo, 1886, p. ii.
22. Ibidem, pp. ii-iii.
23. O estilo da narração e dos diálogos é coloquial, com frases que terminam com o conectivo *de arimasu*.
24. *Nasake no sekai* contém um anúncio para uma adaptação em romance político da vida do rei Charles XI. O título é obviamente baseado em

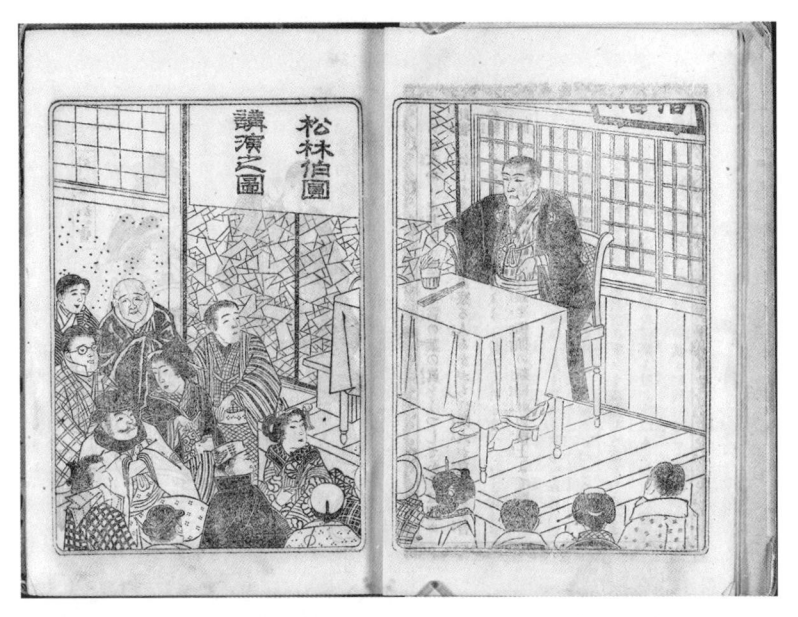

7.2 Ilustração do livro *Nasake sekai mawari doro*, de Hakuen Chorin, 1886. Fotografia cedida pela Biblioteca da Universidade de Cornell.

História verdadeira, devidamente anotada: o romance político de Yano, *Ilustres estadistas de Tebas*

O romance político da era Meiji foi um gênero de curta duração que atingiu seu ápice na década de 1880, pouco antes do surgimento do realismo literário. *Coningsby*, de Benjamin Disraeli (1844; traduzido para o japonês em 1884), e as obras de Victor Hugo estiveram entre as primeiras adaptações e traduções do romance ocidental no Japão que contribuíram para a reavaliação positiva da ficção, longe do desprezo neoconfucionista pelo *gesaku*. Christopher Hill argumenta de maneira persuasiva sobre a relação entre soberania nacional e

---

Ilustres estadistas (*Keikoku bidan*), de Yano, intitulado *Kaiten iseki Fukoku bidan* [回天偉蹟仏国美談], com a adaptação atribuída a Shujin Ninten [任天主人閲] e tradução de Kanichi Awaya [粟屋関一訳].

história que frequentemente se obtém no romance político como uma comparação entre Estados que iam além da entidade política do Japão:

> Os romances políticos da era Meiji não se limitavam a negociar mudanças sociais dentro de um território nacional, contudo. Eles também exploravam a relação entre uma história japonesa unitária (que também estavam escrevendo) e as histórias de outras nações. Um exemplo proeminente é o *Kajin no kigu* (Encontros ao acaso com lindas mulheres, 1885-1897), de Sanshi Tokai, que narra, entre muitos eventos, a história da rebelião carlista na Espanha, a resistência às campanhas russa e turca no Cáucaso, a colonização de Madagascar e a queda de Orabi Pasha no Egito. Os romancistas, sem dúvida, apontaram na direção de outras histórias no intuito de inspirar os leitores por meio de exemplos emocionantes, como a queda da Bastilha, mas, no processo, também sugeriram que as histórias de outros países poderiam ser abstraídas como modelos para a história da nação japonesa.[25]

Com *Ilustres estadistas* não foi diferente, pois, ao recorrer à Grécia antiga, a obra expressou o desejo de provocar uma transformação na subjetividade nacional japonesa e nas instituições governamentais do Estado. O sucesso comercial do romance permitiu a Yano financiar uma viagem à Europa para estudar diferentes sistemas políticos e participar mais vigorosamente dos debates sobre "a questão da língua e da escrita nacionais". Sua pesquisa e posterior escrita de *Nihon buntai moji shinron* foram um produto direto do sucesso do romance.

Ilustres estadistas, que precede de forma cronológica e discursiva a conceitualização do realismo transcricional no estilo unificado,

---

25. C. Hill, "How to Write a Second Restoration: The Political Novel and Meiji Historiography", *Journal of Japanese Studies*, v. 33, n. 2, Seattle: University of Washington, 2007, p. 338.

indelevelmente associado a Encho, Shoyo e Futabatei, era uma amálgama de novos gêneros, estilos e escritas. Ele foi baseado na tradução (*honyaku*) e na adaptação (*honan*) feitas por Yano de materiais de meia dúzia de fontes inglesas sobre a história grega. No início da era Meiji, tradução e adaptação eram estratégias intimamente relacionadas para disseminar conceitos e categorias de conhecimento ocidentais, especialmente na literatura. No prefácio do primeiro volume, o autor expressa sua insatisfação com a falta de estudos detalhados sobre Tebas em inglês. Embora originalmente tivesse pretendido traduzir um texto existente, quando um texto adequado não foi encontrado, ele se viu determinado a produzir o seu próprio. O autor explica que seu objetivo era escrever uma "história oficial" (*seishi*), com apenas breves floreios para entreter e edificar o público: "Adicionei emoção humana e humor para conferir interesse como um romance" (*kore wo hojutsu shi ninjo kokkei wo kuwaete shosetsu-tai to nasu ni itareri*).[26] Porém, há outro aspecto crucial na composição desse romance que o diferencia de outros de gênero político: foi a primeira obra literária da era Meiji a ser transcrita em taquigrafia fonética. Yano decidiu recrutar a ajuda de repórteres taquigráficos para escrever o romance após lesionar seu braço direito durante suas atividades políticas em prol do estabelecimento do Partido da Reforma Constitucional (Rikken Kaishinto), de Shigenobu Okuma, e do Movimento dos Direitos do Povo (Jiyu Minken Undo), incapacitando assim sua habilidade de escrever de forma eficaz. Yano convidou o repórter taquigráfico do *Yubin Hochi Shimbun* Kurataro Sato para transcrever o primeiro volume, em 1883, e Kanzo Wakabayashi, para o segundo, em 1884.

---

26. H. Ochi (org.), *Yano Ryukei-shu*, Tóquio: Chikuma Shobo, 1970, v. 1, p. 4. Ver também A. Maeda e Y. Yamada (orgs.), *Nihon kindai bungaku taikei* [日本近代文学体系] [Compêndio da literatura moderna japonesa], v. 2: *Meiji seiji shosetsu-shu* [明治政治小説集] [Antologia de romances políticos da era Meiji] (Tóquio: Kadokawa Shoten, 1974), pp. 165-66.

PARTE III: "ESCREVENDO AS COISAS TAL COMO SÃO"

Yano se concentrou em recontar as origens do Ocidente na Grécia antiga, traçando a ascensão de Tebas, de um tributário de Esparta até a conquista de seu antigo opressor e, eventualmente, a unificação do mundo helênico. Apesar da localização exótica, o texto era muito consistente com as produções culturais da era Edo ambientadas em lugares e épocas históricas anteriores, conforme o conceito *sekai* do *kabuki*, que era usado para desviar da censura e fazer críticas políticas veladas. Yano, no entanto, buscou a superioridade intelectual, tornando seu romance tanto histórica quanto politicamente sério. Seu foco não era simplesmente se deleitar com as glórias do passado grego, mas ansiar pelo futuro do Estado-nação moderno. Seu romance pode, assim, ser lido como uma alegoria do Japão superando os tratados desiguais impostos pelo Ocidente, ou, de forma mais pertinente às suas ambições políticas imediatas, a derrota dos oligarcas da era Meiji pela democracia.

O título japonês completo, *Sebu Meishi Keikoku Bidan* [斎武名士経国美談], é frequentemente traduzido em inglês por estudiosos contemporâneos como *Illustrious Statesmen of Thebes* [Ilustres estadistas de Tebas]. Porém, já havia uma tradução em inglês, fornecida na capa original: *Young Politicians of Thebes* [Jovens políticos de Tebas]. Possivelmente, Yano escolheu uma versão menos floreada a fim de melhor comunicar seu conteúdo político à juventude da era Meiji. Foi, com certeza, uma ruptura considerável com os tons levemente eróticos implícitos no termo *bidan*, "uma bela história". Ainda assim, a própria tradução de Yano curiosamente omite a parte principal do título, *keikoku bidan*. *Keikoku* vem do *Keikokushu* [経国集] (ano 827 EC), a terceira antologia mais antiga da poesia chinesa no Japão. O prefácio da antologia contém a frase "*monjo keikoku no daigyo*", isto é, "a escrita é a grande empreitada para a condução dos assuntos do Estado", que expressa o poder das palavras de regular assuntos políticos e manter a ordem social e cosmológica. Consequentemente, mesmo quando Yano baseou seu romance político na Grécia clássica, ele também aludiu aos clássicos sino-japoneses para afirmar o valor da escrita a serviço do Estado.

John Mertz aponta, astutamente, que a narrativa está repleta dos conceitos gregos de público (apresentado no romance como *oyake*), assembleia e, acima de tudo, fala política ou oratória.[27] Ele chama a atenção para as cenas do romance na sala de palestras, na grande sala de reuniões e no que ele chama de "a voz da multidão", que fornece os locais de tensão narrativa e de difusão da autoridade política de um único orador para uma comunidade de ouvintes — ou seja, a plateia da nação. Se me for permitido extrapolar um pouco mais, aqui reside a unificação do poder estatal com o povo. É uma relação expressa por Yano não de acordo com uma noção de realismo transcricional ou com a ilusão de uma voz narrativa vernacular, mas por meio da eloquência clássica e da persuasão moral.

No prefácio do primeiro volume, Yano resume brevemente o processo colaborativo em que ele ditou a Sato.[28] Devido ao grande número de homófonos que obscurecem o significado do texto, o autor relata que Sato o visitava frequentemente para esclarecimentos durante sua convalescença. Em consequência, Yano acabou editando-o "pelas próprias mãos" (*tezukara*), embora ainda assim credite Sato e a taquigrafia por permitirem a rápida composição do texto. Ainda que apenas Hideo Kamei tenha feito alguma menção à taquigrafia de Sato, Ai Maeda também destaca que ele escreveu um romance político próprio, *Zanfu hiu seiro nikki* (1884), moldado segundo a adaptação de *Ernest Maltravers*, de Bulwer-Lytton, *Karyu shunwa* [花柳春話] (Um conto primaveril de flores e salgueiros, 1878-1879).[29] Sato publicou seu romance sob o pseudônimo literário Kosui Kikutei [菊亭香水] e optou por uma abordagem mais

---

27. Para uma visão geral das dimensões políticas e narratológicas deste texto, ver J. P. Mertz, *Novel Japan* (Ann Arbor: University of Michigan Press, 2003), pp. 208-18 e 230-32. Também recomendo enfaticamente sua análise da marginalização do romance político a partir dos relatos canônicos que começam com Shoyo e Futabatei (pp. 243-67).
28. Ver anotações de Maeda sobre *Keikoku bidan* em *Meiji seiji shosetsu-shu*, op. cit., p. 450.
29. Ver anotações de *Keikoku bidan* em *Meiji seiji shosetsu-shu*, op. cit., p. 450.

convencional do romance político que Yano. Mais trabalho precisa ser feito nessa área, mas devo observar que é mencionada a conexão de Sato com *Keikoku bidan*, de Yano, no prefácio de outro romance político de nome semelhante, a compilação-tradução (*sanyaku*) de Masanosuke Kato *Eikoku meishi kaiten kidan* [英国名士回天綺談] (1885). Nessa divergência, os contornos exatos do romance da era Meiji, desde os códigos *mainstream* do romance político ao experimentalismo de Yano e à transcrição taquigráfica de *rakugo* e *kodan*, tornam-se aparentes: uma rede discursiva de transcrições, bem como uma genealogia de textos.

Yano também menciona o artista Shiichi Kamei, cujas ilustrações litográficas aparecem nos dois volumes. Embora efusivo em elogio à capacidade de Kamei de "capturar a aparência" (*arisama o moshitari*) de figuras históricas e costumes da Grécia antiga, Yano usa as ilustrações mais ou menos à moda da ficção ocidental, apenas para reforçar visualmente a representação de arquitetura monumental e assembleias democráticas da narrativa falada. Enquanto evitava o tipo de linguagem descritiva minuciosa que Shoyo Tsubouchi (1859-1935) defendia em *Essência do romance* em vez do uso de ilustração, Yano faz uma clara ruptura com o jogo de palavras e a cofiguração de imagem e palavra do *gesaku*. Por fim, voltando aos seus comentários sobre o texto tanto como uma história quanto como um romance, Yano faz uma objeção preventiva no prefácio contra rotular sua obra de "romance histórico-popular" (*haishi shosetsu*). Do seu ponto de vista, esse era um gênero dissimulado que inventava mundos fictícios em vez de retratar este mundo com precisão. Basicamente, o romance político que Yano tinha em mente, desse modo, não possuía precedentes em termos de gênero ou de composição. O que torna esse comentário mais provocador é o fato de a transcrição de *A lanterna de peônia*, de Encho, ter sido encomendada pela organização Tokyo Haishi Shosetsu Shuppansha (Editores de Livros Histórico-Populares de Tóquio).

No prefácio do segundo volume, o interesse de Yano pela reforma da escrita é mais explícito, ecoando as preocupações linguísticas que abordara em *Nihon buntai moji shinron*. No capítulo separado "Sobre estilo", ele fornece uma série de observações simples sobre as origens literárias: "Antes de *Sashiden*, não havia um estilo *Sashiden*. Depois que *Sashiden* foi publicado, houve pela primeira vez um estilo *Sashiden*."[30] O autor repete esse gesto retórico com relação a *Conto de Genji*, *Shiki* [史記] (em chinês, *Shih Chi: Registros do grande historiador*, século II AEC) e *Taiheiki* [太平記] (Crônica da grande paz, final do século XIV), observando que o estilo não é uma questão de idade, mas de inovação. Antes que um estilo possa ser identificado como tal, primeiro deve haver uma unidade (*ittai*) para transmitir e reproduzir. Ainda assim, a formação de um estilo literário não necessariamente gera outros nem está livre das condições de seu tempo (*jizoku*).

Em seguida, Yano descreve os próprios esforços a fim de analisar e contribuir para as reformas linguísticas desde a Restauração Imperial. O autor expõe os quatro modos dominantes de escrita literária no Japão na década de 1880: "japonês" (*wabuntai*), "chinês clássico" (*kanbuntai*), "discurso vernacular" (*zokugo-rigen*) e "tradução direta de idiomas europeus" (*obun-chokuyakutai*), também conhecido simplesmente como "estilo de tradução" (*yakubuntai*).[31] O último é uma mistura dos três anteriores, e, como ele observa, "do ponto de vista de escritores de mente conservadora de apenas um estilo, isso, de fato, deve parecer ter uma forma monstruosamente estranha [*kikai genyo*]".[32] Pela lógica cotidiana, continua ele, faz mais sentido usar um instrumento ou aparato (*kikai*) do que tentar combinar quatro de uma só vez. Nesse sentido, bem antes da brincadeira de Shigeo Osugi com a polissemia do *yurei* (fantasma) do nome de Arinori Mori discutida no Capítulo 4, Yano antecipa o motivo do homófono fantasmagórico preso no mecanismo da escrita.

---

30. R. Yano, *Keikoku bidan*, Tóquio: Hochi Shimbunsha, 1884, v. 2, p. 3.
31. Ibidem, p. 6.
32. Ibidem, p. 8.

PARTE III: "ESCREVENDO AS COISAS TAL COMO SÃO"

Yano admite que tentou usar todos os quatro estilos no segundo volume, em especial o estilo vernacular. Infelizmente, quanto mais diligentes seus esforços, mais risíveis foram os resultados obtidos, até que o autor, por fim, desistiu e apenas escreveu como lhe veio naturalmente. Apesar de sua incapacidade de criar um estilo vernacular, Yano introduziu a taquigrafia como uma estratégia composicional, ainda que não explicitamente literária, para "escrever as coisas tal como são". Por mais que o prefácio lide com estilo e linguagem, o posfácio refere-se à utilidade de escritas. O autor contrasta a taquigrafia recém-adaptada de Takusari aos usos mais difundidos e rotineiros do estilo de tradução:

> Seja usada no tribunal, seja em uma reunião social ou em meu pedido hoje por anotações precisas, há muitas necessidades para esse tipo de prática [taquigráfica]. No entanto, em muitos casos, a forma das anotações é de "escrita traduzida em chinês" (*kambun yakubuntai*), não palavras escritas exatamente como são faladas (*kotoba wo sono mama seimitsu ni hikki suru mono ni arazu*). Não importa com quanto cuidado se empregue o estilo chinês traduzido, ele nunca dá nenhuma evidência da fala como foi enunciada (*kesshite hatto seru kotoba no chokusho to nasu ni tarazu*). Essa é uma de suas principais deficiências.[33]

Embora seja tentador incluir seus comentários na discursividade do estilo unificado, é provavelmente mais acertado dizer que Yano reconheceu a taquigrafia como uma conquista técnica, não como um estilo literário por si só.

Isso parece ser corroborado pelo posfácio do romance. Yano mandou Wakabayashi escrever as primeiras várias linhas do texto, acompanhadas tanto por *kana* quanto por *kanji-kana* (figura 7.3). Devemos lembrar que não havia língua japonesa unificada naquele momento, e a condição da taquigrafia como um suplemento ou

---

33. Ibidem, vol. 2, posfácio, p. 1.

uma escrita nacional alternativa ainda não havia sido excluída. Deixando de lado sua lesão como justificativa para recorrer à prótese da taquigrafia, Yano revela um interesse que precedeu a adaptação da taquigrafia de Takusari:

> Achei uma pena que não houvesse nada no Japão como a notação taquigráfica ocidental e expliquei aos meus conhecidos sobre a necessidade desse desenvolvimento. Algum tempo depois, contudo, ouvi falar de [um grupo de] pessoas que estavam experimentando a partir da taquigrafia. Depois de tentar decidir qual seria a melhor forma de apoiar esses esforços, resolvi pedir a ajuda deles para concluir rapidamente esta seção do livro.[34]

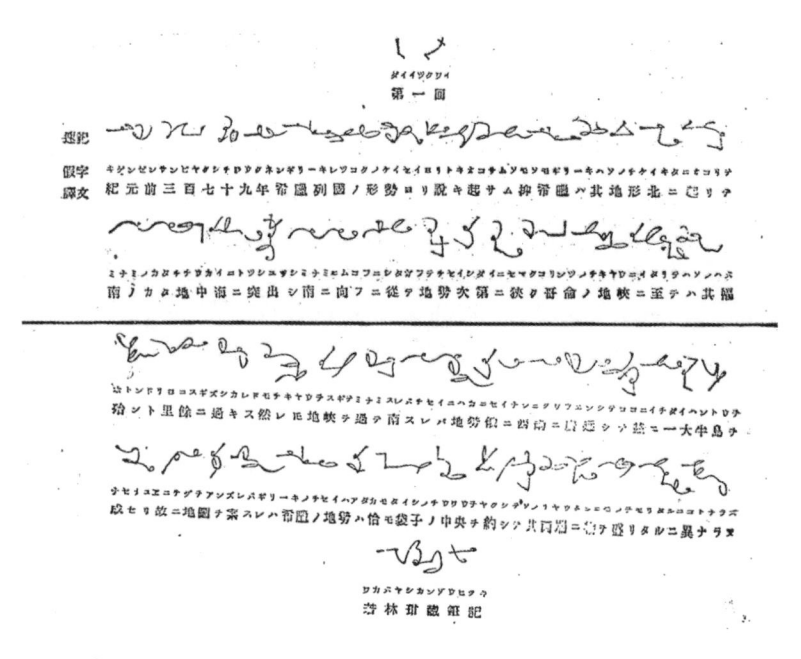

7.3 Posfácio do livro *Keikoku bidan* [Ilustres estadistas de Tebas] em três notações, 1884. Fotografia cedida pela Biblioteca da Assembleia Nacional.

---

34. Ibidem.

PARTE III: "ESCREVENDO AS COISAS TAL COMO SÃO"

No posfácio, as três formas de escrita aparecem lado a lado pela primeira vez para um público leitor mais amplo. A taquigrafia é tornada visível como a protoescrita fonética, ainda que indecifrável, abaixo da superfície do texto. Como exploraremos mais a fundo no próximo capítulo, foi como uma escrita sob rasura que a taquigrafia foi despojada de suas reivindicações de transparência fonética e realismo transcricional na formação do romance japonês moderno.

O termo *genbun itchi*, cunhado por Takami Mozume em 1886, só começou a ganhar tração depois que essas constelações haviam se fundido em uma nova discursividade acerca da língua e da literatura japonesas modernas. Correndo o risco de polêmica repetição, devo declarar mais uma vez minha objeção a impor a teleologia do estilo unificado para meados da década de 1880, quando não era, de maneira alguma, um objetivo universal para a literatura, assim como não era para a reforma da língua e da escrita nacionais. Em vez disso, busco examinar atentamente as práticas e os conceitos literários por meio da taquigrafia que negociou a possibilidade do estilo unificado pela via de sua cofiguração com o realismo transcricional. O que emerge dos campos díspares das reportagens judiciais e parlamentares, da fala pública, do *rakugo*, do *kodan* e assim por diante é a rápida convergência de mídia, linguagem e uma discursividade de realismo que "captura as coisas tal como são". A fé na comensurabilidade da fala e da escrita, incluindo a crença cognata de que escritas fonéticas podem capturar uma realidade, mais do que uma aproximação do contexto da escrita, foi baseada nesses desenvolvimentos ideológicos e materiais.

Em consonância com o enfoque comparativo no mundo anglófono e os desenvolvimentos globalizantes mencionados anteriormente, podemos observar de passagem o espectro da oralidade em geral para as práticas oratórias específicas do fim do século XIX. Lisa Gitelman observa que a profusão da palavra falada muitas vezes definia o contexto para vastos campos de produção textual nos Estados Unidos:

Embora relativamente poucos americanos tenham tido alguma experiência direta com a taquigrafia, todos os alfabetizados tiveram algum contato com a questão subjacente que representa a oralidade. Crianças trabalham ruidosamente sobre livros de ortografia. Leitores consomem formas orais publicadas — palestras, sermões e relatórios de ensaios —, enquanto os gêneros mais fictícios da literatura americana frequentemente se apropriam ou invocam a oralidade de contações e fabulações. A autoria literária requer um bom ouvido, sobretudo quando praticada por Mark Twain ou John Gregory Dunne, ou por regionalistas que confiavam na verossimilhança exagerada dos dialetos impressos.[35]

Houve uma mudança concomitante no valor do aprendizado clássico, incluindo a eloquência da oratória, em tensão com a figura da máquina. Após o trabalho pioneiro de Leo Marx em *The Machine in the Garden* [A máquina no jardim], sobre os impulsos antagônicos do pastoral e industrial no imaginário nacional americano, Eric Cheyfitz afirma que "até a década de 1850, nos Estados Unidos, as artes mecânicas procuravam justificar-se nos termos das artes literárias [...]. No entanto, como sabemos muito bem hoje em dia, as artes literárias, ou retóricas, é que terão de se justificar em termos de uso, ou praticidade, que a máquina terá apropriado para si a partir do domínio histórico da potência da linguagem".[36] Entre suas várias consequências, essa mudança leva à negação das origens mecânicas, ou não literárias, da produção literária. Por um lado, o romance — que, no século XVIII, era uma forma popular indistinguível da epopeia ou do conto — foi privilegiado pelos projetos do nacionalismo e da modernização, ainda que nem sempre em conjunto, como a forma dominante da literatura, acima da poesia.

---

35. L. Gitelman, *Scripts, Grooves, and Writing Machines: Representing Technology in the Edison Era*, Stanford: Stanford University Press, 1999, p. 52.
36. E. Cheyfitz, *Poetics of Imperialism: Translation and Colonization from* The Tempest *to* Tarzan, Filadélfia: University of Pennsylvania Press, 1997, p. 31.

Por outro, os aspectos do próprio romance para as artes mecânicas eram invariavelmente marginalizados pelos processos de canonização que definiam tais obras como *jun bungaku*, significando literalmente "literatura pura".

CAPÍTULO 8:

As origens assombradas da literatura japonesa moderna

O realismo transcricional de *A lanterna de peônia*, de Encho Sanyutei

A literatura japonesa moderna começa com uma história de fantasma. Transcritas em taquigrafia fonética e publicadas como uma série de libretos em 1884, as performances de *rakugo* de *A história de fantasma da lanterna de peônia*, de Encho Sanyutei, foram imediatamente adotadas como modelo para um novo romance realista em prosa vernacular. As genealogias da literatura japonesa moderna que começam com *Essência do romance*, como o primeiro trabalho de teoria literária moderna do Japão, e *Nuvens flutuantes*, de Shimei Futabatei[1], como o "primeiro romance moderno do Japão", havia

---

1. *Ukigumo* é frequentemente traduzido como "Nuvem flutuante", pressupondo a singularidade de seu protagonista, narrador e/ou autor. Escolhi deliberadamente passá-lo para o plural, de modo a refletir as perspectivas narrativas instáveis, uma infinidade de convenções de gênero diferentes e sua composição dialógica verbal-visual.

PARTE III: "ESCREVENDO AS COISAS TAL COMO SÃO"

muito tempo já sinalizavam *A lanterna de peônia* como uma fonte de inspiração passageira, porém, por outro lado, ignoraram sua composição em taquigrafia, deixando-a assombrar as margens do cânone como um resto espectral. Mesmo em *As origens da literatura japonesa moderna,* de Kojin Karatani, quase não há menção a esses desenvolvimentos inovadores na década de 1880, apenas o fato consumado de novos modos de realismo e naturalismo, que, a partir dos anos 1890, foram escritos no estilo unificado e produziram rupturas epistêmicas, como a "descoberta" da interioridade, da paisagem e assim por diante. Apesar de as duas últimas décadas terem testemunhado novos estudos de mídia na formação da língua e da literatura modernas, nenhum ainda conseguiu derrubar o paradigma dominante de uma literatura moderna despojada de suas origens históricas midiáticas.

    Embora eu queira, mais uma vez, sinalizar a minha dívida para com a pesquisa inovadora já realizada no Japão, ofereço dois argumentos que ainda não foram articulados por estudiosos anteriores com suficiente apoio metodológico ou arquivístico. Em primeiro lugar, a notação taquigráfica foi fundamental para revelar pela primeira vez as possibilidades da literatura moderna e da chamada escrita vernacular ao público leitor da era Meiji. Conhecida no Japão como fonografia ou "fotografia verbal", a taquigrafia era uma técnica manual de escrita que adotava, em termos conceituais, as noções existentes de gravação e transmissão de alta fidelidade antes do advento da tecnologia mecânica de gravação do som. Como tal, desempenhou um papel indispensável na ponte, ao menos em nível ideológico, da incomensurabilidade da fala e da escrita. Em segundo lugar, a publicação de *A lanterna de peônia*, de Encho, de *Essência do romance*, de Shoyo, e de *Nuvens flutuantes*, de Futabatei, ocorreu em meio a amplas transformações discursivas na interpenetração dos regimes oral, visual e literário do período Tokugawa. Dessa forma, talvez seja mais preciso dizer que a literatura japonesa moderna começa com as *várias postagens* de uma história de fantasma, uma declaração mais inclusiva da transmissão em vários idiomas, mídias e gêneros. À medida que descascamos as camadas de composição intertextual e intermediária, os processos de mídia que foram apagados dos relatos canônicos desses três textos se revelam como possuidores de agenciamento histórico.

As múltiplas camadas de tradução e adaptação literária que foram introduzidas no *rakugo* moderno de *A história de fantasma da lanterna de peônia* antes de sua transcrição em taquigrafia são um exemplo disso. O conto de terror medieval chinês *Sento Shinwa* [剪灯新話] (Contos à luz de velas, c. 1378) foi adaptado pela primeira vez na coleção de histórias de fantasmas de Ryoi Asai *Otogiboko* [伽婢子] (1666), que, por sua vez, forneceu a Encho o texto-fonte para as suas performances teatrais. No entanto, dificilmente se tratava de uma imitação servil. Além das liberdades que o autor tomou para recriar a história à sua maneira, *A lanterna de peônia* foi narrada no dialeto Fukagawa de Edo-Tóquio, que estava intimamente associado ao *gesaku*, ao teatro plebeu e às vozes animadas do distrito dos prazeres. Antes de seu surgimento, por meio da taquigrafia, como base para o estilo unificado na literatura e para o dialeto padronizado para nação e império, esse dialeto era, antes de mais nada, a linguagem da gente urbana sofisticada e dos citadinos de Edo.

As performances de Encho foram um *tour de force* de narrativas verbais e gestuais que desapareciam toda noite, ao final de cada encenação. *A lanterna de peônia* acumulou suas camadas materiais, uma após a outra, com o advento das tecnologias de escrita modernas. Transcritas em taquigrafia por Kanzo Wakabayashi e Shozo Sakai, os episódios da história eram editados, compostos tipograficamente em uma escrita mista de *kanji* e *kana* e publicados em libretos serializados pelos mesmos Editores de Livros Histórico-Populares de Tóquio que publicaram *Ilustres estadistas*, de Yano.

Em última instância, minha análise aqui também está menos preocupada com a substância da história de fantasma escrita por Encho, com suas intenções como autor putativo do texto, ou em recapitular a história da cultura impressa da era Meiji. Em vez disso, minha intenção é abordar como a transcrição taquigráfica de

PARTE III: "ESCREVENDO AS COISAS TAL COMO SÃO"

rakugo produziu as duas marcas da literatura japonesa moderna: transparência fonética e realismo mimético. De fato, o imperativo composicional dos taquígrafos de "escrever as coisas tal como são" foi cooptado como um grito de guerra pela corrente dominante da literatura japonesa moderna a partir da década de 1890.

É difícil exagerar o grau em que os vários gêneros do início da era Meiji — adaptações, traduções e transcrições — estavam impregnados da literatura ocidental popular.[2] Encho não era excepcional por sua falta de pureza ideológica quando se tratava de preservar as tradições estéticas japonesas, baseando-se livremente em qualquer fonte provável de ser bem recebida por seu público. Os materiais-fonte para as muitas outras encenações de Encho eram igualmente variados; tinham a mesma probabilidade de ser tanto narrativas sensacionalistas baratas inglesas quanto contos literários chineses.[3] Incongruentemente, uma das primeiras obras da ficção naturalista ocidental a circular no Japão foi *Um parricídio* (1884), de Guy de Maupassant, adaptado por Encho como *Meijin Choji* [名人長二] (Choji, o mestre), não como uma transcrição taquigráfica de suas performances *yose*, mas também como um texto escrito por ele mesmo. Foi publicado primeiramente pelo *Chuo Shimbun* (Jornal Central), em 1898, e reimpresso no ano seguinte pelo império editorial da Hakubunkan.[4]

Ainda que *A lanterna de peônia* tenha sido o primeiro conto de Encho a ser publicado em taquigrafia, não foi o primeiro a aparecer impresso. Vários de seus primeiros trabalhos foram publicados como "livros de histórias" (*hanashibon*), de 1864 a 1884, pelo escritor

---

2. Sobre as relações entre transcrições, traduções (*honyaku*) e adaptações (*honan*), ver J. S. Miller, *Adaptations of Western Literature in Meiji Japan* (Nova York: Palgrave, 2001).
3. Ver também a análise de Miller sobre a adaptação de Encho do romance *Hard Cash* (1863), de Charles Reade, para *Seiyo Eikoku koshi Joji Sumisu no den* [Um romance ocidental: o conto de George Smith, obediente filho inglês, 1885] em ibidem, pp. 85-109.
4. Ver D. Keene, *Dawn to the West: Japanese Literature in the Modern Era* (Nova York: Holt, Reinhart, and Winston, 1984), pp. 224-25.

de *gesaku* do início da era Meiji Denpei Jono, também conhecido pelo apelido Sansantei Arindo.[5] Encho, assim, extrapola a fronteira discursiva entre o fim do período Edo e o início da era Meiji e seus regimes orais, visuais e literários em rápida mudança. Embora não esteja claro como essas primeiras histórias foram escritas, é certo que elas não seguiram o modelo de captura de mídia literal associado à taquigrafia.

Dos "livros transcritos por taquigrafia" (*sokkibon*), de Encho, datados de 1884, aproximadamente metade é atribuída a Kanzo Wakabayashi e/ou Shozo Sakai como os principais escrivães.[6] As transcrições foram publicadas em jornais e, posteriormente, como livros e coletâneas, às vezes com mais de uma dúzia de volumes, como foi o caso da publicação pela editora Shunyodo da transcrição de Wakabayashi de *Shiohara Tasuke ichidaiki* [塩原助一代記] (A biografia de Tasuke Shiohara, 1885-1886) de Encho. O jornal taquigráfico mensal *Hyakkaen* [百花園] (Cem Flores), publicado de maio de 1889 a novembro de 1900, apresentava sete ou oito edições seriais de *rakugo* ou *kodan* transcritas em taquigrafia a cada fascículo. Cerca de cinquenta contadores de histórias apareceram em suas páginas, embora Encho não parecesse desempenhar um papel de destaque. A gravação fonográfica no sentido edisoniano ocorreu apenas três anos após a morte de Encho, em 1905, quando seu ex-colega e rival, o contador de histórias australiano Kairakutei Black, foi nomeado pela *London Gramophone* para ajudar na gravação de espetáculos de *yose*.[7]

---

5. Jono era pai do artista Kiyokata Kaburagi, que ilustrou muitos romances e jornais literários da era Meiji. Na década de 1930, Kaburagi pintou um retrato de Encho, com quem ele conviveu bem na infância, no estilo *shin-nihonga*. Sobre o primeiro *hanashibon* de Encho, ver K. Ito (org.), *Sanyutei Encho to sono jidai (ten)* (Tóquio: Waseda Daigaku Engeki Hakubutsukan, 2000), pp. 59-63.
6. Ibidem, pp. 61-63. Curiosamente, nenhum deles é atribuído a Koki Takusari, o fundador da taquigrafia japonesa.
7. B. Ortolani, *Japanese Theatre from Shamanistic Ritual to Contemporary Pluralism*, Princeton: Princeton University Press, 1995, p. 258. As

A lanterna de peônia foi encenada em um ciclo de 46 dias, com episódios publicados primeiramente em pequenos libretos. O conto começa rememorando o auge da cultura do final da era Edo e estabelece uma distância nostálgica em relação à era Meiji contemporânea: "No dia 4 de maio de 1743, quando Tóquio ainda era chamada Yedo, o festival do príncipe Shotoku foi celebrado no templo xintoísta de Tenjin, em Yushima, e uma multidão de adoradores se reuniu na ocasião."[8] Esse preâmbulo é incomum para o *rakugo*, no qual os eventos não costumam ser vinculados a um horário ou local específicos. Assim, agora é possível dizer que a história não era mais estruturada apenas para os frequentadores de teatro, mas para leitores de ficção seriada. Foi uma das várias concessões narratológicas que fixaram a fluidez da narrativa *rakugo* à maneira de um roteiro de teatro ou romance. Outra é a identificação de cada falante na página pelo primeiro caractere chinês de seu nome, ao passo que, no *rakugo*, uma mudança instantânea no tom ou no maneirismo alerta o público para uma mudança correspondente na personagem.

As múltiplas mãos envolvidas na composição do texto transcrito taquigraficamente também são representadas de maneira consistente com a literatura popular da era Edo. No colofão das obras de *gesaku*, o autor é tipicamente marcado pelo sufixo *shiki* ou *jutsu*; o calígrafo, com *hikki* ou *shirushi*; o ilustrador, com *ga* e assim por diante.[9] A capa de *A lanterna de peônia* é assinada com "oratória por Encho Sanyutei" (*Sanyutei Encho enjutsu*) e "transcrição por Kanzo Wakabayashi" (*Wakabayashi Kanzo hikki*) (figura 8.1). A partir da década de 1890, a autoria dos textos seria reestruturada

---

      performances de *rakugo* de Black também foram extensivamente gravadas em taquigrafia durante as décadas de 1880 e 1890.

8. B. H. Chamberlain, *A Handbook of Colloquial Japanese*, Tóquio: Hakubunsha, 1889, p. 447.

9. Isso é verdade independentemente do gênero: *yomihon, kokkeibon, sharebon* e assim por diante, todos autenticam seus meios de produção da mesma maneira.

8.1 Capa do livro *Kaidan botan doro* [Conto da lanterna de peônia], 1884. Fotografia cedida pela Biblioteca da Assembleia Nacional.

na mesma concepção romântica e pós-Gutenberg de origens e originalidade que prevalece hoje em dia. Assim, o registro de meados da década de 1880, sobre uma divisão traçada entre a voz e a mão do autor nas transcrições taquigráficas, marca uma transição crítica entre a produção coletiva em culturas manuscritas e xilográficas, por um lado, e a formação literária-tipográfica moderna, por outro.[10]

Semelhante ao posfácio de *Ilustres estadistas*, de Yano, publicado vários meses antes, um anúncio reimpresso na primeira página de cada libreto da série de *A lanterna de peônia* incluía uma demonstração de taquigrafia juntamente à escrita mista de *kanji* e *kana* de Wakabayashi para a edificação do público leitor (figura 8.2). Lê-se:

> Esta *História de fantasma da lanterna de peônia* é uma adaptação baseada em um famoso romance chinês que fornece uma nova reviravolta a uma história de fantasma. Não só é extremamente emocionante; trata-se de um conto em que o bem é recompensado e o mal, punido. É uma das histórias sentimentais em que o mestre Encho se destaca, e sempre que a apresentava, era fortemente aplaudido. *Kono kaidan botan doro wa, yumei naru Shina no shosetsu yori honan seshi shinki no kaidan ni shite, sukoburu ko aru nomi ka, kancho ni hieki aru monogatari nite, Encho-shi ga tabi ni choshu no kassai wo hakuseshi, shi ga tokui no ninjobanashi nari.*[11]

---

10. Por mais que tendamos a ignorar o trabalho coletivo das equipes de filmagem para focar em um único diretor, seria absurdo pensar que a literatura moderna não continue envolvendo participação implícita e explícita de editores, ilustradores, *ghostwriters* e outros profissionais. No entanto, a consistência ideológica exige que essas questões sejam subordinadas em favor da imagem dominante de um autor independente.

11. K. Ito, *Sanyutei Encho to sono jidai (ten)*, op. cit., p. 30.

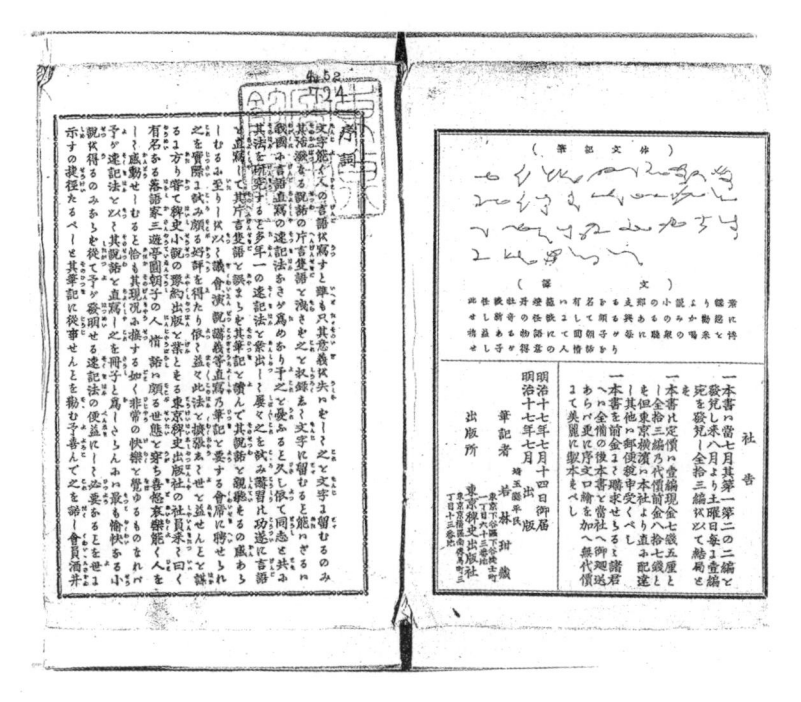

8.2 Anúncio com notação taquigráfica na primeira edição do livro *Kaidan botan doro*, 1884. Fotografia cedida pela Biblioteca da Assembleia Nacional.

Esse anúncio oferece algumas informações valiosas sobre a literatura popular no início da era Meiji. Wakabayashi descreve *A lanterna de peônia* como uma narrativa, conto e romance chinês, denotando os limites permeáveis de gênero antes de *Essência do romance*, de Shoyo. Apesar de Wakabayashi assumir descaradamente o fato de que o texto é uma adaptação, ele também enfatiza a "novidade" (*shinki*) da performance de Encho, que o diferencia das versões anteriores. Entretanto, como diz a famosa máxima de McLuhan, o meio é a mensagem. O anúncio era menos uma demonstração da taquigrafia com o intuito de vender livros do que um espetáculo por si só, como se dissesse: "É assim que o texto transcrito de uma história de fantasma se parece em sua essência." Essa inquietante visão espectral do meio foneticamente transparente foi encoberta pelas edições subsequentes do texto e até omitida da maioria das

PARTE III: "ESCREVENDO AS COISAS TAL COMO SÃO"

edições de obras coletadas por especialistas em literatura, uma vez que a conexão da taquigrafia com o realismo literário foi marginalizada pelos estudos literários canônicos.

O prefácio de Wakabayashi para *A lanterna de peônia*, que foi incluído na maioria das reimpressões tipográficas modernas do texto, oferece um relato mais detalhado de sua participação no processo de transcrição. Comissionado para trabalhar com Encho pela Editores de Livros Histórico-Populares de Tóquio, Wakabayashi abandonou a retórica magnânima de *Ilustres estadistas*, de Yano, que havia transcrito apenas meses antes, para trabalhar em uma história de fantasma impregnada de paixão humana e que já havia sido contada duas vezes. Nunca antes traduzido para o inglês, o prefácio também reflete a consciência das tecnologias da letra e a crescente retórica da taquigrafia como fonografia e fotografia verbal. Incluo o prefácio aqui em sua totalidade.

> Embora as letras transmitam bem as palavras que as pessoas falam, se elas perdem o significado, permanecem apenas letras. O fato de eu ter conseguido gravar essa história vivaz sem reduzi-la a um discurso ininteligível ou meros rabiscos deve-se aos métodos de transcrição de palavras por notação taquigráfica da nossa nação. Faz muito tempo desde que me senti ansioso por isso. Por muitos anos, pesquisei os métodos de notação taquigráfica com meus camaradas antes de conceber um sistema próprio. Realizei muitos experimentos, e o resultado desses ensaios foi a transcrição de palavras sem erros que levaria à ininteligibilidade ou ao absurdo [*hengen-sekigo*]. A leitura do roteiro que escrevi transmitiu a sensação de ter ouvido fielmente a história. Eu marcava presença onde quer que houvesse necessidade de transcrição escrita, fosse para a Dieta Nacional, fosse em uma apresentação oratória, uma palestra, etc. Na verdade, recebi uma resposta tremendamente positiva a esses experimentos. Isso me incentivou ainda mais a expandir meu método e a me empenhar para mostrar ao mundo sua utilidade.

Como um editor da Editores de Livros Histórico-Populares de Tóquio me sugeriu, as narrativas sentimentais do famoso contador de histórias Encho Sanyutei expressam admiravelmente a riqueza dos assuntos mundanos, comovendo-nos com as quatro emoções de deleite, raiva, tristeza e felicidade. Esforçando-me para trazer o prazer incomparável que vivenciei o mais próximo possível da performance real, empreguei a taquigrafia para transcrever esta história. O que você verá aqui neste libreto não é apenas um romance agradável [*yukai naru shosetsu*], mas um meio conveniente para eu demonstrar ao mundo a necessidade e a utilidade da taquigrafia que inventei. Além disso, era uma forma de aplicar minhas habilidades. Aceitei alegremente [a oferta da editora] e, juntamente com meu colega Shozo Sakai, fui ao teatro de *yose* em que Encho faz suas apresentações. Sentado em uma sala nos bastidores, usei a taquigrafia para transcrever a performance de Encho tal como foi apresentada [*sono mama ni chokusha shi*], sem precisar corrigir nenhuma observação sem sentido. E assim foi publicada *A história de fantasma da lanterna de peônia*. Foi adaptada de um romance chinês de renome a fim de criar uma emocionante e nova história de fantasma. Não só a história é extremamente interessante, é um conto didático que recompensa o bem e pune o mal de uma maneira que sempre atrai os aplausos do público. Conforme Encho habilmente relatava essa emocionante história, eu escutei como sempre, observando a situação real [isto é, sua performance] e escrevi sem distorção. Se ele ria, minhas palavras também riam. Se ele ficava bravo, minhas palavras também ficavam bravas. Lágrimas foram recebidas com lágrimas e deleite com deleite. As palavras da donzela são gentis e polidas, enquanto as do jovem são duras e pragmáticas. Como foram gravadas usando a chamada "fotografia verbal" [*kotoba no shashinho*], acredito que os leitores deste libreto vivenciarão o mesmo prazer que sentiriam se tivessem ouvido fielmente o emocionante conto de Encho no teatro.

PARTE III: "ESCREVENDO AS COISAS TAL COMO SÃO"

Minha esperança é a de que este libreto amplie o conhecimento sobre a utilidade do meu sistema de taquigrafia. Com ele, quando as palavras transcritas aqui e ali não produzem um bom tom, é pouco conducente à leitura suave, e a história não parecerá um romance normal [*jinjo shosetsu*]. Em outras palavras, vemos nessas ocasiões um tipo de taquigrafia que transcreve diretamente as palavras sem capturar seu tom, bem como a gramática empobrecida dos contos de nosso país. Se posso reivindicar um objetivo maior aqui, é contribuir para o nosso futuro aprimoramento linguístico. Espero que aqueles que viram Encho em primeira mão apreciem a leitura deste libreto.[12]

Em contraste com a retórica de "escrever as coisas tal como são" vista em vários manuais taquigráficos e em *Ilustres estadistas*, de Yano, a fala transcrita deixa de aparecer em uma condição estritamente técnica de precisão mecânica, mas como uma categoria estética. Desde o início, Wakabayashi estabelece como alvo para eliminação homófonos que possam atrapalhar o circuito da voz autoral para a mão inscritível e para o texto legível de forma transparente. Em harmonia com a noção de um sistema de escrita em que a forma precede o significado, ele elogia a capacidade da fotografia verbal de capturar perfeitamente uma performance de *rakugo* de modo que o leitor sinta como se estivesse presente no teatro. Nesse poderoso apelo ao imediatismo afetivo, Wakabayashi invoca os efeitos alucinatórios das palavras transcritas que aparentemente saltam da página e ganham vida. Shoyo retornaria a esse princípio como o marco para a representação realista de sentimentos e para apreender a essência da hermenêutica literária.

Apesar de seu esforço dialógico com Shozo Sakai e, é claro, Encho, Wakabayashi se nega a adaptar ou interpretar pessoalmente o texto, evitando o que Lisa Gitelman identifica como o paradoxo

---

12. K. Wakabayashi, "Prefácio", in: S. Encho, *Kaidan botan doro*, Tóquio: Tokyo Haishi Shuppansha, 1884, primeira página não numerada.

central da taquigrafia — a saber, que "estava enredada em uma retórica de progresso que estabelecia o repórter como técnico, contraditoriamente habilidoso e automático ao mesmo tempo".[13] É instrutivo comparar a abordagem de Wakabayashi para *A lanterna de peônia* com os breves comentários de Shikitei Samba no início de *Casa de banho do mundo flutuante*. As conexões históricas entre as duas são múltiplas. Encho estava apenas uma ou duas gerações atrás de Karaku Sanshotei, o pai fundador do *otoshibanashi*, o precursor do *rakugo*. De fato, Samba credita o humor incomparável de Karaku como inspiração para seu texto. Em outro aspecto, em *Yo ga genbun itchi no yurai* [余が言文一致の由来] (As origens de meu *genbun itchi*, 1902), Shimei Futabatei relata como ele não apenas confiou em Encho, mas também procurou pistas em Shikitei Samba sobre como representar a língua falada.[14] Não obstante a alegação autodepreciativa de Samba, de ter "gerado este pequeno volume na base do peido"[15], há uma diferença crucial entre os modos de Wakabayashi e Samba para representar a enunciação: enquanto Samba marca sua narrativa com um lamento pelo conteúdo perdido e as falhas de memória para restabelecer a presença das histórias que ouviu, Wakabayashi insiste em uma transcrição rigorosa, palavra por palavra. Samba explica:

> Certa noite, nos alojamentos de Toyokuni Utagawa, ouvimos Karaku Sanshotei contar histórias [de *otoshibanashi*] e, como sempre, sua língua talentosa foi direto ao coração das emoções humanas. Certamente não há ninguém tão engraçado quanto ele; quão difícil é ter um décimo de eficácia no papel! Ao meu lado naquela noite, rindo tanto quanto eu, estava um editor. Avarento

---

13. L. Gitelman, *Scripts, Grooves, and Writing Machines: Representing Technology in the Edison Era*, Stanford: Stanford University Press, 1999, p. 60.
14. S. Kono e M. Nakamura (orgs.), *Futabatei Shimei zenshu*, Tóquio: Iwanami Shoten, 1964-1965, v. 9, pp. 148-49.
15. R. Leutner, *Shikitei Sanba and the Comic Tradition in Edo Fiction*, Cambridge: Harvard University Press, 1985, p. 139.

PARTE III: "ESCREVENDO AS COISAS TAL COMO SÃO"

como sempre, ele de repente me perguntou se eu poderia criar algo com base nessas histórias do banho público.[16]

Enquanto Samba poderia alegar a recuperação de apenas algo em torno de 10% do que foi perdido na transmissão, Wakabayashi insistia em que a taquigrafia captura a realidade do que foi dito, em vez da essência de seu significado.

O prefácio de Shoyo Tsubouchi para *A lanterna de peônia*, escrito sob o pseudônimo Oboro Harunoya, não apenas presta homenagem à taquigrafia e ao uso do vernáculo na composição do texto, como também dá uma ênfase muito maior às qualidades literárias das histórias de sentimentos de Encho em contraste com as obras-primas de ficção de Shunsui Tamenaga e Samba.

> "Aqueles que são capazes de expressar sentimentos (*nasake*, glosado como *kokoro*) quase exatamente como se pensa instintivamente dominam a arte de escrever ao cumprir de forma natural as regras da retórica", escreveu Spencer em seus anos finais. Nunca foi dito nada mais verdadeiro! Recentemente, o contador de histórias de fantasma Sanyutei [Encho] fez uma apresentação oral da história chamada *A lanterna de peônia*, que foi transcrita tal como é por meio de um método chamado de notação taquigráfica (*sokki to iu ho ni mochiite sono mama utsushitori*). Se você der uma olhada na página escrita, verá que ela usa apenas a linguagem provincial e coloquial. Como não é dada a expressões floreadas, o efeito se torna mais dinâmico a cada oração e período. É como se estivéssemos cara a cara com o homem Hagiwara, e temos a sensação de realmente conhecer a donzela Otsuyu. Por outro lado, ler a impetuosidade e a conduta cavalheiresca de Aikawa nos faz rir ou ficar comovidos contra a nossa vontade, mas passa uma impressão tão surpreendentemente verdadeira que não conseguimos pensar nisso como uma mera história. Isso não é um efeito extraordinário

---

16. Ibidem, p. 141.

de tal escrita básica? Mesmo se [o estilo dinâmico] realmente deriva da engenhosidade da escrita, Encho nunca fez parte do *establishment* literário nem estudou o ofício da palavra escrita. No entanto, como podemos ver pela maneira como compõe falas a partir de cada palavra e respiração, ele dá a [Shunsui] Tamenaga uma bela concorrência e supera Shikitei [Samba] em seu domínio de histórias populares (*haishi* [稗史]). Não importa o quão estranhamente similares eles pareçam, se pararmos para pensar por um momento, [podemos ver] simplesmente que as palavras faladas de Encho estão profundamente envolvidas na essência das emoções humanas. Os baixos e desprezíveis picaretas do mundo que procuram agradar a mulheres e crianças se esforçam para capturar a condição das emoções humanas, mas apenas capturam sua superfície em palavras que passam a impressão de não terem vida. Sem dúvida, eles lerão as palavras de *A lanterna de peônia* e terão vergonha perto de Encho. Escrevi este prefácio apenas tocando em alguns dos meus sentimentos sobre o assunto.[17]

Shoyo identifica um conceito fonocêntrico por trás das múltiplas camadas da história de fantasma que também se pode chamar de "o fantasma na máquina". Em rápida sucessão, a respiração de Encho é transmutada em enunciação verbal, gravada em taquigrafia e então transformada em uma escrita mista de *kanji* e *kana* impressa tipograficamente. Embora ele afirme que a espontaneidade da própria performance permite a Encho rivalizar até com os ilustres Shunsui e Samba, é a taquigrafia que permite que as palavras que se movem de modo literal e afetivo manifestem toda a sua força emocional.

A indicação mais forte do apoio de Shoyo à taquigrafia como um meio para a literatura é expressa em seu ensaio pouco conhecido "O que é beleza?", publicado no quarto volume de *Gakugei Zasshi* [学芸雑誌] (Diário acadêmico, 1886). Estabelecendo a taquigrafia

---

17. S. Tsubouchi, "Prefácio", in: S. Encho, *Kaidan botan doro*, Tóquio: Tokyo Haishi Shuppansha, 1884, p. 3.

em primeiro plano em relação ao discurso da fotografia, ele reitera que a taquigrafia pode fornecer um fundamento em potencial para o suposto realismo mimético nos textos literários.

> Quando consideramos a "beleza" mimética, podemos ver que modos indiretos de pintura caíram em desuso, enquanto a arte conhecida como filmagem (*satsuei no jutsu*) tem se tornado cada vez mais avançada. Como o leitor decerto está bem ciente, nos últimos anos a arte de filmar progrediu a um ponto em que podemos não apenas criar uma cópia de um corpo inteiro, como também reproduzir os detalhes das roupas em perspectiva, assim como elas aparecem. Por mais engenhosa que seja, uma pintura não pode ser comparada a uma fotografia (*shashin*). Também na escrita existe o que é conhecido como taquigrafia (*sokkiho*), que é um método de capturar palavras tal como são (*kotoba wo ari no mama ni utsushitoru*) [...] Pode ser um julgamento crítico, mas essa não é uma maneira extremamente perfeita de escrever um romance. No entanto, um verdadeiro conhecedor que vê essa escrita fotográfica não deve rejeitá-la por ter sido escrita em taquigrafia. Em vez disso, para aqueles que se deleitam com histórias populares fantasiosas, mais inteligentemente concebidas do que os discípulos de Samba, e para aqueles que veem beleza no hábil artesanato, as duas palavras "fotografia mimética" (*moyo shashin*) não devem ser menosprezadas, e sim fornecer a base para uma fundação sólida.[18]

O impressionante é que, em meio aos debates sobre a reforma da língua e escrita no Japão na década de 1880, o proeminente teórico da literatura, tradutor de Shakespeare e acadêmico de literatura inglesa tenha encontrado espaço para elogiar a arte decididamente mecânica da taquigrafia! Esse endosso de um modelo fotográfico de realismo foi uma ruptura decisiva com a estética das belas-artes de Fenollosa e sua insistência no valor da beleza na arte em detrimento da verdade.

---

18. S. Tsubouchi, "Bi to wa nani zo ya", *Gakugei Zasshi*, v. 4, 1886, p. 219.

O endosso de Shoyo à linguagem do *rakugo* e seus elogios ao retrato habilidoso dos sentimentos de Encho enfatizam o fato frequentemente ignorado de que, enquanto *A lanterna de peônia* combina dois dos quatro principais gêneros de *rakugo*, a saber, *ninjo banashi* (histórias sentimentais) e *kaidan banashi* (histórias de fantasma), ela foi escolhida exclusivamente por Wakabayashi, Shoyo e outros por seus atributos de sentimento. Estudiosos posteriores adotaram de maneira similar a defesa de Shoyo ao realismo psicológico e, acima de tudo, acharam conveniente ignorar os elementos do sobrenatural no texto.

  Encho, por outro lado, conspirou de forma mais ambivalente para a morte da história de fantasma, ou pelo menos para sua sublimação sob os discursos da verdade científica e da psicologia. Sua primeira performance de *rakugo*, *Kaidan kasane ga fuchi* (1858), foi transcrita 28 anos depois por Wakabayashi e renomeada como *Shinkei kasane ga fuchi* [真景累ケ淵] (A verdadeira visão do abismo de Kasane, 1886). Gerald Figal chama a atenção para a introdução desse texto, que, assim como *A lanterna de peônia*, oferece um preâmbulo para melhor situar sua reprodução textual. Em suas considerações iniciais, Encho brinca com a homofonia de "*shinkei* (nervos), a palavra que se tornara moda até a metade da era Meiji para se referir a formas de distúrbio mental/nervoso (*shinkeibyo*). Assim, a 'verdadeira visão' dos eventos supostamente sobrenaturais relatados no conto sobre o abismo de Kasane é a de que eles são produto do distúrbio nervoso do protagonista e não de uma aparição do outro mundo".[19] A "verdadeira visão" não é mais visível aos olhos como uma presença espectral, mas direcionada pelos nervos como doença psicológica. Enquanto a civilização moderna tentava banir o irracional ou sobrenatural, Encho continuaria minando o amor do público por histórias de fantasma até o fim de sua carreira.

---

19. G. Figal, *Civilization and Monsters: Spirits of Modernity in Meiji Japan*, Durham: Duke University Press, 1999, pp. 27-28.

A transparência do romance

Gostaria de passar agora para uma análise crítica de como os conceitos e as práticas da taquigrafia, bem como as mudanças em andamento nos regimes culturais verbais, visuais e impressos do início da era Meiji, foram efetivados em *Nuvens flutuantes*, de Futabatei, e *Essência do romance*, de Shoyo.

Em *Kansei no henkaku* [感性の変革] (Transformações da sensibilidade, 1978-1982), Hideo Kamei reivindica uma característica peculiar presente em *Nuvens flutuantes* que chama de "o narrador não pessoa". Essa posição narrativa é distinta da "Eu-ismo" (*watakushi-sei*) ou da intencionalidade do autor — ou, nesse caso, do protagonista. Considerando que Kamei não fornece um quadro comparativo tampouco uma base histórica para sua aplicabilidade além de alguns poucos autores da era Meiji, devemos nos perguntar desde o início se isso deve ser entendido como um produto único da modernidade literária japonesa ou se possui aplicações mais universais. Talvez seja melhor chamar essa figura idiossincrática de "narrador não persona", dado que carece de marcas identificáveis como personagem ou indivíduo. De qualquer forma, o anonimato conferido a essa figura não pode ocultar que seu uso da linguagem e olhar privilegiado são decididamente masculinos. Consistente com nossos exames anteriores da tese de Anderson sobre a comunidade imaginada, uma nova voz narrativa surge nos textos vernaculares de jornais, novelas e outras mídias que sustentaram uma fraternidade horizontal do Estado-nação moderno. Como Miyako Inoue argumenta em relação ao surgimento desse tipo de afiliação de classe e de gênero do narrador, "eu digo 'ele' porque esse narrador, esse cidadão, presumivelmente representa um homem (de classe média) e só ele tinha acesso legítimo e irrestrito à recém-emergente esfera pública liberal-democrática".[20]

---

20. M. Inoue, "Gender, Language and Modernity: Toward an Effective History of Japanese Women's Language", *American Anthropologist*, v. 29, n. 3, 2002, p. 401.

Na leitura de *Nuvens flutuantes* que faz em seu *Transformações da sensibilidade*, Kamei resiste a qualquer conexão com a taquigrafia de *rakugo*, tentando evitar reivindicações feitas em 1958 pela erudita literária Toru Terada.[21] Em vez de traçar um limite fora do texto que divulgaria quaisquer origens não literárias, Kamei compara *Nuvens flutuantes* com *kanbun fuzokushi*, um anterior e inquestionável gênero literário de maneiras e costumes. Além disso, embora seja rápido em reconhecer a possibilidade de contribuições dialógicas de Shoyo, ele rapidamente muda sua análise para bases narratológicas em que a autoria unitária de Futabatei e a voz unitária do narrador não podem se contradizer.[22] Em seu trabalho posterior, *Meiji bungaku-shi* [明治文学史] (História da literatura Meiji, 2000), Kamei se mostra apenas um pouco mais favorável à história literária da taquigrafia. No entanto, ele permanece, na melhor das hipóteses, sem se comprometer com a avaliação das reivindicações de alta fidelidade e do papel da taquigrafia na formação de vozes narrativas e na subjetividade moderna.

Desnecessário dizer que minha leitura difere consideravelmente da de Kamei. Afirmo que o "narrador não *pessoal*" pode ser nada mais que uma aproximação da espontaneidade da narração de *rakugo* (*hanashi* [噺]), na qual o narrador entra e sai de várias personagens dramáticas para entreter ou até deslumbrar o público. Tais efeitos em uma encenação ao vivo podem ser tão simples quanto uma mudança de gesto, expressão facial ou entonação. Em *Nuvens*

---

21. H. Kamei, *Transformations of Sensibility*, trad. Michael Bourdaghs, Ann Arbor: Michigan Monograph Series, 2001, pp. 9 e 15. Ver também o artigo de T. Terada, "Kindai bungaku to nihongo" (in: *Iwanami koza Nihon bungaku-shi*, Tóquio: Iwanami Shoten, 1958-1959), pp. 1-27.

22. Há um duplo movimento no argumento de Kamei de negar ter perseguido a intencionalidade autoral, apenas para afirmar que essa posição narratológica única só poderia ter vindo da persona de Futabatei: "Apesar de todas as semelhanças com Shoyo, há uma coisa que nunca encontraríamos nos escritos de Shoyo que encontramos em *Ukigumo*: seu narrador e seus momentos um tanto desconcertantes de autoexposição"; cf. H. Kamei, *Transformations of Sensibility*, op. cit., p. 99.

flutuantes, é possível usar como exemplo disso a cena que se segue imediatamente à conhecida disquisição cômica sobre as barbas e os ternos masculinos que inicia o romance. A cena da barba já é amplamente reconhecida por empregar técnicas de *rakugo*, mas talvez haja um episódio ainda mais revelador, logo após Bunzo sair da azáfama das ruas da cidade do lado externo do portão de Kanda. Quando ele entra na casa de sua tia, onde mora, o narrador sem nome convida o leitor: "Vamos entrar também?" (*isshyo ni haitte miyo*).[23]

Bunzo sobe para seu espartano quarto de cem metros-tatame, muda o terno para quimono e senta-se à sua escrivaninha. A empregada entrega uma carta de sua mãe que acabou de chegar do interior, mas ele não consegue lê-la, devido à conversa interferente da empregada. Aparentemente, de um só fôlego, ela enche seus ouvidos com suspiros de louvor pelas belas roupas de seu primo Osei e reclama das críticas cruéis de sua tia sobre sua rusticidade. Protestando contra o comentário acanhado da tia de que o uso da maquiagem pela empregada era tão inútil quanto a geada pousando em um pedaço de carvão, ela grita para Bunzo: "Isso não está indo longe demais? Você não acha que isso está indo longe demais? Não importa o quão simples eu seja?" (*Anmari jya arimasen ka? Ne — anata nanbo watakushi ga bukiyo datte anmari jya arimasen ka*).[24] O narrador capta não apenas sua fala, como também seus maneirismos, como molhar os lábios com entusiasmo e "fazer figuras com as mãos enquanto ela fala" (*te de katachi o koshiraete mise*).[25] Em suma, a parte verbal do texto está repleta de elementos que se poderia esperar de uma performance teatral. Contudo, esse não é o fim da

---

23. S. Kono e M. Nakamura, *Futabatei Shimei zenshu*, op. cit., v. 1, p. 10.
24. Ibidem, v. 1, p. 12. Em inglês, ver M. G. Ryan, *Japan's First Modern Novel: Ukigumo* (Ann Arbor: Center for Japan Studies, 1990), p. 201. Os *kanji* são encobertos com *kana*, cujas pronúncias são aqui romanizadas.
25. S. Kono e M. Nakamura, *Futabatei Shimei zenshu*, op. cit., v. 1, p. 12.

8.3 Ilustração do livro *Ukigumo* [Nuvens flutuantes], 1886. Fotografia cedida pela Biblioteca da Assembleia Nacional.

representação da cena na narrativa. A primeira de várias ilustrações espalhadas por todo o romance reflete essa passagem (figura 8.3). Uma discrepância óbvia no traje de Bunzo, que permanece usando o traje ocidental, apesar de abrir uma janela visual que é paralela e reforça a voz narrativa. Por exemplo, uma pequena caixa de texto (ou "nuvem flutuante") no canto superior esquerdo do plano da imagem reproduz o discurso citado anteriormente no estilo cursivo da ficção popular Edo. As ilustrações são uma presença inconveniente no texto para estudiosos que endossam a noção de que Futabatei realizou um dos mais importantes princípios do realismo em *Essência do romance*, a saber, a eliminação do pictorialismo. Em vez disso, a ilustração refaz o ato enunciatório, interrompendo a lógica de um texto puramente verbal ou tipicamente homogêneo. O curioso é que isso também parece um pouco com algo que podemos encontrar com facilidade fora do palco no teatro *yose*: o contador entrega suas histórias a um repórter taquigráfico, que as transcreve no papel. A empregada de aparência simples e de fala simples, cujo modo de falar é o dialeto de Tóquio por excelência, é como um contador de histórias quando se apresenta com lábios, dedos e sobrancelhas agitados. Enquanto isso, irritado, Bunzo senta-se em sua mesa com uma coleção de pincéis, pilão de tinta e a carta parcialmente aberta nas mãos, esticando a cabeça para ouvir. Coletivamente, esses detalhes questionam se algo tão óbvio para os leitores contemporâneos como o legado da transcrição de *rakugo* não estava sendo sinalizado pelo escritor e pelo ilustrador em conjunto no início do romance.

Em *As origens de meu estilo unificado*, Futabatei faz a "confissão" (*zange*) de que sua descoberta do estilo unificado ocorreu enquanto ele lutava contra o impasse dos estilos de escrita clássica. Quando procurou o conselho de Shoyo, o escritor mais experiente o encorajou a modelar suas narrativas de acordo com o *rakugo* de Encho. O resultado, ele sem muita modéstia indica com o benefício da retrospecção, quando o estilo unificado já estava em alta, foi o seguinte: "Imitei o mestre Encho para sinalizar [o início de] um novo estilo japonês" (*Encho-shi no monomane de Nihon no shinbunsho no koshi*). Por outro lado, Bimyo Yamada, cujo próprio uso do estilo unificado em *Fukin shirabe issetsu* [風琴調一節] (Uma melodia no acordeão, 1887) precedeu *Nuvens flutuantes*, torna explícita a conexão com a taquigrafia e a dívida com o *rakugo*: "Em uma palavra, deveria ser como a transcrição das histórias sentimentais de Encho, ainda que floreado" (*hitokuchi ni ieba, Encho-shi no ninjo-banashi no hikki ni shushoku wo kuwaeta yo na mono*).[26]

Embora tenha nascido em Edo, Futabatei foi criado e educado até a faculdade em Nagoia. Seu relacionamento com o dialeto de Fukagawa de maneira alguma foi algo natural, e sim resultado de estudo e esforço.[27] Em *As origens do meu estilo unificado*, Futabatei

---

26. M. Yamamoto, *Kindai buntai keisei shiryo shusei*, Tóquio: Ofusha, 1978, p. 362.
27. Ver M. G. Ryan, *Japan's First Modern Novel*, op. cit., pp. 80-85.

professa ter discutido com Shoyo sobre o uso de epítetos clássicos e linguagem floreada (*bibun*), que ele não queria usar. No entanto, acabou adiando muitos dos pedidos de Shoyo, alegando que os leitores poderiam rejeitar os resultados. Embora não haja menção direta à transcrição taquigráfica no ensaio, o conselho de Shoyo citado por Futabatei soa positivamente com o imperativo de escrever as coisas tal como são: "Assim mesmo! Não mude nada e deixe-o cru e intocado, do jeito que está" (*kore de ii, sono mama de ii, nama jikka naoshitari nanzo senu ha ga ii*).[28] Como já observei, Futabatei, que era tradutor do inglês e do russo, além de linguista amador[29], também admitiu prontamente estudar o *Ukiyo-buro*, de Samba, para reconstruir o dialeto de Fukagawa.

Por mais que o reconhecimento de Futabatei da taquigrafia ameace diminuir o valor *belles-lettristic* de *Nuvens flutuantes* ao associá--la mais com a mecânica do que com as artes liberais, há o problema

---

28. Podemos considerar essa fidelidade ao imediatismo da fala em *Ukigumo*, ao lado de outro romance de origens multiplicadas e gravação de alta fidelidade publicado três anos depois: a tradução de Shiken Morita do diário de crime de Victor Hugo, *Things Seen* (1887), como *Tantei Yuberu* [探偵ユーベル] (Detective Hubert, 1890). Inconfundível por suas meticulosas substituições, palavra por palavra, do idioma original do texto, até a introdução de *kare* e *kanojo* como pronomes pessoais equivalentes a "ele" e "ela", Morita aponta outro aspecto de verossimilhança e realismo na produção do romance japonês moderno.

29. O artigo de Shimei Futabatei "Esuperanto kogi" [エスペラント講義] (Palestras em esperanto), publicado na edição de setembro a outubro de 1906 do *Gakusei Times*, coincidiu intencionalmente com a fundação da primeira Associação de Esperanto no Japão. No texto, contudo, Futabatei não menciona outra coincidência histórica significativa, a saber, que seu romance *Nuvens flutuantes* e "Esperanto" foram publicados em 1887. Certamente a criação de um idioma universal planejado por L. L. Zamenhof e a estreia literária de Futabatei coincidiram com um discurso maior da reforma nacional e internacional da língua. No artigo, Futabatei lembra o leitor da ausência de um único idioma do mundo, apontando que havia apenas o inglês (ou um *pidgin* do inglês) para o comércio e o francês para a diplomacia. Enquanto Futabatei não se apressou em julgar o sucesso futuro do esperanto, a seriedade com que ele o levou reflete com precisão o grau em que a mudança linguística global parecia possível até o início do século XX.

da autoria múltipla, minando ainda mais a concepção romântica do autor como um gênio individual. De acordo com o costume antigo de usar a reputação de um autor mais estabelecido para vender autores inéditos, a primeira das três partes do romance foi publicada em nome de Shoyo. A segunda lista Shoyo e Futabatei como coautores, enquanto apenas a última parte credita Futabatei exclusivamente. Desnecessário dizer que isso omite o ilustrador, cujo trabalho já mencionei antes: o famoso artista de gravuras em xilogravura Yoshitoshi Taiso. *Nuvens flutuantes* foi em grande parte um produto dos regimes verbal, visual e impresso em plena transformação na década de 1880, e sua produção dialógica ressalta esse fato.

Finalmente, quero recorrer à *Essência do romance*, de Shoyo Tsubouchi, para uma discussão sobre o realismo transcricional e a hermenêutica literária que sustentam seus efeitos. Apesar de seu status icônico de tratado literário que lançou mil romances, *Essência do romance* também tem a infeliz distinção de estar entre os textos mais difamados e incompreendidos na formação do cânone. É quase tradição nos estudos do pós-guerra estereotipar o conhecimento da literatura de Shoyo, até que ponto ele não conseguiu cumprir seus próprios ideais e, é claro, a noção de que ele facilitou Futabatei enquanto desaparecia lentamente da cena literária como romancista por direito próprio. Naturalmente, essas críticas falham em fazer justiça à sua tremenda produção em reforma literária e teatral, assim como em educação e tradução. Embora uma resposta adequada a essas acusações contra ele esteja, sem dúvida, muito atrasada, quero aqui apenas demonstrar como a noção de realismo transcricional foi combinada a uma nova hermenêutica literária em seu tratado teórico mais importante e amplamente lido.

As avaliações negativas de Shoyo são resumidas de forma concisa em *A produção de literatura e o domínio político efetivo*, de Atsuko Ueda, que sustenta que a *Essência do romance*, de Shoyo, foi fundamental na supressão do discurso político explícito na emergência do romance japonês moderno.[30] Afirmando a visão popular de que *Essência do romance* era o ponto de partida do discurso literário canônico, Ueda, porém, discorda de seu status privilegiado, afirmando que "a história literária já restringe seus limites à região discursiva predeterminada da literatura, que era, em grande parte, moldada pelo clichê de *Shosetzu shinzui*".[31] Essa formulação, argumenta ela, começou com a despolitização da literatura de Shoyo e o afastamento das preocupações do romance político. Partindo da minha discussão sobre *Os ilustres estadistas*, de Yano, no Capítulo 7, eu argumentaria que o que foi obliterado com a produção da literatura não foi a política nem alguma ideologia em si, mas o novo horizonte de indexicalidade transmitido pela taquigrafia e pelas mudanças verbais, visuais e impressas dos regimes culturais em meados da era Meiji.

A teoria literária de Shoyo partiu da estética de belas-artes de Fenollosa. Às vezes, esquece-se de que o pseudônimo "Shoyo" [逍遥] literalmente significa "peripatético" e foi derivado das traduções japonesas feitas na era Meiji de Aristóteles, um dos filósofos que ele estudou com Fenollosa. Era um pseudônimo consistente com o questionamento mútuo, embora raramente concordante, de categorias filosóficas de conhecimento.[32] Em sua salva de abertura em *Essência do romance*, Shoyo articula sua visão da literatura acerca e contra a estética de Fenollosa. De fato, na seção intitulada "Benefícios do romance" (*shosetsu no hieki*), Shoyo não apenas declara que "o romance é arte" (*shosetsu wa bijutsu nari*), como também segue o

---

30. A. Ueda, "The Production of Literature and the Effaced Realm of the Political", *Journal of Japanese Studies*, v. 31, n. 1, 2005, pp. 61-63. O livro fornece uma visão geral útil de alguns dos principais estudos do pós-guerra.
31. Ibidem, p. 63. O termo foi criado pelo pesquisador literário Akihiko Nakayama.
32. Há uma ressonância curiosa aqui com Fenollosa, que, ao ser nomeado membro honorário da escola de pintura Kano, em 1884, adotou o nome artístico Yeitan [永探], ou "Busca Eterna". Ver L. W. Chisolm, *Fenollosa: The Far East and American Culture* (New Haven: Yale University Press, 1963), p. 55.

precedente de Fenollosa em difamar a xilogravura e elogiar a pintura a óleo.[33] Em um exemplo, o autor vê diferenças na literatura contemporânea japonesa e na europeia como equivalentes à diferença entre as artes visuais patrícia e plebeia do período Edo: "Comparar o romance japonês com sua contrapartida ocidental é, assim, como comparar as xilogravuras *ukiyo-e* de Utagawa com as pinturas de Kano. As impressões, ainda que certamente não sejam desajeitadamente executadas, carecem da qualidade de refinamento, não tendo nada a oferecer à sensibilidade estética do espectador."[34] Ou, novamente, em outra passagem, ele insiste: "Os romances premiados no Japão são grosseiros; não têm as qualidades da arte. Ocupam uma posição como a de *ukiyo-e*, que não pode ser chamada de pintura genuína."[35]

Essas descrições são usadas para contrastar o enobrecimento da beleza espiritual ou interior com a verdade vulgar. Tal oposição também é feita entre a poesia épica e os mitos do passado e o romance moderno. Enquanto o primeiro grupo eleva a beleza acima de tudo, o último se preocupa com o retrato exato da emoção, da psicologia e do comportamento humanos contemporâneos. Shoyo demonstra uma profunda compreensão do romance como um instrumento de mudança social baseado na classe e no gênero, notando sua capacidade de inspirar e refletir as realidades sociais vividas. Foi essa atenção aos problemas sociais que motivou suas famosas denúncias sobre o didatismo *gesaku* do período Edo, que, como o romance e a novela no início da Europa moderna, eram, na melhor

---

33. Mais tarde, vivendo como curador das coleções de arte japonesa no Museu de Belas-Artes de Boston e autor de *Masters of Ukiyo-e* (1896) e *Epochs of Chinese and Japanese Art* (1912), Fenollosa tornou-se um porta-voz da beleza e do valor histórico das impressões em xilogravura. Em *The Truth of Art* e seus trabalhos anteriores durante o tempo que passou no Japão, Fenollosa desprezou e criticou duramente a vulgaridade e a moda caipira do japonismo pelos europeus não escolarizados nas escolas de pintura de Tosa e Kano.
34. S. Tsubouchi, *Essence of the Novel*, trad. Nanette Twine, Brisbane: University of Queensland, 1981, p. 36.
35. Ibidem, 38.

das hipóteses, moralizantes demais e, na pior, ficavam em cima do muro, dando cobertura para a licenciosidade excessiva.

Não obstante a diversidade textual de adaptações, traduções e romances políticos resumidos pelos *Ilustres estadistas*, de Yano, *Essência do romance* foi a primeira tentativa sustentada na teoria literária de analisar em conjunto a literatura japonesa e a ocidental. Shoyo reuniu alguns dos estudos de *kokugaku* do século XIX, incluindo a estética de consciência de Norinaga Motoori e seu considerável conhecimento sobre *gesaku*, além de grandes obras do cânone inglês. Semelhante à denúncia de "histórias populares" de Yano, Shoyo contrastou o romance moderno em formas japonesa e inglesa com o romance japonês pré-moderno. Ainda que considerasse o gênero fantasioso e sem base na realidade, Shoyo insistia em que o romance alcançara o ápice da resposta afetiva nos tempos contemporâneos. Em sua famosa elaboração sobre o propósito do romance, Shoyo argumenta: "O *shosestu*, com o que quero dizer o romance, adota uma abordagem diferente, com a representação dos sentimentos e costumes humanos no mundo como seu objetivo central" (*shosestu sunawachi noberu ni itarite wa kore to kotonari, yo no ninjo to fuzoku o ba utsusu o mote shuno to nashi*).[36] Certamente, foi esse registro de afeto que fez do romance um local de poesia, uma tecnologia subjetiva para provocar a transformação das relações sociais.

Os escritos prescritivos de Shoyo sobre realismo psicológico e mimeticismo demonstram como ele importou conceitos do discurso visual do *shashin* e do vocabulário conceitual da taquigrafia para a teoria literária. O autor critica o moralizante *yomihon Nanso satomi hakkenden* [南總里見八犬伝] (Conto de oito cães, 1814-1842), de Bakin Kyokutei, por sua narrativa excessivamente alegórica que carece de verossimilhança para qualquer ser humano reconhecível. "Esses oito 'sábios' eram os personagens ideais de Bakin Kyokutei, não fotografias dos homens de sua idade, o que explica a disparidade" (*hakkenshi wa Kyokutei Bakin no aidiaru no jinbutsu ni shite, gensei no*

---

36. Takenouchi (org.), *Nihon bungaku zenshu*, v. 1, p. 106.

ningen no shashin ni araneba, kono futsugo mo ari keru naru).³⁷ Esse uso metafórico da fotografia como "retrato verdadeiro" é reforçado por sua convicção de que o autor "não deve interpor seus próprios desígnios no sentimento humano, nem para o bem, nem para o mal, mas copiar as coisas como elas são, como observador" (*aete onore no isho wo mote zenaku-jasei no jyokan wo tsukuri-mokuru koto wo ba nasazu, tada bokan shite ari no mama ni mosha suru kokoroe ni aru beki nari*).³⁸ Retratando o romance como uma espécie de jogo de xadrez no qual o autor está observando em vez de jogar, Shoyo recomenda um modo de descrição que não interfira no resultado. Invocando indiretamente o imperativo composicional da taquigrafia, ele polemicamente reitera: "Quando alguém copia as coisas exatamente como elas são, pela primeira vez isso pode ser chamado de romance" (*tada ari no mama ni utsushite koso hajimete shosetsu to mo iwaruru nare*).³⁹

É nesse cenário que acho especialmente problemática a discordância de Ueda de que Shoyo não articulou um claro senso de realismo, mas apenas o usou em uma nebulosa oposição ao didatismo. A autora insiste:

> Shoyo não estava chamando por "*mosha*" ou "*ari no mama*" como realismo mimético. Precisamos extrair o significado textualmente específico dos termos no texto, tratando provisoriamente os termos como sinais vazios e descobrindo com o que certos termos se alinham ou são definidos no próprio texto. Shoyo postula frequentemente os principais constituintes da ficção moderna através de uma cadeia de negação. Por esse motivo, desejo focar não tanto no que ele identifica positivamente como características definidoras da ficção, mas no que ele nega como aquilo que não é.⁴⁰

---

37. Ibidem, v. 1, p. 119.
38. Ibidem, v. 1, pp. 119-20.
39. Ibidem, v. 1, pp. 120.
40. A. Ueda, "The Production of Literature and the Effaced Realm of the Political", op. cit., p. 69.

Argumentando que as únicas referências ao realismo mimético ocorrem quando a intencionalidade do autor se opõe ao didatismo, ela continua: "De fato, ao longo do texto, o significado de *ari no mama* nunca é identificado positivamente, apenas postulado por essa negação."[41] Tratar esses conceitos críticos como "termos vazios" ou meras "negações" é renunciar a qualquer tentativa de entender a história da mídia, bem como renunciar a parâmetros literários e filosóficos que estruturaram seu pensamento.

Ueda deriva sua lógica, em parte, do ensaio de Ai Maeda "Literatura moderna e o mundo da impressão", em especial de uma passagem-chave que ela cita em seu texto e que vou reproduzir aqui na íntegra:

> Acredita-se comumente que *Essência do romance*, de Shoyo Tsubouchi, valorizou a forma mais antiga de um conceito que corresponde ao realismo na literatura moderna. O que Shoyo realmente tentou desenvolver em *Essência do romance*, no entanto, foi um problema mais amplo do que qualquer coisa que possa estar contida dentro da estrutura do realismo. Tome o termo *mosha* [cópia], por exemplo. Tendemos a entender o termo como sendo intercambiável com *shajitsu* [realismo], mas, no caso de Shoyo, parece ter sido mais próximo de um termo usado pelos pintores da era Edo para significar a afixação de seus nomes em suas pinturas; em outras palavras, os caracteres para *mosha,* quando seguiam um nome próprio, significavam "pintados por fulano". Quando discutimos literatura hoje, temos em mãos um sistema recebido de termos literários, mas esse não foi o caso de Shoyo, que teve de criar os mesmos termos que usou para discutir literatura. Devemos estar atentos a essa situação quando o lemos.[42]

---

41. Ibidem, p. 70.
42. Ibidem, p. 68. Ver também A. Maeda, *Text and the City: Essays on Modernity* (org. James Fujii, Durham: Duke University Press, 2004), pp. 255-56. Apesar de suas próprias tentativas de demarcar estritamente a terminologia de Shoyo, a reivindicação de Ueda por uma tensão entre

PARTE III: "ESCREVENDO AS COISAS TAL COMO SÃO"

Embora Maeda tenha sido responsável por muitos estudos inovadores da cultura visual das eras Edo e Meiji, ele nunca introduziu a conexão da taquigrafia em seus estudos, geralmente atribuindo a conceitualização do realismo à teoria literária, à teoria da resposta do leitor e, mais amplamente, às transformações na cultura impressa. É claro que Maeda estava entre os primeiros estudiosos das análises literárias japonesas a desafiar as linhas disciplinares e a investigar as transformações da cultura impressa e das tecnologias da escrita do período Edo para a era Meiji. Apesar de fazer referências passageiras à transcrição de *rakugo*, Maeda nunca apontou diretamente seu papel como "fotografia verbal" que transformou os conceitos e as práticas do romance moderno. Esse é um fator gravemente afetado por sua capacidade de explicar o uso bastante específico de Shoyo e o fundamento exato da mídia, de termos como "cópia", "fotografia" e "realismo".

Ainda que Shoyo discuta longamente as relações de oralidade, alfabetização e visualidade, não há nenhuma declaração explícita sobre a taquigrafia em *Essência do romance*, apenas algumas frases e menções sugestivas de realismo. Uma explicação plausível para a ausência de taquigrafia é indiretamente fornecida por Peter Kornicki, que argumenta que a maior parte de *Essência do romance* foi escrita entre 1881 e 1883, antes do advento da taquigrafia japonesa e do envolvimento de Shoyo com *A lanterna de peônia* ou seus outros escritos sobre taquigrafia e realismo:

> As opiniões divergem sobre a gênese do *Shosetsu shinzui* e os detalhes de sua composição, mas é amplamente aceito que o primeiro rascunho foi concluído ao final de 1881, no mais tardar, e que, no fim de 1883, algo próximo ao presente texto já existia. Depois de algum atraso, foi publicado originalmente em nove libretos,

ninjo, *fuzoku* e *setai* (sentimento, costumes e maneiras), por um lado, e a política, por outro, ignora como essas três categorias não são apenas estéticas, como também *poéticas*: é mediante o registro emocional que elas são capazes de reorganizar as relações sociais.

de setembro de 1885 a abril de 1886, depois em maio de 1886, em uma edição de dois volumes, com uma segunda impressão aparecendo em agosto de 1887.[43]

Desnecessário dizer que a diferença de um ou dois anos muda totalmente as implicações para o conhecimento de Shoyo sobre a taquigrafia. Isso não quer sugerir que o texto inteiro tenha sido composto na data mais cedo possível, ou que as datas de Kornicki também podem não estar sujeitas a revisão. Ainda assim, a referência inicial a Fenollosa e outros comentários, como suas opiniões sobre a Sociedade de Romanização e a Sociedade Kana, localizam inequivocamente partes importantes do texto em uma linha do tempo de 1882 a 1884.

Sobre o tópico relacionado ao realismo no teatro antes de Shoyo, há — entre parênteses, no entanto — uma única crítica enigmática de Danjuro IX e da reforma do teatro como *katsurekishi* e *zangirimono* por um contador de histórias que Nanette Twine e outros supuseram ser Encho.

> Como uma vez um certo contador de histórias em Tóquio apontou, o gosto dos espectadores mudou consideravelmente com o tempo. O desempenho realista, independentemente do assunto, é aplaudido com entusiasmo. As pessoas elogiam as cores suaves das roupas de Danjuro Ichikawa por sua elegância contida. O diálogo no palco se assemelha à fala comum, e os gritos de aprovação cumprimentam a substituição da teatralidade por palavras para transmitir um significado. Nos próximos anos, provavelmente Danjuro e seus contemporâneos interpretarão heróis confinados à cama por doenças e cochilarão por vários atos no camarim! Quem é capaz de dizer, perguntou o humorista, se a opinião pública

---

43. P. Kornicki, *The Reform of Fiction in Meiji Japan*, Londres: Ithaca Press for the Board of the Faculty of Oriental Studies, Oxford University, 1982, p. 26.

pode não ser favorável a cabelos cortados e rostos sem pintura (*sugao zangiri*) no palco? Ele brincou sobre o quão estranho é, e suas palavras confirmam meu argumento.[44]

Essa passagem desmente alegações canônicas de que *katsurekishi* e *zangiri* foram universalmente criticados pelo público. Há algo de estranho, no entanto, nessa atribuição a Encho. Embora seja improvável que tenha sido um cúmplice ansioso no projeto ideológico de "Civilização e Iluminismo", Encho não tinha escrúpulos em lucrar com a celebridade que a transcrição taquigráfica lhe proporcionou. Isso se estendeu às suas relações com o teatro kabuki e seus poderosos atores. De fato, o *Eikoku koshi no den* [英国孝子の伝] (Conto de um oficial inglês, 1896), de Encho, foi transformado em uma peça de kabuki executada por Danjuro e renomeada como *Seiyo hanashi Nihon utsushi-e* [西洋噺日本写絵] (Um conto ocidental em imagens de lanterna mágica do Japão). É um título rico em associações com os conceitos e as práticas midiáticas do *utsushi*, que significa cópia e projeção. Encho compareceu à performance de janeiro de 1886 no Shin-tomiza, em Tóquio, com seu amanuense favorito, Kanzo Wakabayashi, a reboque.[45] Parece improvável, então, que Encho desacreditasse o trabalho de Danjuro, que era, de certo modo, também o seu próprio.

A dificuldade em avaliar as opiniões de Shoyo sobre a reforma da língua e o avanço de novas formas de verossimilhança por meio de escritas experimentais e da linguagem vernacular está no fato de ele não ter se adaptado prontamente a nenhum campo ideológico. Com efeito, ele não defendia o estilo unificado mais do que defendia a romanização ou o excerto caligráfico apenas de *kana*. Sobre o

---

44. S. Tsubouchi, *Essence of the Novel*, op. cit., p. 20. Em japonês, ver S. Kyokai (org.), *Shoyo senshu* (Tóquio: Dai-ichi Shobo, 1979), v. 3, p. 37.
45. A. Fujikura, *Kotoba no shashin o tore*, Tóquio: Sakitama Shuppan-kai,1982, p. 246. Após a apresentação (que incluía outras figuras ilustres, como Sadanji Ichikawa), Encho e Wakabayashi prestaram homenagem a Danjuro nos bastidores.

tema altamente controverso da linguagem literária e da reforma da língua, Shoyo faz duas observações cruciais em *Essência do romance*. A primeira diz respeito ao que ele considera como a melhoria salutar na ficção serial de jornais (*tsuzuki-banashi*) que havia começado a introduzir o discurso coloquial de Tóquio (dialeto fukagawa) na imprensa, refletindo em parte a recente mudança de nome da cidade e o novo orgulho como capital imperial. A segunda vem em uma passagem que só poderia ter sido escrita depois de 1884, na qual ele comenta sobre o recente estabelecimento da Sociedade Kana e da Sociedade de Romanização. É evidente que Shoyo estava bem-informado, se não totalmente convencido acerca dos méritos, do ambiente internacional de escritas fonéticas e reformas da língua. "Não acho que a supremacia do *kana* ou da escrita romana seja realmente o objetivo final. O objetivo de longo prazo desses espíritos afins é unificar todos os países em uma vasta república, tanto quanto possível, com um sistema político comum, idioma e costumes nacionais" (*udai no bankoku wo itto shite ichidai kyowakoku no arisama to nashi, oyobu beku dake fuzoku wo mo mata seitai wo mo kokugo wo mo doitsu narasimemu to nozomu ni ari*).[46] Se o objetivo de ambos os grupos era estabelecer equivalência com o Ocidente, cuja hegemonia parecia inexpugnável, argumenta Shoyo, a escolha lógica ou talvez inevitável seria seguir o caminho da romanização. Embora deixe em aberto a possibilidade de um novo estilo *kusazoshi* na escrita romana, ele se apressa a acrescentar que não endossa nenhum dos grupos e agradece o esclarecimento deles se seu julgamento estiver errado.

A essência da estética de Shoyo se resume a uma questão de hermenêutica literária, isto é, ao seu desejo de ler textos literários como investidos ou codificados com profundidade ilusória. Shoyo descreve como a leitura sem esforço e os poderes imaginativos

---

46. S. Tsubouchi, *Essence of the Novel*, op. cit., p. 73. Em japonês, ver *Tsubouchi Shoyo senshu bessatsu*, v. 3, p. 113. Alterei o termo "idioma", de Twine, para "idioma nacional", mas, de toda forma, mantive sua tradução.

de um meio transparente tornam a literatura superior ao teatro ou às artes:

> Enquanto a representação da personalidade no teatro é limitada por sua dependência do apelo visual e auditivo, o romance, ao se comunicar diretamente com a mente do leitor e estimular sua imaginação, tem um alcance muito maior. No palco, a natureza, o cenário, as casas e o mobiliário são representados por pinturas ou adereços. Dispositivos mecânicos são recrutados para evidenciar chuva, vento e tempestade. Todas essas coisas são descritas no romance, cativando os olhos da mente do leitor [*shinmoku*]. O grau de interesse despertado nele depende, portanto, da força de sua própria imaginação.[47]

O limite superior do que é possível depende, logo, da capacidade de leitura, que, assim como a suposta unidade de autoria mão--voz-mente, é responsável por recriar o mundo do texto. Igualmente significante para Shoyo é a relação entre alfabetização e visualidade. Ele reintroduz o conceito de "olho da mente", que poderíamos observar que foi usado anteriormente em *A verdade da arte*, de seu professor Fenollosa. Em *Essência do romance*, isso se refere ao aspecto visual da literatura acessada pela imaginação do leitor pela via do texto verbal. Consistente com a insistência inicial de Fenollosa na separação de poesia e pintura, de acordo com a estética de *Laocoön*, de Lessing, Shoyo pede a remoção de ilustrações e dos aspectos "pictográficos" da literatura da era Meiji.[48] Obviamente, arte ilustrada de capa, frontispícios, ilustrações de revistas e afins permaneceram parte integrante da cultura literária da época com a participação de artistas famosos, como Yoshitoshi e Kiyokata Kaburagi. No entanto, assim

---

47. Ibidem, p. 21.
48. Para perspectivas adicionais a respeito, ver C. Inouye, "Pictocentrism" (*Yearbook of Comparative and General Literature*, v. 40, 1992), e T. Li, *Hyosho kukan no kindai: Meiji "Nihon" no media hensei* (Tóquio: Shinyosha, 2000), p. 143.

que os jornais, revistas e semanários literários da era Meiji separam os elementos visuais e os subordinam a uma função referencial secundária (como na exposição de uma cena já descrita em palavras), a ruptura com o regime visual-verbal existente era completa.

Claro que devemos insistir em que os leitores nunca leem palavra por palavra no meio supostamente transparente. Na rede de discursos da Alemanha do fim do século XIX, como Kittler nos lembra, Nietzsche procurou retirar o peso acumulado de mais de um século de Romantismo e expor o "cadáver fedorento" da poesia e da filosofia alemãs sustentadas pela hermenêutica. Não apenas a "quintessência da personalidade de seus autores" era suspeita pelo esquema de Nietzsche, como também as noções de interioridade subjetiva e de clareza imaginativa que surgem na mente do leitor a partir das palavras decifradas sem esforço na página. Em seus ardentes esforços para desestimular o Romantismo, Nietzsche sublinhou que o leitor constante não passava de um mito: havia, na melhor das hipóteses, apenas roçagem, escaneamento e adivinhação do leitor supostamente fiel. Nietzsche critica essas tendências desleixadas em seu *Além do bem e do mal*, de 1886:

> Tão pouco quanto hoje, o leitor lê todas as palavras individuais (sem falar sílabas em uma página) — ele escolhe cinco palavras aleatoriamente em vinte e "adivinha" o significado que provavelmente pertence a essas cinco palavras — apenas tão pouco vemos uma árvore exata e completamente com referência a folhas, galhos, cores e formas; é muito mais fácil para nós simplesmente improvisar alguma aproximação de uma árvore [...]. Tudo isso significa: basicamente e desde tempos imemoriais, estamos acostumados a mentir. Ou, de maneira mais virtuosa e hipócrita, enfim, mais agradável: alguém é muito mais artista do que se sabe.[49]

---

49. F. Nietzsche, *Beyond Good and Evil*, Londres/Edimburgo: T. N. Foulis, 1914, v. 5, pp. 192 e 105. Ver também a discussão de Kittler sobre Nietzsche em F. Kittler, *Discourse Networks 1800/1900* (trad. Michael Metteer e Chris Cullens, Stanford: Stanford University Press, 1990), pp. 177-84.

PARTE III: "ESCREVENDO AS COISAS TAL COMO SÃO"

O artista e a decadência da mentira — Nietzsche começa a soar positivamente wildeano. Todavia, a comparação é adequada, e ainda mais insidiosa à justa indignação de Nietzsche no reenvolvimento da mentira hermenêutica no conhecido conceito de arte pelo bem da arte. *A decadência da mentira: Uma observação* (1889), de Oscar Wilde, articula a falta na natureza ou no mundo real, com a qual o artifício da representação faz as pazes:

> Quando olho para uma paisagem, não consigo deixar de ver todos os seus defeitos. É uma sorte para nós, no entanto, que a Natureza seja tão imperfeita, pois, do contrário, não teríamos arte alguma. A arte é nosso protesto espirituoso, nossa tentativa galante de ensinar à natureza seu lugar apropriado. Quanto à infinita variedade da natureza, esse é um mito puro. Não pode ser encontrado na própria natureza. Ele reside na imaginação, na cegueira extravagante ou cultivada pelo homem que a olha.[50]

Independentemente ou por empréstimos clandestinos, Nietzsche e Wilde indicam mutuamente o paradoxo que reside na leitura e na composição do texto literário.[51] Por um lado, o leitor simplesmente se apressa, às vezes tropeçando nos emaranhados de significado em linhas tipográficas organizadas. Por outro, para Nietzsche e Wilde, a natureza também é uma categoria falsa, ou melhor, um subconjunto da arte. É somente pelo esforço humano consciente de seu próprio artifício que o ato de ler pode superar a cegueira *aprendida* que nos levaria a aceitar conceitos literários como retratos precisos do natural, familiar e inato.

Por contraste, nas descrições de Shoyo, o texto literário transcende a mera reflexão ou espelhamento do mundo, provocando a comunhão do leitor com a visão do autor. O autor, portanto, não

---

50. R. Ellmann (org.), *The Artist as Critic: Critical Writings of Oscar Wilde*, Chicago: University of Chicago Press, 1982, p. 291.
51. Sobre os empréstimos mútuos de Wilde e Nietzsche, ver A. Ross, "Deceptive Picture" (*The New Yorker*, 8 ago. 2011).

deve interceder subjetivamente na narrativa, mas, sim, tornar suas intenções conhecidas pela, e através da, História. Ao contrário de Nietzsche e Wilde, Shoyo apoia explicitamente o conceito romântico de autor como um Criador divino, com a totalidade do mundo compreendida através do meio transparente do texto.

> O romance revela o que está oculto, define o que é indistinto e reúne todas as inúmeras paixões do homem nas capas de um livro, estimulando naturalmente o leitor à introspecção. Existe um paralelo com Deus, que criou todas as coisas na terra, mas não colocou nada de si nelas, e autores com minha maneira de pensar, que criam uma variedade de personagens com total imparcialidade e apresentam todos os aspectos da vida cotidiana de maneira realista.

O realismo dos textos compostos dessa maneira reforça a comunidade imaginada, a identidade alucinatória que não é apenas uma percepção infundada ou equivocada de objetos sem base na realidade, não muito diferente da definição de Marx de ideologia como falsa consciência, mas ligada ao *sujeito-criador* de instituições da língua e da literatura nacionais.

Aqui chegamos ao círculo completo da capacidade percebida da taquigrafia de transformar a fala em uma escrita transparente. É exatamente isso que informa o conceito de realismo transcricional: uma qualidade "alucinógena", como Kittler chama insistentemente, que permite que os leitores vejam, ouçam e, acima de tudo, sintam o que realmente não existe. Yoichi Komori identifica a taquigrafia japonesa como um sistema inscritível que se traduz em três níveis de linguagem: da fala à taquigrafia à escrita mista de *kanji* e *kana*. Ele observa que "mesmo que o estenógrafo esteja fisicamente presente, ele é apagado (*shokyo sarete iru*) para se tornar um meio linguístico transparente (*tomei naru gengo baikaisha*). Ainda hoje, essa é a ilusão que permite que ela funcione como um mecanismo reprodutivo para que as vozes ouvidas sejam a da palavra impressa".⁵² Essa é a projeção (*utsushi*) que fornece o significado literal de *shajitsushugi*, que traduzi ao longo deste livro como "realismo transcricional", a fim de sublinhar suas origens histórico-midiáticas. Certamente, o realismo sempre deve ser interpretado em relação a alguma forma de mídia ou base indexical, de modo que essa ênfase polêmica na transcrição pode ser tomada como heurística.

A experiência alucinatória que Shoyo descreve vem da leitura sem esforço de um meio transparente. É certo que o estilo unificado, que há muito tempo é mantido pela transparência da leitura, deve grande parte de sua existência à taquigrafia, que mais do que qualquer outra forma de escrita japonesa do século XIX se aproximou da condição de pura mediação ao ter sua própria presença apagada do texto final. Voltando à formulação com a qual comecei, a história "real" de fantasmas que continua assombrando a literatura Meiji é o mito de origem canônica que suprime sua própria história da mídia e outras origens técnicas.

---

52. Y. Komori, *Nihongo no kindai*, Tóquio: Iwamani Shoten, 2000, p. 125. É importante esclarecer que Komori não rastreia *ari no mama* de volta aos conceitos ou às práticas da mídia que chamo atenção aqui, a saber, realismo fonográfico e fotográfico. Antes, o autor chama de taquigrafia, curiosamente, um produto discursivo (*gensetsu shohin*) que requer uma ilusão de iluminação e progresso na mesma ordem que as línguas ocidentais. Ele também não lida com a taquigrafia como sistema fonético, vendo-a, em vez disso, como um complemento para a mídia tipográfica, que entrega um "produto verbal" ao mercado literário.

Parte IV

Os limites do realismo

CAPÍTULO 9:

Rabiscos de Shiki Masaoka

O que vem primeiro
na composição das linhas,
então, o que vem a seguir
e depois ainda depois disso —
esboçando, esboçando!

dai- ichi ni
sen no haigo
sono tsugi mo
mata sono tsugi mo
shasei, shasei nari

— *Masaoka shiki zenshu*[1]

A partir do final da década de 1880, a produção literária avançou rapidamente com uma diversidade de estilos literários e representações da vida na era Meiji de Koyo Ozaki, Bimyo Yamada, Ichiyo Higuchi, Rohan Koda e outros. Na sequência da transcrição *rakugo* e do nascimento do estilo unificado, nenhuma figura literária moldou tão decisivamente a direção da poesia e da prosa modernas do que Shiki Masaoka (1867-1902). Em sua qualidade de poeta e crítico, ele inventou o *haiku* moderno das constelações desgastadas da poética *haikai* tradicional. Inicialmente considerado por alguns de seus contemporâneos um "romancista fracassado", ele, no entanto, criou o estilo de prosa de "desenho literário" (*shaseibun*) que se tornou o modelo para romances transparentemente fonéticos e transcritivamente realistas. Embora ele não vivesse para ver os frutos de seu trabalho dominarem primeiro, o *mainstream* literário, e depois alcançarem o status canônico como marca registrada da literatura japonesa moderna, a experimentação incansável de Shiki e as críticas à linguagem literária proporcionaram uma transição importante da

---

1. *Masaoka shiki zenshu*, v. 6, p. 221.

transcrição intermediária de inscultores de taquigrafia para escritores que tomaram as circunstâncias em suas próprias mãos para "escrever as coisas tal como são".

Para o título e a primeira seção deste capítulo, eu invoco como um elemento organizador o título da primeira coleção de ensaios de Shiki, *Fude Makase* [筆まかせ] (Rabiscos, 1884-1892)[2], para localizar seu trabalho nas rupturas discursivas e nos movimentos peripatéticos, da transcrição taquigráfica e do desenho artístico à aplicação de estatísticas para marcar a morte pelo formalismo da poética tradicional japonesa. Na segunda seção, procuro explicar a dialética de Shiki de vida e literatura, sangue e tinta. Sua tuberculose se manifestou por volta de 1895 e piorou cada vez mais, com um período prolongado de deterioração de 1898 a 1902. Existe um conceito romântico em escavar o arquivo do qual até Kittler depende, ou seja, que isso produzirá de suas criptas empoeiradas todo pensamento secreto e sentimento de seus autores e textos como um sistema consistente e coerente de significado: o texto da vida. Shiki atua em tal pretensão como um modelo de Romantismo em vários níveis. Sua obsessão imutável por escrever as coisas, uma mania que poderíamos diagnosticar como *aufschreibesysteme*, só aumentou em intensidade, apesar, ou talvez por causa, de sua debilidade física. Os escritos de Shiki continuaram inabaláveis com uma crescente conscientização da respiração e dos fluidos, bem como com a reprogramação de códigos visuais e verbais, que revitalizaram o autor e o texto.

Após a sua morte, em 1902, os princípios do realismo que ele defendia foram amplamente adotados por escritores importantes, como Doppo Kunikida, Toson Shimazaki, Natsume Soseki e Katai Tayama, e por figuras menos conhecidas, como Takashi Nagatsuka, Sachio Ito, Torahiko Terada, Miekichi Suzuki e Yaeko Nogami. Isso não quer dizer que suas ideias não fossem controversas ou que

---

2. Shiki usou várias exibições de palavras para "deixar ao pincel" uma base em caracteres chineses diferentes para os quatro volumes de *Rabiscos*: [筆まか勢] para o primeiro volume, [筆任勢] para o segundo, e [筆まかせ] para os volumes três e quatro.

fossem facilmente assimiláveis; repetidas vezes, vemos escritores que, como é convencionalmente descrito, lutaram para definir uma voz narrativa que não estava alienada dos efeitos da representação nem que se entregava a um excesso de artifício. *Heimen byosha*, ou "descrição simples", é um caso em questão, como explica Gerald Figal: "Para Tayama, uma escrita verdadeira inscreve as respostas dos cinco sentidos à realidade empírica circundante. Algo, portanto, que se preocupava com superfícies externas (daí *'heimen' byosha*). Introduzir pensamentos e sentimentos — isto é, a imaginação do escritor seria abordar a superfície das coisas 'naturalmente' sentida e permitir a possibilidade de uma fabricação falsificada."[3] Enquanto Katai ilumina a narrativa de um romancista da era Meiji, chafurdando na autopiedade masculina em *A colcha* [布団] (Futon, 1907), com cenas ocasionais de comportamento obsceno que se aproximam do pastelão, uma crítica muito mais eficaz e uma extensão do desenho literário muito além de seus parâmetros originais ocorrem em *Eu sou um gato*, de Soseki, que vou discutir no capítulo final deste livro. Embora raramente seja reconhecido em relação à taquigrafia, eu argumentaria que o realismo como transcrição, indivisível do estilo unificado, marca os alicerces do romance japonês moderno.

    Kunio Yanagita, o fundador dos estudos do folclore japonês, também está profundamente envolvido nesse aspecto. O prefácio de Yanagita para *Tono Monogatari* (Contos de Tono, 1910) foi uma reformulação do imperativo taquigráfico para fins de gravação etnográfica. Em mais um exemplo do que Marilyn Ivy chama de "prefácio parasita" emoldurando o texto, Yanagita explica como ele serviu como amanuense fonográfico para Kyoseki Sasaki, nativo de Tono, a quem descreve como um "pobre contador de histórias, mas um homem possuído de sinceridade genuína" (*hanashi jozu ni wa hizaredomo seijitsu naru hito nari*).[4] A propósito das redes de

---

3. G. Figal, *Civilization and Monsters: Spirits of Modernity in Meiji Japan*, Durham: Duke University Press, 1999, p. 123.
4. K. Yanagita, *Tono monogatari*, Tóquio: Kyodo Kenkyusha, 1935, p. 55.

discurso do correio que ligavam o centro imperial ao interior do país e, assim, diminuíam a distância entre o influxo da modernidade e uma tradição folclórica supostamente atemporal, Figal observa que Sasaki "tem uma confiabilidade semelhante à de um pônei de correio, forte, mas, burra, entregando mensagens intactas de pessoa para pessoa por longas distâncias".[5] Yanagita continua com sua caracterização de como ele registrou as histórias de Sasaki da seguinte forma: "Eu as escrevi exatamente como me sentia sem alterar uma única palavra ou frase" (*jibun mo mata ichiji ikku wo mo kagen sezu, kanjitaru mama o kakitari*).[6] Nesse truque de mão hábil, Yanagita substitui a captura da realidade da mídia por uma compreensão afetiva do que se pretendia, uma essência popular.

No ensaio um pouco anterior "Genbun no kyori" [言文の距離] (A distância entre a fala e a escrita, 1909), Yanagita procurou romper com a postura objetiva e observacional do desenho taquigráfico e literário, enfatizando os poderes da retórica, especialmente nas tradições populares, sobre a suposta racionalidade e verossimilhança da voz e do olhar narrativos modernos. Como Ivy explica, "a literatura só pode ocorrer como verdadeiramente literária mantendo-se afastada do caos da fala japonesa, bem como das pretensões de uma reprodução fotográfica e fonográfica do mundo (ele discorre sobre os escritores naturalistas japoneses ruins como fotógrafos amadores)."[7]

O etnógrafo continua sendo um gravador e transmissor de voz nativa, ou mesmo as vozes imaginadas do passado. Mas, essas vozes são postas no papel no estilo unificado e com o mecanismo disciplinar da *minzokugaku* (etnologia) prendendo-as na estrutura do Estado-nação moderno. Apesar de todos os argumentos de Yanagita, até mesmo sua abordagem submeteu o povo comum a um novo tipo de medida padronizada derivada da objetividade transcritiva.

---

5. G. Figal, *Civilization and Monsters*, op. cit., p. 107.
6. K. Yanagita, *Tono monogatari*, op. cit., p. 55.
7. M. Ivy, *Discourses of the Vanishing: Modernity, Phantasm, Japan*, Chicago: University of Chicago Press, 1995, pp. 78-79.

A morte estatística da poesia japonesa

No primeiro volume de *Rabiscos*, Shiki escreveu vários ensaios e fragmentos curtos que indicam seu interesse crítico em Encho, *rakugo* e, de maneira um tanto enigmática, transcrição taquigráfica. Shiki pode muito bem ter ido ver Encho se apresentar ao vivo com seu colega de classe Kinnosuke Natsume[8], com quem ele compartilhou uma paixão por *yose*. Por seu próprio relato, suas primeiras aspirações foram seguir os passos de Shoyo, Futabatei e Bimyo que, por sua vez, o levaram ao palco *yose*. Ele descreve as várias técnicas oratórias usadas em *rakugo* em *Encho no hanashi* [円朝の話] (Histórias de Encho, 1890), e atende ao precedente de estudar Encho ou, mais precisamente, os efeitos transcritos de suas performances servindo ao propósito de sua própria escrita de ficção: "Ouvir esses efeitos [oratórios] me pôs no caminho de escrever romances" (*Kokora no guai o kikite yo wa shosetsu no shuko mo kaku koso arita keredo satori tari*).[9]

O ensaio em forma de verso de Shiki "Rakugo renzumo" [落語連相撲] (Luta de sumô *rakugo*) fornece uma análise mais precisa de suas observações sobre a transcrição de *rakugo*. Aqui também ele descreve o embaçamento de personagens dramáticas ao assistir a uma performance *rakugo*, de tal forma que o público é incapaz de dizer onde os personagens param e a contação começa. No entanto, ele também estava atento ao insultor de taquigrafia por trás da cena da escrita que transformou a palavra falada em texto literário.

> Graciosamente, sem sorrir, eles não perdem uma única palavra ou frase, nem fazem conversas desnecessárias

---

8. Bin Akio calcula que, se Shiki viu Encho, deve ter sido no auge da popularidade dele quando Encho tinha 51 anos, a apenas dois anos de sua aposentadoria; cf. B. Akio, *Shiki no kindai* (Tóquio: Shinyosha, 1999), p. 76.
9. C. Masaoka (org.), *Shiki zenshu* (doravante *SZ*), Tóquio: Kodansha, 1975, v. 10, pp. 91-92.

As palavras escritas no momento em que são ditas tornam-se
  literatura japonesa
Escritores de estilo unificado não são
Ah, que línguas afiadas temíveis
Verdadeiramente incomparável.

Odayaka ni shite, niyakezu, koto ni ichigen ichigo mo iiayamaru koto naku, mudaguchi mo kikazaru tokoro wa hanashi sono mama no hikki o shite Nihon no bungaku to shite. Genbun itchika o shite ironakarashimu anaosoroshi no zeppo ya na masataru koto muron ni haberu.[10]

Como essa passagem indica, Shiki criticou os esforços iniciais no estilo unificado, que ele considerou indisciplinado, detalhado e pesado. Essa era uma visão compartilhada por muitos romancistas de sua geração, como Koyo Ozaki, cujas próprias experiências com o estilo unificado começaram após a década de 1890. Em comparação, Encho e outros contadores de histórias profissionais eram hábeis e de língua afiada, e suas palavras, uma vez transcritas, constituíam uma verdadeira literatura japonesa. Shiki reconheceu que o estilo romancista de Encho era um produto de taquigrafia. Em *Genbun itchi no rigai* [言文一致の利害] (Vantagens e desvantagens do estilo unificado), que também aparece no primeiro volume de *Rabiscos*, Shiki critica a prolixidade do estilo unificado, mas também reconhece que essa escrita, "como a transcrição do discurso de Encho" (*Encho no hanashi no hikki no yo ni*), ofereceu os melhores resultados para um vernáculo escrito.[11] Em pelo menos uma ocasião, Shiki se tornou o amanuense das reuniões de *haiku* que ele organizou em 1897. Como Mark Morris observa: "Aparentemente, foi Shiki que, em uma sessão inicial, diante da chance de registrar a discussão, decidiu capturar

---

10. Ibidem, v. 10, p. 101.
11. Ibidem, v. 10, p. 145.

da melhor maneira possível um relato literal dos procedimentos."[12] No entanto, Shiki nunca endossou o estilo unificado como um meio exclusivo para a língua, a literatura ou a poesia nacionais japonesas.[13] Ele também não estava envolvido em nenhum sentido significativo na fixação da língua ou da escrita nacionais. Ele estava preocupado com a experimentação formal com modos literários e poéticos e sua refração duplicada da vida (cada vez mais focada em si mesma) e da arte. Seu legado ao realismo transcricional e ao estilo unificado era, em grande parte, incidental aos seus objetivos.

A leitura de Shiki da teoria literária e dos textos na década de 1880 incluiu *Essência do romance*, de Shoyo, *Tosei shosei katagi* [当世書生氣質] (Estudantes do personagem de hoje, 1885-1886), e *Ilustres estadistas*, de Yano.[14] O modelo para sua única tentativa de escrever romances, no entanto, foi *Furyubutsu* [風流仏] (O Buda da arte, 1889), de seu contemporâneo Rohan Koda. Em 1892, Shiki escreveu a fantasia budista *Tsuki no miyako* [月の都] (Capital da lua), que ele apresentou a Rohan para solicitar sua aprovação. Encontrando pouco que fosse digno de elogio em termos de enredo ou narrativa, Rohan elogiou diplomaticamente os versos de *hokku* no romance; depois disso, Shiki se afastou dos escritos de ficção para a composição e a teorização da poesia japonesa. Foi assim, em um registro muito diferente da linguagem revigorante, que Shiki começou a experimentar as vinhetas em prosa que ele apelidou de "desenho literário", e não havia nada inevitável em sua descoberta

---

12. M. Morris, "Buson and Shiki, Part II", *Harvard Journal of Asiatic Studies*, v. 45, n. 1, jun. 1985, p. 258. Morris não cita uma passagem específica, apenas o título do texto, *Buson kushu kogi* (Lições sobre a antologia de versos de Buson).

13. Também é provável que ele estivesse endossando uma visão mais ampla do nadir do estilo unificado no início da década de 1890, quando Koyo Ozaki foi popularmente considerado por reviver um estilo que originalmente havia ajudado a vencer com seu estilo mais popular *gazoku-setchu* (ornado misto-coloquial).

14. Ver J. Beichman, *Masaoka Shiki* (Boston: Twayne Publishers, 1982), pp. 17-18.

que levaria à sua adoção como prática predominante por escritores através do espectro literário da era Meiji. Talvez Shiki não tenha vivido o suficiente, nem tenha sido suficientemente investido do potencial narratológico do estilo em que foi pioneiro para vê-lo nessa medida. Caberia a Soseki explorar plenamente, em grande parte por meio da paródia, as possibilidades e os limites do desenho literário em *Eu sou um gato*, cuja primeira parte foi publicada no diário de Shiki, *Hototogisu* [ホトトギス] (Rouxinol).

Na medida em que tudo para Shiki começa e termina com poesia, voltemos às suas intervenções no campo do *haikai* poético. Shiki transformou o *haikai no renga* em *haiku*, adotando uma troca poética e transformando-a em produção literária individual. Isso não quer dizer que Shiki evitou a colaboração, mas que redefiniu seus parâmetros. Entre outras atividades, ele experimentou *haiga* (*haiku* e pintura) com o artista Fusetsu Nakamura e trabalhou com colegas poetas para compor *haiku* em conjunto. Shiki também não era um polemista da separação de palavras e imagens ao longo das linhas de Fenollosa, Koyama ou Shoyo. Apesar de seus ataques vociferantes contra o que ele via como o pensamento convencional do *haikai* e suas formas de falsa comunidade aristocrática e erudição fechada, a poética de Shiki não procurou abolir a forma do *haiku* tradicional. As sílabas rítmicas de "corte", como *ya*, *kana* e *keri*, permanecem, assim como a noção de um tema unificador (*dai*).

Em *Rabiscos*, Shiki revela que algumas de suas primeiras dicas sobre escrita vieram da *Filosofia do estilo* (1871), de Herbert Spencer, que ele leu na tradução como estudante universitário em 1888 — uma ironia bastante profunda, ou talvez confirmação, para quem vê Shiki como o naturalista por excelência antes do naturalismo. Todavia, o texto de Spencer tem algumas surpresas próprias — principalmente o fato de começar com uma citação de *Tristram Shandy* (1760), de Laurence Sterne, no sentido de que uma boa argumentação não requer treinamento formal nem gramática correta.

Comentando a aparente incongruência entre os poderes argumentativos de seu pai e sua ignorância da lógica formal, Tristram Shandy diz: "Era apenas uma questão de admiração para meu valioso tutor, e para dois ou três companheiros dessa sociedade instruída, que um homem que mal conhecia os nomes de suas ferramentas pudesse trabalhar dessa maneira com elas". A implicação pretendida por Sterne de que o conhecimento dos princípios do raciocínio não produz, nem é essencial para, um bom raciocínio é, sem dúvida, verdadeira. Também é assim com a gramática.[15]

Esse é precisamente o tipo de argumento que os ideólogos da linguagem e os darwinistas sociais como Mori e Isawa, que procuravam fixar as relações sociais por meio da ortografia, não conseguiram entender. A concepção de linguagem de Spencer é consistente com a ampla mudança de regime observada no século XIX, quando a eloquência foi capturada pela primeira vez, depois gradualmente substituída, pelos meios de gravação e transmissão. Spencer argumenta: "Em relação à linguagem como um aparato de símbolos para a transmissão do pensamento, podemos dizer que, como em um aparato mecânico, quanto mais simples e mais bem organizadas suas partes, maior será o efeito produzido."[16] Spencer quase parece antecipar a eficiência de fabricação de Taylor e Ford, que é, em sua raiz, a padronização das melhores práticas e a eliminação de desperdícios.

Takako Matsui ressalta que Shiki adotou muitos dos mesmos princípios em sua poética, com base no conceito de "imagem menor", que Spencer utilmente resume sob o título de "Arranjo de imagens menores na construção de um conceito".[17] É notavelmente refrescante pensar que os conceitos de brevidade e concisão de Shiki

---

15. H. Spencer, *Philosophy of Style*, Nova York: Allyn and Bacon, 1892, p. 9.
16. Ibidem, p. 11.
17. Ibidem, p. 36. Veja T. Matsui, *Shasei no henyo: Fontanesi kara Shiki, soshite Naoya* e, Tóquio: Meiji Shoin, 2002, p. 142.

derivam não da essência supostamente minimalista da poesia ou da linguagem japonesas, mas de Spencer. Tornou-se para Shiki um dos primeiros campos de ordenação para suas reavaliações de *haikai* e *tanka*, começando com seu revisionismo de Basho. Em *Furuike no gin* [古池の吟] (O significado do lago antigo, 1889), Shiki explica que, "ao ler *Filosofia do estilo*, de Spencer, na primavera passada, deparei com uma representação de toda a *imagem*, em outras palavras, a representação do todo com a parte".[18] Spencer forneceu a Shiki a definição de sinédoque em meio a um novo arsenal de conceitos literários e poéticos, pleonasmo, metonímia, hipérbole, personificação e apóstrofo, não abordados nas teorias literárias de Yano ou Shoyo.

As definições de linguagem de Spencer incluem sua convicção de que a língua materna do anglo-saxão "primitivo" evoca imagens mais concretas na mente dos leitores ingleses do que as abstrações do latim. Nesse ponto nacionalista, pelo menos, Shiki não concordava. Apesar de suas inclinações nacionalistas e amor aos poetas de *Manyoshu*, Shiki nunca se sentiu compelido por uma obsessão do tipo de Norinaga por palavras ou pelo espírito de Yamato. Em vez disso, ele defendia o uso de palavras chinesas comuns sempre que elas fornecessem uma imagem mais concreta do que as japonesas abstratas ou obscuras. Em *Nanatabi utayomi ni atauru sho* [七たび歌よみに与ふる書] (Sétima carta aos poetas *tanka*), de 28 de fevereiro de 1899, Shiki defende a necessidade de considerar as palavras chinesas: "Se tirássemos *O conto de Genji*, *O livro do travesseiro* e outros trabalhos com palavras chinesas, que tipo de literatura japonesa restaria?"[19] Usando um exemplo cuja importância é óbvia no cenário literário da transcrição pós-*rakugo*, Shiki explora as diferenças entre a palavra chinesa *botan* para "peônia" e seu equivalente japonês, *fukamigusa*, argumentando que *botan* tem um impacto mais imediato e deve ser usado no *haiku* e no *tanka*. Independentemente das tendências

---

18. Ibidem, p. 36. Ver T. Matsui, *Shasei no henyo: Fontanesi kara Shiki, soshite Naoya* e (Tóquio: Meiji Shoin, 2002), p. 142.
19. *SZ*, v. 10, p. 30.

nacionalistas que o levaram a trabalhar para o jornal *Nippon*, de Katsunan Kuga, e de sua passagem restrita como correspondente de guerra na China, as inovações linguísticas de Shiki não fazem nenhuma declaração política sobre China versus Japão, nem priorizam um estilo literário em detrimento de outros — a coleção *Utayomi ni atauru sho* [歌詠みに当たうる書] (Cartas para poetas *tanka*, 1898-99) é realmente escrita no *sorobun* epistolar, consistente com seu enquadramento como uma série de missivas dirigidas contra a poética *tsukinami*.

Em *Origens da literatura japonesa moderna*, Karatani sustenta que Shiki liberou a poética japonesa do ritmo. Embora isso possa ser verdade no sentido estrito de olhar além da linguagem poética ou mesmo da restrita métrica 5-7 da tradicional poesia japonesa[20], poder-se-ia fazer uma afirmação muito mais ousada sobre versos em branco ou *shintaishi* (literalmente, "poesia novo estilo"), totalmente livre da versificação convencional, como métrica, ritmo, metáforas sazonais e similares. De fato, Shoyo compara o romance ao verso em branco em sua libertação do estilo de versificação em prosa-poética 5-7 chamado *Bakin-cho* (métrica *Bakin*), em homenagem ao escritor de *gesaku* Bakin Takizawa. Entre parênteses, devo acrescentar que o verso em branco, que começou com a publicação da coleção *Shintaishi-sho* (Coleção de poesia de novo estilo, 1882) no mesmo ano que a taquigrafia de Takusari, era um gênero preferido de poesia para aspirantes a escritores como Toson e Doppo, que mais tarde adotaram esboços literários e começaram a escrever romances no estilo unificado. Shiki também tentou seu verso em branco, mas esse não era um lugar de inovação ou crítica radical para ele.

---

20. Shiki almejou linguagem simples e sinologismos para revitalizar a poética tradicional japonesa (*uta*). A libertação do ritmo de Shiki, se essa for a expressão correta, é amplamente demonstrada pelo emprego regular de técnicas como o *ji amari*, que adiciona mais uma sílaba do que normalmente é permitido. Ver "Ji amari no haiku" [字余りの俳句], em *Dassai shoya haiwa*, reimpresso em *SZ*, v. 4, pp. 163-65.

PARTE IV: OS LIMITES DO REALISMO

O movimento mais iconoclasta de Shiki foi introduzir os princípios da estatística para proclamar o esgotamento da poesia tradicional japonesa de *tanka* e *haikai*. No pequeno ensaio "Go para shogi" [碁と将棋] (O jogo go e o xadrez japonês), de 1889, Shiki protesta que *go* não recebe o mesmo respeito simplesmente porque é jogado pelas classes mais baixas. O mesmo é verdade, ele mantém sobre a diferença entre *tanka* e *haikai*. No ponto em que o jogo *go* deve terminar decisivamente, *shogi* pode ser jogado com substancialmente mais movimentos. Para deixar absolutamente clara a base de suas ideias, Shiki insere em inglês as duas palavras "combination" (combinação) e "permutation" (permutação), destacadas pelas palavras *sakuretsu* e *junretsu*, respectivamente.[21] Shiki já estava trabalhando para uma reconcepção matemática do *haiku*. Essas noções estatísticas e as estratégias para mapear o movimento como na grade de um jogo de tabuleiro seriam completamente reformuladas em sua crítica da poética tradicional três anos depois, em "Haiku no zento" [俳句の前途] (O futuro do *haiku*) de *Dassai Shoku Haiwa* [獺祭書屋俳話] (Conversas sobre *haiku* da toca da lontra, 1892):

> Um certo estudioso contemporâneo familiarizado com a matemática disse: "É evidente, a partir da teoria das permutações, que existe um limite numérico para *tanka* e *haiku* do Japão, que são confinados a meras vinte e trinta sílabas."[22] Em outras palavras, mais cedo ou mais tarde, o *tanka* [...] e o *haiku* alcançarão seu limite. Ele diz que, mesmo agora, chegou ao ponto em que nem um único novo poema é possível [...] Embora se possa pôr a culpa nos muitos professores e poetas medíocres que apareceram nesta era de declínio, parte dessa culpa certamente deve ser atribuída aos limites intrinsecamente estreitos do *tanka* e do *haiku*. Você pode perguntar: "Se é assim, quando chegará o fim do *haiku* e *tanka*?"

---

21. *SZ*, v. 10, p. 52. Veja também o pequeno escrito "*Go-ron*" [碁論] (Teoria do *go*), em *SZ*, v. 10, pp. 82-83.
22. Os caracteres chineses 錯列法 são glosados com seu equivalente em inglês fonético em *kana*, パーミュテーション.

E eu respondo: "É claro que não posso prever o tempo de sua extinção total, mas, falando aproximadamente, *acho que o* haiku *já se jogou fora. Mesmo assumindo que o fim ainda está por vir, podemos esperar com confiança que ele chegue algum dia durante o período Meiji.* O *tanka* permite mais sílabas que o *haiku* e, portanto, do ponto de vista matemático, o número de *tanka* possível é muito maior do que o de *haiku*. Porém, apenas palavras da língua clássica podem ser usadas no *tanka* e, como são muito poucas, o *tanka* é de fato ainda mais limitado do que o *haiku*. Concluo, assim, que o *tanka* foi praticamente jogado fora antes do período Meiji.[23]

Desnecessário dizer que, até Shiki, ninguém na tradição japonesa havia expressado uma crise nesses termos pela simples razão de que ninguém concebeu sua poética como finita ou esgotável. Isso vem em parte de uma diferença básica na noção de originalidade mencionada no capítulo anterior: operar dentro dos limites convencionais versus atacar por conta própria para criar novamente da maneira que se define a modernidade. É um truísmo que a modernidade continue se definindo como uma mudança em oposição à convencionalidade, com cada "movimento" sucessivo (Romantismo, Naturalismo e assim por diante) definido retrospectivamente no ponto em que seu próprio conjunto de convenções se torna institucionalizado e estático.

Em seus ataques à complacência da poética japonesa, é perfeitamente apropriado que Shiki aplicasse estatística, a ciência que depende da padronização e dos princípios de equivalência para atenuar fenômenos díspares em conformidade. Se a estatística representava o modelo da linguagem morta à qual ele se opunha com mais veemência, ela também se tornava uma de suas principais táticas retóricas. Pela mesma lógica de quebrar *haiku* e *tanka* em tantas partes constituintes de sílabas, epítetos e outras unidades de medida,

---

23. J. Beichman, *Masaoka Shiki*, op. cit., pp. 35-36. Ver também *SZ*, v. 4, pp. 165-66 (grifos do original).

o ávido fã de beisebol que não podia mais jogar o jogo converteu poetas mortos em um registro de estatísticas. Contra a consistência e a originalidade do magistral *hokku* de Buson, a média de rebatidas de Basho caiu para um mísero golpe em dez.

Como posto por Mark Morris sucintamente: "O *haiku* moderno nasce no momento em que o *haikai* se torna arquivamento."[24] Mas o arquivo já havia sido encerrado por Shiki, que decompôs o *haikai* para compor o *haiku*. A posicionalidade de Shiki como o fim da comunalidade do *haikai* e a aurora do poeta como indivíduo também corresponderam ao estágio final da mudança histórica de *haikai-no-renga* (Basho) para *hokku* (Buson) e *haiku* (Shiki): "Na era industrial moderna, a arte não é busca de grupos, e a beleza atrai um poeta de cada vez, se é que ainda atrai. E assim o *haiku* se tornaria uma arte dos indivíduos, e o estudo do *haikai* peneirava runas quebradas."[25]

É sabido que *Futatabi uta yomi ni atauru sho* [再び歌詠みに当たうる書] (Outras cartas aos poetas *tanka*), de 14 de fevereiro de 1899, que começa com a famosa linha de ataque "Ki no Tsurayuki era um péssimo poeta e o *Kokinshu* era lixo", lançou uma série de críticas contra o cânone do *haikai* e da poética *tanka* mantidas pelas associações *tsukinami* de *haiku*.[26] No entanto, também foi um fórum para Shiki explorar ideias sobre a poesia japonesa como literatura moderna e para articular algumas de suas visões sobre o realismo, que ele expressou principalmente nos últimos anos de sua vida (1900-1902) por meio da arte e do desenho literário. Na sexta edição semanal de 24 de fevereiro de 1899, Shiki lança um apelo figurativo às armas para que a literatura moderna receba investimentos nacionais e estrangeiros, assim como os militares.

---

24. M. Morris, "Buson and Shiki, Part I", *Harvard Journal of Asiatic Studies*, v. 44, n. 2, dez. 1984, p. 385.
25. Ibidem.
26. *SZ*, v. 7, p. 23. Como o próprio nome indica, foi o segundo livreto. O primeiro, que valorizou o *Manyoshu*, foi simplesmente intitulado *Uta yomi ni atauru sho* e data de 12 de fevereiro de 1899.

Assim como não se constrói uma fortaleza para a fundação da literatura com waka comum, e assim como não se faz guerra com arcos e flechas, ou espadas e lanças, [reformas] devem ser realizadas na era Meiji. Hoje pagamos enormes quantias a países estrangeiros para comprar navios de guerra e canhões, pois não há outra maneira de fortalecer o Japão. Sendo assim, eu também nos veria investindo uma pequena quantia de dinheiro para continuar importando ideias literárias estrangeiras a fim de fortalecer a fortaleza da literatura japonesa. A vida para *waka* também exige esmagar o pensamento antigo e introduzir um novo pensamento. Portanto, em nosso vocabulário, pretendo usar onde for apropriado os idiomas ornamentado, vernacular, chinês e ocidental.

Jurai no waka o mote Nihon bungaku no kiso toshi joheki to nasan to suru wa kyushi kenso o mote tatakawan to suru to onaji koto ni te Meiji- jidai ni okonawaru beki koto ni te wa nai no soro. Kyo gunkan o aganai daipo o aganai kyogaku no kane o gaikoku ni dasu mo hisho Nihon-koku o katameru ni hoka narazu, sareba kinsho no kingaku ni te aganai ebeki gaikoku no bungaku shiso sukui wa zokuzoku yunyu shite Nihon bungaku no joheki o katametaku aru soro. Sei wa waka ni tsukite mo kyu-shiso o hakai shite shinshiso o chumon suru no kangae ni te shitagattte yogo wa gago, zokugo, kango yogo hitusyo shidai mochiuru tsumori ni soro.[27]

Embora haja certamente ressonâncias com o tipo de retórica assustadora utilizada por Isawa em sua defesa da linguística imperial, o nacionalismo de Shiki foi consideravelmente mais benigno. Ele não procurou conquistar territórios estrangeiros, mas abalar o moribundo estado doméstico das letras japonesas.

Em *Zukan Nihongo no kindaishi* [図鑑日本語の近代] (História ilustrada moderna do japonês, 1997), Junichiro Kida observa a confusão causada pela adoção do calendário solar em 1872 para os

---

27. Ibidem, v. 7, p. 37.

círculos poéticos *haikai*. O rearranjo ameaçou interromper o equilíbrio entre natureza e cultura, alterando as datas dos feriados e obscurecendo outras ocasiões, como a observação da lua. Kida nota que, embora se possa esperar o revigoramento das palavras sazonais, de acordo com o espírito da "Civilização Iluminada", surpreendentemente havia pouco no caminho de novos desenvolvimentos devido às hierarquias sociais e ao conservadorismo cultural das escolas *haikai*. Shiki não se sentiu obrigado por restrições ultrapassadas. Na "Sétima carta aos poetas de Tanka", usa o exemplo do trem para argumentar pela inclusão adequada da moderna tecnologia de máquinas nas imagens poéticas. Ele argumenta que a modernidade não deve ser divorciada das paisagens naturais, mas incorporada ao campo visual como sua imagem menor para produzir composições vibrantes:

> Quando instruídas a compor poesia sobre tópicos incomuns, muitas pessoas mantêm ideias errôneas sobre como abordar trens, ferrovias e outras chamadas "máquinas da civilização". Para muitas pessoas não refinadas, as máquinas da civilização são um assunto difícil sobre o qual se pode compor poesia, mas, se não o fizerem, a tarefa deve recair sobre pessoas de bom gosto para criar combinações adequadas. Um poema sem combinações adicionais, como "o vento sopra sobre os trilhos", parece extremamente desolador. Ao lado dos trilhos, pode-se ter juncos floridos, castanhas espalhadas ou capim dos pampas ondulando após a passagem do trem — combinar a imagem do trem com inúmeras outras coisas deve torná-lo mais atraente visualmente.[28]

Pode-se argumentar que, como os poetas *kanshi* já estavam lidando com essas metáforas havia várias décadas, Shiki estava apenas alinhando *tanka* e *haiku* com uma liberdade poética comum.[29]

---

28. *SZ*, v. 7, p. 42.
29. Ver, por exemplo, M. Fraleigh, "Wang Zhaojun's New Portrait" (in: D. Washburn e J. Dorsey [orgs.], *In Reading Material: The Production*

Todavia, suas inovações eram um anátema para os círculos poéticos *tsukinami* que permaneceram intencionalmente fechados à modernidade e se apegaram às glórias de um passado imaginado. Para Shiki, que não menciona os poetas chineses, a questão nunca foi o fator novidade, mas alcançar a melhor composição de imagens concretas. Enquanto Morris chama Shiki de "reclassicista", ungindo Buson como um santo formado à sua imagem, talvez seja melhor seguir essa linha de pensamento e chamar Shiki de reclassificador, que vasculhou as ruínas e runas das antigas regras para construir uma poética moderna.

Após a serialização bem-sucedida de *Conversas da toca da lontra* e sua saída da Universidade Imperial de Tóquio, Shiki tornou-se editor e colaborador literário do jornal *Nihon*, de Katsunan Kuga, em 1892. Ele também atuou como editor de sua breve ramificação, *Sho Nihon* [小日本] (Pequeno Japão), que durou cerca de seis meses. Foi nesses jornais que Shiki fez muitos de seus contatos críticos nas comunidades literária, poética e artística. Shiki conheceu o jovem pintor empobrecido Fusetsu Nakamura em 1895 pela introdução de Chu Asai, que contribuiu para o jornal. Fusetsu provaria ser uma influência enormemente poderosa para Shiki, apresentando-o aos princípios e às técnicas composicionais do desenho.

Asai foi professor de Fusetsu na Kobu Bijutsu Gakko (Escola de Arte Técnica), criada em 1876 por funcionários do governo, não ostensivamente para ensinar artes plásticas, mas para oferecer instruções práticas na elaboração de projetos de engenharia, indústria e outras necessidades da nação em modernização. De 1876 a 1878, o artista italiano Antonio Fontanesi ensinou lá e apresentou a seus alunos, Asai e Shotaro Koyama entre eles, as técnicas de desenho e pintura em estilo europeu. O legado de Fontanesi foram os princípios do desenho, cuja disseminação se aproximava muito do surgimento da taquigrafia. Em meados da década de 1890, as técnicas que Fusetsu ensinou a Shiki já haviam permeado o

of Narrative Genres and Literary Identities [PAJLS], v. 7, West Lafayette: Association for Japanese Literary Studies, 2007), pp. 94-106.

discurso visual da era Meiji como a primeira geração de *yoga*, ou pintura no estilo ocidental.[30]

Takako Matsui chama a atenção para os escritos traduzidos de Fontanesi como a evidência mais antiga de um regime escópico que disseminava uma ideia de profundidade focal semelhante à lente da câmera fotográfica. Fontanesi instruiu os alunos a se concentrarem na ordem menor de detalhes no centro da composição, permitindo que as margens permanecessem menos distintas. A autora insiste em que o ensaio de Shiki "Jyojibun" [叙事文] (Escrevendo prosa, 1901) era consistente com essa filosofia composicional, isolando a frase-chave: "Embora esboçar nada mais seja do que copiar as coisas exatamente como elas são de fato, desde o início sempre deve haver algum grau de seleção" *(shasei to iu wa jissai ari no mama ni utsusu ni soi nakeredo, moto yori tasho no sessha-sentaku o yo su)*.[31] Enquanto isso, no ensaio inacabado "Shasei, shajitsu" [写生、写実] (Desenho, realismo, 1899), Shiki aponta que o termo *shasei* não era novidade no Japão; de uma forma ou de outra, o esboço já existia havia mais de cem anos desde a Escola Sumiyoshi Tosa, com o trabalho pioneiro de Kokan Shiba e outros. O que mudou, é claro, foi a perspectiva discursiva. O desenho artístico e literário tornou-se um momento crítico nas reimaginações da nação que coincidiram com as medidas espaciais e temporais padronizadas no final do século XIX. A artista da era Meiji Fujio Yoshida, cujo marido, Hiroshi Yoshida, era aluno de Shotaro Koyama e associado de Fusetsu, lembraria que durante a década de 1890, quando seu marido viajou para o interior para esboçar paisagens, ele era frequentemente confundido com um

---

30. Asai e Koyama constituíram a oposição à estética orientalista de Fenollosa e Tenshin Okakura e ao movimento *nihonga* no Tokyo Bijutsu Gakko (Escola de Belas-Artes de Tóquio) de 1887 a 1896. A partir de 1896, sob a nova direção de Seiki Kuroda e Keiichiro Kume, a Escola de Belas-Artes de Tóquio passou a ensinar pintura ao estilo ocidental.

31. T. Matsui, *Shasei no henyo*, op. cit., p. 238; SZ, v. 14, p. 247.

inspetor de terras do governo pelos habitantes locais.³² Do ponto de vista da arte-educação e da ideologia imperial, ambos os espécimes de intruso não estavam tão longe do alvo. Da mesma maneira que os pesquisadores treinados na Escola Técnica de Arte mapearam o país, o desenho da paisagem, incluindo o que Raymond Williams e Karatani independentemente chamam de "gente como paisagem"³³, forneceu uma cartografia do imaginário nacional.

Podemos justapor esses usos do desenho no final da década de 1890 com os do artista impressionista britânico Alfred East, que visitou o Japão de março a junho de 1889, a pedido da London Fine Arts Society. Além de desenhar, pintar e fotografar amadores, East fez amplo uso da prosa para registrar sua jornada.³⁴ Existe um movimento fluido entre essas diferentes técnicas de gravação que efetivamente demonstram sua mutualidade como ferramentas complementares no kit do artista. Logo depois de chegar ao porto de Nagasaki vindo da China na primeira etapa de sua viagem, East se detém na loja de um fotógrafo para revelar um filme fotográfico. Lá, ele encontra a ocasião para um esboço em linguagem simples do glorioso pôr do sol emoldurado pela entrada retangular da loja do fotógrafo.

---

32. A. Tanaka, "Shasei ryoko", in: Nihon Bijutsukan Henshubu (org.), *Nihon Bijutsukan: The Art Museum of Japan*, Tóquio: Shogakukan, 1997, p. 906.
33. Ver a discussão de Williams a respeito de *Mill on the Floss*, de George Eliot, em *The Country and the City* (Londres: Oxford University Press, 1975); ver também K. Karatani, *Origins of Modern Japanese Literature* (trad. Brett de Bary [coord.], Durham: Duke University Press, 1993), pp. 24-25.
34. Como observado em seu obituário do *Times* (13 de setembro de 1913), East estudou na École des Beaux Arts de Paris e exibiu suas pinturas no início da década de 1880 no Salão de Paris e na Royal Academy de Londres. Foi membro da Société des Arts Français e depois de sua organização rival, Société des Beaux Arts. Recebeu uma menção honrosa na Exposition Universelle em 1890 e foi nomeado cavaleiro em 1901. Ele também foi membro honorário do Meiji Bijitsu Kai após sua viagem ao Japão. Durante sua estadia no Japão, ele foi recebido por vários luminares, incluindo Basil Hall Chamberlain, Masakazu Toyama e Ernest Fenollosa, e convidado a falar diante da jovem geração japonesa de artistas de estilo ocidental.

Fomos à loja de um fotógrafo para revelar algumas fotografias que um de meus amigos havia tirado na China. Fiz um esboço da porta do fotógrafo. Era tão charmoso quanto qualquer outro que tinha feito no Japão. Havia um rio descendo pela casa que ficava na margem do rio, com vista para o porto. À direita, havia grandes colinas que ao pôr do sol eram de cores esplêndidas, seu arenito pálido indo de todos os tons de rosa a gradações de âmbar.[35]

Nessa mistura admiravelmente sugestiva de modos descritivos fotográficos, pictóricos e verbais, East desfoca as fronteiras entre essas diferentes estratégias de composição. Elas parecem igualmente válidas, formas quase intercambiáveis de expressão artística. O diário de viagem do Oriente marca possibilidades que estavam à beira do surgimento no Japão na década de 1880. No entanto, ele não circulou amplamente em sua vida e, apesar da recepção bem-vinda de figuras importantes da comunidade artística da era Meiji, seu diário de viagem teve um impacto insignificante na literatura moderna japonesa. Foi Shiki quem traduziu as técnicas para representar as lentes objetivistas da câmera ou do olho do pintor em esboços literários.

O experimento de Shiki com desenhos literários ao final da década de 1890 também ocorreu apenas depois que sua carreira o levou por uma tortuosa rota jornalística. Quando o *Sho Nihon* dobrou, Shiki serviu brevemente como repórter na Assembleia Nacional durante a Guerra Sino-Japonesa (1894-1895). O trabalho não o atraiu[36], e ele se ofereceu para atuar como correspondente de guerra na China. Para desgosto de Shiki, a guerra terminou pouco antes de ele chegar, e sua tuberculose foi severamente agravada pelos

---

35. H. Cortazzi (org.), *A British Artist in Meiji Japan: Alfred East*, Brighton: In Print, 1991, p. 18-19.
36. Embora seja de se esperar que Shiki tenha se familiarizado com inscultores de taquigrafia e possa até ter aprendido algumas de suas técnicas, não há registro desses encontros (que eu saiba) em seus escritos.

alojamentos insalubres e apertados. Durante seu breve período na China, onde foi acompanhado por Fusetsu Nakamura, o escritor conheceu Ogai Mori, que trabalhava como médico do Exército. Se houve uma fertilização cruzada de ideias sobre poesia e literatura, isso é desconhecido, mas Shiki observa em *Shoen no ki* [小園の記] (Registro do pequeno jardim, 1898) que os vários sacos de sementes de flores que Ogai lhe deu não brotaram.[37]

Shiki voltou a se recuperar na casa de Soseki em Matsuyama, onde este trabalhou como professor do ensino médio antes de ser enviado à Inglaterra pelo Ministério da Educação, a fim de estudar literatura inglesa. Shiki aprendeu desenho artístico e desenvolveu desenho literário em 1898, enquanto continuava seu trabalho poético sobre *haiku* e *tanka*. Em obras como *Meshi o matsu aida* [飯を待つ間] (Esperando para comer, 1898) e *Shoen* [小園] (O pequeno jardim, 1898), Shiki descreveu objetivamente o conteúdo de seu jardim como se fosse uma composição visual. À medida que sua saúde se deteriorava, o jardim se tornaria sua única janela para o mundo além de sua cabeceira.

Esboços da vida

Lula morta	*Sumi haite*
Com a tinta que cuspiu —	*ika no shiniiru*
maré baixa	*shiohi kana*

— *Masaoka Shiki (1895)*[38]

Atacando os poemas dos outros	*uta o shoshiri*
E amaldiçoando os outros —	*hito o noshiri*
Se você vir minhas palavras	*fumi o miba*

---

37. *SZ*, v. 12, p. 239. Ver a tradução de J. Beichman, *Masaoka Shiki*, op. cit., p. 113.
38. B. Watson, *Masaoka Shiki: Selected Poems*, Nova York: Columbia University Press, 1998, p. 35.

PARTE IV: OS LIMITES DO REALISMO

> Ainda fluindo *nao nagarete*
> Saiba que eu ainda estou vivo! *yo ni ari to omoe*
> — Masaoka Shiki (publicação póstuma, 1904)[39]

Em seus últimos anos de vida, entre 1900 e 1902, o intercâmbio entre vida e literatura, sangue e tinta, intensificou-se consideravelmente conforme a apreensão de Shiki acerca de sua mortalidade afetou todos os aspectos de seu corpus literário, crítico e poético, que ele estabelecia com determinação contra a atrofia e a degeneração de seu corpo físico. Shiki continuou a trabalhar em vários registros de *haiku* e *tanka*, esboços e críticas, mesmo iniciando um grupo de estudos sobre o *Manyoshu* em 1900. Portanto, dificilmente é possível definir Shiki, como Karatani, como naturalista. Acho a caracterização de Karatani problemática, memso porque o naturalismo não existia no Japão até depois de sua morte. Ele oferece como evidência a abordagem não sentimental de Shiki para descrever sua condição deteriorada em *Byosho rokushaku* [病牀六尺] (Meu leito de seis pés, 1902). Mas a iconoclastia de Shiki desafia a atribuição direta a qualquer movimento literário. O mesmo raciocínio em "doença como significado", que Karatani usa para localizar o objetivismo científico de Shiki em relação ao seu próprio corpo em decomposição, pode ser usado para demonstrar as óbvias idealizações românticas da tuberculose de Shiki. Ele assumiu o pseudônimo de Shiki [子規] (Cuco)[40] em 1889 depois de ter sido diagnosticado com tuberculose e nomeou sua revista literária *Hototogisu* (Rouxinol), que ressoa com o pássaro cuja garganta sangra enquanto canta em uma metáfora romântica por excelência que une respiração e voz, a imortalidade do espírito poético e a mortalidade da carne. Ele explora as mesmas fontes românticas, se não o sentimentalismo obsceno, como o *Hototogisu*

---

39. *SZ*, v. 6, p. 273.
40. Como comumente ocorria nos tempos pré-modernos, o poeta passou por várias mudanças de nome ao longo de sua vida. Nascido Tokoronosuke Masaoka, era conhecido em sua infância como Noboru Masaoka e, mais tarde, passou a ser chamado de Tsunenori Masaoka.

[不如帰] (1889), de Roka Tokutomi, cuja heroína morre de tuberculose. Janine Beichman vai um passo além, argumentando que Shiki contava com Kyoshi Takahama para se tornar discípulo dele e assumir os movimentos literários que ele fundou após sua morte. Em um breve período em que Kyoshi declarou sua incapacidade de cumprir esse papel, Shiki protestou com Kyoshi em uma carta sobre seu medo de que sua literatura perecesse em sua morte.

> Nesta carta, Shiki usou "minha literatura" como sinônimo de "minha vida". Ele havia aceitado o conhecimento de que morreria jovem, mas manteve seu apego à vida de forma sublimada, como um desejo pela sobrevivência de sua literatura [...]. Era como se ele tivesse decidido criar, como um substituto para seu "filho" Kyoshi, um corpus literário que permaneceria depois que ele morresse. A ruptura com Kyoshi provou ser transitória, mas o senso de desespero de Shiki e uma tremenda participação pessoal em sua literatura só se aprofundaram. O resultado final — um impulso para alcançar a fusão total de literatura e vida — permeia a prosa e a poesia de seus últimos anos.[41]

A intensidade da identificação de Shiki de uma inter-relação entre vida e escrita e o deslizamento de uma para a outra só se aprofundou em seus dias finais. Novamente, encontra-se o exemplo nos pedidos de Shiki aos editores da *Nihon* para que *Meu leito de seis pés* permanecesse impresso, quando o removeram clandestinamente, em uma tentativa de convencer Shiki a desistir de seu cargo:

> Caro editor-chefe,
>
> *Byosho rokushaku* agora é minha vida. Quando acordo todas as manhãs, a dor é tão forte que eu poderia morrer. No meio disso, abro o jornal, vejo *Byosho rokushaku* e revivo parcialmente. Oh,

---

41. J. Beichman, *Masaoka Shiki*, op. cit., p. 25.

meu sofrimento esta manhã, quando olhei para o jornal — não havia *Byosho rokushaku*, e caí em prantos. Era mais do que eu podia suportar.

Se eu pudesse fazer você imprimir apenas um pouco (até mesmo metade) de uma nota, você estaria salvando minha vida.

Estou tão mal que preciso pedir por uma coisa tão egoísta.

Shiki Masaoka[42]

Não apenas a escrita em série, como também a leitura em série lhe deu motivação para viver. Mas não havia nada de naturalista nas visões de Shiki além da objetividade da voz narrativa e do olhar herdado da taquigrafia.

Apesar da rápida deterioração de sua saúde, Shiki persistiu em compor poemas e esboços, mesmo quando estava fisicamente incapacitado e só podia ditá-los a outras pessoas. Kyoshi serviu como amanuense para o desenho literário de Shiki, "14 de setembro", escrito dias antes de sua morte. Seu ato final no leito de morte foi compor três *haiku* pela sua própria mão. Mas já havia muitos casos em que Shiki identificou as interseções da vida e da literatura, como no seguinte *haiku* de 1896:

kogatana ya   A pequena faca —
enpitsu o kezuri   afiando lápis com ela,
nashi o muku   descascando peras.[43]

A vida e a literatura convergem na faca que precede a palavra cortante (*kireji* [切字]), o implemento que corta frutas e afia os lápis. O lápis era a tábua de salvação de Shiki e o caminho para a imortalidade literária, enquanto frutas e morfina eram suas únicas fontes de prazer. Da mesma forma, Shiki desenhou e pintou frutas, flores e legumes em aquarela, e escreveu esboços literários sobre o

---

42. M. Morris, "Buson and Shiki, Part II", op. cit., p. 318.
43. B. Watson, *Masaoka Shiki*, op. cit., p. 51; *SZ*, v. 2, p. 597.

mundo contido em seu jardim. Assim como o jovem e saudável Shiki decompôs o arquivo para revitalizar *haiku* e *tanka*, em seus últimos anos de debilitação ele fez esboços de natureza-morta sobre a maturação de frutas e legumes com a mesma atenção que deu à documentação da decomposição de seu próprio corpo deteriorado. O prodigioso amor de Shiki pelas frutas foi comemorado em vários romances de Soseki, incluindo *Eu sou um gato*. Em *Sanshiro*, Shiki se torna postumamente um verdadeiro santo, ou talvez um sábio taoísta, o salvador de estudantes aleijados por maus professores e a inspiração para ultrapassar os limites de alguém.[44] Em outros lugares de sua poesia, aparecem momentos em que os fluidos discursivos de sangue e tinta se misturam na mesma página:

Golpeando mosquitos —	ka o utte
manchas de sangue	gunsho no ue ni
nos contos de guerra que	
estou lendo	chi o in su.[45]

O poeta se localiza no texto, uma inclusão heroicamente simulada em que o ato de ler é paralelo ao sacrifício de soldados que arriscam a vida por seu país (a glória patriótica negou Shiki em sua abortada viagem à China como correspondente de guerra para

---

44. Como observado no Capítulo 3, no trem de Kumamoto para Tóquio, Sanshiro encontra um estranho (professor Hirota) que lhe explica que os sábios taoístas amam pêssegos, e o poeta Shiki gostava de todos os tipos de frutas. Mas então vem um aviso sobre os perigos da pigmentação lamarckiana. Se alguém é ganancioso demais, existe o perigo de o nariz crescer para alcançar o que as mãos não podem. Da mesma forma, Hirota leva o incrédulo Sanshiro para uma história espúria sobre Leonardo da Vinci produzir pêssegos envenenados injetando arsênico em uma árvore frutífera. Sanshiro encontraria novamente "Shiki", o cuco, rabiscado no caderno de seu colega de classe Yojiro, desta vez escapando para a liberdade dos limites do tipo de sala de aula em que Shiki havia estudado. Ver N. Soseki, *Natsume Soseki zenshu* (Tóquio: Iwanami Shoten, 1994), pp. 287-88 e 312.
45. Tradução de B. Watson, *Masaoka Shiki*, op. cit., p. 56; *SZ*, v. 2, p. 492.

Nihon). Em *Take no sato no uta* [竹の里の歌] (Canções de uma vila de bambu)[46], uma compilação de *tanka* de 1898 a 1902, Shiki dedicou duas sequências de *tanka* em 1900 à instalação de janelas de vidro na varanda que lhe permitiam olhar para o jardim. A transparência não era apenas efeito textual, mas também uma condição prévia da composição. Shiki chegou a compor poemas sobre sua frustração quando a condensação obscureceu a vista. Enquanto isso não indica uma concepção materialista que se espalhou por seus escritos sobre a imagem concreta ou a transparência fonética do estilo unificado no desenho literário, ela registra a profunda percepção de Shiki pela fragilidade de sua vida e pelos horizontes limitados de seu olhar em direção ao fim.

Deixe a boa sorte chegar à pessoa	*tokobushi mi*
que instalou essas portas de vidro	*fuseru ashinae*
para mim,	*waga tame ni*
agora e sempre	*garasudo harishi*
um aleijado acamado	*hito yo sachi are.*[47]

Shiki também se envolveu no realismo transcricional em um ciclo discursivo que incluía tanto *haiku*, *tanka* e desenho literário quanto autorretratos em aquarelas e fotografia. Chu Asai, Fusetsu Nakamura e outros participaram da composição dialógica dessa fotomontagem do declínio físico de Shiki e da vontade indomável de viver. O estudo de Shiki de Takako Matsui explora alguns dos aspectos desse processo, como a multiplicação de retratos em fotografia e em esboços, bem como os diferentes ângulos e poses.[48] Essas não eram apenas decisões estéticas. Quando a coluna de Shiki degenerou por causa da tuberculose, suas costas ficaram severamente

---

46. Shiki publicou originalmente seu *tanka* em *Sho Nippon* usando o pseudônimo Satobito Takeno (Aldeão de Bambu).
47. *SZ*, v. 6, p. 267.
48. T. Matsui, *Shasei no henyo*, op. cit., pp. 214-21.

encurvadas, ele perdeu o uso das pernas e acabou sendo incapaz de ficar de pé. Não surpreendentemente, as fotografias e esboços cada vez mais desenfatizam o corpo e concentram-se no rosto. Quero chamar a atenção para uma fotografia tirada por Sadakura Akaseki em 5 de abril de 1901 (figura 9.1), que inclui mais as realidades dolorosas e trágicas da situação de Shiki e que ele, por sua vez, usou para refletir sobre o problema do que está incluído e excluído da vista. Ele produziu duas respostas para a fotografia. Na sua mão, Shiki adicionou uma inscrição que acompanha a fotografia.

> Em 5 de abril de 1901, Sadakura Akaseki tirou minha foto. Estou apoiando minha parte superior do corpo no cotovelo direito acima do travesseiro e metade do meu corpo está fora do futon. Ao lado do meu travesseiro estão os manuscritos de *haiku*, *tanka* e *Minha doença*. Pendurado no pilar, está uma capa de chuva de palha. Em um vaso branco estão os botões das flores de cerejeira. Logo acima das flores de cerejeira, dá para ver um leque de fabricação chinesa. Bem na frente do meu travesseiro há uma pedra de tinta do templo Kokubunji.

> *Meiji sanjunen shigatu itsuka Akaseki Sadakura-shi no satsuei suru tokoro / Yo wa migi no hiji o makura no ue ni taku shite hanshin o futon no soto ni dashi-iri / Makura moto ni aru wa haiko kako* Wagabyo *genko nari. Hashira ni kakareru mino / hakubin ni iketaru wa sakura no tsubomi / Sakura no ue ni sukoshi mieraru wa Shina-sei no uchiwa / Makura no sugu mae ni aru wa Kokubunji ga no suzuri.*[49]

A inscrição é um esboço literário por excelência, captando objetivamente o moribundo e seus arredores com graus iguais de desapego. Apesar de usar a primeira pessoa, Shiki se transformou em um narrador de terceira pessoa, trabalhando como o insculptor de taquigrafia para simplesmente anotar a realidade, em vez da essência de sua representação.

---

49. *SZ*, v. 6.

PARTE IV: OS LIMITES DO REALISMO

9.1 Fotografia de Shiki Masaoka, por Sakadura Akaseki, abril de 1901 (in: *Masaoka shiki zenshu*, v. 6, p. i). Fotografia cedida pelo Museu Memorial de Matsuyama Shiki.

Uma visão muito diferente é notória no *tanka* que ele também compôs na ocasião, que trai o conhecimento do que é incluído e excluído da vista além dos limites de um olhar objetivo.

Uma fotografia tirada	*yamu ware o*
de mim na minha doença —	*utsusu shashin*
as flores de cerejeira	*ni toko no he no*
no vaso perto da minha cama	*bin ni sashitaru*
acabaram na foto	*sakura utsurinu.*[50]

A justaposição de sua doença com a beleza e a fragilidade dos ramos de cerejeira cortados recupera a tensão entre vida e literatura, beleza e decadência, bem como a modernidade e a tradição

---

50. *SZ*, v. 6, p. 303.

que ocupam tanto de sua obra. É um caso raro de Shiki compondo um poema sobre fotografia, que ele escolheu em grande parte não tematizar, com a exceção significativa de uma sequência de *tanka* baseada em fotografias dele antes de partir para a viagem à China que prejudicou irreparavelmente sua saúde. Shiki mergulhou sua vida em poesia e crítica, pondo em movimento o abalo modernista da poética tradicional. Além do quadro de sua morte, o rascunho literário transformaria o romance japonês moderno de maneiras que Shiki, o "romancista falido", dificilmente poderia imaginar.

CAPÍTULO 10:

Arranhando discos com o gato de Soseki

O amanuense felino

> *Escrever sem parar todos os eventos que ocorrem durante um período de 24 horas e depois ler esse registro, penso, ocuparia pelo menos outras 24 horas. Até mesmo para um gato inspirado em desenhos literários, devo confessar que fazer um registro literal de tudo o que aconteceu em um dia e uma noite seria um* tour de force *muito além das capacidades de um gato. Portanto, por mais que as palavras paradoxais e atos excêntricos de meu mestre mereçam ser esboçados longamente e em detalhes exaustivos, lamento não ter o talento nem a energia para relatá-los aos meus leitores. Por mais lamentável que seja, simplesmente não tem solução. Até um gato precisa descansar.*
>
> — *Natsume Soseki,* Eu sou um gato *(1905)*[1]

---

1. Epígrafe de N. Soseki, *I Am a Cat*, trad. Aiko Ito e Graeme Wilson, Boston: Tuttle Publishing, 2002, p. 205. Modifiquei levemente a tradução de Aiko Ito e Graeme Wilson conforme observado no capítulo. Em japonês, ver *Natsume Soseki zenshu* (doravante *NSZ*), v. 1, p. 183.

No século após a invenção do fonógrafo por Edison, arranhar gravações de vinil sinalizava nada mais do que uma perturbação irritante para facilitar a reprodução, além de um lembrete da fragilidade do meio em que essa música era armazenada.[2] Assim permaneceu até o final da década de 1970, quando os DJs[3] na cidade de Nova York transformaram os riscos de abrasão acidental em uma forma de arte. Mover o disco para frente e para trás sob a agulha para controlar a batida e o ritmo tornou-se a assinatura do emergente gênero do *hip-hop*. Os MCs faziam *rap* sobre os registros mistos e recortados, criando, assim, novas paisagens sonoras e colagens auditivas. Naquele momento histórico, que marcou um rompimento epistêmico e rítmico com a época de Edison, o que antes era considerado ruído foi incorporado à música. Da mesma forma, uma máquina destinada à reprodução tornou-se, ela também, um instrumento musical, podendo ser tocado ao vivo ou gravado por si só. Desde o fim da década de 1980, mesmo quando o analógico deu lugar ao digital, a mesa giratória permaneceu uma poderosa ferramenta expressiva que recupera da cultura de massa o que havia se tornado a recepção passiva e completamente naturalizada do som gravado.

Mantendo em mente as nuances contemporâneas do registro, invoco a frase como um meio para entender melhor o método de Soseki em *Eu sou um gato*, obra na qual o gato que narra a história também entra ou reajusta periodicamente o quadro para criticar seu conteúdo. Embora o gato não esteja realmente trabalhando com gravações de vinil, mas com várias consociações de idiomas,

---

2. Além do fato de Pitman ter popularizado o termo "fonografia" cerca de trinta anos antes, é importante lembrar que o aparato técnico foi precedido por dispositivos experimentais, como o fonoautógrafo de Scott (1857), cujas primeiras gravações de ondas sonoras em papel enegrecido pela fuligem foram redescobertas e reproduzidas com sucesso em 2008. Ver, por exemplo, D. Perlman, "Physicists Convert First Known Sound Recording" (*San Francisco Chronicle*, 29 mar. 2008).
3. O termo foi cunhado pelo comentarista de rádio americano Walter Winchell, em 1935.

meios de comunicação e agentes antropomórficos, seu modo de participação e de efetuar comentários expõe habilmente o artifício por trás da suposta fonética transparente do estilo unificado, bem como reivindicações de realismo transcricional para capturar a vida "exatamente como ela é" (*ari no mama*) que passou a dominar o *mainstream* literário na virada do século. A seu modo, Soseki efetivamente desconstruiu o campo da literatura japonesa moderna, mesmo quando se tornou uma das autoridades mais reconhecidas.

A curta obra de ficção independente que ele publicou originalmente em 1904 para o diário de Shiki Masaoka, *Hototogisu*, com a intenção de delinear suavemente o desenho literário e muitos outros aspectos de "Civilização e Iluminismo" da era Meiji, foi feita com tanto entusiasmo que ele desenvolveu a narrativa pelos dois anos seguintes em um romance abrangente de dez livretos serializados. Ele percorre quase todos os motivos abordados como história da mídia nesse livro, desde a profusão profana de tecnologias postais, impressas e inscritíveis até a multiplicidade de textos escritos e falados, formas clássicas e vulgares de linguagem em jogo na sociedade Meiji. O equivalente do Japão à "Era de Edison" também é amplamente representado. A eletricidade crepita nas páginas com referências ao telégrafo, ao telefone e ao telégrafo sem fio — o último conhecido em inglês e japonês simplesmente como "sem fio" antes de os termos "transmissão" ou "rádio" se tornarem de uso popular.[4] Isso sem falar das habilidades de leitura da mente do gato, alcançadas sentando-se na barriga de seu mestre e adivinhando seus pensamentos por uma corrente elétrica que passa por seu pelo. É apenas um dos muitos casos em que a tecnologia moderna da escrita não é apenas personificada, mas também representada como o agente da mudança histórica. Minha leitura desses elementos pretende expor como *Eu sou um*

---

4. Os termos "rádio" e "transmissão" difundiram-se no uso popular na década de 1910. "Rádio", uma contração da "radiotelegrafia", vem do verbo "irradiar", ao passo que "transmissão" era originalmente um termo agrícola para espalhar sementes por uma ampla área.

PARTE IV: OS LIMITES DO REALISMO

gato capturou, pela paródia e por outros meios, uma episteme que se uniu à proliferação de novas mídias e à padronização de medidas, obsessões pela linguagem moderna, literatura e arte, e uma mistura de humanismo, conhecimento de humanidades ocidentais, clássicos chineses, poéticas japonesas e da cultura popular do final do período Edo e início da era Meiji. Além de registrar as situações cômicas que surgem de uma modernidade incompleta ou às vezes incompreensível, *Eu sou um gato* também está profundamente sintonizado com os limites de sua própria composição. De fato, o interlocutor felino/amanuense interrompe constantemente o fluxo narrativo com reflexões sobre a instrumentalidade da própria escrita.

Grande parte do discurso acadêmico sobre o discurso em *Eu sou um Gato* vacilou entre o primado da fala e o da escrita, das afirmações de James Fujii em *Ficções cúmplices* de que o gato homônimo "entoa" o texto *Shomotsu no kindai*, de Kensuke Kono, que enfatiza os aspectos fundamentalmente inscritíveis da narrativa. Como a segunda seção deste capítulo explorará, o que foi negligenciado na oposição binária entre oralidade e escritura é o meio-termo literal do nariz. Para Soseki, o nariz serve como um órgão ilocucionário que fica entre os centros da visão moderna (em inglês, "'eye' (olho) am a cat") e da fala (em inglês, "'I' (eu) am a cat"), mas não pertence a nenhum dos dois. Diferentemente das nobres funções dos olhos e da boca no estabelecimento de bom significado e bom senso, o nariz é retratado como uma bagunça cômica, a torneira gotejante que efetivamente falsifica pretensões oratórias e literárias. De fato, expõe os próprios limites da literariedade, seja no realismo invariável do desenho literário, seja no poder expressivo minimalista do *haiku*, seja nos voos filosóficos da fantasia cedidos pelo apropriado sobrenome Kushami-sensei (mestre Espirro)[5] que adota o gato.

---

5. Dada a centralidade do nome "Espirro" para a disquisição de narizes, bocas e o que sai deles, eu rompo com a convenção usual de manter intactos os nomes próprios e uso a tradução em inglês em toda sua análise. Por uma questão de consistência, também sigo a tradução do texto de Aiko

O ponto de partida para a reavaliação de *Eu sou um gato* depende de como apreendemos a posicionalidade do sujeito moderno contra a, ou por meio da, identidade linguística e étnica nacional padronizada. Em *Ficções cúmplices*, Fujii argumenta que *Eu sou um gato* resiste a uma cidadania e subjetividade japonesas cada vez mais obrigatórias, apesar de sua composição no estilo unificado que melhor representou a subjetividade moderna. Embora eu seja amplamente solidário a tal tese, discordo de sua compreensão dessa posição narrativa e de seus referentes históricos da mídia. Para Fujii, *Eu sou um gato* deriva sua pegada dos gêneros essencialmente orais que precederam o estilo unificado. Como ele argumenta, "a inclinação de Soseki de resistir a uma única linguagem padronizada em sua prosa inicial explica seu primeiro plano na linguagem falada, que, em [*Eu sou um gato*], aparece não apenas como o discurso direto do gato, mas como *rakugo*, canções populares, epigramas e uma série de outras formas com fortes traços de oralidade".[6] O fato de o sujeito falante ou agente da história se fazer ouvir no estilo unificado confirma ainda mais o viés fonocentrista que privilegia a fala sobre a escrita. Fujii elabora essa presunção de oralidade primária e seu impacto na voz narrativa do texto:

> As tendências monológicas (de uma só voz) que caracterizam a nova expressão da subjetividade (por meio de *genbun itchi*) claramente perturbaram Soseki, e não é por acaso que sua primeira grande narrativa em prosa, *Kusa Makura*, e [*Eu sou um gato*] desafiaram implicitamente a padronização de tais narrativas. Anos mais tarde, quando o *genbun itchi* se tornou uma prática comum, a história de Soseki serviu para familiarizá-lo, empregando um estilo oracional

---

Ito e Graeme Wilson para outros caracteres depois de indicar os nomes originais em japonês.

6. J. Fujii, *Complicit Fictions: The Subject in the Modern Japanese Prose Narrative*, Berkeley: University of California Press, 1993, p. 112.

— uma linguagem híbrida inscrita em convenções de oralidade e forma de roteiro — entoado por um gato doméstico.[7]

Embora não haja dúvida de que Soseki pode ter formas tematizadas de resistência à padronização do estilo unificado, também é verdade que ele ajudou a naturalizá-la em seus romances best-sellers, a saber, *Eu sou um gato* e *Botchan* (1906), bem como em outros trabalhos iniciais. Ele também não tentou contestar sua hegemonia depois que seu domínio como estilo literário se tornou um fato consumado histórico. Independentemente disso, a organização fundamental do texto é uma desconstrução por intermédio da escrita e não da fala.

A oralidade e a oratória são encontradas no meio do registro; por mais híbrido que possa ser, o idioma não é entoado como o miado do gato, mas captado a escandires pela métrica do gato e retirado a patadas pela caligrafia do gato. Além disso, *Eu sou um gato* é consistente com os princípios do romance clássico de leitor definido por Roland Barthes em *S/Z* — ou seja, que o romance e sua linguagem literária possuem as chaves-mestras que revelam todos os códigos de representação nas artes e nas ciências. Logo, não são apenas os pontos fracos dos seres humanos que são examinados em *Eu sou um gato*, mas as humanidades e a produção de todo o conhecimento humanístico. Nesse texto engenhosamente complexo e polifônico, podemos ver como o artifício de uma nova linguagem literária e outros códigos de representação foram, eles próprios, objetivados por um narrador que também é, por sua vez, um escriba e autor.

O fato de o gato não ser um orador em nenhum sentido nega a precisão oratória e auditiva que ele mobiliza como um amanuense. De fato, seu trabalho transcricional lembra poderosamente os muitos inscultores de taquigrafia da virada do século, que fizeram parte do estilo unificado sobretudo pela via da transcrição de *rakugo* e *kodan*. Juntamente com seus diversos desvios e digressões que em

---

7. Ibidem, p. 111.

realidade interrompem a ilusão do imediatismo e apontam o artifício de um narrador onisciente e onipresente, o gato emprega várias estratégias para representar a fala: soletrando palavras como nomes estrangeiros difíceis com traços entre as letras, como em A-n-d-r-e-a d-e-l S-a-r-t-o; instâncias de gagueira; variações dialéticas que os gatos da vizinhança compartilham com seus humanos e assim por diante. Devo me apressar a acrescentar que algumas das reproduções menos escrupulosas do texto simplesmente eliminam esses pontos, traços e irregularidades ortográficas, bem como tantas esquisitices. É mais uma razão pela qual devemos retornar às "edições originais", ou pelo menos às primeiras edições dos textos da era Meiji, pois foram produzidos durante esse período de intensa fermentação intelectual e material. Eu manteria que esses pontos e traços não são meramente efeitos técnicos, mas efeitos telegráficos que coadunam o projeto muito deliberado de Soseki de desconstruir as tendências narrativas do estilo unificado.

Deixando de lado os títulos terrivelmente pegajosos e inúmeros *spin-offs*, como *Eu também sou um gato* e *Eu sou um cachorro*, que acabaram com a sensibilidade do narrador-diarista sexualmente frígido de Ogai Mori [ヰタ・セクスアリス] (*Vita sexualis*, 1907)[8], expressemos da maneira mais clara possível: *Eu sou um gato* é escrito por um gato. Tomando como ponto de partida o modo observacional de esboços literários e reportagens taquigráficas antes disso, o texto inclui inúmeras instâncias que não apenas aludem, mas, de fato, evidenciam explicitamente em palavras e imagem que o gato é um escriba e/ou uma máquina de escrever. O frontispício da primeira edição do texto, ou seja, a versão encomendada por Soseki, é um desenho a tinta de um deus egípcio com cabeça de gato, segurando na mão um pincel e um livro aberto, o gato como escriba (figura 10.1). Essa ilustração *art nouveau* é feita para se assemelhar

---

8. Ver também Yokota, "Wagahai-tachi mo 'Wagahai' de aru", no catálogo cada vez maior de paródias horríveis (*Wagahai wa film de aru*, *Wagahai wa frockcoat de aru*, etc.), em *NSZ*, v. 1, pp. 8-12, inserção suplementar.

PARTE IV: OS LIMITES DO REALISMO

10.1 Ilustração de Goyo Hachiguchi retirada da primeira edição do livro *Wagahai wa neko de aru* [Eu sou um gato], 1905. Fotografia cedida pela Biblioteca da Assembleia Nacional.

a uma inscrição hieroglífica com representações icônicas de peixes que fornecem sustento na vida após a morte, e o título do romance em estilo xilogravura falso acima da cabeça do gato é consistente com a popularidade da egiptologia e os debates sobre hieróglifos observados anteriormente. Escrever fornece uma imortalidade que é a preservação além da sepultura; se já não for, como afirma Kittler[9], a linguagem dos mortos. Independentemente de Soseki pretender de modo explícito traçar um paralelo à crença egípcia antiga no gato como um repositório para a alma, o frontispício dá mais crédito à representação do gato como um agente da escrita. Da mesma forma, Kono chama a atenção para a arte da capa e outras ilustrações no texto. A primeira edição do texto apresentava uma figura gigante com cabeça de gato, segurando um pincel comprido e figuras de bonecos ou peças de xadrez, representando presumivelmente os

---

9. Ver F. Kittler, *Gramophone, Film, Typewriter* (trad. Geoffrey Winthrop--Young e Michael Wurtz, Stanford: Stanford University Press, 1999), p. 8.

personagens do romance.¹⁰ Mais uma vez, a valência do poder é revertida, e o narrador felino se torna o Criador divino, ou mestre de marionetes, de tudo o que ele examina e escreve.

Para exemplificar ainda mais o significado do gato-escritor, há um cartão-postal entregue ao mestre Espirro no dia de Ano-Novo. O cartão-postal mostra cerca de meia dúzia de gatos envolvidos em atos animados de ler, escrever e dançar.

> É uma imagem impressa de uma linha de quatro ou cinco gatos europeus, todos envolvidos em estudos, segurando canetas ou lendo livros. Alguém se afastou da linha para fazer uma dança ocidental cantando "*é um gato, é um gato*" no canto da mesa em comum. Acima dessa foto, "eu sou um gato" está escrito com tinta preta japonesa. E no lado direito há até um *haiku* afirmando: "Nos dias de primavera, os gatos leem livros e dançam".¹¹

Desnecessário dizer que a cena traz à tona muitos dos processos midiáticos e das cenas de escrita levantados anteriormente. O próprio cartão-postal atesta a ascensão de um novo meio postal após a Guerra Russo-Japonesa (1894-1895), quando o cartão-postal privado tornou-se uma forma de arte popular e um pequeno espaço para a expressão literária.¹² O gato é um signo no zodíaco chinês, que marca

---

10. K. Kono, *Shomotsu no kindai: media no bungakushi*, Tóquio: Chikuma Shobo, 1999, p. 104.
11. N. Soseki, *I Am a Cat*, op. cit., p. 25; *NSZ*, v. 1, p. 24. Modifiquei a tradução em inglês para refletir as notas de Ando e Takamori no *zenshu* de que a música "*neko jya, neko jya*" era popular na era Edo desde a virada do século XIX. A palavra "gata" era gíria para uma gueixa, e as palavras da música eram algo como "É uma gata, é uma gata, mas, será que ela está usando *geta*, balançando e vestindo uma túnica de cor lisa?" (*neko jya, neko jya, neko ga geta haite, tsue tsuite, shibori no yukata de kuru mono ka*).
12. Por exemplo, o periódico *Hagaki bungaku* [葉書文学] (Literatura sobre cartões-postais) foi dedicado ao cartão-postal como um gênero poético, seu uso do *haiku* se encaixava nas práticas de *surimono* do período Edo, cujas produção e troca circulavam em circunstâncias semelhantes.

um modo "pré-moderno" de manutenção de tempo e cosmologia, mas os gatos no cartão-postal são de fato do exterior (*hakurai no neko*). Vale a pena notar que ao menos um gato é descrito como segurando uma caneta, marcando-o como escritor. Semelhante ao improvável acoplamento do *waga-hai* pré-moderno com o acoplamento ao estilo unificado, a justaposição desses elementos díspares desmente as noções lineares de progresso linguístico e cultural adotadas pela teoria da modernização. É impossível sustentar um argumento de que o gato é apenas um orador quando constantemente enfatiza suas atividades como escritor, reclamando de como é cansativo e difícil acompanhar tudo o que é lido pelo leitor. Esse não é um lamento sobre as inadequações da escrita em geral (mais uma vez, a linguagem que representa o mundo), mas as pressões físicas e psicológicas impostas pelos esboços literários apenas a um passo da reportagem taquigráfica. O amanuense é, literalmente, uma mão no serviço de outros:

> Escrever sem parar todos os eventos que ocorrem durante um período de vinte e quatro horas e depois ler esse registro, penso, ocuparia pelo menos outras vinte e quatro horas. *Até mesmo para um gato inspirado em desenhos literários* [*ikura shaseibun o kosui suru wagahai demo*], devo confessar que fazer um registro literal de tudo o que aconteceu em um dia e uma noite seria um *tour de force* muito além das capacidades de um gato. Portanto, por mais que as palavras paradoxais e atos excêntricos de meu mestre mereçam ser esboçados longamente e em detalhes exaustivos, lamento não ter o talento nem a energia para relatá-los [*hochi*] aos meus leitores. Por mais lamentável que seja, simplesmente não tem solução. Até um gato precisa descansar.[13]

---

13. N. Soseki, *I Am a Cat*, op. cit., p. 205; *NSZ*, v. 1, p. 183 (grifos meus). Modifiquei a tradução da frase de Ito e Wilson de "embora eu seja totalmente a favor da literatura descritivamente realista" para "até mesmo para um gato inspirado em desenhos literários". De acordo com o idioma original, também mudei sua tradução de *dokusha ni hochi suru* como

O pivô de seu argumento é um jogo de palavras sobre a gênese do próprio texto. Por um lado, o gato está afirmando que é um praticante de desenho literário que simplesmente atingiu seu limite produtivo. Por outro lado, Soseki estreou a primeira parte de *Eu sou um gato* como uma leitura pública (*rodoku*) no Sankai, um grupo associado ao diário de Shiki, *Hototogisu*. Portanto, o "gato" entra e sai de sua própria escrita como autor e texto, que reflete como um espelho de casa de diversões sobre as condições de sua produção discursiva. Embora Soseki possa ter se desviado em *Eu sou um gato* da ordem narratológica convencional esperada do romance moderno, um assunto que ele estudou na Inglaterra, ensinou como professor de inglês na Universidade Imperial de Tóquio e depois publicou em *Bungaku Hyoron* (Um estudo crítico da literatura, 1909), ele o fez conscientemente, com o olhar voltado para as origens do gênero do século XVIII por Laurence Sterne. Referências frequentes a *Tristram Shandy*, que são abertas e intertextuais ao longo de *Eu sou um gato*, mas, sem dúvida, o legado mais significativo de Sterne é seu próprio talento para dominar e depois arranhar os efeitos duplos da transparência fonética e do realismo transcricional.

No ensaio "A viagem sentimental" (1932), sobre o romance homônimo de Sterne, Virginia Woolf comenta sobre seu estilo inimitavelmente digressivo e aparentemente desajeitado. Pareceu-lhe uma transcrição quase literal da fala com todos os conceitos correspondentes de imediatismo e gravação "fiéis à vida" que passamos a associar à literatura moderna japonesa:

> As frases espasmódicas e desconectadas são tão rápidas e parecem tão pouco sob controle quanto as frases que caem dos lábios de um brilhante orador. A própria pontuação é a da fala, não da escrita, e traz consigo os sons e as associações da voz falante. A ordem de suas ideias, sua irrelevância e tom abrupto são mais verdadeiros

---

"apresentar tudo para os meus leitores" para o mais direto "relatá-los aos meus leitores".

para a vida do que para a literatura. Há uma privacidade nessa relação que permite que as coisas escapem sem ser aprovadas, que teriam um gosto duvidoso se tivessem sido faladas em público. Sob a influência desse estilo extraordinário, o livro se torna semitransparente. As cerimônias e convenções usuais que mantêm o leitor e o escritor a distância desaparecem. Estamos o mais perto possível da vida.

Que Sterne alcançou essa ilusão apenas pelo uso de arte extrema e dores extraordinárias é óbvio, sem precisar recorrer ao manuscrito para provar isso. Pois embora o escritor seja sempre assombrado pela crença de que, de alguma forma, deve ser possível afastar as cerimônias e convenções da escrita e falar ao leitor tão diretamente quanto de boca em boca, qualquer um que tenha testado o experimento ficou mudo pela dificuldade, ou foi atacado de surpresa pelo indizível desordenado e difuso.[14]

Dadas as extensas relações já traçadas entre a história da mídia e a reforma da língua e escrita anglófona e japonesa, não deveria ser de todo surpreendente que a retórica de transparência familiar ao estilo unificado já estivesse presente no romance inglês do mais infame autor fundador. Da mesma forma, Sterne mobilizou ilustrações, efeitos técnicos que perturbam a superfície homogênea da tipografia, prefácios suplementares e palavras posteriores que confundem ainda mais a boa ordem narrativa. Em seu próprio nome, que não precisava de pseudônimo, Sterne criou sua própria autoidentificação romântica. Como Shiki, Sterne sofria de tuberculose e escolheu como símbolo no romance um pequeno pássaro cantante, o estorninho, cujo nome em alemão é *stern* (estrela), que canta por toda a vida e tenta desesperadamente se libertar da gaiola de ferro em que está preso. A respiração romântica que anima o espírito e revigora a voz e o corpo continua sendo o conceito central do sentimentalismo.

---

14. V. Woolf, *Collected Essays*, Nova York: Oxford University Press, 2008, p. 96.

Emblemático da exposição do texto e do colapso desses registros sobrepostos é o protagonista Yorick, um personagem menor de *A vida e as opiniões do cavalheiro Tristram Shandy* (e, é claro, de *Hamlet*), que, fiel ao seu homônimo, morre no texto anterior e retorna na sequência. Em *Tristram Shandy*, ele é comemorado pelo epitáfio "AI, POBRE YORICK!" em sua lápide. As palavras proferidas com um suspiro por todos os transeuntes no adro da igreja se empilham e transbordam para a próxima página como uma única folha incessante de preto. De fato, a abundância de tinta e *páthos* sangra até o outro lado. O preto dos dois lados é a condição do luto, na qual o excesso de palavras e a folha em branco de sua ausência equivalem à mesma coisa — abstração diante da impossibilidade de uma perda grave. Escrito após *Tristram Shandy*, mas cronologicamente definido antes, *A viagem sentimental* começa com Yorick desembarcando em Calais para suas viagens por França e Itália. Recém-saído do barco, ele estabelece um prefácio caracteristicamente divagador sobre as alegrias e os perigos do "comércio sentimental", que também se torna uma descrença sobre os males da escrita solipsista como sendo semelhante à masturbação. Yorick define diferentes tipos de viajantes, sobretudo o viajante sentimental, e o que devem fazer para obter as experiências que desejam: pagar com um prêmio o que poderiam obter mais barato em casa. Antes do advento do moderno sistema postal que padroniza distâncias e tarifas e estabelece relações internacionais sob a autoridade da União Postal Universal, a circulação e a troca de sentimentos são mais bem obtidas mediante o comércio sentimental, possível apenas por meio das viagens. Como Yorick observa: "O conhecimento e as melhorias devem ser obtidos navegando e *postando* para esse fim."[15] No entanto, em sua pressa de iniciar as coisas, Yorick compõe o prefácio dentro de uma *désobligeant*, termo em francês para uma carruagem de um ocupante. Ele reclama da "novidade do meu veículo", referindo-se à carruagem precária e

---

15. L. Sterne, *A Sentimental Journey*, Nova York: Penguin Classics, 2002, p. 36 (grifo meu).

agora em constante balanço, mas também ao romance como um meio de disseminar sua mensagem. O episódio atinge seu clímax quando um casal de ingleses enfia o nariz na espreguiçadeira para ver do que se trata a comoção.

> Estávamos pensando, disse um deles, que eu achei que era um *viajante curioso*, o que poderia ocasionar seu desconjuntamento. — Foi a agitação, eu disse friamente, de escrever um prefácio. — Eu nunca ouvi falar, disse o outro, que era um *simples viajante*, de um prefácio escrito em uma *désobligeant*. — Teria sido melhor, eu disse, em uma vis-à-vis. — *Como um inglês não viaja para o exterior para ver os ingleses*, retirei-me para o meu quarto.[16]

A narrativa que procede por intermédio desses começos e paradas tira licença de todas as aparências convencionais do romance: espaço de desdobramento linear e sequência cronológica, o pacto de confiança e confidencialidade entre narrador e leitor, e a conformidade da linguagem com uma relação mimética reconhecível com o mundo. Para Sterne, o solipsismo e a artificialidade da voz narrativa não podem passar despercebidos como masturbação intelectual. Não se pode viajar, escrever ou estar sozinho neste mundo. Antes da redescoberta de Sterne pelo pós-estruturalismo, ele serviu a Soseki como um exemplo para decompor e reorganizar as estruturas narratológicas do romance realista "transparente".

O discurso dos narizes

Em seu estudo das tecnologias manuais e mecânicas da escrita no século XIX, Lisa Gitelman faz uma observação incisiva sobre as

---

16. Ibidem, p. 37 (grifos do original). Vis-à-vis é uma carruagem na qual os ocupantes ficam frente a frente.

oposições binárias dos órgãos físicos e sociais que também podem ser estendidas a *Eu sou um gato*, de Soseki:

> A mesa de negociação estava posta com suposições poderosas, entre elas as oposições dicotômicas de orelha e olho, boca e página, privadas e públicas, experiência e evidência, "homem" e máquina. Esses dualismos operaram em conjunto e em oposição na apropriação de um senso de textualidade de alguma forma adequado ao momento moderno.[17]

O discurso de *Eu sou um gato* sobre as dicotomias da visão e da fala, e o que divide a diferença entre eles, começa nas primeiras páginas do texto, imediatamente após o pronunciamento agora famoso do gato: "Eu sou um gato. Ainda não tenho nome." O primeiro encontro do gato com um ser humano é a espécie chamada "estudante" (*shosei*). A disquisição cômica no nariz, que Soseki também triangula com *Tristram Shandy*, de Sterne[18], retrata os estudantes como tendo rostos estranhos e carecas, com pequenas fendas das quais ocasionalmente emanam pequenas baforadas de fumaça. A falta de familiaridade do gato com os seres humanos é reconhecida há muito tempo, como seguindo a tradição das *Viagens de Gulliver*, de Swift (1726), outro texto fundador do cânone inglês que introduz falsas taxonomias e cartografias, incluindo um Japão pré-moderno imaginado. De acordo com o medo dos canibais que permeia as narrativas europeias de viagens do século XVIII, o narrador felino repassa horrivelmente ao leitor que os estudantes bárbaros têm a reputação de ferver e comer gatos. Além do humor, é claro, havia o fato de que aquele era o tempo de reformas na dieta e regimes de comer carne. De qualquer

---

17. L. Gitelman, *Scripts, Grooves, and Writing Machines: Representing Technology in the Edison Era*, Stanford: Stanford University Press, 1999, pp. 14-15.
18. Em *Tristram Shandy*, o nariz é um significante das proporções sexuais, assim como evidência de relações sexuais, e não a viscosidade do que se situa entre o discurso oral e o visual.

forma, a primeira lembrança do gato em sua vida começa com um grito primordial no escuro, e a próxima coisa de que ele se lembra é de estar descansando na palma da mão de um estudante, não muito diferente de uma caneta ou um pincel. É um local apropriado para começar sua narrativa do ponto de vista de uma subespécie de gato sem nome que poderíamos chamar de *felis domesticus amanuensis*.

Algum tempo depois, o gato se encontra literalmente trazido para a imagem das produções literárias e artísticas do mestre Espirro depois de encontrar o caminho para o porão da casa do professor. Parte do capítulo original que apareceu em *Hototogisu*, esse episódio faz ataques autorreflexivos às práticas de esboço artístico e literário. Quando o impressionável Espirro é contado com quase as palavras exatas que descrevem a taquigrafia e o desenho de um de seus alunos, uma vez que o desenhista e pintor italiano do século XVI Andrea del Sarto observou uma vez: "Se você quiser pintar um quadro, sempre descreva a natureza como ela é (*shizen sono mono o utsuse*)"[19], ele decide tentar aquarelas para desenhar o gato. O resultado é previsivelmente mais do que um pouco ambíguo. O gato observa,

> Confesso que, considerando os gatos como obras de arte, estou longe de ser um item de colecionador [...]. Mas, por mais feio que seja, não há semelhança concebível entre mim e aquela coisa estranha que meu mestre está criando [...]. Além disso, e muito estranhamente, meu rosto não tem olhos. A falta pode ser justificada com o argumento de que o desenho [*shasei*] é de um gato adormecido, mas, mesmo assim, não está claro se o desenho é de um gato adormecido ou de um gato cego.[20]

Em outras palavras, as tentativas pontiagudas de Espirro pousam na área cinzenta entre a objetividade cega do desenho e a mera cegueira. Se as referências ao desenho não fossem óbvias

---

19. N. Soseki, *I Am a Cat*, op. cit., p. 10; *NSZ*, v. 1, p. 10.
20. N. Soseki, *I Am a Cat*, op. cit., pp. 10-11; *NSZ*, v. 1, pp. 10-11.

o suficiente, o gato chama a atenção para as tentativas de Espirro de cultivar a aprendizagem humanística, desde contribuições para proeminentes revistas literárias da era Meiji até realizações literárias clássicas de confucionistas e do período Edo.

> Ele não consegue se impedir de tentar tudo e qualquer coisa. Ele está sempre escrevendo *haiku* e enviando-os para *Hototogisu*; ele envia nova poesia para *Meisei*; ele tem uma dose de prosa inglesa salpicada de erros grosseiros; ele desenvolve uma paixão pelo arco e flecha; ele tem aulas de canto *nô* em textos de peça; e às vezes ele se dedica a fazer barulhos hediondos com um violino.[21]

As realizações fracassadas de Espirro são um acúmulo de gêneros e de mídia impressa do círculo de Shiki e Soseki: *haiku* e esboços literários, artes oratórias (*wajutsu* ou *wagei*) e o toque arrítmico do arco e flecha do violino. Em seu nome e no massacre do canto *nô* e do violino, Espirro evoca poderosamente as observações de Fenollosa em *A verdade da arte*, de que fazer as cordas do *koto* gemer e chorar pode ser verdade, mas dificilmente é bonito. O nome "Espirro" também reflete o nariz e o bigode que entram na cena da escrita. Por falar nisso, o narrador felino também acha repugnante o fato de a esposa de Espirro dormir com a boca aberta. Ele descreve as divisões apropriadas do trabalho entre os órgãos elocucionário e ilocucionário e os perigos, tanto estéticos quanto sanitários, ao confundi-los:

> A boca e o nariz têm funções separadas: a primeira é fornecida para a produção de sons, e a segunda, para fins respiratórios. No entanto, nas terras do norte, a criatura humana se torna preguiçosa e abre a boca o menos possível. Um resultado óbvio dessa parcimônia muscular é o estilo setentrional do discurso de boca fechada, no qual as palavras parecem enunciadas pelas narinas. Isso é ruim, mas é ainda pior quando o nariz é mantido fechado

---

21. N. Soseki, *I Am a Cat*, op. cit., pp. 8-9; *NSZ*, v. 1, p. 9.

e a boca assume a função respiratória. O resultado não é apenas desagradável, como poderia, de fato, quando a merda do rato cair das balsas, envolver riscos reais para a saúde.²²

Esses são apenas alguns dos casos em que o nariz desencadeia uma digressão em todo tipo de ideias sem sentido. Há, por exemplo, o *riff* divagante de Kangetsu (lua fria) à maneira de uma "leitura pública" (*koshakushi*) sobre estética, evolução lamarckiana e o significado do nariz para a história do mundo²³, sequência de brincadeiras hilárias que simulam o "espírito Yamato" pela ideologia dúbia que é, equiparando-o a um *tengu*, uma raça de duendes goblins de nariz comprido:

Não há uma pessoa que não tenha dito	*Dare mo kuchi ni senu mono wa nai ga,*
Não há uma pessoa que não tenha visto	*Dare mo mita mono wa nai.*
Não há uma pessoa que nunca ouviu falar	*Dare mo kita koto wa aru ga,*
Mas ninguém nunca se deparou com isso	*Dare mo atta mono ga nai.*
Yamato espírito —	*Yamato-damashi wa*
É apenas mais uma variedade de *tengu* por aí?	*Tengu no tagui ka?*²⁴

Voltando à crítica da senhora Espirro, o narrador felino continua sua crítica da perspectiva humana devido à estreiteza literal de sua visão: "Considere os olhos humanos. Eles estão embutidos em pares dentro de uma superfície e de seus donos, portanto, não podem ver simultaneamente à esquerda e à direita. É lamentável,

---

22. N. Soseki, *I Am a Cat*, op. cit., p. 208; *NSZ*, v. 1, p. 185.
23. N. Soseki, *I Am a Cat*, op. cit., pp. 148-55; *NSZ*, v. 1, pp. 131-36.
24. *NSZ*, v. 1, pp. 131-36.

mas apenas um lado de qualquer objeto pode, a qualquer momento, entrar em seu campo de visão."²⁵ A consequência desse piscar de olhos, insiste o gato, é que os seres humanos são incapazes de produzir duas cópias idênticas da mesma coisa. É o mesmo com a linguagem. Eles aprendem por imitação de suas mães, enfermeiras e assim por diante, mas a linguagem muda com o tempo. A polissemia é abundante, e a única constante é a mudança.

Desde a aquisição da linguagem e da percepção visual, a narrativa segue para distinguir o sentido do absurdo. A bobagem que sai da boca, sobretudo de indivíduos supostamente instruídos, é especialmente apontada para o ridículo. Em vez de reivindicar o estilo unificado como fonte de constância, o texto emprega a desinformação como estratégia de resistência contra a padronização e a homogeneidade passiva. Meitei (Casa Vacilante), o estudante de pós-graduação e trapaceiro travesso, conta para um estudante universitário a história espúria de que Nicholas Nickleby aconselhou Gibbon a escrever sua *magnum opus A História da Revolução Francesa* em inglês e não em francês. O episódio chama imediatamente a atenção para a competição de idiomas nacionais e o ciclo de gravação cega da república de acadêmicos: "Agora, este estudante universitário era uma pessoa de memória quase eidética, e foi especialmente divertido ouvi-lo repetir o que eu lhe disse, palavra por palavra e com toda a seriedade, para a assembleia oratória da Sociedade Literária do Japão [Nihon bungakkai no enzetsukai]. E você sabe, havia quase uma centena de pessoas na plateia, e todos estavam sentados ouvindo seu disparate com grande entusiasmo!"²⁶

O que começa como uma brincadeira inofensiva é, portanto, gravado e transmitido pela boca do involuntário graduado, legislado da falsidade à realidade, e transmitido exponencialmente em um corpo não menos eminente do que a Sociedade Literária do Japão. Foi uma visão amarga das divulgações transcritivas via

---

25. N. Soseki, *I Am a Cat*, op. cit., p. 215; *NSZ*, v. 1, p. 191.
26. N. Soseki, *I Am a Cat*, op. cit., p. 19; *NSZ*, v. 1, p. 19.

oratória, não apenas das realidades observadas desapaixonadamente, mas também de fabricações definitivas. A natureza contraditória de Meitei para estudiosos desprotegidos deveria ser um aviso para aqueles que confiam sem verificação empírica mesmo nos mais simples fragmentos do conhecimento trivial. Em uma linha relacionada, Meitei ridiculariza a pomposidade de professores que sabem tudo, incluindo seu alvo favorito, o próprio Espirro.[27] Movido por seus ataques vociferantes contra o nariz da senhora Espirro e suas frequentes referências a Tristram Shandy, Meitei discute sobre as perspectivas matrimoniais de Kangetsu (Lua Fria), denunciando o homem rico Kanehara (Campo de Ouro) que casaria sua filha com Kangetsu depois que ele terminasse sua tese simplesmente pelo prestígio do doutorado. Consistente com o estilo decidido e deliberadamente não linear do texto, Meitei sustenta que a conclusão bem-sucedida da tese de Kangetsu não apenas torna essa união financeira supérflua, como também pode gerar um *big bang* literário cujas reverberações serão sentidas em toda a academia:

> Kanehara é apenas um jornalista, uma letra de câmbio com os olhos e o nariz rabiscados nele. Se eu posso colocar de forma epigramática, o homem não é mais do que uma cédula de banco animada [*katsudo heishi*]. E se ele está com dinheiro em movimento, a moeda, pode-se dizer, a filha dele não passa de uma nota promissória. Em contraste agora, vamos considerar Kangetsu [...]. Se eu puder adaptar ao caso de Kangetsu, uma de minhas

---

27. Espirro, que já foi apelidado de "Maestro da Casa de Banhos" por praticar cantos nô no banheiro, pede mais humor no banheiro por Meitei, que sugere que meditar sobre as manchas de água do telhado gotejante da casa se revela uma grande obra-prima natural digna de ser esboçada: "Em um banheiro, por exemplo, ao se estudar com atenção a chuva vazada na parede, invariavelmente emergem um design impressionante, uma criação natural. Você deve manter os olhos abertos e tentar desenhar da natureza. Tenho certeza de que você poderia fazer algo interessante" (N. Soseki, *I Am a Cat*, op. cit., p. 20; *NSZ*, v. 1, p. 20).

próprias frases anteriores, devo descrevê-lo como uma biblioteca circulante [*katsudo toshokan*]. Ele é um projétil altamente explosivo, talvez de apenas 28 centímetros, mas com carga compacta de conhecimento. E quando, no momento escolhido adequadamente, esse projétil causar impacto no mundo da aprendizagem, se detonar, detonará.[28]

Como esses episódios revelam, o texto é composto não apenas como uma narrativa linear, mas como um disco intermitentemente riscado e girado por seu narrador, o gato. Embora Soseki, obviamente, não empregasse o anacronismo do hip-hop, ele fez amplo uso da eletricidade como outro processo significante. Olhos como sinais elétricos intermitentes, semelhantes a semáforos ferroviários, raios elétricos que possibilitam a telepatia mental e até a piada de Kangetsu para nomear sua dissertação *Os efeitos dos raios ultravioleta na ação galvânica no globo ocular do sapo* completam a proliferação de tecnologias de escrita além da tinta no papel. Respondendo às perguntas dos leitores na conclusão do segundo volume sobre como os pensamentos e sentimentos do mestre Espirro poderiam ser adivinhados pelo gato, Soseki não se voltou para os médiuns, mas para a mídia moderna:

> Eu sou um gato. Alguns de vocês podem se perguntar como um mero gato pode analisar os pensamentos de seu mestre com a perspicácia detalhada que acabo de mostrar. Tal feito não é nada para um gato. Além da precisão da minha audição e da complexidade da minha mente, também consigo ler pensamentos. Não me pergunte como eu aprendi essa habilidade. Meus métodos não são da sua conta. O fato óbvio é que quando, aparentemente dormindo em um colo humano, esfrego suavemente meu pelo contra sua barriga, um feixe de eletricidade é assim gerado, e através

---

28. N. Soseki, *I Am a Cat*, op. cit., pp. 199-200; *NSZ*, v. 1, p. 178.

desse raio na minha mente todos os detalhes de suas reflexões mais profundas são refletidos.[29]

Reiterando a frase de abertura do romance, a passagem fornece cobertura para discrepâncias, sem dúvida levantadas por leitores excessivamente literais, capazes de suspender a descrença em relação a um gato que sabe escrever e conversar, mas que traçou a linha na leitura da mente. O "feixe de eletricidade" que resolve a questão lembra claramente a comunicação invisível do telégrafo sem fio, sem mencionar os filmes projetados pelos primeiros aparelhos cinematográficos. Esse jogo de comunicação telepática via ondas elétricas ou de rádio ressurge em uma conversa desmedida que traz Shiki Masaoka à cena. Meitei comenta que seus *haiku* são tão excelentes que deixaram até o falecido Shiki Masaoka sem palavras. Quando pressionado sobre se ele realmente conhecia Shiki, responde com frieza: "Embora nunca tenhamos nos encontrado, sempre nos comunicávamos por ondas de rádio."[30] O telégrafo sem fio, ou radiotelegrafia, é efetivamente reformulado como um modo de radiotelepatia não espiritualista.[31] Shiki não é a lâmina dessa operação, mas o prato que reflete o egoísmo de Meitei. Mais saliente é a figura da mídia moderna, mais uma vez permitindo a comunicação invisível ou desencarnada.

Por fim, quero voltar para a cena da composição no centro do romance que descentraliza a escrita. O gato observa Espirro tentando, à sua maneira habitual, meio inexperiente, criar algo profundo. Espirro decide escrever um epitáfio para Sorosaki, outro *alter ego* de Soseki, que é descrito como tendo morrido de peritonite enquanto fazia um estudo de pós-graduação da teoria do infinito. As tentativas de Espirro de poesia filosófica acionam uma série de

---

29. N. Soseki, *I Am a Cat*, op. cit., p. 474; *NSZ*, v. 1, pp. 406-7.
30. *NSZ*, v. 1, p. 513. Ver também o jogo de palavras na p. 477.
31. Wilson e Ito traduzem incorretamente "telégrafo sem fio" como "um tipo de telepatia espiritual"; cf. N. Soseki, *I Am a Cat*, op. cit., p. 579.

emaranhados. Com a mente indisciplinada exausta pelo esforço, ele muda da inspiração criativa para a exasperação crítica e risca suas próprias palavras. As palavras que começam com o umedecimento de um pincel nos lábios geram uma escrita que logo se desvia para o desenho da boca e devolve o pincel à boca. Até seus bigodes estão presos no ato desajeitado da escrita caligráfica. Na falta de articulação de algo poético ou profundo, Espirro muda as engrenagens discursivas para o desenho e depois para o mero rabisco:

> Meu mestre, com o pincel na mão, mexe no cérebro, mas nenhuma noção brilhante parece surgir, pois agora ele começa a lamber a cabeça do pincel. Vi seus lábios adquirirem uma curiosa tintura. Então, embaixo do que acabara de escrever, desenhou um círculo, pôs dois pontos como olhos, adicionou um nariz com as narinas no centro e, finalmente, desenhou uma única linha lateral para a boca. Não se poderia chamar essas criações de *haiku* ou prosa.[32]

À primeira vista, é a arte literata caligráfica, na pior das hipóteses, carecendo do espírito ou da captura da mídia externa de qualquer coisa verdadeira ou bonita. Ironicamente, a incompetência de Espirro como um poeta erudito amador produz um profundo gesto significante, embora não tenha consciência disso: ele produz um desagradável autorretrato.

A autocaricatura de Espirro concretiza brilhantemente o tema recorrente do romance sobre a natureza agora sobreposta e separada dos regimes visuais e verbais no período Meiji, sendo separados apenas por um gotejamento nasal. Essa carinha sorridente é o ponto culminante da disquisição sobre as faculdades de visão, som e o que há entre elas. Como o nariz está no centro do rosto, ele deveria ser o local importante ou ter a função mais importante. Em vez disso, é uma piada.

---

32. N. Soseki, *I Am a Cat*, op. cit., p. 95; *NSZ*, v. 1, p. 88.

PARTE IV: OS LIMITES DO REALISMO

A cena continua com uma tentativa absurda de descrição transparente no estilo unificado. Quando isso também resulta em prosa sem sentido, Espirro dá o passo conveniente de desenhar linhas através da composição danificada. Antes que ele possa se aproximar do blecaute total ao longo das linhas previsto por Sterne, no entanto, o nariz de Espirro, ou, mais precisamente, o cabelo do nariz, intervém.

> Depois de mais lutas, ele de repente começou a escrever rapidamente no estilo coloquial [*genbun itchi-tai*]. "O finado e santo senhor Homem Natural [*tannen koji*] estuda a infinidade, lê os Analectos de Confúcio, come inhame assado e tem nariz escorrendo." Uma frase um tanto confusa. Em seguida, ele lê a frase em voz alta, de maneira declamatória e, ao contrário de seu eu habitual, ri. "Ha-ha-ha. Interessante! Mas esse 'nariz escorrendo' é uma sombra cruel, então vou riscá-lo", e ele passa a traçar linhas nessa frase. Embora uma única linha fosse claramente suficiente, ele desenha duas linhas e depois três. Ele continua desenhando mais e mais linhas, independentemente de sua aglomeração na linha de escrita vizinha. Ao desenhar oito dessas obliterações, ele parece incapaz de pensar em algo para adicionar à sua explosão de abertura. Então, começa a girar o bigode, determinado a torcer uma frase reveladora de seus bigodes.[33]

James Fujii analisa de maneira convincente algumas das múltiplas camadas do ato generativo e da cena da escrita demonstrada nesse episódio. Ele é vertiginoso ao destacar os regimes interpenetrantes de visualidade e oralidade que constantemente deixam um restante material ou gráfico a cada tentativa fracassada de evocar grandeza poética:

> Aqui, onde a produção da linguagem é um evento, testemunhamos a escrita de Kushami degenerada em rabiscos. Kushami começa

---

33. N. Soseki, *I Am a Cat*, op. cit., p. 95; *NSZ*, v. 1, pp. 88-89.

com um conceito poético afetado, mas a resistência encontrada no ato de escrever redireciona seus esforços a um epitáfio para o santo natural; no meio da frase, sua escrita dá uma guinada cômica. As linhas que descrevem a descrição cômica do nariz escorrendo excedem sua simples função de edição de cópias para se tornar artefatos gráficos por si só — as oito linhas paralelas que se estendem além dos limites das linhas de escrita. As palavras aqui não são meramente referenciais; elas mesmas são produtivas, participando de eventos e os alterando.[34]

É óbvio que as palavras nunca são meramente referenciais. Onipresentes nessa cena da escrita são excessos e brotamentos de um processo significante que saiu dos trilhos — um mecanismo de diferença com fumaça ondulante.

E a cena continua se arrastando. O bigode serve como uma paródia do pincel tradicional: conectado ao nariz e umedecido pela boca, ele apenas contribui para as deficiências do aspirante a artista-poeta. Até o amor de Espirro por geleia está incluído no humor nasal, pois sua esposa se queixa irritadamente de seu consumo excessivo da mercadoria importada. Depois de repetir várias vezes suas ruminações absurdas, Espirro arranca vários pelos do nariz e os coloca no bloco de anotações. Ao descobrir uma cerda totalmente branca, ele a pega e mostra para a esposa. Essa nova inspiração o leva a editar ainda mais sua composição, apagando tudo, exceto a primeira frase, "—", e transformando o resto em um estudo desajeitado, ao estilo *bunjinga*, de uma orquídea. Mais uma vez, a cena lembra, e talvez zombe, do pesadelo de "A verdade da arte", de Fenollosa. Virando a página arruinada, Espirro finalmente completa um epitáfio sem sentido para seu amigo Sorosaki, resumindo-o sagazmente assim: "Nascido até a infinidade, estudou a infinidade e morreu até a infinidade. O finado e santo senhor Homem Natural. Infinidade."[35]

---

34. J. Fujii, *Complicit Fictions*, op. cit., p. 119.
35. N. Soseki, *I Am a Cat*, op. cit., p. 98; *NSZ*, v. 1, p. 91.

Sorosaki pareceria ser outra referência velada e autodepreciativa a Soseki, que sofria de problemas estomacais, para não mencionar um suposto colapso nervoso, e morreu de úlcera estomacal, uma década depois, em 1916. Especulações biográficas à parte, essa figura também joga com a interminável digressão de conhecimento que desliza através da mídia, dos gêneros e de outras práticas significantes, mas não pode ser facilmente digerida. É a palavra final de Espirro sobre o epitáfio digno de inscrição em uma tumba — o documento mais estável e duradouro que virou monumento. Em vez disso, Meitei brinca dizendo que seria mais apropriado tê-lo "gravado em uma pedra de pesagem para picles e depois o deixar na parte de trás do salão principal de algum templo para o benefício prático de halterofilistas passantes".[36] Dito de outro modo, as palavras não têm valor algum, nem são tão portentosas quanto a pedra sobre a qual estão escritas.

As palavras não significam nada, a menos que sejam lidas e apreciadas. A reinvenção patológica do amanuense na ilustração do deus-gato como escriba faz seu retorno no terceiro volume, em que o narrador felino evidencia uma sensibilidade distintamente pré-moderna, defensor do significado plenário de seus escritos para preguiçosos e desinteressados. Leitores seriais. Ele ostensivamente presta um serviço labial ao aprendizado clássico chinês em resposta às iniquidades percebidas da cultura impressa da era Meiji, embora seja, de fato, o último apelo para o conceito romântico do autor como o Criador onipotente, cujas composições manifestam e revelam a verdade do mundo.

> Cada letra, cada palavra que eu declaro, implicam e refletem uma filosofia cósmica, e, à medida que essas letras e palavras se combinam em frases e parágrafos, elas se tornam um todo coordenado, claro e consistente, com princípios e fins habilmente projetados para corresponder e, por meio dessa correspondência,

---

36. N. Soseki, *I Am a Cat*, op. cit., p. 99; *NSZ*, v. 1, p. 92.

fornecer uma visão global do mundo da condição de toda a criação. Assim, estas páginas escritas com detalhes, que as mentes mais superficiais entre vocês consideram nada mais do que uma série cansativa de bate-papos triviais, devem repentinamente se revelar contendo sabedoria pesada, homilias edificantes e orientação para todos vocês. Eu ficaria, portanto, agradecido se você tivesse a cortesia de sentar-se ereto, parar de vaguear como tantos patetas desleixados e, em vez de vasculhar [*tsudoku*] meu texto, estudá-lo com muita atenção [*seidoku*]. Gostaria de lembrá-lo de que Liu Tsung-yuan achou apropriado lavar as mãos com água de rosas antes de tocar no jornal, pela sorte de carregar a prosa de seu colega poeta e estudioso Han T'ni-chih. A prosa que escrevi merece um tratamento não menos respeitosamente meticuloso. Você não deve se desonrar lendo-a em uma cópia antiga de uma revista, roubada ou emprestada de um amigo. Tenha ao menos a graça de comprar uma cópia da revista com seu próprio dinheiro. Como indiquei no início deste bem construído parágrafo, estou prestes a descrever um rescaldo. Se você acha que um resultado não pode ser interessante e, consequentemente, propõe pular a leitura, você se arrependerá muito de sua decisão. Você simplesmente deve ler até o fim.[37]

O chamado para os leitores se sentarem e agirem de maneira correta invoca os estilos de leitura especializados, mas que se opõem mutuamente, que vieram com a proliferação de novas técnicas e tecnologias da escrita: a leitura rápida e a leitura atenta. A desvantagem de arranhar e rabiscar foi uma perda correspondente de atenção no registro como uma totalidade cuidadosamente construída.

---

37. N. Soseki, *I Am a Cat*, op. cit., pp. 400-1; *NSZ*, v. 1, pp. 340-41.

Bibliografia

ADAS, Michael. *Machines as the Measure of Men: Science, Technology, and Ideologies of Western Dominance*. Ithaca: Cornell University Press, 1989.

AKIO, Bin. *Shiki no kindai*. Tóquio: Shinyosha, 1999.

ALBRIGHT, Robert. "The International Phonetic Alphabet: Its Backgrounds and Development". *International Journal of American Linguistics*, v. 24, n. 1, p. 3, 1958.

ANDERSON, Benedict. *Imagined Communities*. Nova York: Verso, 1991.

ANDERSON, Benedict. *The Specter of Comparisons*. Nova York: Verso, 1998.

ANDERSON, Kenneth Mark. *The Foreign Relations of the Family State: The Empire of Ethics, Aesthetics and Evolution on Meiji Japan*. Tese (Doutorado) — Cornell University, Ithaca, 1999.

AOKI, Shigeru (org.). *Meiji yoga shiryo: kaisohen*. Tóquio: Chuo Koron Bijutsu Shuppansha, 1986.

AOKI, Shigeru (org.). *Meiji nihonga shiryo*. Tóquio: Chuo Koron Bijutsu Shuppansha, 1991.

ARMITAGE, John. "From Discourse Networks to Cultural Mathematics: An Interview with Friedrich A. Kittler". *Theory, Culture & Society*, v. 23, n. 7-8, pp. 17-38, 2006.

ARMSTRONG, Timothy. *Modernism, Technology, and the Body*. Cambridge: Cambridge University Press, 1998.

ASTON, W. G. "Has Japanese an Affinity with Aryan Languages?". *Transactions of the Asiatic Society*, n. 2, pp. 199-206, 1882.

AZUMA, Hiroki. *Sonzaironteki, yubinteki: Jacques Derrida ni tsuite*. Tóquio: Shinchosha, 1998.

BAILEY, Richard W. *Images of English: A Cultural History of the Language*. Cambridge: Cambridge University Press, 1992.

BAKER, Alfred. *The Life of Sir Isaac Pitman*. Londres: Pitman & Sons Ltd., 1908.

BALIBAR, Etienne; WALLERSTEIN, Immanuel. *Race, Nation, Class: Ambiguous Identities*. Nova York: Verso, 1991.

BEICHMAN, Janine. *Masaoka Shiki*. Boston: Twayne Publishers, 1982.

BELL, Alexander Graham. "The Metric System: An Explanation of the Reasons Why the United States Should Abandon Its Heterogeneous Systems of Weights and Measures". *National Geographic*, mar. 1906.

BELL, Alexander Melville. *Visible Speech: The Science of Universal Alphabetics*. Londres: Simpkin Marshall, 1867.

BELL, Alexander Melville. *World-English: The Universal Language*. Nova York: N. D. C. Hodges, 1888.

BELL, Alexander Melville. "Prologue". In: *World-English: The Universal Language*. Nova York: Nova York: N. D. C. Hodges, 1888.

BENJAMIN, Walter. *Illuminations*. Trad. Harry Zohn. Nova York: Schocken Books, 1968.

BLAISE, Clark. *Time Lord: Sir Sanford Fleming and the Creation of Standard Time*. Nova York: Pantheon Books, 2000.

BLUHM, Andreas; LIPPINCOTT, Louise (orgs.). *Light! The Industrial Age, 1750-1900*. Nova York: Thames and Hudson, 2000.

BOWIE, Theodore. *The Drawings of Hokusai*. Bloomington: Indiana University Press, 1964.

BOWRING, Richard John. *Mori Ogai and the Modernization of Japanese Culture*. Cambridge: Cambridge University Press, 1979.

BRAISTED, William (org.). *Meiroku Zasshi: Journal of Japanese Enlightenment*. Cambridge: Harvard University Press, 1976.

BRAISTED, William. "Writing Japanese with the Western Alphabet". In: *Meiroku Zasshi: Journal of Japanese Enlightenment*. Cambridge: Harvard University Press, 1976.

BRIGGS, Asa; BURKE, Peter. *A Social History of the Media: From Gutenberg to the Internet*. Malden: Polity, 2009.

CHAMBERLAIN, Basil Hall. *A Handbook of Colloquial Japanese*. Tóquio: Hakubunsha, 1889.

CHAMBERLAIN, Basil Hall. *Practical Introduction to the Study of Japanese Writing*. Londres: S. Low, Marston & Co., 1899.

CHAMBERLAIN, Basil Hall. "Gem-bun Itchi". In: YAMAMOTO, Masahide. *Kindai buntai keisei shiryo shusei*. Tóquio: Ofusha, 1978.

CHARNEY, Leo; SCHWARTZ, Vanessa (orgs.). *Cinema and the Invention of Modern Life*. Berkeley: University of California Press, 1995.

CHEYFITZ, Eric. *The Poetics of Imperialism: Translation and Colonization from* The Tempest *to* Tarzan. Filadélfia: University of Pennsylvania Press, 1997.

CHISOLM, Lawrence W. *Fenollosa: The Far East and American Culture*. New Haven: Yale University Press, 1963.

COMMAGER, H. S. "Schoolmaster to America". In: *Noah Webster's American Spelling Book*. Nova York: Teachers College Press, 1958.

CONRAD, Joseph. *The Secret Agent: A Simple Tale*. Nova York/Londres: Harper & Brothers, 1907. [Ed. bras.: *O agente secreto*. Trad. Fernando Santos. São Paulo: Editora Unesp, 2022.]

COPELAND, Rebecca. *Lost Leaves: Women Writers of Meiji Japan*. Honolulu: University of Hawai'i Press, 2000.

CORTAZZI, Hugh (org.). *A British Artist in Meiji Japan: Alfred East*. Brighton: In Print, 1991.

CRARY, Jonathan. *Techniques of the Observer: On Vision and Modernity in the Nineteenth Century*. Cambridge: MIT Press, 1999.

CROSS, Barbara. "Representing Performance in Japanese Fiction". *SOAS Literary Review*, AHRB Centre, edição especial, pp. 1-20, 2004.

DE BARY, Theodore; GLUCK, Carol; TIEDEMANN, Arthur. *Sources of Japanese Tradition*. v. 2. Nova York: Columbia University Press, 2005.

DEBRAY, Regis. *Media Manifestos: On the Technological Transformation of Cultural Forms*. Trad. Eric Rauth. Nova York: Verso, 1996.

DEN, Kenjiro. "Japanese Communications: The Post, Telegraph, and Telephone". In: OKUMA, Shigenobu (org.). *Fifty Years in New Japan*. Trad. Marcus Huish. Londres: Smith, Elder & Co., 1910. 2 v.

DERRIDA, Jacques. *Speech and Phenomena*. Trad. David Allison. Evanston: North-Western University Press, 1973.

DERRIDA, Jacques. *Of Grammotology*. Trad. Gayatri Spivak. Baltimore: Johns Hopkins University Press, 1976.

DERRIDA, Jacques. "Sending: On Representation". *Social Research*, v. 49, n. 2, pp. 294-326, 1982.

DERRIDA, Jacques. *The Post Card: From Socrates to Freud and Beyond*. Trad. Alan Bass. Chicago: University of Chicago Press, 1987.

DERRIDA, Jacques. "Speech and Writing According to Hegel". In: STERN, Robert (org.). *G.W.F. Hegel: Critical Assessments*. v. 2. Nova York: Routledge, 1993. pp. 455-77.

DERRIDA, Jacques. *Papier machine: Le Ruban de machine à écrire et autres réponses*. Paris: Galilée, 2001.

DORE, R. P. *Education in Tokugawa Japan*. Berkeley: University of California Press, 1965.

DOYLE, Arthur Conan. *A Study in Scarlet*. Londres: Ward Lock & Co, 1887. [Ed. bras.: *Um estudo em vermelho*. Trad. Maria Luiza X. de A. Borges. Rio de Janeiro: Zahar, 2013.]

DUNCAN, David (org.). *Life and Times of Herbert Spencer*. Nova York: D. Appleton & Co., 1908. 3 v.

ELLIS, Alexander J. (org.). *The Phonetic News*, 6 jan. 1849.

ELLMANN, Richard (org.). *The Artist as Critic: Critical Writings of Oscar Wilde*. Chicago: University of Chicago Press, 1982.

ENCHO, Sanyutei. *Kaidan botan doro*. Tóquio: Tokyo Haishi Shuppansha, 1884.

EPPSTEIN, Ury. *The Beginnings of Western Music in Meiji Era Japan*. Lewiston: E. Mellen Press, 1994.

ERICSON, Stephen J. *Sound of the Whistle: Railroads and the State in Meiji Japan*. Cambridge: Harvard East Asian Monographs, 1996.

FENOLLOSA, Ernest. *The Chinese Written Character as a Medium for Poetry*. Nova York: Arrow Editions, 1936.

FENOLLOSA, Ernest. *Epochs of Chinese and Japanese Art*. Nova York: Dover, 1963. 2 v.

FIGAL, Gerald. *Civilization and Monsters: Spirits of Modernity in Meiji Japan*. Durham: Duke University Press, 1999.

FORMANEK, Susanne; LINHART, Sepp (orgs.). *Written Texts-Visual Texts: Woodblock-Printed Media in Early Modern Japan*. Amsterdã: Hotei Publishing, 2005.

FOUCAULT, Michel. *The Archaeology of Knowledge and the Discourse on Language*. Trad. A. M. Sheridan Smith. Nova York: Pantheon Books, 1972.

FOUCAULT, Michel. *The Order of Things: An Archaeology of the Human Sciences*. Nova York: Vintage Books, 1994.

FOUCAULT, Michel. *Power: The Essential Works of Michel Foucault, 1954--1984*. v. 3. Org. James Faubion. Nova York: The New Press, 2001.

FRALEIGH, Matthew. "Wang Zhaojun's New Portrait". In: WASHBURN, Dennis; DORSEY, James (orgs.). *In Reading Material: The Production of Narrative Genres and Literary Identities (PAJLS)*. v. 7. West Lafayette: Association for Japanese Literary Studies, 2007. pp. 94-106.

FRANK, Manfred. *What Is Neostructuralism?* Trad. Sabine Wilke e Richard Gray. Minneapolis: University of Minnesota Press, 1989.

FRANK, Manfred. *The Philosophical Foundations of Early German Romanticism*. Trad. Elizabeth Millan-Zaibert. Nova York: State University of New York Press, 2004.

FUJII, James. *Complicit Fictions: The Subject in the Modern Japanese Prose Narrative*. Berkeley: University of California Press, 1993.

FUJIKURA, Akira. *Kotoba no Shashin o Tore*. Tóquio: Sakitama Shuppankai, 1982.

FUJIMOTO, Yoko (org.). *Wakakibi no Nihon bijutsu: Meiji-ki no zuga kyoikusho to gakatachi*. Tóquio: Ibaraki-ken Kindai Bijutsukan, 1995.

FUJITANI, Takashi. *Splendid Monarchy: Power and Pageantry in Modern Japan*. Berkeley: University of California Press, 1996.

FUKUOKA, Maki. "Toward a Synthesized History of Photography: A Conceptual Genealogy of Shashin". *Positions: East Asia Cultures Critique*, v. 18, n. 3, pp. 571-97, 2010.

GALISON, Peter. *Einstein's Clocks, Poincaré's Maps: Empires of Time*. Nova York: W.W. Norton, 2004.

GEIJUTSU, Shincho (org.). "Bakumatsu-itchi no kokishin otoko: Shima Kakoku koko ni ari!". *Geijutsu Shincho*, n. 9, 1994.

GEROW, Aaron. *Visions of Japanese Modernity: Articulations of Cinema, Nation, and Spectatorship, 1895-1925*. Berkeley: University of California Press, 2010.

GITELMAN, Lisa. *Scripts, Grooves, and Writing Machines: Representing Technology in the Edison Era*. Stanford: Stanford University Press, 1999.

GITELMAN, Lisa; PINGREE, Geoffrey B. (orgs.). *New Media, 1740-1915*. Cambridge: MIT Press, 2003.

Go, Komei. "Isawa Shuji to shiwaho". *Kyoto Seika University Research Laboratory Research Results & Publications*, Kyoto, Seika University, v. 26, pp. 146-161.

GUNNING, Tom. "Tracing the Individual Body". In: CHARNEY, Leo; SCHWARTZ, Vanessa R. (orgs.). *Cinema and the Invention of Modern Life*. Berkeley: University of California Press, 1995.

GUTEK, Gerald Lee. *Pestalozzi and Education*. Nova York: Waveland Press, 1999.

HAGA, Toru. *Kaiga no ryobun: Kindai Nihon hikaku bunka-shi kenkyu*. Tóquio: Asahi Shimbunsha, 1984.

HAKUEN, Chorin. *Nasake sekai mawari doro*. Tóquio: Domei Shobo, 1886.

HALL, Ivan Parker. *Mori Arinori*. Cambridge: Harvard University Press, 1973.

HARADA, Teishu. *Shogaku tokuhon*. Tóquio: Bunkaido, 1888.

HATA, Takehiko. *Sokki! Jinsei ni wa yaku ni tattanai tokugi*. Tóquio: Kodansha, 2006.

HAWKS, Francis. *Narrative of the Expedition of an American Squadron to the China Seas and Japan*. Washington: A.O.P. Nicholson, 1856.

HAYASHI, Shigeatsu. *Hayagakitori no shikata*. Tóquio: Ikebekatsuzo, 1885.

HEADRICK, Daniel. *When Information Came of Age: Technologies of Knowledge in the Age of Reason and Revolution, 1700-1850*. Oxford: Oxford University Press, 2000.

HEGEL, Georg Wilhelm Friedrich. *Philosophy of Mind*. Trad. William Wallace e Arnold V. Miller. Oxford: Oxford University Press, 2010. [Ed. bras.: *Enciclopédia das ciências filosóficas*, v. 3: *A filosofia do espírito*. São Paulo: Loyola, 1995.]

HEIDEGGER, Martin. *The Question Concerning Technology, and Other Essays*. Trad. William Lovitt. Nova York: Harper & Row, 1977.

HILL, Christopher. "How to Write a Second Restoration: The Political Novel and Meiji Historiography". *Journal of Japanese Studies*, v. 33, n. 2, pp. 337-56, 2007.

HIROTA, Shinobu. "Bijutsu toshite no shashin". *Waseda Bungaku*, v. 15, n. 2, 1908.

HISAMATSU, Senichi (org.). *Meiji bungaku zenshu*, v. 44: *Ochiai Naobumi, Ueda Kazutoshi, Haga Yaichi, Fujioka Sakutaro shu*. Tóquio: Chikuma Shobo, 1968.

HOBSBAWM, Eric. *The Age of Empire: 1875-1914*. Nova York: Vintage, 1989. [Ed. bras.: *A era dos impérios: 1875-1914*. São Paulo: Paz & Terra, 2005.]

HOKENSON, Jan Walsh. *Japan, France, and East-West Aesthetics: French Literature 1867-2000*. Madison: Fairleigh Dickinson University Press, 2004.

HOLZMANN, Gerald J.; PEHRSON, Bjorn. *The Early History of Data Networks*. Washington: IEEE Computer Society Press, 1995.

HOSONO, Masanobu. *Nagasaki Prints and Early Copperplates*. Trad. Lloyd Craighill. Nova York: Kodansha International, 1978.

HOWLAND, Douglas. *Translating the West*. Honolulu: University of Hawai'i Press, 2002.

HYODO, Hiromi. *Koe no kokumin kokka Nihon*. Tóquio: NHK Books, 2000.

INOUE, Miyako. "Gender, Language and Modernity: Toward an Effective History of Japanese Women's Language". *American Anthropologist*, v. 29, n. 3, pp. 392-422, 2002.

INOUE, Miyako. *Vicarious Language: Gender and Linguistic Modernity in Japan*. Berkeley: University of California Press, 2006.

INOUYE, Charles. "Pictocentrism". *Yearbook of Comparative and General Literature*, v. 40, pp. 23-39, 1992.

INOUYE, Charles (org.). *Japanese Gothic Tales: Izumi Kyoka*. Honolulu: University of Hawai'i Press, 1996.

INWOOD, M. J. (org.). *Hegel's Philosophy of Mind*. Trad. W. Wallace e A. V. Miller. Oxford: Clarendon Press, 2007.

ISAWA, Shuji. *Shinka genron*. Tóquio. Maruzen, 1889.

ISAWA, Shuji. *Shiwaho*. Tóquio: Dai-Nihon Tosho, 1901.

ISAWA, Shuji. "Shiwa oyo Shinago seionho setsumei". In: SHINANO, Kyoikukai (org.). *Isawa Shuji senshu*. Nagano: Shinano Kyoikukai, 1958.

ISAWA, Shuji. "Iwayuru saikin no kokugo mondai ni tsukite". In: SHINANO, Kyoikukai (org.). *Isawa Shuji senshu*, Nagano: Shinano Kyoikukai, 1958.

ITO, Kiyoshi (org.). *Sanyutei Encho to sono jidai (ten)*. Tóquio: Waseda Daigaku Engeki Hakubutsukan, 2000.

IVY, Marilyn. *Discourses of the Vanishing: Modernity, Phantasm, Japan*. Chicago: University of Chicago Press, 1995.

IWANAMI SHOTEN. *Iwanami Shoten Bungaku Henshubu. Bungaku zokan: Encho no sekai*. Tóquio: Iwanami Shoten, 2000.

JAMESON, Harold (org.). *Peonies Kana: Haiku by the Upasaka Shiki*. Londres: George Allen & Unwin Ltd., 1973.

JAY, Martin. *Downcast Eyes: The Denigration of Vision in Twentieth-Century French Thought*. Berkeley: University of California Press, 1994.

JOHNSTON, Edward. *The Artistic Crafts Series of Technical Handbooks: Writing and Illuminating and Lettering*. Nova York: Macmillan, 1913.

JOHNSTON, John (org.). *Literature, Media & Information Systems: Friedrich A. Kittler Essays*. Trad. William Stephen Davis. Amsterdã: G+B Arts, 1997.

JONES, H. J. *Live Machines: Hired Foreigners and Meiji Japan*. Vancouver: University of British Columbia Press, 1980.

KAMEI, Hideo. *Meiji Bungaku-shi*. Tóquio: Iwanami Textbooks, 2000.

KAMEI, Hideo. *Transformations of Sensibility*. Trad. Michael Bourdaghs. Ann Arbor: Michigan Monograph Series, 2001.

KAMIYAMA, Akira. "Customs of the Meiji Period and Kabuki's War Dramas". *Comparative Theatre Review*, trad. Joseph Ryan, v. 11, n. 1, pp. 4-20, 2012.

KANAGAWA-KEN KINDAI BIJUTSUKAN (org.). *Kanagawa-ken bijutsu fudoki: bakumatsu Meiji shoki-hen*. Yokohama: Yurindo, 1970.

KANAGAWA-KEN KINDAI BIJUTSUKAN. *Kanagawa-ken bijutsu fudoki: Takahashi Yu'ichi-hen*. Yokohama: Yurindo, 1972.

KANEKO, Kazuo. *Kindai Nihon bijutsu kyoiku no kenkyu: Meiji, Taishoki*. Tóquio: Chuo Koron, 2000.

KANEKO, Kazuo. "Meiji-ki zuga kyoiku ni okeru enpitsu-ga to mohitsu-ga". *Kokubungaku*, v. 45, n. 8, 2000.

KANEKO, Ryuichi. "Japanese Photography in the Early Twentieth Century". In: ANSEL ADAMS CENTER (org.). *Modern Photography in Japan, 1915-1940*. San Francisco: The Friends of Photography, 2001.

KARASAWA, Tomitaro. *Kyokasho no rekishi*. Tóquio: Sobunsha, 1981.

KARATANI, Kojin. *The Origins of Modern Japanese Literature*. Trad. Brett de Bary (coord.). Durham: Duke University Press, 1993.

KARATANI, Kojin. "Japan as Museum: Okakura Tenshin and Ernest Fenollosa". In: MONROE, Alexandra (org.). *Japanese Art after 1945: Scream against the Sky*. Nova York: Harry N. Abrams, 1994.

KARATANI, Kojin. *The Structure of World History*. Trad. Michael Bourdaghs. Durham: Duke University Press, 2014.

KATO, Shuichi. *A History of Japanese Literature: The Modern Years*. Trad. Don Sanderson. Nova York: Kodansha International, 1983.

KATO, Shuichi; MAEDA, Ai. *Meiji media-ko*. Tóquio: Chuo Koronsha, 1983.

KATO, Shuichi; MASAO, Maruyama. *Honyaku no shiso*. Tóquio: Iwanami Shoten, 1991.

KAWADA, Junzo. "'Hanashi' ga moji ni naru toki". In: *Koto denshoron*. v. 2. Tóquio: Heibonsha, 2001.

KAWAMURA, Minato. *Sakubun no naka no Dai-Nippon teikoku*. Tóquio: Iwanami Shoten, 2000.

Keene, Donald. *Dawn to the West: Japanese Literature in the Modern Era*. v. 1-2. Nova York: Holt, Reinhart, and Winston, 1984.

Keene, Donald (org.). *Modern Japanese Literature: From 1868 to the Present Day*. Nova York: Grove Press, 1956.

Kelly, John. "The 1847 Alphabet: An Episode of Phonotypy". In: Asher, R. E.; Henderson, E. J. A. (orgs.). *Towards a History of Phonetics*. Edimburgo: Edinburgh University Press, 1981. pp. 248-64.

Kida, Junichiro. *Nihongo daihakubutsukan*. Tóquio: Just System, 1994.

Kida, Junichiro (org.). *Edogawa Rampo zuihitsu-sen*. Tóquio: Chikuma Bunko, 1994.

Kida, Junichiro. *Zusho Nihongo no kindai-shi: Gengo bunka no hikari to kage*. Tóquio: Just System, 1997.

Kinoshita, Naoyuki. *Iwanami kindai Nihon no bijutsu*, v. 4: *Shashingaron*. Tóquio: Iwanami Shoten, 1996.

Kinoshita, Naoyuki. *Nihon no shashinka*, v. 1: *Ueno Hikoma to bakumatsu no shashinka-tachi*. Tóquio: Iwanami Shoten, 1997.

Kitazawa, Noriaki. *Kyokai no bijutsushi: "Bijutsu" keiseishi noto*. Tóquio: Brucke, 2005.

Kittler, Friedrich. *Discourse Networks 1800/1900*. Trad. Michael Metteer e Chris Cullens. Stanford: Stanford University Press, 1990.

Kittler, Friedrich. *Gramophone, Film, Typewriter*. Trad. Geoffrey Winthrop-Young e Michael Wurtz. Stanford: Stanford University Press, 1999.

Kittler, Friedrich. *Optical Media: Berlin Lectures 1999*. Trad. Anthony Enns. Malden: Polity Press, 2010.

Kittler, Friedrich; Griffin, Matthew. "The City Is a Medium". *New Literary History*, v. 27, n. 4, pp. 717-29, 1996.

Kobayashi, Tadashi (org.). *Ukiyoe no rekishi*. Tóquio: Bijutsu Shuppan-sha, 1998.

Koike, Kazuo et al. *Kanji mondai to moji kodo*. Tóquio: Ota Shuppan, 1999.

Komagome, Takeshi. *Shokuminchi teikoku Nihon no bunka togo*. Tóquio: Iwanami Shoten, 1996.

Komatsu, Hideo. *Iroha uta*. Tóquio: Chuko Shinsho, 1979.

Komori, Yoichi. *Soseki o yominaosu*. Tóquio: Chikuma Shinsho, 1994.

Komori, Yoichi. *Yuragi no Nihon bungaku*. Tóquio: NHK Books, 1998.

Komori, Yoichi. *Nihongo no kindai*. Tóquio: Iwanami Shoten, 2000.

Kondo, Ichitaro; Terry, Charles (orgs.). *The Thirty-Six Views of Mount Fuji by Hokusai*. Tóquio: Heibonsha, 1968.

Kono, Kensuke. *Shomotsu no kindai: media no bungakushi*. Tóquio: Chikuma Shobo, 1999.

Kono, Shoichi; Nakamura, Mitsuo (orgs.). *Futabatei Shimei zenshu*. Tóquio: Iwanami Shoten, 1964-1965.

Kornicki, Peter. *The Reform of Fiction in Meiji Japan*. Londres: Ithaca Press for the Board of the Faculty of Oriental Studies, Oxford University, 1982.

Kosaka, Masaaki. *Japanese Thought in the Meiji Era*. Trad. David Abosch. Tóquio: Pan-Pacific Press, 1958.

Krell, David Farrell (org.). *Martin Heidegger: Basic Writings*. San Francisco: Harper Collins, 1993.

Kunikida, Doppo. *The River Mist and Other Stories*. Trad. David Chibett. Kent: P. Norbury, 1993.

Kunikida, Doppo; Zenshu Hensan Iinkai (orgs.). *Kunikida Doppo zenshu*. Tóquio: Gakushu Kenkyusha, 1964-1969.

Kyokai, Shoyo (org.). *Shoyo senshu*. Tóquio: Dai-ichi Shobo, 1979.

LaMarre, Thomas. "The Deformation of the Modern Spectator: Synaesthesia, Cinema and the Spectre of Race in Tanizaki". *Japan Forum*, v. 11, n. 1, pp. 23-42, 1999.

LaMarre, Thomas. *Uncovering Heian Japan: An Archeology of Sensation and Inscription*. Durham: Duke University Press, 2000.

LaMarre, Thomas. "Magic Lantern: Dark Precursor of Animation". *Animation*, v. 6, pp. 127-48, 2011.

LaMarre, Thomas; Kang, Nei-hui (orgs.). *Impacts of Modernities (Traces 3)*. Hong Kong: Hong Kong University Press, 2004.

Laver, James. *French Painting and the Nineteenth Century*. Londres: B. T. Batsford, 1937.

Lessing, G. E. *Laocoon: An Essay on the Limits of Painting and Poetry*. Trad. E. C. Beasley. Londres: Brown, Green and Longmans, 1891.

Leutner, Robert. *Shikitei Samba and the Comic Tradition in Edo Fiction*. Cambridge: Harvard University Press, 1985.

Levin, David Michael (org.). *Modernity and the Hegemony of Vision*. Berkeley: University of California Press, 1993.

Li, Takanori. *Hyosho kukan no kindai: Meiji "Nihon" no media hensei*. Tóquio: Shinyosha, 2000.

Lounsbury, Thomas. *English Spelling and Spelling Reform*. Nova York: Harper & Brothers, 1909.

Mabuchi, K. *Gojyuonzu no hanashi*. Tóquio: Taishukan Shoten, 1993.

MacLachlan, Patricia. *The People's Post Office: The History and Politics of the Japanese Postal System, 1871-2010*. Cambridge: Harvard University Asia Center, 2011.

Maeda, Ai. *Kindai dokusha no seiritsu*. Tóquio: Chikuma Shobo, 1989.

Maeda, Ai. *Text and the City: Essays on Modernity*. Org. James Fujii. Durham: Duke University Press, 2004.

Maeda, Ai; Yamada, Yusaku (orgs.). *Nihon kindai bungaku taikei*, v. 2: *Meiji seiji shosetsu-shu*. Tóquio: Kadokawa Shoten, 1974.

Maejima, Hisoka. "Communications in the Past". In: Okuma, Shigenobu (org.). *Fifty Years of New Japan*. Trad. Marcus Huishi. Londres: Smith, Elder & Co., 1910. 2 v.

Mair, Victor (org.). *Wandering on the Way: Early Taoist Tales and Parables of Chuang Tzu*. Honolulu: University of Hawai'i Press, 1998.

Marra, Michael (org.). *Japanese Hermeneutics: Current Debates on Aesthetics and Interpretation*. Honolulu: University of Hawai'i Press, 2002.

Marumaru Chinbun (org.). *Marumaru Chinbun*. Tóquio: Honpo Shoseki, 1981-1985.

Maruyama, Heijiro. *Kotoba no shashinho: Ichimei hikkigaku kaitei*. Osaka: Eigaku Jitaku Dokushukai, 1885.

Masaoka, Chusaburo (org.). *Shiki zenshu*. Tóquio: Kodansha, 1975.

Masaoka, Shiki. *Selected Poems*. Trad. Burton Watson. Nova York: Columbia University Press, 1997.

Masaoka, Shiki. *Songs from a Bamboo Village: Selected Tanka from "Takenosato Uta"*. Trad. Sanford Goldstein e Seishi Shinoda. Rutland: Tuttle, 1998.

Matsui, Takako. *Shasei no henyo: Fontanesi kara Shiki, soshite Naoya e.* Tóquio: Meiji Shoin, 2002.

Mayeda, Shinjiro. *Outlines of the History of Telegraphs in Japan*. Tóquio: Kokubunsha, 1892.

Mayeda, Shinjiro. *A Short Sketch of the Progress of the Postal System*. Tóquio: Kokubunsha, 1892.

Mayr, Otto. *Authority, Liberty and Automatic Machinery in Early Modern Europe*. Baltimore: Johns Hopkins University, 1989.

McLuhan, Marshall. *The Gutenberg Galaxy*. Toronto: University of Toronto Press, 2000.

McLuhan, Marshall. *Understanding Media*. Cambridge: MIT Press, 2001.

Meech-Pekarik, Julia. *The World of the Meiji Print: Impressions of a New Civilization*. Berkeley: Weatherhill, 1986.

Mertz, John Pierre. *Novel Japan*. Ann Arbor: University of Michigan Press, 2003.

Military Government Translation Center (trad.). *Japanese Postal Laws*. Nova York: Naval School of Military Government and Administration, c. 1940.

Miller, J. Scott. *Adaptations of Western Literature in Meiji Japan*. Nova York: Palgrave, 2001.

Minamoto, Tsunanori. *Shinshiki sokkijutsu*. Tóquio: Aoki Suzando, 1893.

Mitchell, Timothy. *Colonising Egypt*. Berkeley: University of California Press, 1991.

Miyago, Toshio. *Meiji no bijinga: E-hagaki ni miru Meiji no esupuri*. Kyoto: Kyoto Shoin Arts Collection, 1998.

Mori, Arinori. "Rinrisho". In: Okubo, Toshiaki (org.). *Mori Arinori zenshu*. v. 1. Tóquio: Senbundo Shoten, 1972. pp. 419-54.

Morris, Ivan. *World of the Shining Prince*. Nova York: Knopf, 1964.

Morris, Mark. "Buson and Shiki, Part I". *Harvard Journal of Asiatic Studies*, v. 44, n. 2, pp. 381-425, dez. 1984.

Morris, Mark. "Buson and Shiki, Part II". *Harvard Journal of Asiatic Studies*, v. 45, n. 1, pp. 255-321, jun. 1985.

Morse, Edward S. "Preface to the Japanese Translation". In: Isawa, Shuji. *Shinka genron*. Tóquio. Maruzen, 1889.

Mosher, John. *Japanese Post Offices in China and Manchuria*. Nova York: Quarterman Publications, 1978.

Motoori, Norinaga. *Sekai Daishiso Zenshu*, v. 54: *Nihonshiso-hen*. Tóquio: Shunjusha, 1927.

Motoyama, Yukihiko. *Meiji kokka no kyoiku shisho*. Tóquio: Shibunkaku Shuppan, 1998.

Mozume, T. *Genbun'itchi*. In: *Mozume Takami zenshu*. v. 3. Tóquio: Mozume Takami zenshu hensankai, 1935

Murakami, Yuji (dir.). *Kokugo Gannen*. Tóquio: NHK, 1985 (série televisiva).

Murakata, Akiko (org. e trad.). *The Ernest E. Fenollosa Papers: The Houghton Library, Harvard University*. v. 3. Tóquio: Museum Press, 1987.

Muto, Teruaki. "Mori Arinori's 'Simplified English': A Socio-Historical Examination". *Forum of International Development Studies*, v. 26, pp. 89--101, 2004.

Nagamine, Shigetoshi. *Zasshi to dokusha no kindai*. Tóquio: Nihon Editor's School Shuppan-bu, 1997.

Nagamine, Shigetoshi. *Dokusho kokumin no tanjo*. Tóquio: Nihon Edita Sukuru Shuppansha, 2003.

Nagata, Seiji. *Hokusai manga*. v. 1-3. Tóquio: Iwanani Shoten, 1987.

Nagata, Seiji (org.). *Fukeiga 2: Hokusai bijutsukan*. Tóquio: Shueisha, 1990.

Naito, Takashi. *Meiji no oto: Seiyojin ga kiita kindai Nihon*. Tóquio: Chuo Koron Shinsha, 2005.

Nakamura, Kikuji. *Kyokasho no shakaishi: Meiji ishin kara haisen made*. Tóquio: Iwanami Shinsho, 1992.

Nakamura, Takafumi. *Shisen kara mita Nihon kindai*. Kyoto: Kyoto Daigaku Gakujutsu Shuppankai, 2000.

NAKAMURA, Takafumi. *"Shisen" kara mita Nihon kindai: Meiji-ki zuga kyoiku-shi kenkyu*. Tóquio: Tokyo Daigaku Gakujutsu Shuppan-kai, 2000.

NAKATANI, Hajime. *Body and Signs in Early Medieval China*. Dissertação (PhD) —University of Chicago, Chicago, 2004.

NIETZSCHE, Friedrich. *Beyond Good and Evil*. Londres/Edimburgo: T. N. Foulis, 1914. [Ed. bras.: *Além do bem e do mal*. Trad. Paulo César de Souza. São Paulo: Companhia de Bolso, 2005.]

NIHON BIJUTSUKAN HENSHUBU (org.). *Nihon Bijutsukan: The Art Museum of Japan*. Tóquio: Shogakukan, 1997.

NOLLETTI Jr., Arthur; DESSER, David. *Reframing Japanese Cinema: Authorship, Genre, History*. Bloomington: Indiana University Press, 1992.

NOMURA, Masaaki. *Rakugo no gengogaku*. Tóquio: Heibonsha, 2002.

OCHI, Haruo (org.). *Yano Ryukei-shu*. Tóquio: Chikuma Shobo, 1970.

OGUMA, Eiji. *Tanitsu minzoku shinwa no kigen*. Tóquio: Shinchosha, 1995.

OKA, Kazuo; TOKIEDA, Motoki. *Kokugo kokubungaku shiryo zukai daijiten*. Tóquio: Zenkoku Kyoiku Zusho Kabushigaisha, 1968.

OKRENT, Arika. *In the Land of Invented Languages*. Nova York: Spiegel and Grau, 2010.

OKUBO, Toshiaki (org.). *Mori Arinori zenshu*. v. 1. Tóquio: Senbundo Shoten, 1972.

OKUBO, Toshiaki (org.). *Nishi Amane zenshu*. v. 4. Tóquio: Munetaka Shobo, 1986.

OKUMA, Shigenobu (org.). *Fifty Years of New Japan*. v. 1-2. Trad. Marcus Huish. Londres: Smith, Elder & Co., 1910.

O'MALLEY, Michael. *Keeping Watch: A History of American Time*. Nova York: Viking, 1990.

ORTOLANI, Benito. *Japanese Theatre from Shamanistic Ritual to Contemporary Pluralism*. Princeton: Princeton University Press, 1995.

OSA, Shizue. *Kindai Nihon to kokugo nashionaruizumu*. Tóquio: Yoshikawa Kobunkan, 1998.

OSAWA, Shigeo. "Mori Arinori no chosho: shosetsuka no kigen hoi 'hihan'". *Juryoku*, n. 1, 2002.

Perlman, David. "Physicists Convert First Known Sound Recording". *San Francisco Chronicle*, 29 mar. 2008.

Peters, John Durham. *Speaking into the Air: A History of the Idea of Communication*. Chicago: University of Chicago Press, 1999.

Piovesana, Gino. *Recent Japanese Philosophical Thought, 1862-1996*. Avon: Japan Library, 1997.

Pitman, Isaac. *A Manual of Phonography, or, Writing by Sound: A Natural Method by Signs that Represent Spoken Sounds*. Londres: F. Pitman, 1883.

Ravina, Mark. *Land and Lordship in Early Modern Japan*. Stanford: Stanford University Press, 1999.

Ravina, Mark. "Japanese State Making in Global Context". In: Boyd, Robert (org.). *State Making in Asia*. Nova York: Routledge, 2006. pp. 35-52.

Reed, Thomas Allen. *The Shorthand Writer*. Londres: Isaac Pitman & Sons, 1892.

Richter, Giles. *Marketing the Word: Publishing Entrepreneurs in Meiji Japan, 1870-1912*. Tese (Doutorado) — Columbia University, Nova York, 1999.

Rimer, J. Thomas (org.). *Mori Ogai: Youth and Other Stories*. Honolulu: University of Hawai'i Press, 1994.

Rodd, Laurel; Henkenius, Mary Catherine (trads.). *Kokinshu: A Collection of Poems Ancient and Modern*. Princeton: Princeton University Press, 1984.

Ross, Alex. "Deceptive Picture". *The New Yorker*, 8 ago. 2011.

Rubin, Jay. *Injurious to Public Morals*. Seattle: University of Washington Press, 1984.

Ryan, Marleigh Grayer. "Japan's First Modern Novel". Ann Arbor: Center for Japan Studies, 1990.

Sakai, Naoki. *Voices of the Past*. Ithaca: Cornell University Press, 1991.

Sakai, Naoki. *Shisan sareru Nihongo Nihonjin*. Tóquio: Shinyosha, 1996.

Sakai, Naoki. *Translation and Subjectivity*. Minneapolis: University of Minnesota Press, 1997.

SAKAI, Naoki. *Kakko no koe: Jyuhasseiki Nihon no gensetsu ni okeru gengo no chii*. Trad. Kawata Jun et al. Tóquio: Ibunsha, 2003.

SAKURAI, Susumu. *Edo no noizu: kangoku toshi no hikari to yami*. Tóquio: NHK Books, 2000.

SATO, Doshin. *Meiji kokka to kindai bijutsu*. Tóquio: Yoshikawa Hirofumi, 1999.

SATO, Doshin. *Modern Japanese Art and the Meiji State: The Politics of Beauty*. Trad. Hiroshi Nara. Los Angeles: Getty Research Institute, 2011.

SAUSSURE, Ferdinand. *Course in General Linguistics*. Trad. Roy Harris. Nova York: Open Court Classics, 1998.

SAYERS, Robert. "Ainu: Spirit of a Northern People". *American Anthropologist*, v. 102, n. 4, pp. 877-82, 2000.

SCHIVELBUSCH, Wolfgang. *The Railroad Journey: The Industrialization of Time and Space in the Nineteenth Century*. Berkeley: University of California Press, 1986.

SCHMID, Andre. *Korea between Empires, 1895-1919*. Nova York: Columbia University Press, 2002.

SCONCE, Jeffrey. *Haunted Media: Electronic Presence from Telegraphy to Television*. Durham: Duke University Press, 2000.

SCREECH, Timon. *The Lens within the Heart: The Western Scientific Gaze and Popular Imagery in Later Edo Japan*. Nova York: Cambridge University Press, 1996.

SCREECH, Timon. *The Shogun's Painted Culture*. Londres: Reaktion Books, 2000.

SEDGWICK, Eve. *Between Men: English Literature and Male Homosocial Desire*. Nova York: Columbia University Press, 1985.

SEELEY, Christopher. *A History of Writing in Japan*. Honolulu: University of Hawai'i Press, 2000.

SELTZER, Mark. *Bodies and Machines*. Nova York: Routledge, 1992.

SELTZER, Mark. *Serial Killers*. Nova York: Routledge, 1998.

SHAW, George Bernard. *Pygmalion*. Nova York: Dover Thrift Editions, 1994. [Ed. bras.: *Pigmalião*. Trad. Millôr Fernandes. Porto Alegre: LP&M, 2005.]

SHI, Gang. *Shokuminchi shihai to Nihongo*. Tóquio: Sangensha, 1993.

SHIMANE KENRITSU DAIGAKU NISHI AMANE KENKYU-KAI. *Nishi Amane to Nihon no kindai*. Tóquio: Perikansha, 2005.

SHINANO, Kyoikukai (org.). *Isawa Shuji senshu*. Nagano: Shinano Kyoikukai, 1958.

SHINOHARA, Hiroshi. *Meiji no yubin tetsudo basha*. Tóquio: Yushodo Shuppan, 1987.

SIEGERT, Bernhard. *Relays: Literature as an Epoch of the Postal System*. Trad. Kevin Repp. Stanford: Stanford University Press, 1999.

SMITH, Henry Dewitt. *Kiyochika: Artist of Meiji Japan*. Santa Barbara: Santa Barbara Museum of Art, 1988.

SOGO, Masaaki; HIDA, Yoshifumi (orgs.). *Meiji no kotoba jiten*. Tóquio: Tokyodo, 1986.

SOSEKI, Natsume. *And Then*. Trad. Norma Field. Baton Rouge: Louisiana State University Press, 1978. [Ed. bras.: *E depois*. Trad. Lica Hashimoto. São Paulo: Estação Liberdade, 2011.]

SOSEKI, Natsume. *Natsume Soseki zenshu*. Tóquio: Iwanami Shoten, 1994.

SOSEKI, Natsume. *I Am a Cat*. Trad. Aiko Ito e Graeme Wilson. Boston: Tuttle Publishing, 2002. [Ed. bras.: *Eu sou um gato*. Trad. Jefferson José Teixeira. São Paulo: Estação Liberdade, 2008.]

SOSEKI, Natsume. *Sanshiro*. Trad. Jay Rubin. Ann Arbor: Center for Japan Studies, 2002. [Ed. bras.: *Sanshiro*. Trad. Fernando Garcia. São Paulo: Estação Liberdade, 2013.]

SPENCER, Herbert. *Philosophy of Style*. Nova York: Allyn and Bacon, 1892.

STANDAGE, Tom. *The Victorian Internet*. Nova York: Berkley Books, 1998.

STERNE, Laurence. *A Sentimental Journey*. Nova York: Penguin Classics, 2002.

STURGE, E. A. "Language Study". *Taiyo*, v. 10, n. 2, pp. 6-10, jul. 1904.

SUGA, Hidemi. *Nihon kindai bungaku no "tanjo": genbun itchi, undo to nashionarizumu*. Tóquio: Ota Shuppan, 1995.

SÜSSEKIND, Flora. *Cinematograph of Words: Literature, Technique, and Modernization in Brazil*. Stanford: Stanford University Press, 1997.

[Ed. bras.: *Cinematógrafo de letras: Literatura, técnica e modernização no Brasil*. São Paulo: Companhia das Letras, 1987.]

SUZUKI, Yukizo (org.). *Sanyutei Encho zenshu*. Tóquio: Sekai Bunko, 1963.

SWEET, Henry. *A Primer of Spoken English*. Oxford: Clarendon Press, 1890.

TAI, Eika. "Kokugo and Colonial Education in Taiwan". *Positions: East Asia Cultures Critique*, v. 7, n. 2, pp. 503-40, 1999.

TAKAHASHI, Seori. "Byosha, suketchi suru seishin". *Kokubungaku*, v. 5, n. 8, jul. 2000.

TAKAHASHI, Yasuo. *Media no akebono: Meiji kaikoku-ki no shuppan, shinbun monogatari*. Tóquio: Nihon Keizai Shimbunsha, 1994.

TAKEDA, Akira. *Chugoku shosetsu-shi nyumon*. Tóquio: Iwanami Textbooks, 2002.

TAMAI, T. (org.). *Yomigaeru Meiji no Tokyo*. Tóquio: Kadokawa Shoten, 1992.

TANAKA, Atsushi. "Shasei ryoko". In: NIHON BIJUTSUKAN HENSHUBU (org.). *Nihon Bijutsukan: The Art Museum of Japan*. Tóquio: Shogakukan, 1997.

TANAKA, Stefan. *New Times in Modern Japan*. Princeton: Princeton University Press, 2006.

TANAKADATE, Aikitsu. *Metoru-ho no rekishi to genzai no mondai*. Tóquio: Iwanami Shoten, 1934.

TANIZAKI, Junichiro. *Bunsho tokuhon*. Tóquio: Chuko Bunko, 1991.

TAYAMA, Katai. *Tayama Katai zenshu*. Tóquio: Bunseido Shoten, 1974.

TAYAMA, Katai. *The Quilt*. Trad. Kenneth Henshall. Tóquio: University of Tokyo Press, 1981.

TERADA, Toru. "Kindai bungaku to Nihongo". In: *Iwanami koza Nihon bungaku-shi*. Tóquio: Iwanami Shoten, 1958-1959.

THOREAU, Henry David. *Walden*. Nova York: Oxford University Press, 1997.

TO, Wing-kai. "Bridgewater Normal School and Isawa Shuji's Reforms of Modern Teacher Education in Meiji Japan". *Higashi Ajia bunka kosho kenkyu*, v. 2, pp. 413-21, 2009.

Tomasi, Massimiliano. *Rhetoric in Modern Japan: Western Influences on the Development of Narrative and Oratorical Style*. Honolulu: University of Hawai'i Press, 2004.

Toyama, Masakazu. "Jobun". In: Hayashi, Shigeatsu. *Hayagakitori no shikata*. Tóquio: Ikebekatsuzo, 1885.

Toyama, Usaburo. *Nihon yoga-shi: dai-ichi maki, Meiji zenki*. Tóquio: Nichieki Shuppansha, 1978.

Tschudin, Jean-Jacques. "Danjuro's katsureki-geki and the Meiji 'Theatre Reform' Movement". *Japan Forum*, v. 11, n. 1, pp. 83-94, 1999.

Tsubouchi, Shoyo. "Prefácio". In: Encho, Sayutei. *Kaidan botan doro*. Tóquio: Tokyo Haishi Shuppansha, 1884.

Tsubouchi, Shoyo. "Bi to wa nan zo ya". *Gakugei Zasshi*, v. 4, p. 219, 1886.

Tsubouchi, Shoyo. *Essence of the Novel*. Trad. Nanette Twine. Brisbane: University of Queensland, 1981.

Tsubouchi, Yuzo (org.). *Meiji no bungaku, dai-10 maku: Yamada Bimyo*. Tóquio: Chikuma Shobo, 2001.

Tsurumi, E. Patricia. *Japanese Colonial Education in Taiwan*. Cambridge: Harvard University Press, 1977.

Tucker, Anne Wilkes et al. (orgs.). *The History of Japanese Photography*. New Haven: Yale University Press, 2003.

Twain, Mark. *What Is Man?* Nova York: Oxford University Press, 1996.

Twine, Nanette. *Language and the Modern State: The Reform of Written Japanese*. Nova York: Routledge, 1991.

Ueda, Atsuko. "The Production of Literature and the Effaced Realm of the Political". *Journal of Japanese Studies*, v. 31, n. 1, pp. 61-88, 2005.

Ueda, Atsuko. *Concealment of Politics, Politics of Concealment: The Production of "Literature" in Meiji Japan*. Stanford: Stanford University Press, 2007.

Ueda, Kazutoshi. *Kokugo no tame*. In: Hisamatsu, Senichi (org.). *Meiji bungaku zenshu*, v. 44: *Ochiai Naobumi, Ueda Kazutoshi, Haga Yaichi, Fujioka Sakutaro shu*. Tóquio: Chikuma Shobo, 1968.

UNGER, J. Marshall. *Ideogram: Chinese Characters and the Myth of Disembodied Meaning*. Honolulu: University of Hawai'i Press, 2004.

VINCENT, Keith. *Writing Sexuality: Heteronormativity, Homophobia, and the Homosocial Subject in Modern Japan*. Tese (Doutorado) — Columbia University, Nova York, 2000.

WAKABAYASHI, Kanzo. "Prefácio". In: ENCHO, Sanyutei. *Kaidan botan doro*. Tóquio: Tokyo Haishi Shuppansha, 1884.

WATSON, Burton. *Masaoka Shiki: Selected Poems*. Nova York: Columbia University Press, 1998.

WEBSTER, Noah. *Dissertations on the English Language*. Gainesville: Scholars' Facsimiles & Reprints, 1951.

WEBSTER, Noah. *The American Spelling Book*. Nova York: Teachers College, Columbia University, 1962.

WELLBERY, David. "Prefácio". In: KITTLER, Friedrich. *Discourse Networks 1800/1900*. Trad. Michael Metteer e Chris Cullens. Stanford: Stanford University Press, 1990.

WHITMAN, John. *Transcription: The IPA and the Phonographic Impulse*. Manuscrito não publicado, 2004.

WILLIAMS, Raymond. *The Country and the City*. Londres: Oxford University Press, 1975. [Ed. bras.: *O campo e a cidade: Na história e na literatura*. Trad. Paulo Henriques Britto. São Paulo: Companhia de Bolso, 2011.]

WOOLF, Virginia. *Selected Essays*. Nova York: Oxford University Press, 2008.

YAMAGUCHI, Osamu. *Maejima Hisoka*. Tóquio: Yoshikawa Hirofumikan, 1990.

YAMAGUCHI, Seiichi (org.). *Fenollosa bijutsu ronshu*. Tóquio: Chuo Koron Bijutsu Shuppansha, 1989.

YAMAMOTO, Masahide. *Kindai buntai hassei no shiteki kenkyu*. Tóquio: Iwanami Shoten, 1962.

YAMAMOTO, Masahide. *Genbun itchi no rekishi ronko*. Tóquio: Ofusha, 1971.

YAMAMOTO, Masahide. *Kindai buntai keisei shiryo shusei*. Tóquio: Ofusha, 1978.

YANAGITA, Kunio. *Tono monogatari*. Tóquio: Kyodo Kenkyusha, 1935.

YANO, Ryukei. *Keikoku Bidan*. v. 1-2. Tóquio: Hochi Shimbunsha, 1883--1884.

YANO, Ryukei. *Nihon buntai moji shinron*. Tóquio: Hochisha, 1886.

YANO, Ryukei. *Yano Ryukei shiryoshu*. v. 1. Oita: Oita-ken Kyoiku Iinkai, 1996.

YASUDA, Toshiaki. *Shokuminchi no naka no "kokugogaku"*. Tóquio: Sangensha, 1997.

YASUDA, Toshiaki. *Kindai Nihongo gengo kenkyu saiko*. Tóquio: Sangensha, 2000.

YASUDA, Toshiaki. *Kokugo no kindaishi: teikoku Nihon to kokugo gakushatachi*. Tóquio: Chuo Koron Shinsha, 2006.

YASUKUNI, Jinja (org.). *Yasukuni daihyakka: watashitachi no Yasukuni jinja*. Tóquio: Office of Yasukuni Shrine, 1992.

YUSEISHO (org.). *Yusei hyakunenshi shiryu*. v. 19-26. Tóquio: Yoshikawa-kobunkan, 1969-1971.

Índice onomástico e remissivo

Números em itálico se referem a figuras.

A

Adas, Michael, 45
Akaseki, Sadakura, fotografia de Masaoka Shiki, 327
Akashi, província de Hyogo, 60
A lanterna de peônia (Kaidan botan doro) (Encho): anúncio com escrita taquigráfica, 266-69; capa, 266-67; tradução para o inglês, 192; performances, 262-64, 268, 270, 272; prefácio de Shoyo, 274-75; prefácio de Wakabayashi, 270-74; publicação, 262-63; gêneros *rakugo*, 276; romanização, 193; transcrição taquigráfica, 28, 35-36, 244n16, 254, 263, 265, 267-72; fonte, 262, 268; história, 265-66
Alemanha: redes de discurso, 295; Romantismo, 147, 295; sistemas taquigráficos, 172
alfabeto do mundo inglês, 200, 208
Anderson, Benedict, 37, 47, 126, 128, 147, 201, 278
aprendizagem holandesa, 77, 78, 117-18, 117n22
Aristóteles, 285

Arnold, Thomas, 149-50
arte: *bunjinga* (arte literária), 234-38; *nihonga*, 235-36, 318n30; fotografia comparada à pintura, 236-37, 276; esboço, 317-19, 345; yoga (pintura de estilo ocidental), 238, 318, 318n30. *Ver também* xilogravuras educação artística, 211n13, 237, 311-12
Asai, Chu, 317, 318n30, 326
Asai, Ryoi, *Otogiboko*, 263
Aufschreibesysteme, 31, 31n7, 42, 302. *Ver também* redes de discurso

B

Baisotei, Gengyo, 23n1; *Shashinkyo fusenzu* (câmera: foto de um balão de ar quente), 23-28, *24*
Bakhtin, Mikhail, 240
Barthes, Roland, 336
Basho, 310, 314
Beichman, Janine, 323
Bell, Alexander Graham: sistema métrico, 69-70; telefone, 197, 211-12; Fala Visível, 201, 210-11, 226; visita ao Japão, 212

ÍNDICE

Bell, Alexander Melville: carta para Isawa Shuji, *213*; manuais de taquigrafia, 200; filhos, 201; Fala Visível, 201-07, 209-10; alfabeto do mundo inglês, 200, 208. *Ver também* Fala Visível

Bell, Edward, 201

Bentham, Jeremy, 133

Bertillon, Alphonse, 132-33, 132n39

Bíblia, transcrição taquigráfica da, 175, 175n11

Black, Kairakutei, 265, 265n7

Blaise, Clark, 59

Bola de escrita (Writing Ball) de Hansen, 50

Braille, sistema 50, 78n6, 212

bunjinga (arte literária), 40, 232, 235, 355

Buson, 314, 317

C

calendário e hora do relógio, 61-64, *65*, 66-67

caligrafia: na educação artística, 237; arte literária, 234-38; xilogravuras, 234

Canção da Caixa de Correio ("Yubinbako no uta"), 95-96

caracteres chineses: crítica, 142n1; número-limite de, 224; aspectos fonéticos, 190; propostas para abandonar, 76-79, 78n7, 149, 158-63; leitura, 189; uso no Japão, 76-77, 141-44, 142n1

Cartão-postal de *Heiwa kinen* (Memorial da Paz), *100*

cartões-postais. *Ver* cartões-postais ilustrados

cartões-postais ilustrados, 91-92, *100*, 101, 339-40, 339n12

casamento, inter-racial, 216

cérebro, 165-66

Chamberlain, Basil Hall, 192-96, 319n34

Champollion, Jean François, 155-56

Chappe, Claude, telégrafo de semáforo, 81, *82*

Cheyfitz, Eric, 259

China: clássicos, 79; influências culturais, 149; correios estrangeiros, 98; serviço postal japonês, 97-99; Guerras do Ópio, 60; Guerra Sino-Japonesa, 55, 218, 224, 320-21

Chorin Hakuen: Nasake sekai mawari doro (lanterna giratória do mundo sentimental), 246, *247*, *249*; transcrições taquigráficas de obras, 245-56

Chuang Tzu, 116, 116m21

ciência: enciclopédias, 125-26; padronização e, 48; estatísticas, 311-13; Ocidente, 161. *Ver também* tecnologia

"Civilização e Iluminismo" 39, 71, 117, 292, 333

código Morse, 50, 52. *Ver também* telégrafo

Columbian Exposition, Chicago (1893), 90

Comitê Investigativo de Língua Nacional (*kokugo chosakai*), 225

Commager, Henry Steele, 146-48
Companhia Rakusekisha, 219
Conferência do Meridiano Principal, 59-60
Conferência Internacional do Meridiano. *Ver* Conferência do Meridiano Principal
Conto de Genji, 111, 255
Convenção Internacional do Telégrafo, 98
Coningsby (Disraeli), 249
Conrad, Joseph, *O agente secreto*, 60, 60n27
consciência do tempo, 46, 54, 59
convenções, 61, 69
coreanos, no Japão, 153-54
Coreia: controle japonês de, 60, 226; serviço postal japonês, 99
corpos humanos: deficiências, 50; olhos, 51, 163, 294; produção de fala, 204-05; tecnologia de escrita, 50-51
Correio e Telégrafo de Tóquio, 90
criminosos, pegos usando telégrafo, 134, 135n42
Cross, Barbara, 241
cultura impressa, 179, 242, 263, 290, 356. *Ver também* mídia

D

darwinismo social, 212n15, 214, 216
deficiências. *Ver* sistema Braille; surdo
Den, Kenjiro, 98, 100
desconstrução, 243, 332, 336-37
desenho, 311-12, 346. *Ver também* desenho literário
desenho literário (*shaseibun*): em *Eu sou um gato*, 308, 341, 346; por Shiki, 29, 239, 301, 307, 317-22, 328-29
Dewey, Melville, 174, 175n10
Dickens, Charles, 169, 175
Dieta Nacional: prédio, 106; Shiki Masaoka como repórter, 320; transcrições de processos, 185; projeto de lei de pesos e medidas, 71
disciplina, 131
discurso: relação com a escrita, 188-92, 201, 335; nos Estados Unidos, 258-59. *Ver também* oratória
Disraeli, Benjamin, *Coningsby*, 249
distritos de entretenimento, 103n1
DJs, 332
Dore, Ronald, 240
Doyle, Arthur Conan, *Um estudo em vermelho*, 176
Drácula (Stoker), 133
Duployé, Émile, 172

E

East, Alfred, 319, 319n34, 320
Edison, Thomas, 28, 169, 179, 197, 332-33
Edo Mail (serviço de transporte), 55
educação: colonial, 210, 215-18, 219n30, 224-25 silabário *kana*,

162n32; nacional, 79, 149-50, 210-11; escolas de treinamento de professores, 145, 149-50, 189n24, 210-11, 217-18; pestalozzianismo, 149, 210, 211n13; como função estatal, 79; livros didáticos, 86, 95, 211; transcrições de palestras, 240. *Ver também* Ministério da Educação

Egito: gatos em, 337; hieróglifos, 143, 145, 155-56, 167, 208, 228

Eisenstein, Sergei, 156n22

Ellis, Alexander John, 173, 175n11, 177, 200

Escola de Belas-Artes de Tóquio, 238, 318n30

Escola de Surdos de Tóquio, 78n6, 211-12, 219, 226

Escola Normal de Bridgewater, 149, 210-11, 211n13

Escola Normal de Tóquio, 211, 219

Era Tokugawa: censura, 117-18; serviço postal, 75, 76n3, 91, 108; estudiosos holandeses de aprendizagem, 77, 78, 78n7, 117-19, 117n22; educação, 79; distritos de entretenimento, 103n1; mundo flutuante, 26, 117; Expedição de Perry, 50n8, 54, 84; divisões sociais, 64; vinganças, 128; pesos e medidas, 69n37

escrita: *Aufschreibesysteme*, 31, 31n7, 42, 302; literário, 255; materialidade, 158, 163; relação com a fala, 188-92, 198, 335; tecnologias, 49-52; máquinas de escrever, 50-51, 51n11. *Ver também* escrita alfabética; caracteres chineses; escrita; taquigrafia

escrita: experimental, 196; figurativa, 189-91; ideogramas, 79-80, 143; símbolos não verbais, 189-90; fonética, 79, 78n7, 189-91, 194-95; fonotipia, 170, 172-73, 175, 175n,11, 196, 208; leitura, 189; tironiano, 168; Fala Visível, 199, 201-03. *Ver também* escrita alfabética; taquigrafia; escrita

escrita alfabética: vantagens, 78n7, 142n1, 155-57, 165; cirílica, 26; estudiosos da aprendizagem holandesa, 78, 78n7; história, 189; na arte japonesa, 25-28; teclado de máquina de escrever, 51, 51n11; ocidental, 25-28, 142n1; mundo inglês, 200, 208-09. *Ver também* língua inglesa; romanização; ortografia

escrita fenícia, 163

escritas fonéticas, 78n7, 79, 189--91, 194

Esperanto, 154, 283n29

Essência do romance (*Shosetsu shinzui*) (Shoyo): ausência de referências à taquigrafia, 288--90; composição e publicação, 262, 290-91; crítica, 285; ilustrações, 254, 281, 294-95; influência, 261, 284-85, 307; linguagem, 254, 287-88, 292--93; teoria literária, 28-29, 125, 194, 284-88, 294, 296; realismo, 287-89, 296-97;

teatro, 291, 294; xilogravuras, 286

Estados-nação: constituições, 45, 145; como comunidades imaginadas, 46-47, 103, 122, 126, 146, 278; Japão como, 28; idiomas nacionais, 146-47

Estados Unidos: inglês americano, 143, 150-52; reformas educacionais, 79, 149-50, 210, 210n12; Embaixada do Japão em, 26; sistema métrico, 68, 69n35, 70-71, 175n10; Mint, 70; Mori como embaixador japonês, 148; ocupação do Japão, 145; oralidade, 258-59; a expedição de Perry, 54, 84; serviço postal, 75, 95; ferrovias, 52-53, 59; horário-padrão, 59

Estado panóptico, 131

estatísticas, aplicadas à poesia, 311-13

estilo unificado. *Ver genbun itchi*

estradas. *Ver* serviço postal; Tokaido

estudiosos de aprendizagem nativa, 72, 79, 217

etnografia, 303-04

eugenia, 214

Europa: educação, 79; influências japonesas na arte, 25; línguas, 132-33, 349; sistemas de taquigrafia, 170. *Ver também* países individuais

Eu sou um gato (*Wagahai wa neko de aru*): eletricidade, 351-52; ilustrações, 337-38; esboço literário, 307, 340-41, 346; mestre Espirro, 334, 334n5, 339, 346-47, 350-56; sobre mídia, 332-33, 351-52; narrador, 332-33, 335-59, 345--68, 351-52, 356-57; narizes, 333-34, 345, 347-48, 353-55; publicação original, 307, 332, 341, 346; representação da fala, 336-37; alunos, 345-56, 349-50; escrita de cena, 352-55

evolução, 211-13, 222. *Ver também* darwinismo social

Exposição Mundial de Viena, 235

Ezaki, Reiji, 186-87

F

Fala Visível: objetivos, 35, 199, 201, 204, 210, 218; aplicações, 205-08, 220-21; comparada à taquigrafia, 200, 204; componentes, 201-03; manifestações, 201; estudo de Isawa, 211, 225-26; Japão, 199, 210-12, 219-23, 228; legado, 210; base fisiológica, 202-03; tabelas de som, 206--07, 220, 222

Fenollosa, Ernest: nome artístico, 285-86, 285n32; *"Bijutsu shinsetsu"* (A verdade da arte), 234-36, 276, 294, 347, 356; Oriente, 318-29, 319n34; Shoyo, 285; xilogravuras, 286, 286n33

ferrovias: no Japão, 54-58, 76, 85-86, 134-35; padronização, 53-55, 53n13, 58; telégrafo, 53, 85

Figal, Gerald, 277, 303-04

fonética, 141, 143, 155, 176-77

fonoautógrafo, 332n2

fonografia, 28, 166, 205. *Ver também* taquigrafia

fonógrafos, 71, 169, 196, 265, 331-32

fonotipia, 175-76, 172-75, 175n11, 196, 208

Fontanesi, Antonio, 317-18

fotografia: experimentação artística, 25; em comparação com imagens de processamento cerebral, 165; comparada à pintura, 236-37, 276; desenho e, 317, 319; prato seco, 187; forense, 131; uso policial, 131-32; autorretratos, 326; verbal, 166, 237-38, 244-46

fotografia forense, 131

fotografia verbal, 166, 237-38, 244-46. Ver também *Kotoba no shashinho*

fotógrafos, 56

Foucault, Michel, 31-32, 36, 131, 133

França: sistema métrico, 61, 68; dispositivos fonográficos, 205; fotografia policial, 126-27; sistemas de taquigrafia, 170

Franklin, Benjamim, 151, 151n13

Freud, Sigmund, 31, 166n3

Fuji, monte, 108, 110, 120, 122. *Ver também* Katsushika, Hokusai

Fujii, James, 334-35, 354

Fukuzawa, Yukichi, 79, 119, 145n4, 160

Futabatei, Shimei: "*Esperanto kogi*" (palestras de esperanto), 283n29; influência da transcrição de *A lanterna de peônia*, 35-36, 272-73; Shoyo e, 35, 282-83; *Ukigumo* (Nuvens flutuantes), 28, 261, 261n1, 262, 277-82, 283n29; estilo unificado, 282

G

Gabelsberger, FX, 172

Gallison, Peter, 61

Genbun itchi (Mozume), 160-61, 161n29, 189, 258

genbun itchi (estilo unificado): defensores, 193-94, 224; crítica, 306; Futabatei, 282; origens, 28, 77, 258-59; taquigrafia e, 28, 195, 245, 297, 306; realismo transcricional, 28; uso em *Eu sou um gato*, 335-37; uso do termo, 258

gêneros de narrativa de *rakugo*: 276; histórias de fantasmas, 277; vários personagens, 242-43; técnicas oratórias, 305; transcrições taquigráficas, 28, 137, 192, 244, 263-43, 277, 305-06, 336; espontaneidade, 280. *Ver também A lanterna de peônia*; Sanyutei, Encho

Gitelman, Lisa, 258, 272, 344

Go, Komei, 219, 220n31

Goto, Rishun, 78n7

Goto, Shimpei, 218, 218n29

Governo Metropolitano de Tóquio, 106

Grã-Bretanha: artistas britânicos, 318-19; investimentos no Japão, 54; jornais, 119-20; romances, 309, 341-45;

tempo-padrão, 59; telégrafo, 135n42
Grécia, história antiga, 251-52
Guerra Russo-Japonesa, 55, 339
Guerra Sino-Japonesa, 55, 218, 224, 320
Gui, Zhang, 114
Gunning, Tom, 131-32
Gurney, Thomas, 169

H

Hachiguchi, Goyo, ilustração para *Wagahai wa neko de aru*, 338
Hall, Ivan Parker, 149n9, 153, 153n18
hangul, 202
Hayagakitori no shikata (notação taquigráfica), 181-85
Hayashi, Shigeatsu: *Hayagakitori no shikata* (notação taquigráfica), 181, 183, 185-87; *Sokkijutsu daiyo* (Uma visão geral de taquigrafia), 181-82
Hegel, GWF, 156-57, 236
Heidegger, Martin, 37, 48-49
Hepburn, James, 71
hieróglifos, 143, 155-56, 163
Higuchi, Ichiyo, 301
Hill, Christopher, 249
hip-hop, 332
Hirata, Atsutane, 240
Hiroshige III, *Yokohama yubinkyoku kaigyo no zu* (ilustração da inauguração do Correio de Yokohama), 90
história da mídia, 23, 34-35, 73, 78, 196, 297, 342

História de fantasma da lanterna peônia. Ver *A lanterna de peônia*
Hobsbawm, Eric, 126-27
Hokusai. Ver Katsushika, Hokusai
Honda, Toshiaki, 78n7
hora: calendário e relógio, 61-64, 67-68; modernidade e, 64-66; conceituação pré-moderna, 46--47, 62-63, 65-66; nomes de reinos, 65-66; padrão, 48, 59--61, 64; relógios, 62, 63n30
Hototogisu (Rouxinol), 308, 322, 333, 341 346-47
Hugo, Victor, 249, 283n28
Huxley, Thomas, 214

I

Ichikawa, Danjuro IX, 123, 291-92
identidade nacional, 80, 123, 298
idioma falado. Ver discurso
Ilustres estadistas de Tebas. Ver *Keikoku bidan*
Imperador Meiji, 68
imperialismo: língua japonesa, 222-26; Ocidental, 99-100. Ver também Império Japonês
Império Japonês: expansão, 46, 46n3; serviço postal, 97-100; serviço de telégrafo, 86-89; tratados com países ocidentais potências, 46, 46n3, 87-88. Ver também Coreia; Taiwan
Inglaterra. Ver Grã-Bretanha
inglês americano, 143, 150-52. Ver também Estados Unidos
Inoue, Miyako, 29, 278

Isawa, Shuji: em Escola Normal de Bridgewater, 149-50, 210-11, 211n13; educação colonial em Taiwan, 210, 215-19, 219n30, 226; Graham Bell, 212-13, 222, 226; reformas linguísticas, 225-26; carta de Melville Bell para, *213*, 214; Ministério da Educação, 211; introdução à notação musical, 210-11; língua nacional, 222-28; Shiwaho (Fala Visível), 218-220, *221*, 222; Fala Visível, 199, 211-12, 219-223, 226-27

Isawa, Takio, 219n30

Ishikawa, Kuraji, 78n6

Itália, sistemas de taquigrafia, 170

Ito, Hirobumi, 217

Ivy, Marilyn, 303

Izawa, Shuji. *Ver* Isawa, Shuji

J

Jippensha Ikku, *Tokaido-chu Hizakurige* (Viajando pelo mar oriental na égua de Shank), 107

Jono, Denpei (Sansantei Arindo), 265, 265n5

jornais, 48, 119, 134-36, 244

K

Kabayama, Sukenori, 215, 215n18

kabuki (peças): atores, 122-23, 136-37, 291-92; mudanças, 239-40; no período Meiji, 122-24, 128-40; espetáculo visual, 136. *Ver também Os ladrões*

Kaidan botan doro. *Ver A lanterna de peônia*

Kaifuso, 252

Kamei, Hideo, 34, 187, 241, 244n16, 253, 278-79, 279n22

Kamei, Shiichi, 254

Kamo no Mabuchi, 142n1

kana: defensores, 78-80; como escrita fonética, 79; proliferação, 155; padronização, 80, 143-44; silabário, 162n32. *Ver também* romanização

Kanagaki, Robun, 123-24, 123n1

Kaneko, Kentaro, 212, 212n15, 216-17

kanji. *Ver* caracteres chineses

Karatani, Kojin, 57, 78, 80, 128, 245, 262, 311, 319

Kato, Shuichi, 107, 136

Kato, Somo, *Futayo gatari* (Conto de duas noites), 26

Katsushika, Hokusai: "Chokyuka" (canções de Zhang Gui), 114, *116*; "Kaze" (vento), 114, *115*; *Mangá*, 114, *114*, *115*, *116*; *Sekiya no sato yu* (Chuvisco noturno na vila de Sekiya na província de Shimosa), 113; *Shunshu Ejiri* (Estação Shunshu na província de Ejiri), 38, 104, *109*, 110, 112-13, 120; *Trinta e seis vistas do monte Fuji*, 107

Kawabata, Yasunari, 120n25

Kawada, Junzo, 243

Kawatake, Mokuami: jogadas, 123, 137n46; *Shima chidori tsuki no shiranami* (Tarambolas da ilha, ondas brancas da lua; *Os ladrões*), 103-04, 104n2, 120, 122, 124, 126-33; *Tokyo Nichinichi Shimbun*, 133-34

Keikoku bidan (Ilustres estadistas de Tebas) (Yano), 188, 192, 232, 248-49, 248n24, 250, 252, *257*, 263, 268, 270, 272, 285, 287, 307

Kelly, John, 172

Kida, Junichiro, 71-72, 315-16

Kittler, Friedrich, 31, 31n7, 32--33, 50-51, 111, 133, 166n3, 197, 202, 205, 295, 297, 302

Kobayashi, Kiyochika: *Hakone sanchu yori Fugaku chobo* (Vista distante do monte Fuji das montanhas Hakone), 121, *121*; cartum político, 65, *66*, 67; Shimooka, 56

Kobu Bijutsu Gakko (Escola de Arte Técnica), 317

Koda, Rohan, 87-89, 301, 307

kokugo. *Ver* idiomas nacionais

Komagome, Takeshi, 210, 218

Komori, Yoichi, 34, 297, 298n52

Kondo, Ichitaro, 112-13

Konishi, Nobuhachi, 78, 78n6, 219

Kono, Kensuke, 34, 244, 244n17, 245, 334, 338

Kornicki, Peter, 290-91

Kosaka, Masaaki, 162

Kotoba no shashinho (fotografia verbal) (Maruyama), 179, 181, *182*, *183*, 185

Koyama, Shotaro: educação, 317; "Sho wa bijutsu narazu" (Caligrafia não é arte), 237; estudantes, 318; Escola de Belas--Artes de Tóquio, 318n30

Kubota, Beisen, pergaminhos ilustrados do trabalho postal, 90

Kuga, Katsunan, 311, 317

kuni (país), 126-27

Kunikida, Doppo, 29, 56, 239, 302; "Musashino" 57-58

Kyokutei, Bakin, 287

L

LaMarre, Thomas, 112

Lessing, G. E., *Laocoön*, 236, 294

letras, 77-78, 112. *Ver também* escrita alfabética; serviço postal

línguas: efeitos dos avanços da tecnologia, 84-85; evolução, 212-13; imposição de estrangeiros, 152-53; materialidade, 141-42; sistema métrico, 69--70; relação com o mundo, 29-30; traduções, 249-51; mundo, 154, 208, 283n29. *Ver também* língua chinesa; língua inglesa; idioma japonês; línguas nacionais

línguas mundiais, 154, 208, 283n29

línguas nacionais: inglês americano como, 150-52; educação, 224; na Europa, 146-47, 349; Isawa, 222-28; japonês, 210; imperialismo japonês, 222-26; modernos Estados-nação e, 146-47

língua chinesa: sistema tonal, 157; palavras usadas na

literatura japonesa, 310-11. *Ver também* caracteres chineses

língua inglesa: alfabeto, 151n13, 150; americano, 143, 150-52; básico, 153; propagação global, 208; versão moderna, 200-01; versão simplificada como base para o japonês, 143, 147-48, 150-52; ortografia, 143, 150--51, 153-54, 173, 224; alfabeto mundo inglês, 200, 208; formas escritas e faladas, 189

língua japonesa: dialetos, 183-84, 239; diferenças entre falado e escrito, 192; dialeto Fukagawa, 137, 141, 262-63, 282-83, 292; imperialismo, 222-26; a proposta de reforma de Mori, 143, 147-48, 150-52; escritas fonéticas, 141; reformadores, 28, 30, 35, 76-79, 78n7, 167, 181, 188-92; sotaques regionais, 187; padronização, 137, 141, 149, 152, 187n22, 224; estilos, 159; unificação de fala e escrita, 141, 145-50. *Ver também* caracteres chineses; *kana*; romanização; taquigrafia

linguagem oral. *Ver* discurso

linguística histórica, 213-15

Li, Takanori, 34, 244n17

literatura: autoria, 266, 268n10, 284, 296; japonesa, 193, 310--11; moderno, 261-62; puro, 260; taquigrafia, 175-76, 188, 190-92, 262; elementos visuais, 254, 281, 294-95; ocidental, 263-64, 287. *Ver também* realismo literário; romances

Lounsbury, Thomas, 154-55

M

Madison, James, 169

Maeda, Ai, 137, 245, 246n19, 253, 289-90

Maejima, Hisoka: carreira, 76; *Kanji gohaishi no gi* (proposta para abolir caracteres chineses), 76-79, 149; jornal, 188; como agente postal geral, 75-76; serviço de correio privado, 54

Malling-Hansen, Rasmus, 50

manutenção de registros, 126-28

Manchúria, 99, 226

Maomé, 224

máquinas de escrever, 50-51, 51n11

Marco Túlio Tirão, 168

Marconi, Guglielmo, 84

Maru Maru Chinbun, 65, 66, 88, 90

Maruyama, Heijiro, *Kotoba no shashinho* (fotografia verbal), 179, 181, *182*, *183*, 185, 246

Marx, Leo, 259

Masaoka, Shiki: artistas e, 317--18; como personagem em *Sanshiro*, 325, 325n44; experimentação, 301, 307; *Fude makase* (rabiscos), 41-42, 301--02, 305-06, 308; *Hototogisu* (Rouxinol), 308; influência, 301-02, 311, 322-23; diário literário, 307, 322, 332, 341; desenho literário, 18, 239, 301, 307, 317-322, 328-29; mudanças de nome, 322n40; nacionalismo, 311, 315; carreira jornalística, 317, 319--20, 323; fotografias, 327-29,

328; poesia, 307-08, 310-11, 311n20, 313-16, 322-25, 329; referências em *Eu sou um gato*, 325, 351; autorretratos, 326; a influência de Spencer, 308-10; estatísticas aplicadas à poesia, 311-13; *Tsuki no miyako* (Capital da lua), 307; tuberculose, 42, 219, 302, 320, 322-23, 326, 342; em estilo unificado, 306

Mason, Luther Whiting, 211, 211n13

Matsui, Takako, 309, 318, 326

Matsumoto, Shoun, *Sukiyabashi fukin* (Nas proximidades de Sukiyabashi), 104-05, *105*

Maupassant, Guy de, *Um parricídio*, 264

McLuhan, Marshall, 32, 269

medição: sistema métrico, 48, 61, 68-70, 175n10; sistema tradicional, 68-69, 69n37

Meech-Pekarik, Julia, 25-26

Mertz, John Pierre, 253

Michela-Zucco, Antonio, 172

mídia: agência, 34; relacionamento corporal, 51; censura, 117-18, 122, 188; redes de discurso, 231; desenvolvimento do Estado-nação, 134-35; jornais, 48, 118-19, 134-36; repórteres taquigráficos, 76, 188

Ministério da Educação, 150, 162n32, 211, 226, 237

mistura racial, 216-17, 226

Mitchell, Timothy, 83

modernidade: línguas nacionais, 200-01; jornais e, 47; romances e, 47; originalidade, 313; poesia e, 316; padronização e, 45, 73; tempo e, 64-66. *Ver também* tecnologia

Mokuami. *Ver* Kawatake, Mokuami

mosteiros budistas, copiando sutras, 232-33, 233n1

Mori, Arinori: como embaixador dos Estados Unidos, 148; *Educação no Japão*, 148; influências, 150-52; proposta de reforma linguística, 143, 147--49, 151-53; como ministro da Educação, 150, 162n32, 211

Mori, Ogai, 321, 337

Morita, Shiken, *Tantei Yuberu* (Detective Hubert), 283n28

Morris, Ivan, 111-12

Morris, Mark, 306, 314, 317

Morse, Edward S., 214

Morse, Samuel, 51n9

Mosher, John, 98-99

Motoki, Shozo, 56

Motoori, Norinaga, 73, 111, 142, 240, 287, 310

Movimento pela Liberdade e Direitos do Povo (*Jiyu minken undo*), 188, 251

Mozume, Takami, *Genbun itchi*, 161, 161n29, 189, 258

música: hip-hop, 332, 351; *koto*, 347; notação, 210-11. *Ver também* fonógrafos

N

Nagata, Seiji, 112-13

Nakagawa, Kiun, 239

Nakamura, Fusetsu, 308, 317, 321, 326

nacionalismo: obrigatório, 122, 124; japonês, 126-27, 130; linguagem, 200-01; memoriais militares, 127-28

narrativa de: *hanashi*, 240-42; *kodan*, 28, 246, 248, 265, 336; transcrições, 304-05. *Ver também* narrativa de *rakugo*

Natsume, Kinnosuke, 305

Naturalismo, 238, 262, 308, 313

neoconfucionismo, 79, 117, 142, 249

Nietzsche, Friedrich, 32, 50-52, 295-97

Nihon (jornal), 311, 317

Nihon buntai moji shinron (Uma nova teoria de estilo e escrita japonesa) (Yano), 188-91, *191*, 250, 255

nihonga, 236

Nishi, Amane: *Hyakugaku renkan* (Enciclopédia), 145, 161-62, 189-91; proposta de romanização, 145, 158-63, 167

nomes de reinos, 66-67

Nomura, Masaaki, 242

notação taquigráfica. *Ver Hayagakitori no shikata*

Notae Tironianae, 168

Nuvens flutuantes. *Ver Ukigumo Fonetic Nuz*, *174*, 196

O

Ogden, Charles Kay, 154

Oguma, Eiji, 210, 217

Ogyu, Sorai, 129, 142, 240-41

Okakura, Tenshin, 234, 238

Okuma, Shigenobu, 86, 251

olhos, 51, 189, 348

O'Malley, Michael, 53

Omori, Ichu, 235

Onoe V, Kikugoro, 123-24

oratória: em *Eu sou um gato*, 336; transcrições, 240-42, 256; em culturas ocidentais, 259-60. *Ver também* discurso; narrativa

ortografia, inglês, 143, 150-51, 154-55, 173, 224

Ortolani, Benito, 239

Os ladrões (*Shima chidori tsuki no shiranami*) (Kawatake), 103-04, 104n2, 120, 122-23, 125, 127, 129, 133-38

Otsuki, Fumihiko, 181

Otsuki, Genpaku, 78n7

Ozaki, Koyo, 301, 306, 307n13

P

padronização: Heidegger, 48; internacional, 45, 47-48, 58-59, 68-69; *kana*, 80, 143-44; no período Meiji, 33, 46, 61-63, 66-67, 71, 76; sistema métrico, 48, 61, 68-70, 175n10; modernidade, 45, 73

peças. *Ver* kabuki (peças); teatro *Tarâmbolas da ilha, ondas brancas da lua*. *Ver Os ladrões*

Pedra de Roseta, 155-56

Perry, Matthew, 84

Pestalozzi, Johann, 210n12

Pestalozzianismo, 149, 211n13

pintura. *Ver* arte

Pitman, Isaac: Fonético Nuz, *174*, 196; fonotipia, 169-70, 174-75, 175n11, 197, 208; taquigrafia, 28, 35, 169-74, 179

poesia: verso em branco, 317; *haikai*, 307-08, 310-13, 316; *haiku*, 301, 307-08, 312-14, 323-25; imagens de folhas, 111; *waka* moderno, 72-73; modernidade e, 316; estatísticas aplicadas, 317-19; *tanka*, 318-21, 326, 328. *Ver também* caligrafia

polícia: fotografia, 131-32; uso de telégrafo, 134, 135n42

portos do tratado, 56, 87, 117

pós-estruturalismo, 344

práticas de *utsushi*, 25, 27, 231, 233, 292, 298

prensas de impressão, 49, 118--19, 125, 233

Pigmalião (Shaw), 35, 176-77

Q

"Questão de Língua Nacional e Escrita" (*kokugo kokuji mondai*), 141

R

rádio, 333, 333n4, 352

Rangan & Co., 55

Ravina, Mark, 127

realismo: taquigrafia e, 245; termos, 239; no teatro, 122-24, 124n27, 291. *Ver também* realismo literário

realismo literário: sobre Maeda, 288-89; romances, 56-58, 239, 261; Shiki influência, 302; taquigrafia e, 29, 245, 274-75;

Shoyo on, 287-90, 296-97; transcricional, 28, 304, 332, 341-42

realismo transcricional, 28, 304, 332, 341-42

redes de discurso, 30-32, 231, 295, 303-04

reformadores da língua japonesa, 28, 30, 35, 76-79, 78n7, 166, 181, 188-92; obstáculos, 152, 224-25; roteiros, 150; ocidentais, 35, 143, 149-54, 190, 200-01. *Ver também* Bell, Alexander Melville; Mori, Arinori

registros fonográficos, 165, 331-32

reserva permanente, 48-49, 73, 166

Richards, I. A., 154

romances: comparados ao teatro, 294; ingleses, 308, 341-45; *gesaku*, 123, 249, 254, 263, 265--66, 286-87, 311; ilustrações, 254, 294-95; modernos, 48, 56-58, 285-87; políticos, 249--55, 285; realistas, 56-58, 239, 261; transcrições taquigráficas, 235, 251-56; Ocidente traduzido, 249-50. *Ver também* literatura

romances modernos, 48, 56-58, 285-87

romances políticos, 249-55, 285

romanização *Nippon-shiki*, 71--72; proposta de Nishi, 145, 158-61, 159n27, 163-64, 166; Shoyo, 292-93; apoiadores, 195, 292-93

Romantismo, 110-11, 147, 284, 295, 302, 322

Roosevelt, Theodore, 150

Ryuchikai (Sociedade Lagoa do Dragão), 235

S

Sakai, Naoki, 143

Sakai, Shozo, 76, 188, 244n16, 263, 265, 271-72

Sanshiro (Soseki), 122, 325, 325n44

Sanshotei, Karaku, 273

Santuário Yasukuni, 120, 127, 128n32

Sanyutei, Encho: como autor, 192-93; peças de kabuki baseadas em performances, 292, 292n45; *Meijin Choji* (Choji o mestre), 264; retratos, 265n5; trabalhos publicados, 263-64; performances *rakugo*, 137, 263, 277, 291-92, 305-06, 305n8; *Shinkei Kasane ga Fuchi* (A verdadeira visão do abismo de Kasane), 277. Ver também *A lanterna de peônia*

Sarto, Andrea del, 246

Sasaki, Kyoseki, 303-04

Sato, Doshin, 29, 237

Sato, Kurataro, 251, 253-54

Saussure, Ferdinand, 83-84

Sayers, Robert, 87

Schivelbusch, Wolfgang, 53

Screech, Timon, 67, 117

Seiyo hanashi Nihon utsushi-e (Um conto ocidental em imagens de lanterna mágica do Japão), 292

Sekula, Alan, 131

semáforo-telegráfico, 81-82

serviço de transporte Narikomaya, 56

serviço postal: nas rotas de diligências, 55; convenções, 61; expansão global, 58, 101; imagens, 90-91; inspetores, 93; japonês, 33, 75-76, 90--100, 303; colônias japonesas, 97-100; fotos cartões-postais, *92*, 100-01, 338-39, 339n12; privacidade de mensagens, 91--93; empresas privadas, 55; como função de Estado, 91-94; terminologia, 76, 76n4; países ocidentais, 75

Shakespeare, William, 155, 276

Shaw, George Bernard, *Pigmalião*, 35, 176, 178

Shi, Gang, 210, 215, 224

Shiba, Kokan, 78n7, 117, 318

Shikitei, Samba, *Ukiyoburo* (Casa de banhos do mundo flutuante), 241, 272-73

Shima chidori tsuki no shiranami (Kawatake). Ver *Os ladrões*

Shimazaki, Toson, 29, 239, 302

Shimooka, Renjo, 56

Shinshiki sokkijutsu (Novo método de taquigrafia) (Takusari), 179, *180*

Shito, Kenkichi, 246

Shosetsu shinzui. Ver *Essência do romance*

Siegert, Bernhard, 93, 93n25, 101

Sistema Anno Domini, 68

sistema métrico, 47, 61, 68-70, 175n10

Smith, Joseph, 156n21

Sociedade de Romanização, 72, 181, 183, 194-95, 291, 293

Sociedade Imperial de Educação, 165-66

Sociedade Kana, 72, 78, 181, 291, 293

Sociedade Meiroku, 158

sokki. Ver taquigrafia

Soseki, Natsume: carreira, 341; saúde, 356; *Kokoro*, 183n17; realismo, 29, 302; *Sanshiro*, 122, 325, 325n44; Shiki, 321; uso de estilo unificado, 335-37. *Ver também Eu sou um gato*

Spencer, Herbert, 149, 216-17, 274, 308-10

Standage, Tom, 81

Sterne, Laurence: *Uma jornada sentimental*, 343-44; *Tristram Shandy*, 308-09, 341, 343, 345, 345n18, 350

Stoker, Bram, Drácula de, 133

Sturge, Ernest Adolfo, 165-66

Sumiike, Kuroteibo, *Himitsu tsushin* (Correspondência secreta), 91, *92*

surdo, tecnologia de escrita para, 50. *Ver também* Escola de Tóquio para Surdos; Fala Visível

Sutherland & Co., 55

Sweet, Henry, 35, 176-78

Swift, Jonathan, *As viagens de Gulliver*, 345

T

Taiwan: educação colonial, 210, 214-17, 219n30, 226; controle japonês, 46n3, 60, 86, 99, 215

Takahama, Kyoshi, 323

Takamine, Hideo, 211n13

Takusari, Koki: *Shinshiki sokkijutsu* (Novo sistema de taquigrafia), 179, *180*; sistema de taquigrafia, 178-79, 256

Tamura, Kensuke, 33

Tanaka, Stefan, 62, 64

Tanakadate, Aikitsu, 70-73, 71n39, 195

taquigrafia: vantagens, 28, 168, 183,85, 190; defensores, 168; estética, 258; fontes anglófonas, 143; aplicações, 28; *ari no mama* ("escrever as coisas tal como são"), 28, 52n12, 153n18, 161, 193, 231, 245, 288; em comparação com a fotografia, 185-86; crítica, 186-87; diferenças do fonógrafo, 52n12; introdução para o Japão, 178-79; legado, 197; realismo literário, 29, 245, 274-75; literatura, 175-76, 188, 190-93, 262, 274-75; manuais, 179, 181, 200; romances publicados, 175, 175n12; origens, 168-69; como fotografia fonográfica e verbal, 28, 167; Pitman, 28, 35, 169-72, *171*, 177-74, 179; leitura, 187; realismo, 245; como substituto para o alfabeto, 190; repórteres, 76, 169, 188, 244, 244n16, 251; quadro fonético, *171*, 181, *182*; sistemas, 169-70, 173, 176-78, 181-85, 192, 256; treinamento, 178, 185; transparência, 298; estilo unificado e, 28, 195, 298, 306; uso do termo *sokki*, 83n12,

179; como fotografia verbal, 244-46; no Ocidente, 170, 190; escrita, 51-52

taquigrafia fonética. *Ver* taquigrafia

taquigrafia romana, 168-69

Tawell, John, 135n42

Tayama, Katai, 29, 239, 302-03

Taylor, Samuel, 169, 169n6

Teatro Yose, 239-42, 264-65, 305. *Ver também* narrativa *rakugo*

tecnologia: Heidegger, 48-49, 73; moderna, 316; imagens em movimento, 125; fonógrafos, 71, 169, 196, 265, 331-32; impressoras, 49, 119-20, 125, 166, 233; telefone, 35, 73, 76, 93n25, 196, 210-12, 333; máquinas de escrever, 50-51, 51n11; ocidental, 118-19, 161; para escrever, 49-52. *Ver também* ferrovias; telégrafo

tecnologia de comunicações. *Ver* telégrafo; telefone

telégrafo: cabos, 104, 122; elétrico, 81-84; equipamento, 89; primeira mensagem, 51n9; Japão, 84-88; código Morse, 52; operadores, 86-89; óptico, 81; demonstração de Perry, 84; uso policial, 134, 135n42; preços, 89; ferrovias e, 53, 85; semáforo, 81-83; cabos transatlânticos, 59, 71n39; sem fio, 333, 352

telégrafo óptico, 81

telefone, 50, 74, 76, 93n25, 196, 210-13, 333

Terada, Toru, 279

Terao, Hisashi, 181, 185, 187

teatro: no período Meiji, 239-43; modos de oratória, 242; transcrições taquigráficas, 185, 188; influências ocidentais, 123; *yose*, 239-42, 265, 305. *Ver também* narrativa *rakugo*

Thoreau, Henry David, 53, 53n14, 54, 56

Tokaido, 76n3, 105-09, 134

Tokutomi, Roka, 323

Tokyo Haishi Shosestu Shuppansha (Editores de Livros Histórico-Populares de Tóquio), 254

Tokyo Nichinichi Shimbun (Diário de Tóquio), 133-34

Toyama, Masakazu, 181, 183-85, 187n22, 319n34

traduções, 249-51

transcrições. *Ver* transcrições taquigráficas

transcrições taquigráficas: da Bíblia, 175, 175n11; de sessões da Assembleia Nacional, 184; narrativa de *kodan*, 28, 245-46, 265, 336; influência literária, 35-36; de romances, 235, 251-56; de oratória, 240-42, 256; de permanências, 185, 188, 244; narrativa de *rakugo*, 28, 137, 192, 244, 263-64, 277, 305-06, 336; uso para aprender japonês, 193. *Ver também A lanterna de peônia*

transporte: rotas de ônibus, 55-56; barcos a vapor, 134; usado pelo serviço postal, 90. *Ver também* ferrovias

Trinta e seis vistas do monte Fuji.
Ver Katsushika, Hokusai
Tristram Shandy (Sterne), 308, 341-45, 345n18
Tsubouchi, Shoyo: estética, 294; "*Bi to wa nan zo ya*" (O que é beleza?), 125, 275-76; crítica, 284-85; Futabatei, 35, 282-83; influência, 283-84; prefácio de *A lanterna de peônia*, 273-74; pseudônimo, 284; taquigrafia, 275-76; visualidade, 294-95; "Yubinbako no uta" (A canção da caixa de correio), 95-97. Ver também *Essência do romance*
Tsurumi, E. Patricia, 214, 218
Twain, Mark, 174-75, 279
Twine, Nanette, 161, 194-95, 291

U

Ueda, Atsuko, 284-85, 288-89, 289n42
Ukigumo (Nuvens flutuantes) (Futabatei): tradução do título para o inglês, 261n1; ilustrações, 280-81, *281*, 283; como romance moderno, 29, 261; narrador, 277-79; publicação, 262, 283, 283n29; técnicas *rakugo*, 280-82
ukiyo (mundo flutuante), 103, 103n1
ukiyo-e ("imagens flutuantes"), 23-24, 27, 117-19, 286
Um estudo em vermelho, (Doyle), 176
União Postal Universal (UPU), 98, 101

Universidade de Harvard, 211
Universidade Imperial de Tóquio, 192, 214, 236, 317, 341

V

viagens: interesse em, 106; restrições, 105; sobre o Tokaido, 76, 105-09, 134
vigilância: fotografia policial, 126-27; no sistema postal, 91-93; tecnologias, 132-33
vinganças, 128-29
Volapük, 154, 209

W

Wagahai wa neko de aru. Ver *Eu sou um gato*
Wakabayashi, Kanzo: Encho e, 292; transcrições *kodan*, 246; romance transcrições, 251, 256; anúncio de *A lanterna de peônia*, 266-68; transcrição de *A lanterna de peônia*, 244n16, 263, 269-74; prefácio de *A lanterna de peônia*, 268-71; transcrições do desempenho das performances de Encho, 265, 277; em *Yubin Hochi*, 77, 188
Webster, Noah, 150-53, 173
Wellbery, David, 32
Whitney, William Dwight, 148, 151, 153, 153n18
Wilde, Oscar, 296-97
Williams, Raymond, 319
Woolf, Virginia, 341-42

X

xilogravuras: calígrafos, 233; crítica de Fenollosa, 286, 286n33;

"imagens flutuantes" (*ukiyo-e*), 23, 25, 116-18, 286; influência na Europa, 25; de atores de kabuki, 136; no período Meiji, 120-22; produção, 232, 266; estações Tokaido, 106. *Ver também* Katsushika, Hokusai

xogunato. *Ver* era Tokugawa

Y

Yamada, Bimyo, 282, 301

Yamagata, Banto, 78n7

Yamamoto, Masahide, 77

Yanagita, Kunio: "Genbun no kyori" (A distância entre fala e escrita), 303-04; prefácio de *Tono Monogatari*, 303

Yano, Ryukei (Yano, Fumio): viagem europeia, 250; lesão na mão, 251-53; *Keikoku bidan* (Ilustres estadistas de Tebas), 188, 190-91, 249-57, *257*, 307; sobre reformas linguísticas, 255; estilos literários, 255-56; *Nihon buntai moji shinron* (Nova teoria do estilo e da escrita japonesa), 188-91, *191*, 250, 255; taquigrafia, 256; termo *sokki*, 83n12, 179; em Yubin Hochi, 76

Yatabe, Ryokichi, 187n22

yoga (pintura em estilo ocidental), 25, 318, 318n30

Yoshida, Fujio, 318

Yoshida, Hiroshi, 318

Yoshitoshi, Taiso, 284

Yubin Hochi Shimbun, 76, 179, 188, 246, 251

ESTE LIVRO FOI COMPOSTO EM ADOBE GARAMOND PRO
CORPO 11,5 POR 15 E IMPRESSO SOBRE PAPEL AVENA 80 g/m²
NAS OFICINAS DA RETTEC ARTES GRÁFICAS E EDITORA, SÃO
PAULO – SP, EM JUNHO DE 2024